lonely planet

IN

西藏

本书作者
何望若　丁海笑　董驰迪
范佳奥　尼佬　王郢

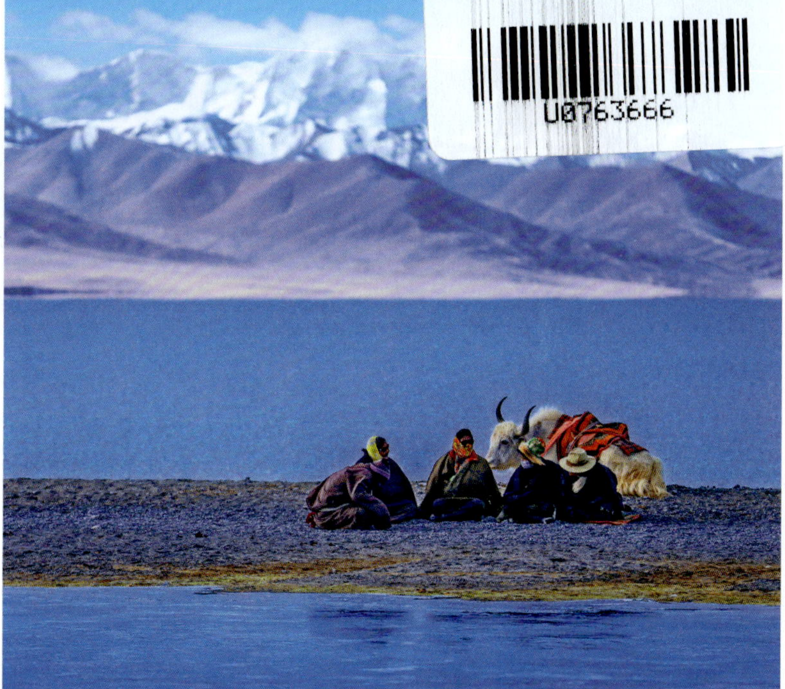

纳木错湖边休息的藏族人。
阿卓志鸿摄

中国地图出版社

目 录

计划你的行程
你好，西藏 4
17顶级旅行体验 6
最佳行程 24
每月热门 34
新线报 38
获得灵感 40
省钱妙计 42
如果你喜欢 44
行前参考 48
初次到访 50
负责任的旅行 52
户外活动 55
摄影之旅 60
自驾游 66

拉萨及周边 70
拉萨市 82
拉萨周边 124
甘丹寺 124
扎叶巴寺 125
楚布寺 126
雄色寺 127
直贡梯寺沿线 128
松赞干布出生地 130
机场老路沿途 130
热振寺 132
达隆寺 133
纳木错 133
羊八井 137

318国道 148
工布江达 160
八一镇（林芝） 162
苯日神山 169
雅鲁藏布大峡谷 170
鲁朗 176
波密 177
墨脱 180
然乌 184
察隅 187
芒康 190

山南 200
泽当镇 212
桑耶寺 221
拉姆拉错 224
错那 230
麻玛乡 231
勒乡 231
洛扎 234

日喀则及周边 244
日喀则市 256
日喀则周边 263
夏鲁寺 263
纳塘寺 265
热拉雍仲林寺 265
刚坚寺 266
雍则绿错 266
拉萨到江孜 267
羊卓雍错 267
卡若拉冰川 270
热龙寺 270
满拉水库 270

江孜 271
亚东 276
亚东县 276
萨迦 280
萨迦县 280
拉孜 284
拉孜县 284
彭措林 286
珠穆朗玛峰及周边 .. 287
白坝 287
定日 288
岗嘎 289
珠穆朗玛峰 289
吉隆 292
宗嘎镇 293
宗嘎镇到吉隆镇 296
吉隆镇 298
吉隆周边 303
乃村 303
扎村 304
热索 304
萨嘎 305
萨嘎到巴嘎 305

阿里及周边 312
普兰 324
普兰县 324
塔尔钦 329
冈仁波齐 330
玛旁雍错 330
玛旁雍错到噶尔 334
门士乡 334
直达布日寺和温泉 .. 335

古如江寺	335
札达	**336**
托林镇	337
古格	342
达巴寺和玛朗寺	344
香孜古堡遗址和侠义沟五彩土林	344
皮央东嘎	345
噶尔	**346**
狮泉河镇	346
班公错	350
阿里大北线	**351**
狮泉河到措勤	351
措勤	352
扎日南木错	353
当惹雍错	354
申扎	356
色林错	358
班戈	361
317国道	**362**
德格到昌都	372
昌都	372
昌都到类乌齐	378
类乌齐	378
类乌齐到丁青	381
丁青	383
丁青到索县	384
巴青	385
索县	386
索县到那曲	388
那曲	388

生存指南

出行指南	399
交通指南	407
健康指南	410
幕后	415
索引	416
如何使用本书	421
我们的作者	422

特别策划

修旧如旧与历久弥新——拉萨老城的未来	84
"雪域佛国"：佛教与西藏的结合	104
衣襟上的藏地	172
飞旋的"仙女大姐"——藏戏	222
藏传佛教的重要形象	224
西部曾经的辉煌——古格王国	340
藏族人的自然观和生死观	356
羌塘：不再寂静的荒野	358

你好，西藏

西藏从来不是天堂，却很可能是一种接近外星球的特殊存在，否则难以解释，这里的风景为何会和世界其他地方都不一样，甚至当我们和亲爱的西藏朋友互换居所时，彼此都会出现莫名其妙的心悸。西藏是特别的，唯一的。

屋脊与天梯

从表面来看，西藏与这个世界的其他部分有着巨大的鸿沟，甚至可以说格格不入，究其原因，还是在它先天的"高人一等"。雪域之外的人类，辛辛苦苦建筑了突破天空的迪拜塔，倘若它被平移到西藏，也不过是土地里深深的幽魂。这种先天高度的巨大差异，完全不对等或是鸡同鸭讲般的对话，却是旅行终极的致命吸引力所在。无论你多么热爱和推崇现代文明的成就，一旦到了珠穆朗玛和南迦巴瓦的面前，那种岿然不动、镇服天地自然的力量就能让你叹息敬畏。平均海拔2930米的林芝已经是低海拔的西藏。也许西藏不是离天堂最近的地方，却一定是离天最近的地方。一个人想要认识和敬畏自然，如果没有来过西藏，就不能说是受过正确和完整的教育。

千山复万水

南极的冰川下面还是冰，西藏的冰川下面却开出了桃花。西藏之所以被称为雪域，正是因为有了无数雪山冰川的滋养，才有了青稞与牦牛、骏马与美人、经幡与哈达。因缘相报，藏民族亦奉雪山

八廓街磕长头的朝圣者。

为神,年年岁岁来看望,于是在冰雪之外,一圈圈转,终于转遍了藏地的山山水水。他们成为这个星球上,如此频繁地用徒步来表达信仰与感激、敬畏与爱慕的唯一民族,更成为吸引我们来到西藏的原因之一:在西藏,几乎每个人都是伟大的旅行家,既能在一天内转完神圣的冈仁波齐,也能在整个秋天,从贡嘎山开始一步一叩首,八千里路雪和霜地来到拉萨,在千山万水间完成自己的一个又一个人生任务。而他们的人生任务似乎无穷无尽,只因为在西藏的大地上,不可方物的仙山与丽水浩瀚无际。我们这些外来的旅行者,只要跟着他们的脚步走,就一定能看到这个世界绝无仅有的华丽风景。

功德与传承

西藏不仅是地理地质上的世界屋脊,同时也堪称宗教领域的世界屋脊。你已经很难在世界范围内找到这样全民重视心灵安定的民族了。即使他们用着iPhone上的电商应用,却仍然尊崇着也许是800年前传下来的生活仪轨,所以直到今天,大昭寺朝圣人潮的拥挤程度几乎与1300年前没什么两样;人们在各个庙堂和圣地游走时,也愿意相信,那是莲花生或者松赞干布圣迹的种种传说。也只有在藏地,修行者和得道者会受到如此广泛的敬重和喜爱,西藏大地最美、最清幽的地方往往都被他们用作修行对话的场所,他们本身也就成为我们眼中神秘而充满魅力的风景,代表着似乎永远虔诚的西藏。

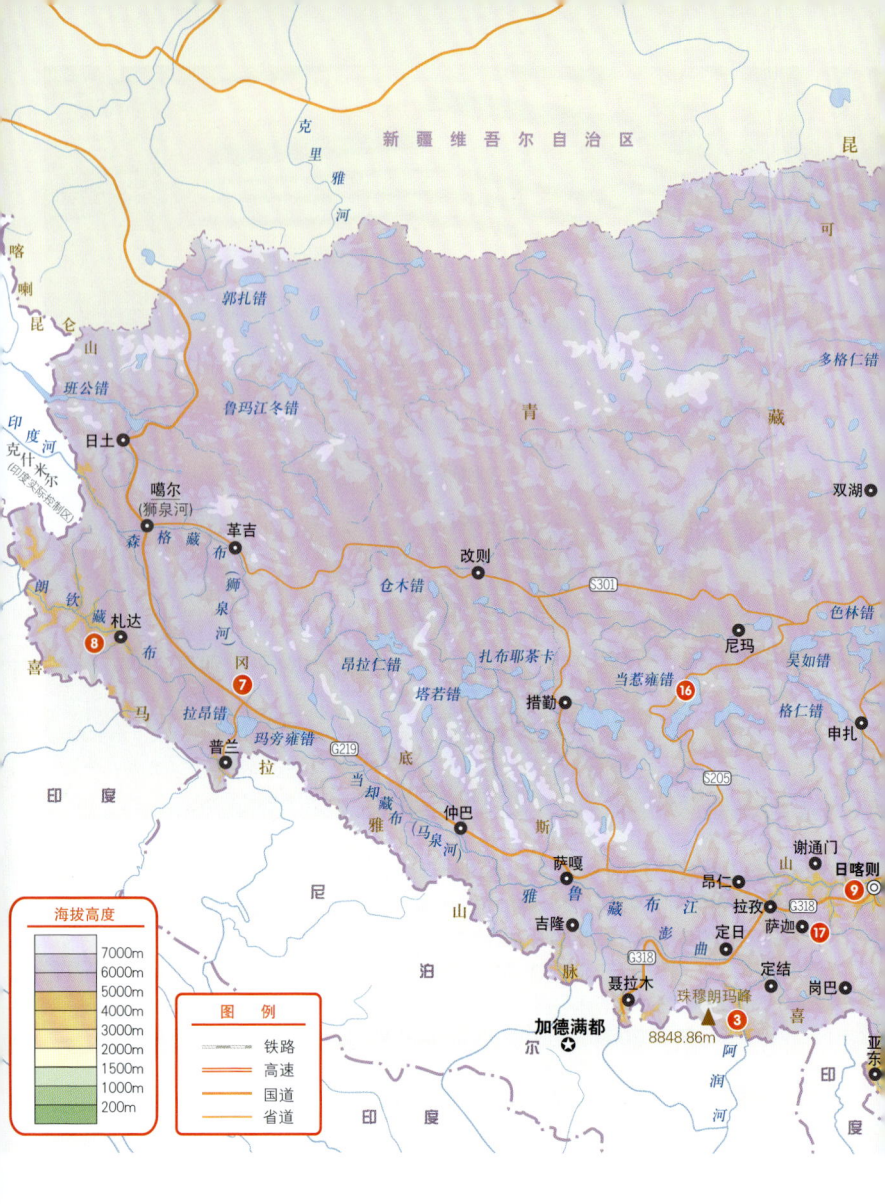

17 顶级旅行体验

1. 布达拉宫
2. 318景观大道
3. 珠穆朗玛峰
4. 八廓街
5. 拉萨看寺庙
6. 羊卓雍错
7. 冈仁波齐转山
8. 古格王国探秘

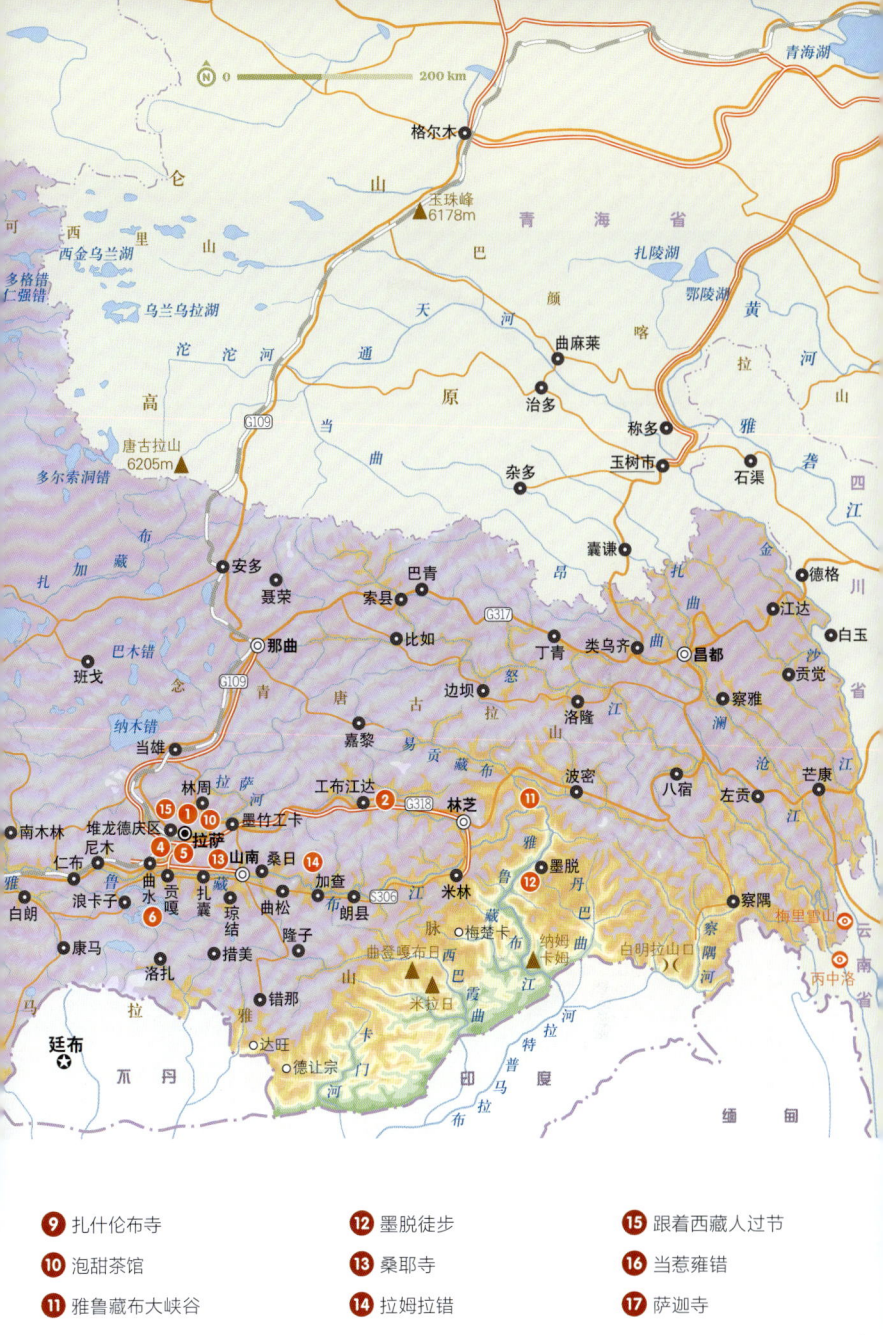

- ⑨ 扎什伦布寺
- ⑩ 泡甜茶馆
- ⑪ 雅鲁藏布大峡谷
- ⑫ 墨脱徒步
- ⑬ 桑耶寺
- ⑭ 拉姆拉错
- ⑮ 跟着西藏人过节
- ⑯ 当惹雍错
- ⑰ 萨迦寺

计划你的行程
17顶级旅行体验

布达拉宫

尽管布达拉宫(见80页)不太可能是你与西藏第一次见面的地点,但是,"我终于到西藏了"这种想法还是会蹦出来。没人会否认,雪山、圣湖的美景更令人倾倒和难忘,大昭寺才是藏族人的精神中心,可布达拉宫早已化为一个符号,代表着雪域,代表着外来人心中难以名状的旅行信仰。它高踞红山之巅,布达拉宫广场、龙王潭、八廓街里的客栈屋顶等地,可以让你欣赏到360°无遮挡的全景,但还是建议你买张票挤进去,看看它内部的瑰丽景象。(左图)清晨的布达拉宫;(右图)朝圣者。

17顶级旅行体验 计划你的行程 **9**

1

318景观大道

你可以用任何方式体验这条世界级的公路,无论是步行、骑自行车、骑摩托、开吉普车或是骑马,没有人会对你有太多疑问,因为人人都兴高采烈地沉醉于此生难忘的画廊中,所有大惊小怪的赞美都会被视为理所当然。尽管在一个峡谷内盘旋上升99圈会让你抓狂,但当你看到每个转角的桃花与麦田时,看到顶上广阔无垠的草原和皑皑雪山时,总会感叹自然的神奇和藏地的恩赐,更不用说在晶莹冰川下的萧萧丛林间,那一步一长头的朝圣者带给你的感动了。(上图)林芝春耕时节;(下图)318国道的骑行者。

2

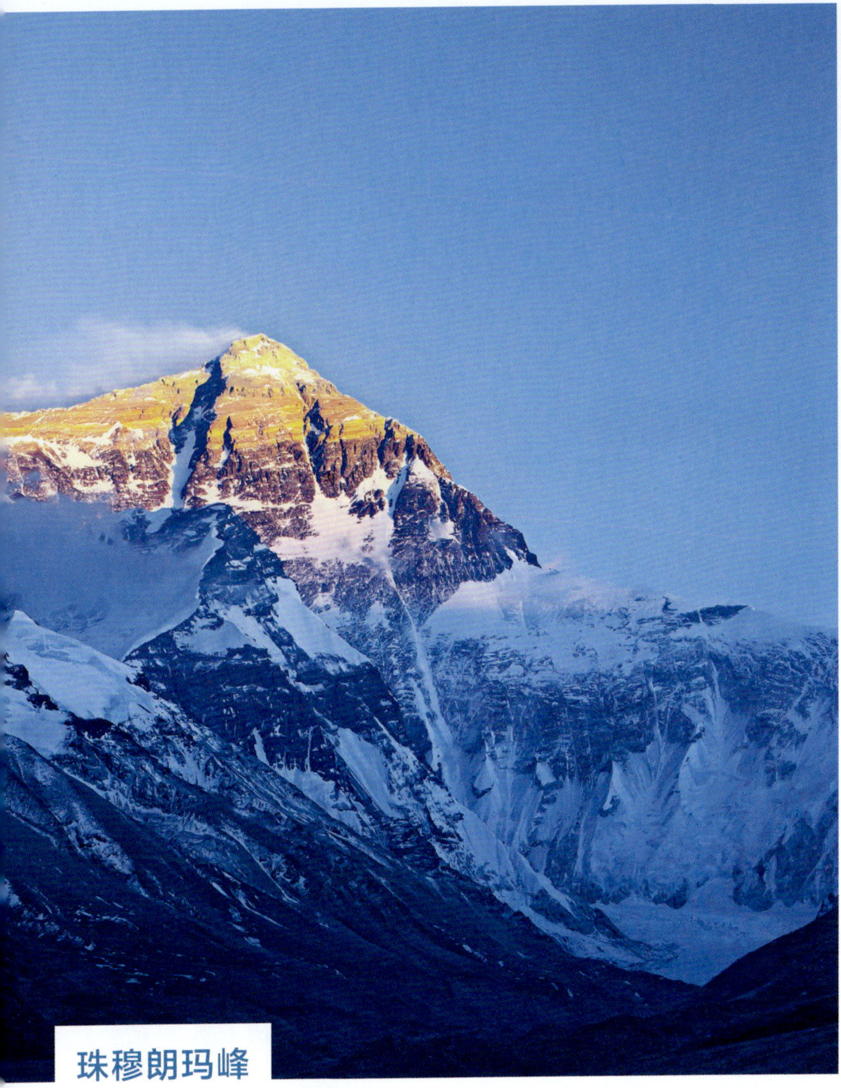

珠穆朗玛峰

只有亲眼见到它才能明白这个"地球至高点"所散发的魄力，尽管对于大多数人来说，无法花大量的金钱和时间来一尝登临世界巅峰的滋味，但除了在空气稀薄的珠峰大本营（见289页）与它正面交"峰"之外，你还能挑战一场珠峰东坡的徒步之旅。在这条艰险的路上，相伴左右的是这个世界上最出类拔萃的雪山，每一天都刷新着你对"顶级体验"的定义。一位领队告诉我们，当他清晨掀开帐篷时，兴奋得连裤子都没穿就冲了出去！珠穆朗玛峰日落。

GETTY IMAGES 提供

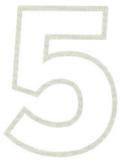

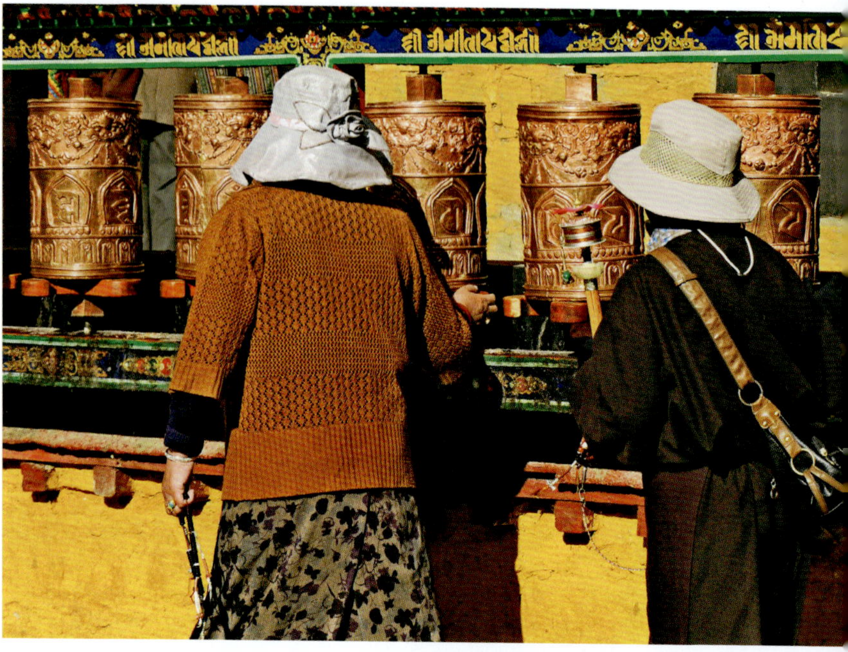

5

拉萨看寺庙

说拉萨城里“百步一寺庙”并不夸张，除了名头很大的大昭寺（见82页）、小昭寺（见86页），还有贴着“四大林”“三大寺”“摄政官邸”等各种标签的寺庙。有的寺庙大过村庄，有的藏在市场或民居里难以找寻，昔日风光无限的如今可能已萧条冷清。有人痴迷于哲蚌寺（见94页）的雪顿节晒唐卡，或偏爱去色拉寺（见98页）围观一场辩经；也有人喜欢一头扎进那些不知名的小寺庙，听僧人讲讲听起来不真实却又有迹可循的传说；更资深的玩家总往北郊的山上跑，从那些漂亮的小寺庙里俯瞰拉萨城。甘丹寺。

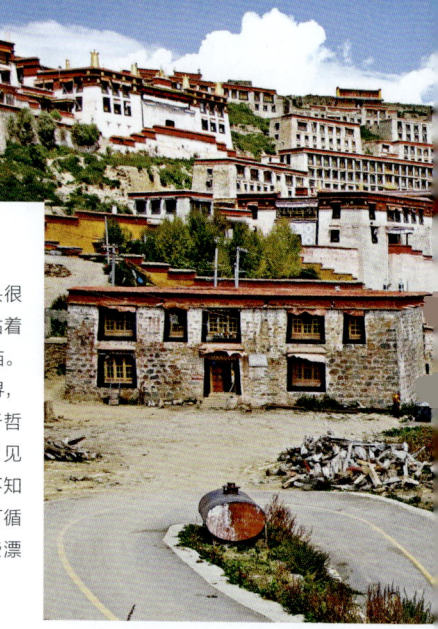

4

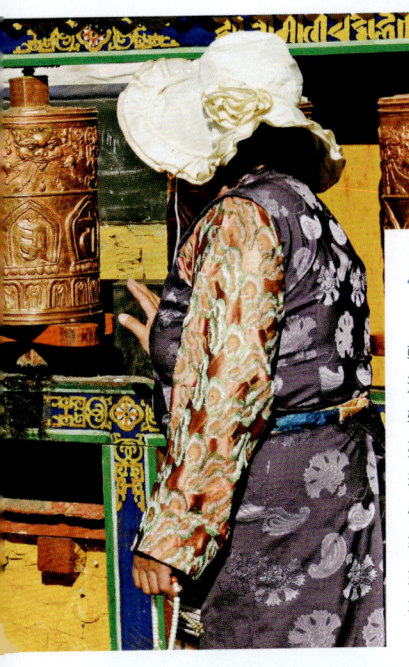

八廓街

“先有大昭寺，后有八廓街”（见86页），这条被朝圣者踩出的转经道历经千年，却从未失了人气，每天迎来送往着朝圣者。天蒙蒙亮，人们已经开始顺时针转经，大昭寺前的石板地面被经年累月的磕拜磨得光亮无比，更多人一手拨动佛珠，一手转动经筒，或者捧着一壶酥油去完成每天例行的善业。这条街上处处有传说，枯萎的公主柳和旁边那块碑昭示着千年前的唐蕃友好，一栋普通的宅院昔日可能住过大人物，东苏拉姆墙的漂亮浮雕也有讲究。很多比晒太阳更有意思的事情等着你去发现。转经的朝圣者。

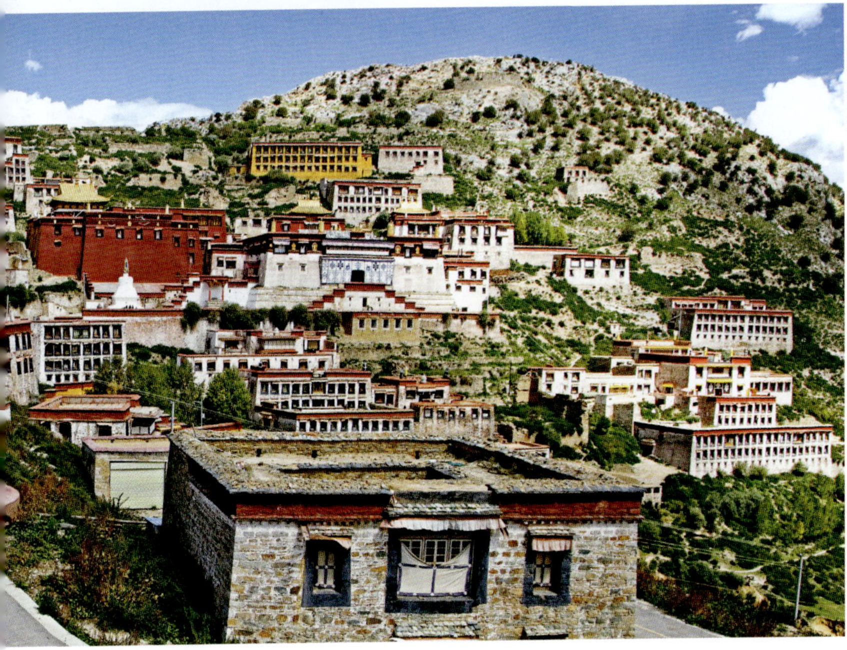

GETTY IMAGES 提供

GETTY IMAGES提供

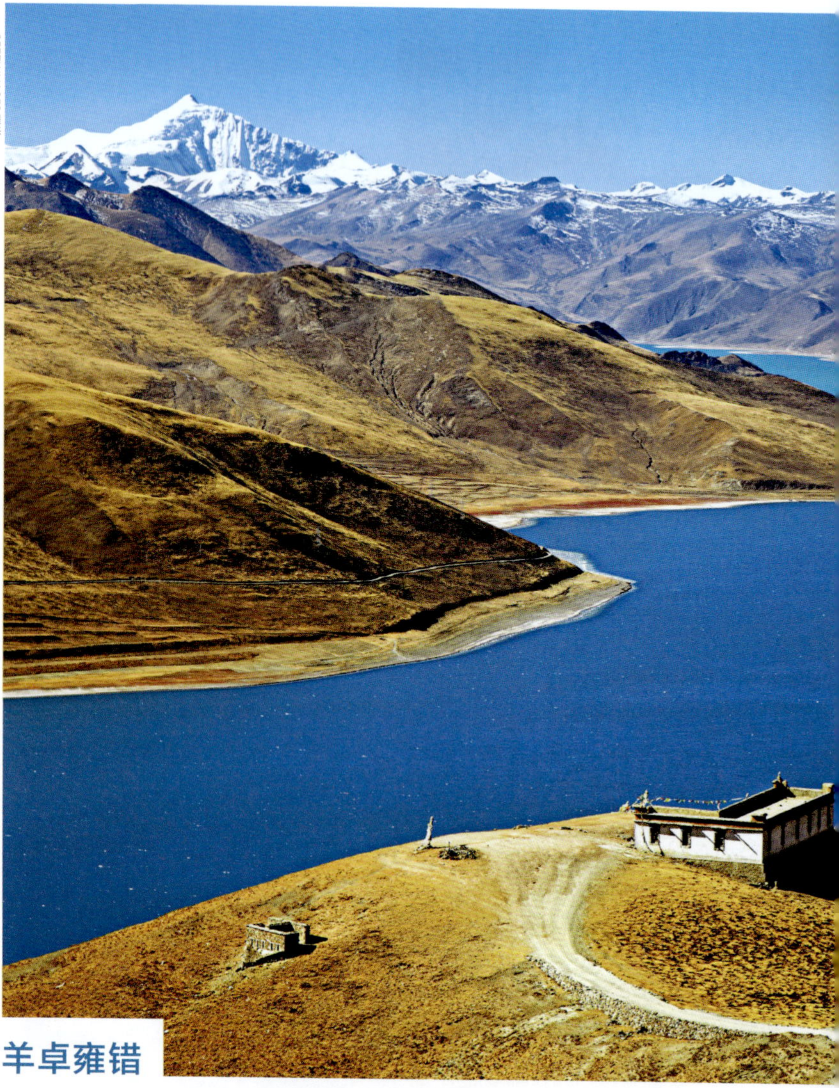

羊卓雍错

6

羊卓雍错（见267页；“错”为藏语中“湖”的音译，也可译为“措”）是大多数旅行者初次进藏的必到之地。但不要以为你一定能看到碧蓝清澈的湖水——看羊湖，天气很重要，只有在晴天，羊湖才会将它最美的一面展现给你。当你被湖水惊艳时，也会和藏民一样坚信如此美丽的事物必定是神之所赐。从拉萨出发的一日游是游览羊湖最便捷的方式，你也可以另辟蹊径，选择自驾、骑行，甚至用双脚来感受它的浩瀚和庞大。走进人迹罕至的岛屿、自然淳朴的村落，去看看羊湖和蔼又超脱的另一面。羊卓雍错。

17顶级旅行体验 计划你的行程

白宇 摄

冈仁波齐转山

这是世界上最重要的信仰之路之一，一条52公里长的完美环线，带你全方位领略这圣洁的雪峰。千百年来，佛教、印度教、苯教、耆那教教徒依照不同的仪轨朝觐神山，而坚定的脚步和宁静的心志却别无二致。愿你也能踏上这条转山之路（见330页），在直热普寺仰望壮丽的北壁和星空，与虔诚的磕长头者一起翻越5630米的卓玛拉山口，再与马帮一起挤在帐篷里喝杯暖心的酥油茶。一圈下来，虽然不确定是否能如愿洗脱尘世罪孽，但至少心灵澄净了许多。冈仁波齐日照金山。

16 计划你的行程 **17顶级旅行体验**

古格王国探秘

存在千年却忽然消亡的古格王国(见322页)留下了众多谜团。绵延不绝的土林竟然没有形成屏障——印度大师阿底峡等高僧来到古格,艺术家和客人们从卫藏、印度和尼泊尔齐聚王城,又向拉达克派遣留学生。除了山下札不让的田野,古格并没有大片的农田,壁画上的丰衣足食从何而来?皇家寺院托林寺召开藏传佛教历史上第一次大法会,云集的僧众如何在1000多公里外的拉萨获知了消息?从故城的山下经过平民的洞窟和红墙寺院,幽暗的通道将你带到王国和贵族生活过的山顶。四周土林群山在一片氤氲之中,心中生起怀古探幽之情。古格王国遗址。

扎什伦布寺

只要你在日喀则停留,一定不会错过这里。这座藏语中的"吉祥须弥寺"(见254页)是日喀则的精神高地。从"鼻孔可以容纳一个成年人"的强巴佛,到五世至十世班禅的华丽灵塔,扎什伦布寺带给你的震撼与惊叹并不亚于初见布达拉宫时的激动。跟随当地人沿着外转经道走向后山,你将有机会俯瞰日喀则市。若你在藏历四月十五日(公历六月中旬左右)来到日喀则,就不要错过这里连续三天的展佛节,届时,展佛台上将会展出现在佛、未来佛、过去佛。聆听讲经的小沙弥。

10

泡甜茶馆

据说，甜茶是英国人带来的生活方式，并且曾是西藏贵族的专享。“走进新时代”后，甜茶馆才出现在拉萨街头，却是女性的禁地。如今，拉萨城里最著名且规模最大的两家茶馆依然是男人唱主角，环境实在称不上好，简单的长桌长凳，认识的、不认识的人对坐，侃侃而谈，服务员提着暖壶忙不迭地为客人倒茶。藏族女性也有了“固定约会”的茶馆，不大的空间，看起来干净得多，有干练的职业女性，也有家长里短的邻里，就如闺蜜的聚会场所，此桌与彼桌你来我往为对方斟茶。对旅行者来说，泡甜茶馆是来拉萨必不可少的体验项目。甜茶馆里的藏族女人。

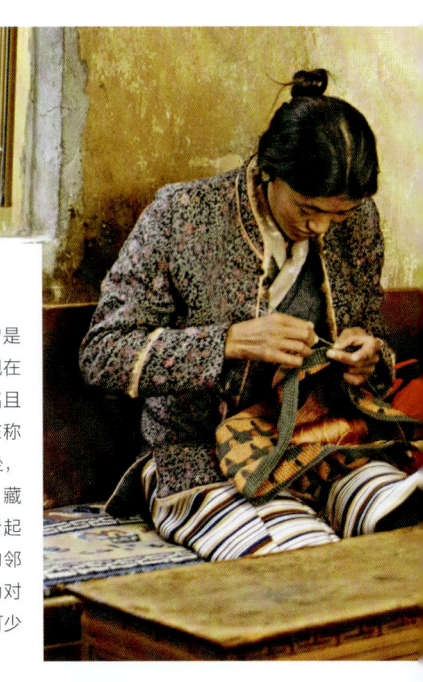

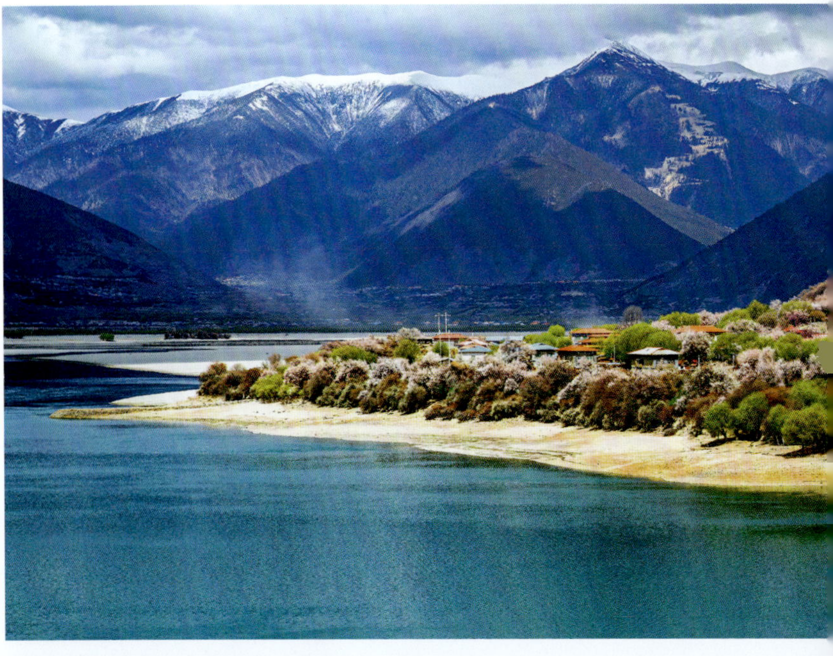

GETTY IMAGES 提供

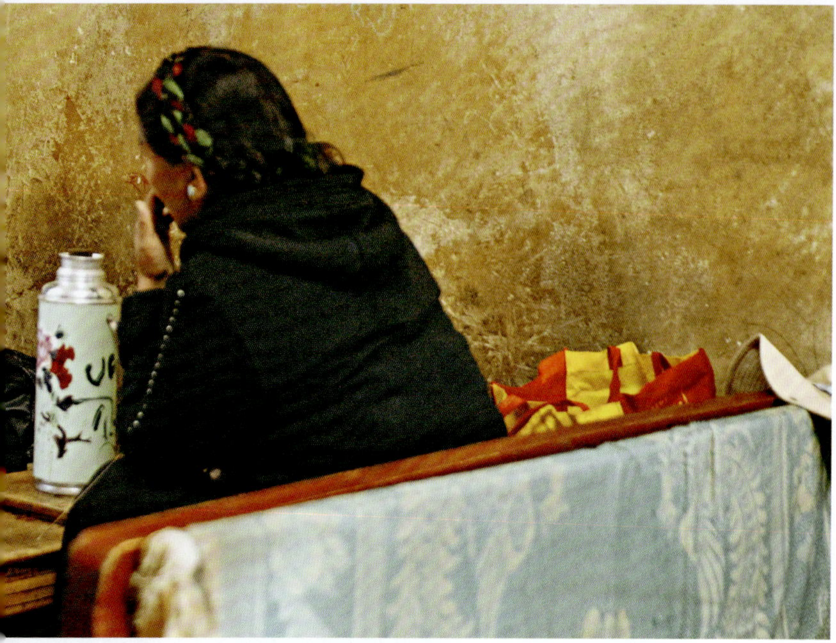

丁海笑摄

11

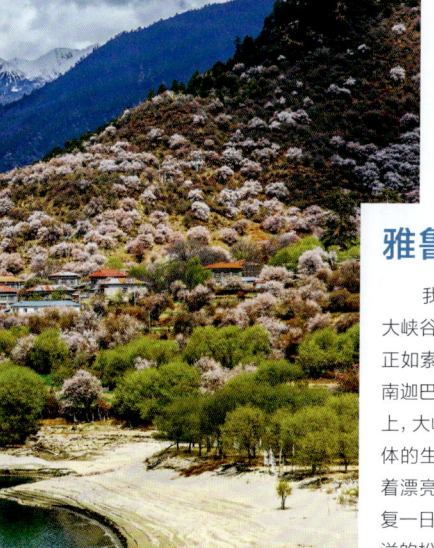

雅鲁藏布大峡谷

我们所能抵达的地方其实只是浩瀚的世界第一大峡谷（见170页）最小的入口，却像打开了一个宇宙。正如索松村的客栈阳台上那朵娇艳的桃花，一朝映入南迦巴瓦峰（见172页）的白雪里，就会永留心中。事实上，大峡谷的美不仅在于自然的奇绝，更在于它天人一体的生活方式。当你徒步走在悠然见雪山的江岸，看着漂亮而嚣张的江水奔腾不息时，江岸的居民仍然日复一日地重复着春夏秋冬的劳作和仪轨。那些香气四溢的松茸、甜蜜的苹果、油润的核桃，都是不怒自威的雪山给予他们的回报。雅鲁藏布江和岸边的桃花。

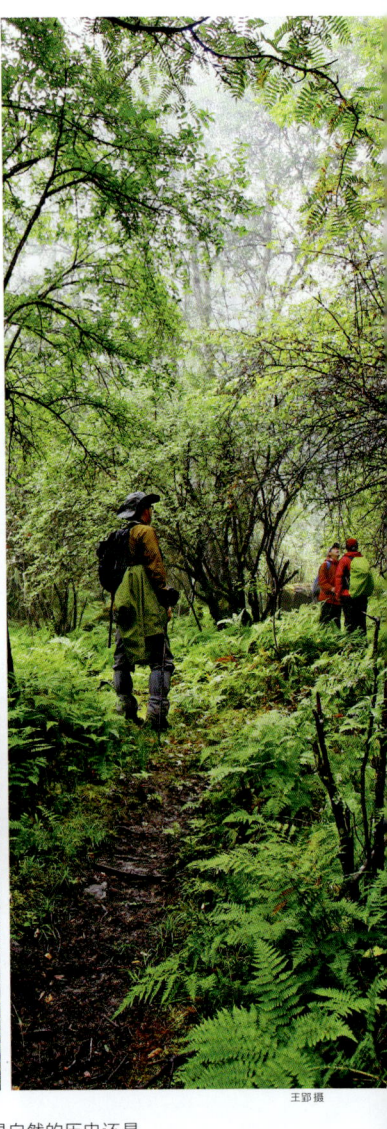

GETTY IMAGES 提供

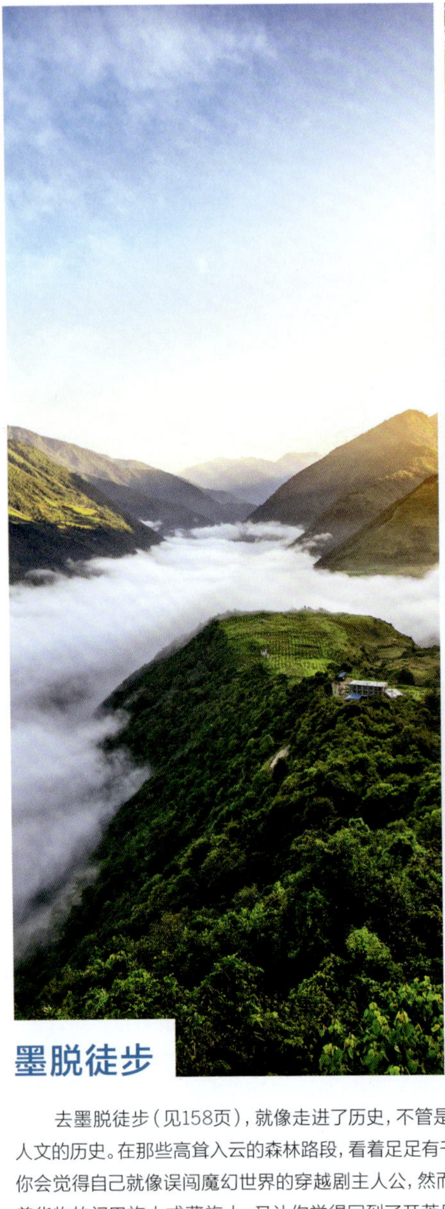

王郢 摄

墨脱徒步

12

去墨脱徒步（见158页），就像走进了历史，不管是自然的历史还是人文的历史。在那些高耸入云的森林路段，看着足足有千年之龄的树木，你会觉得自己就像误闯魔幻世界的穿越剧主人公，然而偶尔冒出来的背着货物的门巴族人或藏族人，又让你觉得回到了开荒辟岭的年代。从针叶林、雪山顶到云杉林、热带森林，仅仅是一山之隔，雅鲁藏布江的上、下游就有了如此之大的差异。如果不是"脚踏实地"地走上3天，你就不会真正理解这片莲花宝地的丰润珍奇。（左图）墨脱晨雾；（右图）墨脱徒步。

桑耶寺

雅鲁藏布江上树影翩翩,让人心醉神迷,桑耶寺(见210页)则是江畔沙洲上的一座坛城,创造者用简单却又复杂的设计,建筑了整个世界和宇宙。寺院里的建筑布局看似疏松,其实步步都有玄机,甚至连一棵树的位置也有讲究。你很容易在它精妙的布局中找到气场相投的角落,那就是属于你的世界。如果觉得身在寺中看不清格局,可以登上由寂护大师守护的海不日神山,从山顶往下看寺庙和江河。桑耶寺锁住整个雅鲁藏布江平原的轻巧和力量,让人感到无比震撼。桑耶寺全景。

13

拉姆拉错

雅鲁藏布江边上坑坑洼洼的公路、常被大雪覆盖的崔久沟,去往拉姆拉错(见224页)路途的漫长和困难像是理所当然的预兆,这些都表明真正的神启和开示总是不会那么轻而易举地到来。而到最后,当你气喘吁吁又不敢大肆声张地登上台阶、到达5300米海拔的观湖处时,那种急迫和希望就会被身边朝圣者的默默无言静静地摁下去,然后被所有人的平静所平复。一起观看这小小湖泊的风云变幻,如果到最后看到了那些云彩和光线的一丝丝变化,就为自己和世界祈祷吧。拉姆拉错神湖朝拜。

14

跟着西藏人过节

想快速感受西藏风俗，加入当地人的节日即可。雪顿节期间，哲蚌寺（见94页）的唐卡徐徐展开时，没人不为之沸腾；无论你是否闻得惯酥油味，酥油花灯节（见374页）时，你都会为酥油制成的艺术品而惊叹；燃灯节（见106页）会有星星点灯的不夜城；若是能赶上一场寺庙的大法会，你会看到流传千年的佛教音乐舞蹈；更带劲的是乡下的望果节（见106页），日期自己定，唱唱跳跳自己嗨；贪恋美景的人，当然要在桃花盛开时赶去林芝（见162页）。(上图)赛马节；(左下图)身着民族服饰的藏族女人；(右下图)望果节。

15

当惹雍错

如果在藏北只看一个湖，那就来当惹雍错（见354页）吧。除了那一抹不可思议的蓝色，古象雄王朝的神秘和当地苯教半农半牧的生活都为这个美丽湖畔注入了深邃而又鲜活的特征。住在藏式家庭旅馆里，看窗外圣湖的色彩变换；走进贵如金沙的农田，与当地人一起在最坚硬的土地上耕耘；坐上当地人的摩托车，前往琼宗的苯教神山转经。你会庆幸自己来到了这里，又有点想保守住这个秘密。当惹雍错。

16

萨迦寺

你很难在别处看到寺庙与民居如此统一的景象。远离中尼公路的萨迦不似江孜可以顺道探访，也正因为如此，这里有更为纯粹的宗教氛围。历史上，萨迦寺（见281页）曾是西藏的政教中心，拥有厚重且灿烂的文化历史。结构严谨的南寺与一河之隔、可称为"遗址"的北寺，构建了完整的萨迦寺，萨迦派从这里走向藏地。在南寺看完一件件让人叹为观止的宝贝后，沿着北寺的步道缓缓上山，俯瞰仲曲河缓缓穿过萨迦城，你会想在这里静静地坐下，想象曾经辉煌的萨迦王朝。萨迦寺法会。

17

计划你的行程
最佳行程
7天

拉萨、日喀则双城经典游

前藏、后藏的双核,如今依然是西藏最有活力的两座城市。当然,它们不只文化深厚、旅游设施完善,风景同样摄人心魄,而且海拔高度没那么折磨人,最适合作为进藏初体验之地。

无论你选择何种交通方式到达**拉萨**,都先歇上半天,以适应为主,或是做点不费体力又不失了解当地文化风俗的事,比如去甜茶馆坐坐、逛逛八廓街,或是花上小半天时间去**西藏博物馆**,了解一下西藏的历史文化。**第2天**,早上去**大昭寺**参观,即使你很怕拥挤的地方,也不要错过最有价值的等身殿。下午去**布达拉宫**,若是旺季,确保已提前预约门票。藏餐和藏式火锅都是晚饭的理想之选,餐后踱步去布达拉宫对面拍夜景。**第3天**,去北郊的**色拉寺**和**帕邦喀寺**,你可以坐车分别前往两地。如果

体力好,也可以徒步去,全程走下来需要4~5小时,对于初上高原的人来说会有点辛苦,但是景色绝美,拉萨城一览无余。

第4天,走出拉萨,一路向南,欣赏沿途的风景。在岗巴拉山口俯瞰**羊卓雍错**,过浪卡子不久,**卡若拉冰川**便在公路边向你招手了,接着是虽为人造但也足够惊艳的**满拉水库**。下午到达**江孜**后,登上**宗山古堡**赏日落。**第5天**,赏完**白居寺**的精美壁画和"十万佛塔",爬上**紫金寺**的山头回望江孜。下午赶赴**日喀则**,途中先去趟汉藏混搭风格的**夏鲁寺**。

第6天,一早去参观神圣又奢华的**扎什伦布寺**,然后去后面山上转寺,顺道去看看非常眼熟的桑珠孜宗堡。下午赶回拉萨,找个旅行社联系好次日去纳木错的一日游。

第7天,跟团去**纳木错**。别理会司机强调的最佳观景点,他只是不想让你走太远,好带着团队速去速回。拍完纳木错与念青唐古拉山脉的合影,就沿着扎西半岛走走,至少要走到**合掌石**。返回拉萨后结束此趟行程。

(左图)从帕邦喀俯瞰拉萨。

计划你的行程
最佳行程
14~17天

从日喀则深入阿里

西藏之西是真正的广袤之地,这一带地貌结构极其丰富,有"一错到底"的高原海子,也有各路宗教奉为精神中心的神山,还可以迅速从缺氧模式切换到富氧模式,而古格王朝和象雄文明留下的谜团也等待着你去探索。你最好有辆车,否则很难在15天内完成这趟旅程。

在起点**拉萨**悠闲地待上2天,你可以根据步行路线(见110页)细细品味拉萨老城,然后前往**日喀则**。你已经看了很多格鲁派寺庙,再去参观一下风格迥异的**萨迦寺**。从萨迦折回318国道,经拉孜到**定日**住一晚。前往珠峰前先在**加吾拉山垭口**将4座8000米以上的雪山揽入视线,然后到**珠峰大本营**近距离感受世界第一峰,走访世界最高的寺庙,再从世界屋脊寄张明信片给自己。

从大本营下来后,一路向西,沿途经过**佩枯错**时,遥望一下希夏邦马峰。深入**吉隆沟**,暂别高寒,在森林与瀑布相伴中迎接印度洋吹来的暖风。用1天时间去探访吉隆镇周边静谧的村庄。从来时的原路走出吉隆沟,拐上219国

道，踏入阿里广阔又苍凉的地盘。

从萨嘎往西，一路会经过仲巴、帕羊、巴嘎，后两站都可作为留宿地。接下来去感受风浪大作的"鬼湖"**拉昂错**和风平浪静的"神湖"**玛旁雍错**，游览**吉吾寺**，住在**普兰县城**，去中尼边境附近看一看古格时期的**科迦寺**。返回219国道，如转山，就住在**冈仁波齐**神山脚下的**塔尔钦**。深入象泉河河谷地带，去门士乡泡个温泉，参观**直达布日寺**和**古如江寺**，探访两处据称为古象雄国**穹窿银城**的遗址。回到219国道，从巴嘎兵站南行进入**札达**，沿途有磅礴的土林群适合驻足架起三脚架。如果你对宗教艺术感兴趣，就不要错过**托林寺**的壁画，最棒的人文艺术景观无疑是**古格王国遗址**。从札达回219国道时稍微绕一绕路，去趟**皮央东嘎洞窟遗址**。

到了**狮泉河**后，你有两个选择，如果假期不够了，可以就此结束，从这里飞回拉萨，或坐上26个小时的大巴回拉萨。如果有钱有闲且对阿里意犹未尽，那么返程就走大北线，这条线很漫长，而且路况很差，但一路景色绝对让你过足眼瘾。花上2天才能到达**措勤**，再花1天从**扎日南木错**走捷径经**当惹雍错**（或走301省道）到达**文布南村**。然后从尼玛向东到达新晋第一大湖**色林错**，从班戈进入最后一个湖**纳木错**。最后从当雄返回拉萨，结束行程。

（左图）札达土林。

计划你的行程
最佳行程

7天

林芝、山南贯穿游

此线涵盖林芝、山南的精华景点,但也略像"大路货",适合初次到西藏尚不敢放开手脚走得太深入的旅行者。

依然从拉萨出发,前2天给**桑耶寺**和泽当的**雍布拉康**。接下来沿雅鲁藏布江东去,路况很烂但风景迷人,算是对旅途疲惫的犒劳。留意路边**"达古峡谷"**的招牌,爬上一段栈道就会发现群山里的秘境。继续前行,过加查县城后重新回到柏油路,20公里后到达加查镇,左转北拐去**拉姆拉错**,费力地爬上最后300米,试试你能否在这片神奇的湖泊中看到自己的前世或来生。回到主路继续往东,路况开始变好,雅鲁藏布江由狭窄变得宽阔。

过朗县,看完**列山古墓群**,前往米林,沿途雅鲁藏布江岸边流沙堆积成山,若是春天,

米林的桃花会开遍河谷，还有珞巴族居住的**南伊沟**。穿过贡嘎机场前往派镇，住进**雅鲁藏布大峡谷景区**的村庄里去，直白村和索松村的景观都很好。游览雅鲁藏布江大拐弯和小拐弯后，还可以花半天时间徒步去**南迦巴瓦峰大本营**，日出和日落两个时间点不要东奔西跑，守在村里或江边，此时，南迦巴瓦峰最容易现出真身。从派镇经机场走高速前往八一方向，不进城转而向东过林芝镇（还可以从派镇沿着横跨雅鲁藏布江的大桥过江，之后沿河东的公路，经过米瑞乡到林芝镇），沿着318国道继续向东，经过**色季拉山口**时再试试是否有看到雪山的运气。然后去**鲁朗林海**感受下葱郁的绿色植被。

朝着拉萨方向往回走，鲁朗至八一这一段是回头路，八一虽然没有特别的风景，但有这段旅程中最好的住处。然后从巴河镇拐上**巴松错**，在西藏的圣湖中它不算大，不过镶嵌在绿林中外加潮湿的气候令它很特别，你可以在此住上一晚。最后一天继续沿318国道往西走，顺道去墨竹工卡的**直贡梯寺**参观，再去**德仲温泉**感受下吸天地之灵气的野温泉。返回拉萨后结束行程。

(左图)波密嘎朗湖。

计划你的行程
最佳行程
8天

山南小环线

山南是藏文化的发源地,尽管几乎人人都知道这里值得一去,但大多数人只会选择一条大众化路线,在容易到达的泽当附近,触摸一下文化的皮毛,赏一段雅鲁藏布江的美景,便算领略了山南。大多数景点路途遥远又交通不便,因此也把山南藏得好好的,它用令人窒息的美景回报辛苦前来的旅行者。这一路最好选择自驾或包车,班车要么很少,要么时间不固定,且路况等不可控因素较多,如果时间充裕,9~10天会更稳妥些。

第1天,从拉萨出发,先去**桑耶寺**,如果到得早正好能赶上去青朴的班车,先去探访青朴山上的修行地,回程再参观桑耶寺,赏三合一的建筑风格,看各种主题的壁画,当晚留宿在此。

第2天,去泽当,早上去吐蕃第一座宫殿**雍布拉康**和**昌珠寺**,下午去琼结县游览**藏王墓**,当晚返回泽当住宿。

第3天,沿着错那公路一直往南,沿途可以欣赏雅砻河谷的田园风光,**雅拉香布雪山**也会出现在你的视线里。当天的第一个目的地是**拿日雍错**,之后一路经错那直抵**勒布沟**,当晚在住宿条件相对较好的麻玛乡修整。

最佳行程 计划你的行程 31

第4天，进入瀑布溪流风光带，一直到**勒乡**，这里也是你能到达的山南最南方。当晚投宿在峡谷里的**麻玛乡**或返会**错那**县城住。如果你对仓央嘉措的故事感兴趣，这一带就是他成长的地方，你也可以在错那县城和附近村庄拜访他儿时生活过的旧居。

第5天，从错那县城出发，往北到拿日雍错，之后往西进入砂石土路，你的车子和屁股都要经历颠簸土路的考验，一直到色乡为止。从**措美**经边巴到**拉康**，这一段路非常考验车子的性能，最好驾驶四驱车或找当地人做司机。当晚宿拉康镇或卡久寺，过了拉康邮局100米右边有条土路岔道，拐上去开到山顶就是卡久寺。

第6天，欣赏了群山之中的**卡久寺**的日出后，下山前往洛扎色乡。如果路途顺利，当天下午可以去泡**拉普温泉**缓解旅途疲劳。晚上宿**色乡**。

第7天，上午游览**色卡古托寺**的九层碉堡和山上的**洛卓沃龙寺**，下午去措玉村的**朱措白马林**看雪山下的湖泊，来得及的话，当晚可以赶到洛扎县城住宿。

第8天，离开洛扎，开上柏油路，经过拉隆寺后，在**库拉岗日雪山**一座座山峰的注视下，一路朝着**普莫雍错**驶去，你会沿着湖边开上十来分钟，一路尽赏边境雪山。继续往北，**羊卓雍错**也不远了。天黑之前经贡嘎上高速返回拉萨。

（左图）雍布拉康。

计划你的行程
最佳行程
30天

白手 摄

西藏东西穿越之旅

以拉萨为中心,朝东走,既壮丽又旖旎,雪山与森林、高冷与湿冷交替出现;朝西走,一路攀高,看不尽的神山圣湖,空旷到可以把你的视线带得很远,很多人觉得这里才是雪域该有的样子。许多人陷入选择恐惧症,无论走哪个方向,心里总会牵挂另一条线,那么,不如就来个东西对穿,但前提是你有足够多的假期。为了让身体更好地适应,我们推荐你东进西出,长途大巴可以贯穿全程直至出藏前最后一站。当然,没有什么比自己掌控方向盘更自在。

最传统的进藏路线是川藏南线,即318国道。如果从云南出发,**盐井**是你进藏的第一站,接着你会在**芒康**并入川藏南线。如果你走川藏北线,进藏后经**江达**到达**昌都**,然后一路向南。3条进藏路线会在**邦达**合而为一。

邦达之后会经历一程足以令司机恶心的72道弯,才到**八宿**。**然乌**是进藏后第一个值得为风景而留宿的地方,看看**然乌湖**里雪山的倒影,去**来古冰川**徒步。在**波密**看过田园风光后,你可以南下**墨脱**,看看热带风情的西藏,然后重新回到318国道,前往**鲁朗**赏林海。回八一镇后,若非花开的三四月,就没必要多逗留了,直奔拉萨吧。

最佳行程 计划你的行程 33

你已赶了半程路,留在**拉萨**缓冲一下,并为接下来依然艰辛的下半程补点"弹药"。拉萨城内有足够多看点供你慢慢游走,也别忘了跟着朝圣大巴去看看**楚布寺**和**桑耶寺**。如果不是自驾,可以参团一游**纳木错**或**羊卓雍错**。

下一站**日喀则**,近的**扎什伦布寺**和稍远的**夏鲁寺**都值得一看。接着,在前往珠峰的途中参观一下**萨迦寺**,在定日睡一宿后上**珠峰大本营**,体验"高处不胜寒"。接着去**吉隆沟**的青山绿水中享受滋润的2天,徒步**吉普大峡谷**,在附近的村落走走。

走出吉隆沟,沿219国道西行。进入普兰前,先去看看"鬼湖"**拉昂错**,再去"神湖"**玛旁雍错**仰望纳木那尼峰。然后去中尼边境的**普兰**感受异域风情,徒步或拼车去**科迦寺**参观。回到219国道,如果想去冈仁波齐转山,就向北转入**塔尔钦**。向前在巴嘎兵站南行进入**札达**,**托林寺**和**古格王国遗址**都会令你惊叹。

从**狮泉河**开始,花上2天时间走出阿里进入新疆,沿途可赏跨国湖泊**班公错**。

(左图)然乌湖。

计划你的行程
每月热门

1月至2月

冬日的雪域真的是高处不胜寒,但日光充足的拉萨没想象中那么冷。藏历新年很热闹,但你若不擅长跟着当地人"混",就会备感萧条和无趣,因为即使专做游客生意的店铺也不再把你当回事。

藏历新年

西藏最重要的节日之一,拉萨在藏历正月初一过新年,而勤劳的日喀则人为了不耽误春耕,会提前一个月过年(藏历十二月初一)。过节形式与汉族新年类似,吃吃喝喝、走亲访友,还有盛大的"跳神会"。与浓郁的节日氛围形成对比的是街上店铺大门紧闭。

酥油花灯节

藏历正月十五日,强巴林寺(见370页)和托林寺(见337页)有酥油花灯节,酥油做成的五颜六色的花木、神仙、鸟兽等如一件件艺术品,还有特大号的酥油花。僧人集体诵经、表演跳神,普通民众跳锅庄舞参与庆祝。

古突羌姆

吉隆的曲德寺(见294页)流传了1000多年的宗教仪式古突羌姆是一种舞蹈,舞者戴着夸张的面具,舞步神秘,在藏历十二月二十九日举行。

3月至4月

拉萨及拉萨以西地区仍然一片萧寂或被冰雪覆盖,林芝却已春暖花开,是一年中最美的季节。此时来,长枪短炮的装备才大有用场,318国道也未到凶险时。

林芝桃花节

西藏唯一不走高冷范儿的地方,也最早回

春，尼洋河两岸的山坡上如粉色仙境。在绿色麦田的衬托下，桃花漫山遍野，远方的雪山清晰可见。3月中下旬是最佳赏花时间，可以去索松村、巴松错、松宗镇、德木寺赏花。

5月至6月

山南山谷里的杜鹃花开得正艳，纳木错的冰雪刚刚消融，但依然可能会遭遇不期而遇的暴雪，如果碰上了别抱怨运气差，"速冻"与"速融"模式的纳木错不是你想见就能见到的。

❋ 萨噶达瓦节

纪念释迦牟尼诞生、悟道、圆寂的节日，拉萨的林廓转经道上"日出而转，日落才息"，节日在藏历四月十五日达到高潮。

❋ 达玛节

藏历四月十日至二十八日，江孜的宗山脚

最佳节会
- ❋ 林芝桃花节 3月
- ❋ 拉萨雪顿节 藏历六月三十日
- ❋ 望果节 8月或9月
- ❋ 那曲赛马节 8月10日
- ❋ 燃灯节 藏历十月二十五日

下聚满了身着盛装的人们，既有赛马、射箭比赛，也有现代版的足球、篮球、拔河赛等各种表演赛。

❋ 楚布寺跳神节

楚布寺（见126页）延续了近千年的传统节日，在藏历四月十一日举行。被称为"羌姆"

（左图）望果节；（右图）燃灯节。

的宗教舞蹈很有看头，在牛皮鼓、法号、唢呐的伴奏下，人们头戴面具、佩彩刀起舞。

桑耶寺法会

藏历五月十五日至十七日是桑耶寺的重要法会，僧人会表演传承千年的金刚神舞。藏历正月初十和十一日，该寺也有法会。

文布南村开耕节

农民放水开耕的重要日子，经验丰富的"田长"根据古老的方法测算，每年时间都不一样。

7月至8月

节日最多的季节，本地人开始过林卡（耍坝子），也是西藏最热门的旅游旺季。尽管317、318国道遇雨就成灾，消费指数还每年都创新高，但是也阻挡不了人们进藏的决心。

雪顿节

拉萨独有的节日，也是旅行者最喜欢的当地节日，在藏历六月三十日举行。半夜摸黑爬上哲蚌寺（见94页）的山腰，等待日出后巨幅唐卡徐徐展开，下午去罗布林卡（见96页）过林卡、看藏戏表演。参加过的人都倍感难忘：被挤得心有余悸。雪顿节期间，拉萨放假7天，一些寺庙或商店会关门。

那曲赛马节

藏北规模最大的赛马会，从8月10日开始，持续5天。除了比骑速，还比骑术，马上耍枪、射击、倒立等都能引发阵阵欢呼，还有射箭、摔跤、拔河、抬石头等竞技项目和民俗歌舞表演。

阿里草场如海

阿里牧区的草场绿茵如海，有机会看到藏野驴和藏羊等野生动物。车少人少又艰苦的阿里大北线，此时约伴拼车最容易。

展佛节

何必执着于雪顿节上哲蚌寺的那幅唐卡，藏历五月十四日至十六日是扎什伦布寺（见254页）的展佛节，同样历史悠久，3天分别展出过去佛、现在佛和未来佛。1个月后（藏历六月十五日至十七日），甘丹寺（见124页）的展佛节也开始了，同样持续3天。

萨迦寺金刚神舞法会

为期7天的萨迦寺（见281页）法会，在藏历七月初七至七月十七日举行，首尾2天在南寺有盛大的庆典。你可以凑热闹看神舞，也可以加入当地人家庭，吃吃喝喝过林卡。萨迦寺在藏历十一月还有一次冬季法会，可欣赏到佛教音乐舞蹈。

羊卓雍错环湖自行车赛

如果没有那么多时间体验318国道的漫漫骑行路，那就在8月中旬来挑战羊卓雍错内环线全程3天的骑行（见270页）。此活动已经连续举办3年，费用全免，你要做的只是报名并带上自行车。

望果节

望果节是西藏农民欢庆丰收的节日，待青稞黄熟后，在秋收前举行，一般在8月末9月初。没有统一的过节时间，每个乡自行选定吉日，拉萨的雪顿节之后便可以去周边乡村碰碰运气了，去山南时别忘了在桑耶镇打听打听，如果在后藏地区，就去江孜的乡村凑个热闹。通常会有赛马等比赛和载歌载舞的庆祝。

八思巴文化节

8月8日至12日在萨迦寺举办，你能一睹有着700多年历史的萨迦索舞。这是庆祝盛典、迎接法王时的舞蹈。如今已成为官方组织的文化旅游节，加入了拔河、藏戏、藏装秀等文艺表演。

仲确节

藏历六月十五日举行,类乌齐县的传统节日,已有近700年的历史。据说这一天拜佛许愿、做买卖的成功率很高,因此备受商人重视。节日上有摔跤、赛马、拔河等比赛,诵经和吃吃喝喝、载歌载舞也是少不了的内容。有些藏族人还会去德庆颇章神山转山。

猴年转山

看准时间,与赫赫有名的冈仁波齐转山一样,这也是一个12年才一次的转山。地点在山南的扎日神山(见242页方框),本书出版的2016年正当时。

哲古草原牧人节

7月25日,措美的哲古草原会有包括赛马比赛在内的载歌载舞的节日。

9月至10月

除了"十一"期间会迎来一个小高峰,其他时候都是人少风景好,是抄底旅行的最佳时机。再晚一点,拉萨河谷和雅鲁藏布江峡谷会被染成金色的童话世界。

珠峰文化旅游节

9月第1周举行,日喀则和定日都有开幕式会场。节日很官方,不过可以欣赏到拉孜堆谐、定日洛谐等后藏歌舞,凑凑热闹也无妨。

山南的叶子黄了

蓝蓝的天空、清澈的江水、倒映着金色的树林,雅鲁藏布江河谷美如仙境。

11月至12月

山南的勒布沟温暖如春。317国道已不具备整体通行条件,不过方便到达的昌都节日众多。

工布新年

传说很久以前,因有外敌入侵,工布江达人民组织起保家卫国的军队,但因担忧没有机会回家过年,便在出征前提前把新年过了。于是有了林芝藏历十月初一率先过年的传统。

白拉姆节

佛教中也有父母阻碍儿女自由恋爱的故事,不过人间自有人情味,于是便有了每年藏历十月十五日一年一度的"鹊桥相会"。如今的节日已演变为当地藏族妇女的"仙女节",也有了新的玩法,可以肯定的是,街上满是盛装打扮的藏族姑娘。

燃灯节

藏历十月二十五日,纪念格鲁派创始人宗喀巴大师圆寂的节日,各地都有不同的庆祝方式,但时间可能会稍有不同。拉萨的寺庙和家家户户都会点起酥油灯,成了不夜城。昌都叫安确节,强巴林寺九大扎仓会制作沙坛城。

计划你的行程
新线报

我们的作者搜集目的地新潮流,总结了西藏最新景点和活动资讯,并为旅行者带来便利的基础设施建设新动向,保证新鲜热辣。

吉隆口岸恢复通关

2015年尼泊尔地震后,拉萨发往樟木、加德满都的班车都已停运。2015年11月,吉隆口岸恢复通关,从西藏前往尼泊尔的旅程又多了一种选择。从吉隆到加德满都的班车目前处于试运行阶段,每周3班,全程160公里,约需6小时。目前的路况依然很差,在尼泊尔境内需穿越郎当保护区。(见123页方框)

拉萨周边交通更加方便

连接拉萨和西藏第二大城市日喀则的拉日铁路于2014年8月15日开通运营,使世界海拔最高的青藏铁路向珠穆朗玛峰方向延伸了251公里,前往日喀则也不再受限速的困扰。2015年9月,拉林高速通车,这是西藏第一条城际高速公路,40分钟可以从拉萨飙到墨竹工卡,时间节省一半,拉萨到林芝也只要5小时。另外,桑耶寺通往机场高速的油路和扎囊大桥都已在2015年完工,从拉萨前往桑耶寺和山南更加方便。

拉萨文艺新气象

2014~2015年,拉萨除了在打造文化旅游创意园区,也新增了许多有趣的文艺展馆。西藏牦牛博物馆(见103页)以牦牛为主题,也常有艺术展。醍醐艺术中心以推广藏地现当代艺术为主,陈列着一些国内外藏族艺术家的作品。

318国道迫龙沟特大桥完工

迫龙沟特大桥于2016年1月完工,规避了有着"地质灾害博物馆"和"通麦坟场"之称的"通麦天险",318国道的通行状况将得到改善。

川藏北线升温

由川藏北线入藏逐渐升温,这条线路的一部分与317国道重合,沿途有四姑娘山、丹巴、色达、马尼干戈、德格、石渠、白玉、亚青寺等许多热门旅行地。从成都出发,可以坐班车直达昌都,也可以先到丹巴、炉霍、甘孜、色达或德格,进藏后再由昌都一路向南,转入318国道到拉萨。

亚洲第一家星空主题公园

亚洲第一家以星空为主题的暗夜公园(见346页)位于阿里狮泉河镇以南19公里处,2014年开始免费试营业,5月至10月初开放。星空体验区为摄影爱好者提供了拍摄星空的专用平台,天文望远镜观测区为天文爱好者提供了20台天文望远镜。另外,随着阿里地区旅游业的升温,阿里的札达、普兰和塔尔钦在2015年都有了精品酒店。

鲁朗国际旅游小镇

这个由广东援建的项目位于林芝八一镇以东80公里处的318国道上,2016年开始试营业,将有三家五星级酒店和精品酒店同期开业。(见176页)

拉萨新享受

继2011年拉萨瑞吉度假酒店开业后,国际五星级连锁酒店开始逐渐进驻拉萨。2014年开业的香格里拉酒店(最大特色是设有氧吧)和洲际酒店让雪域圣城有了更多"腐败"、享受的选择。

进藏公路改造工程

"丙察察"公路开始进行油路改造,2年内不便通行。同时,317国道也有多处在重修路基和修建隧道,部分路段状况有望得到改善。

(左图)吉隆村庄;(右图)牦牛博物馆。

计划你的行程
获得灵感

书籍

《**西藏生死书**》(索甲仁波切著)关于藏传佛教生死观比较浅近、亲切的介绍。

《**喇嘛王国的覆灭**》(梅·戈尔斯坦著)西方研究西藏现代史的权威著作,引证丰富,资料翔实,包括大量原始档案和外交档案,征引的民间歌谣使行文生动不晦涩,是了解西藏现代史的入门级读物。

《**藏传佛教常识300题**》(多识仁波切著)了解西藏应从了解藏传佛教开始,本书对藏传佛教中常见的300个问题进行了解答,图文解析,通俗易懂。

《**藏传佛教绘画史**》(于小冬著)第一本从远古到20世纪90年代末完整梳理过的西藏艺术史,既有史料也有诠释,更像是一本画册。若能通读此书,你对西藏或藏传佛教的画面大约可以心领神会了。

《**艽野尘梦**》(陈渠珍著)1909年,奉赵尔丰命随川军进藏走现在被称为川藏南线的这条路,这本书是他一路的日记,有爱情、战争、重大历史事件。随笔带过的西藏风俗和传说,读起来都颇有趣味。

电影

《**旅行者与魔术师**》(宗萨蒋杨钦哲仁波切导演)一位不丹活佛的作品,既有不丹藏族世俗生活的俏皮,也有充满佛教意味的思考。

《**塔洛**》(万玛才旦导演)藏族导演的第五部藏语电影,获得第52届台湾电影金马奖最佳改编剧本奖。黑白影片讲述了一位单纯的牧羊男人遇到爱情却迷失自我的故事。

《**喜马拉雅**》(艾里克·瓦利导演)故事发生在尼泊尔北部以运盐为生的藏族乡村,最为经典的藏族题材剧情与纪录大片,由法国、尼泊尔、瑞士和英国四国在喜马拉雅山南麓合作拍摄而成。宛如仙乐般的藏密梵音贯穿始终,摄影和音乐都获得过国际大奖。

《**西藏一年**》(彼得·福斯

特布鲁克/书云导演)5集纪录片,以西藏江孜为拍摄地点,跟拍8位普通藏族人一年四季的生活,记录并讲述了他们生活中包括劳作、诵经、婚恋、庆生等点点滴滴的生活故事。

《可可西里》(陆川导演)藏北草原反盗猎野生动物的故事。苍茫孤寂的可可西里,画面如连续的摄影作品。

音乐

《恩情》(德钦旺姆)有纯正的藏族音色,犹如面对家乡草原的舒展安然,堪称欣赏古典传统民歌的首选,配乐别致到位,传统民间曲调、佛经吟诵、弦子与歌曲完美相融,有完全不同于藏族流行民间歌曲的韵味。

《向往雄鹰》(亚东)亚东高亢又深情的歌声在藏区很受欢迎,以带有浓郁藏族元素的汉语自创歌曲为主。经过改编的传统西藏民歌多了一种不同的诠释,尤其适合作为自驾车走在路上时的伴奏。

(左图)经幡;
(右图)公路前方的珠穆朗玛峰。

没时间

时间太少?那就从下列影音、书籍开始了解藏文化吧。

《桑噶尔高原的女儿们》(Jean-Michel Corillion导演)在海拔4000多米的喜马拉雅山,两个从小一起长大的姑娘迎来人生不同的选择:一位远嫁,一位出家为尼。每一幅画面光影色彩都如画,每一个人物都真实而鲜活。

《阿姐鼓》(朱哲琴)带有极强西藏文化内涵的专辑,被称为"在世界范围内真正有影响的一张中国唱片"。

《西藏风土志》(赤烈曲扎著)初到西藏,要了解相关的风土人情、文化和宗教,此书为入门级,且涉及全面。

计划你的行程
省钱妙计

你得把预算做得充足一点，虽然市面上一些关于花小钱去远方的旅行书籍里都少不了西藏这一站，但我们还是要理智地告诉你：西藏是个很花钱的地方。山高水远而物资匮乏，因此各项消费都不低，淡旺季明显导致季节性消费差异很大。以下省钱贴士只是避免你花冤枉钱，但该花的钱还是得花。

交通

火车进藏性价比最高 如果打算夏天来，几乎没可能在机票开销上捞到便宜，火车进藏是性价比最高的方式，但火车票得靠"抢"，一旦确定了出行计划，就守着12306吧。

班车方便，自驾省钱 如果你只是打算去些大众化的景点，班车基本能满足。不过，想深入体验西藏，最好有辆车。不只是为了方便、自由，我们的作者算了一笔账，除了318国道沿线，其他大部分路线自驾游更省钱。

注意限速，少花冤枉钱 若是自驾来西藏，切莫飙车，否则你可能会为超速掏上一大笔钱。每隔百来公里的检查站都有限速单奉上，公路上还有很多隐形测速，提前在车里安装电子狗很有必要。另外，出发前多上网看看前辈的经验分享会很有用。

包车司机兼导游 从拉萨开始拼团包车比到了邻近的目的地再包车省钱，而且司机就是兼职导游，知道一些你行前攻略里没有的意外景点。你也不太需要担心司机一味赶路不愿停车，毕竟有限速单在呢。

门票

反季出行淡季价 反季出行，有些景点会有折扣，不受季节影响的布达拉宫在11月至次年4月门票价格减半。一些季节性景点过了9月，售票处就形同虚设了，例如塔尔钦。

门票"家属"待遇 我们不主张逃票，不过你若有相熟的本地人，也许能在门票上享受到"家属"待遇。

免费的风景

景观大道处处风景 318国道和219国道整条路都是风景线，其他如南下亚东的204省道、去往吉隆沟的路上，以及阿里北部的众湖之地，都有绝佳的视觉体验。请赶走瞌睡虫。

羊卓雍错另辟蹊径 岗巴拉山口要收门票，但羊卓雍错那么大，你大可多走几步换个地方，再举起相机。

住宿

旺季提早预订 7、8月拉萨的酒店只有贵和抢手之分，没有特色可言的快捷连锁酒店已是性价比较高的住宿场所了，如果打算住青年旅舍要尽早预订。

淡季和平季打时间差 冬季来西藏可以省不少钱。春秋两季，没必要提早预订，傍晚之后是"捡漏"的好时段，掌握好店家"与其卖不掉，不如低价卖"的心理。当然我们仅针对家庭客栈而言，标准的酒店通常有不容商量的统一价。

餐饮

藏餐便宜扛饿 甜茶很便宜。藏面可作为早餐，你若一心想省钱，又不怕吃腻，午餐、晚餐连着吃也行。

干粮取代景区餐 进知名大景区前带好干粮。

购物

不要买所谓"宝石" 不要在八廓街买蜜蜡、天珠等"宝石"。

直接从当地人手中购买 从村民手中或乡村手工作坊购买纪念品，质量有保证，且不会漫天要价，还能给对方带来实际帮助。

（左图）进藏的火车上；
（右图）骑行新藏线。

计划你的行程
如果你喜欢

自然风光

南迦巴瓦峰 不要满足于色季拉山口的惊鸿一瞥,顺着雅鲁藏布江大峡谷拐一个"Ω"大弯,静静等待它的日出和日落。(见172页)

羊卓雍错 拥有三大圣湖中最优美的线条轮廓,它离拉萨最近,有什么理由错过它?(见267页)

珠穆朗玛峰 亲近世界第一峰不容易,但欣赏它不难,驱车驶向定日的途中便能看到,你还可以去大本营睡一晚。(见289页)

纳木错 湛蓝的湖泊与洁白的念青唐古拉山脉足以成为西藏的宣传照,夕阳下的经幡群更上镜。(见133页)

当惹雍错 苯教地盘上的圣湖,可以住在湖畔牧民家,让如画的风景始终不离视线,或去探访象雄王国遗址。(见354页)

玛旁雍错 三大圣湖中最小的一个,湖边的玛尼石堆和经幡最壮观。因路途遥远也"隔绝"了一部分观光客。(见330页)

吉隆沟 从冰清玉洁的雪山速降到绿意盎然的亚热带山谷,喜马拉雅山脉五条沟中最深的一道,能给你最深刻的印象。(见251页)

鲁朗林海 它看起来不太像高原缺氧的雪域该有的景象,不过这正是这片地貌的神奇之处。(见176页)

雅砻河谷 江河与田园相伴,沙洲边春红秋黄,四季皆有不同风光。(见207页)

朱措白马林 名字很生僻的一个湖,横亘在中国与不丹之间的库拉岗日雪山是它最壮丽的背景,你轻轻松松就能走到雪线。(见241页)

岗乡云杉林 巨伞林冠遮天蔽日,行走其间,感觉自己就是绿野仙踪的主人公。(见178页)

札达土林 这片土林群极为壮观,日出、日落时尤为摄人心魄。(见336页)

户外活动

冈仁波齐转山 虽然只是走路而已,但是真的很辛

苦，尤其是在翻越了最高垭口后，却发现平路更磨人。（见330页）

希夏邦马环线徒步 4天时间里海拔逐次上升，难度尚可，也能近距离欣赏希夏邦马的英姿。（见298页）

墨脱 中国最后的秘境已经通公路了，但你依然可以用脚步丈量这条"魔鬼路"，3天内，从寒冷走到湿热，从雪山穿过森林到达雨林。（见180页）

来古冰川徒步 既能亲近冰川，难度又不大，有点体力和毅力都能完成。（见185页）

骑行进藏 从318国道的起点骑到终点，骑行爱好者大概都抵御不了这种诱惑。不过，夏季这条"伟大"的公路实在不堪重负，且事故频发。（见162页）

珠穆朗玛峰东坡环线徒步 掂量掂量自己的徒步经验再来走这条路线，也要小心，被虐完此程后，国内很少有路线能入你的法眼了。（见290页）

自驾游

阿里大北线 这条"一错再错"的赏湖路线，光有辆性能好的四驱越野还不够，车技和胆量也不能少，最好还有辆备用车，因为这里是"无人区"。（见69页和351页）

林芝山南环线 从林芝到拉萨有近路偏不抄，沿着雅鲁藏布江绕道米林、朗县、加查，美景一片挨一片。（见68页）

川藏线 进藏出藏皆可以，不过小心被怒江72拐绕到恶心。（见57页）

"丙察察" 天啊，你想把车毁了吗？学点修车技能，出发前关注下天气预报。祝你好运，勇士！（见188页）

新藏线 景色独好的新藏线。自公路铺设后，可以从最危险的路段榜单上撤下了，但沿途风景一样好。（见348页）

山南洛扎环线 拉萨以南的环线，包括羊卓雍错、普莫雍错、洛扎、措美、错那等，一路都风光无限。（见69页）

（左图）藏原羚；
（右图）玛旁雍错。

宗教寺庙

扎什伦布寺 后藏地区最重要的寺庙,恢宏而神圣,很美很华丽,小心被随处可见的宝石晃到眼睛。(见254页)

萨迦寺 昔日萨迦王朝的中心,南寺寻宝,北寺赏景。"花教"花在哪?看看灰、白、红三色的建筑墙面便懂了。(见281页)

白居寺 格鲁派、萨迦派、夏鲁派在此相安无事,著名的"十万佛塔"和精美的壁画都值得一看。(见271页)

强巴林寺 康区最大的格鲁派寺庙,酥油花、坛城、唐卡、壁画、辩经和独特的舞蹈都值得一赏。(见370页)

托林寺 辉煌的过去已日薄西山,杜康大殿内壁画的艺术价值却是不朽,108座残破的佛塔有着不俗的画面表现力。(见337页)

桑耶寺 西藏第一座佛、法、僧三宝俱全的寺庙。吐蕃、汉地、印度3种样式合成一个乌策大殿,外围有红、绿、黑、白4座风格不同的舍利塔。(见210页)

色卡古托寺 米拉日巴所建的寺庙,9层高的碉楼颇为惹眼,敢不敢上到碉楼顶层,沿着外围的狭窄回廊绕行?(见238页)

色拉寺 每个寺庙都有辩经,但还是在色拉寺看得最过瘾。(见98页)

楚布寺 名气很大,也不难到达,但仍属冷门,来过的人都会感叹:大宝法王的老家很漂亮。(见126页)

卡久寺 群山之巅的卡久寺常常云遮雾绕,产生如梦似幻的感觉,寺内的酥油花很漂亮。(见241页)

大昭寺 拉萨的心脏,全藏的信仰中心,你看到和触摸到的每一处都有故事。(见82页)

文化遗址

古格王国遗址 古格王朝昔日的荣光销声匿迹在一片无声的废墟里,它是藏地文明最神秘的地方。(见322页)

宗山古堡 经历过"红河谷"的悲壮往事,有着今日阅尽沧桑之美,夕阳下的残垣最应景。(见272页)

雍布拉康 吐蕃第一代藏王建造的西藏历史上的第一座宫殿,虽然规模不大,但也高耸于山峦,气势逼人。(见212页)

琼宗遗址 象雄王国曾在此依山而建,但气势如虹的王宫如今已无迹可寻,只剩些坍塌的战壕以供怀古思幽。(见355页)

皮央东嘎洞窟遗址 西藏最大

的佛教石窟遗址，由东嘎扎西曲林寺遗址和皮央石窟群组成，最大的看点是古格时期的壁画。（见345页）

洛扎碉楼 在山南拉康到边巴乡沿途，集中了很多已废弃的碉楼，大部分建于清朝。（见239页）

藏王墓 松赞干布、赤德松赞等几十位吐蕃赞普都葬于此，陵墓从未被"开封"，周围是美丽的雅砻田园风光。（见215页）

拉加里王宫遗址 曲松县城以南，有一座吐蕃松赞干布后裔建立的小王朝遗址。（见214页）

桑珠孜宗堡 据说布达拉宫就是借鉴成为废墟之前的它而修建的，不过在21世纪，它又模仿布达拉宫进行了修复。不管它们之间怎样交替为师，你倒是可以来此眺望日喀则。（见256页）

当地生活

边境集市 5月到10月的周一至周四，你可以去亚东（见277页）围观一下中印边民互贸。藏历七月十五，可以去色乡的不丹边境围观边贸市。

德仲温泉 露天的粗犷的天体泡，请跟着当地人大胆脱衣，泡入"野"性十足的德仲温泉。（见129页）

八廓街转经 当清晨第一缕阳光洒向拉萨时，走出门，加入安静的转经者队伍，感受信仰的力量。（见86页）

过林卡 夏天到处都挤满了游客，不如挤在当地人中吃吃喝喝过林卡，语言不通也没关系，微笑就是敲门砖。

观前世今生 去拉姆拉错试试你能不能从这座神湖中看到自己的前世今生。（见224页）

野生动物

色林错 天上飞的、地上跑的、水里游的各种珍稀野生动物，甚至连濒危物种都有。（见358页）

申扎 春天，随着黑颈鹤的到达，来围观高原神鸟的婚恋过程。（见356页）

长毛岭野生马鹿自然保护区 除了国家二级保护动物马鹿，还有机会看到黄羊、獐、白唇鹿等。（见382页）

班公错 跨国湖上的世界海拔最高的鸟岛，一到夏天就聚满了天鹅、斑头雁、红嘴鸥、黑颈鹤等。（见350页）

拉鲁湿地国家级自然保护区 冬天，候鸟们从藏北飞来拉萨"取暖"，也是你最容易看见它们的时候。（见98页）

（左图）冈仁波齐转山的藏族人；
（右图）辩经的僧人。

计划你的行程
行前参考

何时去

阿里
5月中旬至10月中旬

317国道
5月至9月底

拉萨
四季皆可前往,
5月至11月最佳

318国道
3月底至10月

日喀则
4月底至10月底

山南
5月初至10月底

全年寒冷
夏季凉爽,冬季寒冷
夏季温和,冬季寒冷
夏季温暖至炎热,冬季温和
夏季炎热,冬季温和

旺季（3月底至5月，7月至10月上旬）

➡ 3月底林芝桃花盛开，5月底是漫山杜鹃花开的时节。

➡ 6月底到8月下旬，雨季也是西藏最温暖、植被最繁盛、含氧量最高的时段，适宜旅行。

➡ 9月中旬到10月中旬，天空和大地的色彩浓郁，318国道沿途变得金黄，河水逐渐清澈，看见雪山的机会大大增加。

平季（6月，10月中旬至11月上旬）

➡ 雨季前后是高原上拍摄夜空的最佳时间。

➡ 季节更迭，草原、森林、湖泊和群山的色彩都在变化中。

➡ 租车和住宿价格没有旺季高，也有机会和当地人聊聊。

淡季（11月中旬至次年3月）

➡ 交通受降雪影响非常严重，会有被困在路上的风险。

➡ 除较大城镇，多数地方的客栈都会歇业，各地消费价格探底。

➡ 冬季的西藏有最通透的雪山和颜色最丰富的河流。

简称
藏

语言
藏语为主，每个地区都有方言。城镇里的大多数本地人都能听懂并会讲汉语，旅行目的地附近的人多数也可以用简单的汉语交流。

现金
拉萨刷卡消费比较方便，较为繁华的地区如日喀则桑珠孜区、林芝市巴宜区等地部分大商店或酒店也能刷卡。县城以上都有邮政或农业银行的ATM。大的乡镇有邮政储蓄可以取钱。在常规线路上，一两天就能取到现金。

手机
总体来说，中国电信和移动的手机信号覆盖较好，联通次之。4G信号已覆盖所有城市和主要乡镇，但总有一些地方是通信盲区，尤其在垭口、荒原等远离人类定居点的区域。

上网
县城以上规模的城镇中，绝大部分酒店提供Wi-Fi。在热点旅行目的地，即使是阿里塔尔钦这样的小镇也可以上网，阿里地区大北线上的县城里，个别酒店提供Wi-Fi。招待所和村镇的藏式客栈基本没有Wi-Fi。

每日预算

经济 200元以下
- 青旅铺位40~50元
- 面条10~15元/碗
- 公共交通是主要出行手段
- 选择免费或门票低廉的景点

中档 200~600元
- 快捷酒店、招待所或普通宾馆标间150~200元
- 饭馆点菜,人均30~40元
- 茶馆、酒吧可二择一
- 公共交通为主,少量包车

高档 600元以上
- 精品酒店、较好的酒店380元起
- 吃喝适度随意
- 包车800~1000元/天/车

重要号码

地点	电话区号	地点	电话区号
拉萨	0891	日喀则	0892
山南	0893	林芝	0894
昌都	0895	那曲	0896
阿里地区	0897		

西藏旅游咨询投诉	(☎0891-683-4193)
医疗急救	(☎120)
公安报警	(☎110)

部分地区海拔

地点	海拔	地点	海拔
拉萨	3650米	日喀则	3836米
林芝	3000米	昌都	3240米
那曲	4300米	狮泉河	4255米
泽当	3550米	珠峰大本营	5200米
纳木错	4718米	羊卓雍错	4441米

网络资源

豆瓣(www.douban.com)有关于西藏的小组。
蚂蜂窝(www.mafengwo.cn)可关注游记。
磨房(www.doyouhike.net)攻略和约伴的帖子多,约伴组队的多为广东一带的南方系。

越野e族(www.fblife.com)越野自驾攻略比较成熟,在西藏很多地方都能找到据点。
微博(www.weibo.com)可找到即时交通及政策信息。

营业时间

淡季部分地区关门较早,或基本歇业。

➡ **餐馆** 8:00~22:00,拉萨与北京时间有两个小时左右的时差,越向西时差越大。

➡ **银行** 工作日9:00~17:00,有些地区的营业时间分为夏季和冬季,周末和节假日也是休假日。

➡ **景点** 9:00~17:00,有些寺院只在上午开放。

➡ **夜店和酒吧** 20:00至次日2:00。

➡ **商铺** 10:30~22:00。

抵达西藏后

拉萨 拉萨贡嘎机场有机场专线,票价30元。从机场打车到市区约120元,行程约1小时。从拉萨火车站可乘公交、出租车方便到达城内各处。青藏铁路是目前唯一的火车进藏线。

林芝 林芝米林机场大巴票价25元,行程约1小时。打车到市区约150元。

阿里 昆莎机场大巴票价25元,行程约1小时。打车到狮泉河200元左右。

当地交通

来往于西藏境内,飞机是最节约时间成本的方式,可从拉萨乘坐飞机前往昌都和阿里。

火车线路通达日喀则、那曲等地,拉林铁路已于2021年开通。长途汽车则基本连接拉萨与其他地区。我们调研期间,每辆长途汽车最多只能坐17个人,通常优先出售全票(直达终点的车票)。在各地区、县城之间大多数都有班车往来,淡季的时候多数季节性景点的班车会停运。

包车是在西藏旅行最方便的方式,一般越野车约800~1000元/天,淡季和旺季价格差别较大。独自上路的旅行者也可以考虑拼车。

更多信息请参见第398页"生存指南"。

计划你的行程
初次到访

穿什么

西藏四季分明，但每个季节的天气都变化多端，而寒冷的季节最长。雨季（6月下旬至8月下旬）穿防水保暖的衣服。在寒冷的月份（10月底至次年4月底），羽绒衣和防风外衣会派上用场。西藏并没有太过炎热的季节，在夏季的拉萨（7月至8月），中午可以穿单衣，不过早晚还是要加一件外套。无论任何季节，一定记得在包里备一件保暖的外套或披肩，翻越垭口时会用得上。带上徒步鞋或运动鞋也很有必要。

住宿

旅游旺季（6月下旬至10月上旬）最好要提前预订，特别是拉萨和札达。平季不需要提前预订。淡季（10月下旬至3月下旬）要提前与酒店确认，因为多数都会歇业。

➡ **酒店** 拉萨的酒店类型丰富，有奢华酒店、商务酒店，也有藏式风格浓郁的酒店；地区（市）行政中心和热点旅游目的地不乏精品酒店和当地各政府机构下属的商务酒店。

➡ **旅馆** 各县城都能找到政府机构下属的旅馆，如邮政宾馆、粮食宾馆或运输宾馆。

➡ **藏式旅馆** 在较为偏远的地区，藏式茶馆兼有客栈，价格便宜，住宿条件一般，客人以藏族人或朝圣者为主。加入藏式元素且精心装饰过的旅馆，价格会比普通旅馆略高。

➡ **青年旅舍和客栈** 适合预算紧张的旅行者。品质不一，不过是遇到其他旅行者的好地方。

➡ **寺院招待所** 热点旅游目的地或重要的寺院都会有简单的招待所，但不要对卫生有太高要求。

礼仪

➡ **问候** 一般见面时，互相说"扎西德勒"。恭敬的问候是半躬上半身，眼睛看着对方，抬起右手手掌向上做出礼让的姿态，并问候"扎西德勒"。如果对方是出家人或老者，要面带微笑半躬身双手合十问候"扎西德勒"。

➡ **宗教场所** 进入藏传佛教寺院或经过佛塔、玛尼堆时，以顺时针方向绕行，苯教寺院以逆时针方向转，转经筒不得逆转，跟随转经的当地人做就一定不会错。进入大殿前请摘下帽子，看到大殿外有已摆放的鞋子，也请主动脱鞋后再进入。着装要

检查清单

➡ 身份证，去往边境地区要提前办理边防证。

➡ 预订机票、住宿或提前租车。

➡ 长途旅行最好购买旅游保险。

带什么

➡ 防晒用品
➡ 借记卡
➡ 防治高反、感冒及肠胃类药物
➡ 太阳镜
➡ 手机充电器
➡ 保温杯
➡ 挂锁
➡ 轻便雨衣
➡ 润唇膏
➡ 徒步鞋
➡ 衣夹和晾衣绳
➡ 旅行靠枕
➡ 头灯
➡ 随身小背包

重要推荐

➡ 喝甜茶和酥油茶会快速缓解高原反应。

➡ 西藏的温泉丰富，位于山野间的温泉，值得体验。

➡ 保持微笑，见面道声"扎西德勒"，会让你在西藏很快赢得友谊。

得体，不能吸烟和喝酒，吃过大蒜等气味较重的食物后进寺庙也不太礼貌。

不要以手指指向佛像和僧人，寺院内的宗教器物不可随意触摸，切忌坐活佛座位。保持安静，不可随意奔走、高声谈话。佛殿内，拍照要经过允许，并且不要使用闪光灯。有些寺院大殿的一角会有一个挂着"女性不得入内"牌子的小殿，见此标志时，女性请止步。

➡ **做客** 到当地家庭做客，无论行走还是言谈，以长者为先，称呼长者在称谓或名字后加"啦"表示尊重。迎送时要躬腰屈膝面带笑容，就座时不要伸直双腿脚底朝人，接受礼品要用双手，赠送礼品时要躬腰双手高举过头，敬茶、酒、烟时要双手奉上，主人倒茶时须用双手接并俯身表示敬意，注意别让手指头钻到茶里去。

➡ **喝酒** 双手接过之后，左手端杯，右手无名指在酒杯内轻蘸一点酒，然后大拇指扣向无名指轻轻弹出，向上、向中、向下各一次，以示敬天、敬人、敬地。然后喝一口酒，主人会倒满，再喝一口还是等主人倒满，第三次才一饮而尽，所谓"三口一杯"，开始的两口少饮为妙。

➡ **饮食** 很多藏族朋友不吃鱼虾类，一同就餐时请提前询问并尊重对方的饮食习惯。

➡ **禁忌** 不能摸大人和小孩的头顶。有藏文尤其是经文的纸，不能垫座位或用来擦东西。

讨价还价

讨价还价在西藏很常见，多家比对再还价或购买。

语言

动身之前学一点藏语会让你更好地与当地人沟通，尤其在偏远地区，以下这些句子会很有用。

请问有热水吗？

ཆུ་ཁོལ་ཡོད་པས།

曲阔又呗？

带一个暖水杯，沿途的茶馆和餐馆都不会拒绝给你加热水。

能再给我一床被子吗？

མལ་ཆས་དོན་པ་ཡོད་རེས་པས།

棉且推巴又日呗？

尤其是在偏远的小旅馆很冷的夜晚，学会这句话很有用。

我可以拍照吗？

ང་པར་བརྒྱབ་ཆོག་གི་རེད་པས།

俄巴尔加确给日呗？

寺院里通常不准拍照，除非得到允许。拍人物也请事先征得对方同意。

茶钱多少？

ཇ་རིན་ཀ་ཚོད་རེད་པས།

贾仁卡催日呗？

西藏泡茶馆，是最常态的生活内容之一。

我没有钱。

ང་ལ་དངུལ་མེད།

俄啦欧没。

也许会遇到伸手要钱的小孩儿，你可以笑着这样对他说。

更多信息请参见第398页"生存指南"。

冈仁波齐捡垃圾的志愿者。

负责任的旅行

旅游业在推动西藏经济发展、加强与内地交流的同时,也或多或少地影响着当地人的生活。近年来,这些影响甚至成了有责任的旅行者和环保人士的心头之痛。本章的一些小贴士可以确保你保护并支持西藏的文化、环境和居民生活。

对文化负责

从了解开始 多读一些关于西藏的读物,这将使你以更加包容和平等的态度去理解这片土地的历史、政治、宗教和民俗。如果在藏地旅行,一定要注重禁忌,比如:不要带走玛尼石等宗教物品;不要用脚踩踏寺院的门槛;进寺院要恭敬、脱帽,不可大声喧哗、抽烟或有其他不礼貌的行为;不能随便摸小孩的头;衣着要得体;注意不同教派转经的方向;等等。

善用沟通的艺术 在旅行途中,多看、多听、多问,尊重传统,带着你的善意和好奇而不是偏见。如果能学会几句藏语,更会使别人对你增添不少好感。大多数当地人对待旅游者都很热情,会很乐于向你介绍当地的风土人情,如果遇到不那么热情的当地人,也要学会理解。

负责任的摄影 未经允许不得进入寺院大殿,摄影或录像也需经允许,而且不能开闪光灯,聚焦时的红光也会损坏文物。许多古建筑需要收费拍摄,请确认你的腰包里是否有足够多的钱。除非获得允许,否则不要拍摄私人或者宗教活动。如果答应要寄送相片,请务必履行诺言。在拍摄朝圣者时,需经得他们的同意。对摄影师和被拍摄者。

阿坚志鸿摄

于天葬这种特殊民俗,请收起好奇心,绝对不要围观或拍照。拍摄动物时,不应做出影响甚至伤害它们的不当行为。

办理相关证件 除了宗教区域,对于边境、军事基地、自然保护区、雪山等区域,也要办理相关证件,如边防证、登山证等。不要贸然进入,以免带来不必要的麻烦。

对环境负责

带走你的垃圾 尽量使用环保、可降解的用品。参加登山、徒步等户外活动时,不要把垃圾带到自然环境中,也不要就地掩埋,特别是废旧电池、塑料袋、塑料瓶等,最好打包带回城市集中处理。不要在街道、景区或野外随意乱扔垃圾和烟头。

保护野生动植物,不购买濒危动植物产品 在自然环境中不要随手采摘花草;不要破坏动物的巢穴;拒绝购买野生动物或野生动物制品,如藏羚羊、雪豹、棕熊等;拒绝参与打猎行为;拒绝购买珍稀植物;拒绝进野味餐馆。遇到非法猎捕(采集)、出售、收购国家保护野生动植物的违法行为,请向当地自治区林业厅森林公安局(0891-682 6126)举报。

尽量节约能源 西藏的许多地区仍处于贫困、资源短缺的状态,使用水、电等能源时,注意节俭。尽量避免长时间放水,不要把水龙头拧到最大,也不要肆意浪费电。同时也要珍惜当地的食物,避免浪费。少使用一次性产品。

对当地人负责

尽量确保当地人直接获益 在旅游热点地区,当地人是环境成本的主要承担者。所以我们提倡：住在当地人开的旅馆或者度假村；使用当地人的交通工具，在很多地方，拖拉机也是一种旅行方式；在路边的小吃摊和家庭餐馆享用美味；喝当地酒水饮料，青稞酒也是不错的选择；从当地手艺人那里直接购买工艺品。

不要太吝啬 有可能的话，挑选并购买真正的手工产品，并且不过分压价。这是在帮助传统工艺继续传承的过程中你所能做到的事情。

不要太炫耀 因为西藏与内地有经济、文化的差异，不要过分炫富，也不要以某种与当地相悖的生活方式或价值观为傲，更不要随意给予当地人钱财、礼物或做一些反常的事。

不要挑剔生活的不便 你是来体验的，享受的是大自然的美景和传统的生活，不能用城市生活来衡量乡间的生活。

网络资源

青藏高原生态保护网（www.qtpep.com）集青藏高原环境、生态、文化、经济和环保公益宣传、宣扬绿色生活于一体的公益网站。

绿色出行（www.cleanair.net.cn）教你如何绿色出行。

公益旅行和志愿者工作

公益旅行越来越热门，旅行者在服务当地的同时，也获得个人成长和深入体验当地的机会。但一定要牢记志愿者工作的准则，思考你的技能如何使某个组织和社区获益，选择你热爱的事情，切实考虑你能抽出多少时间来参与项目，而不仅仅是在短暂工作中找到旅行的感觉。

在加入志愿者行列之前，你可以先做一番调查，确保你将选择的组织具有良好的口碑和透明度，看看自己将要付出的时间和金钱是否会到达真正需要它们的人手中。真正的志愿者工作会使你更深入地了解西藏，也许还会改变你的一生。

西藏的NGO（非政府组织）项目较少，因此可申请内地的项目或科研、扶贫、支教机会。实地调查当地教育现状并整理贫困学生资料，或者多带一本字典、一套文具，都是随手做公益。

除了Lonely Planet出版的《志愿者旅行指南》（*Volunteer-A Traveller's Guide To Making A Difference Around The World*），你还可以从以下的NGO和机构获取信息：

中国发展简报（www.chinadevelopmentbrief.org.cn）中国境内公益组织的黄页，也提供一些公益组织的志愿者招募信息；

环球公益（hope.huanqiu.com）提供全面的公益组织、基金会名录；

西藏生物影像保护（TBIC；微博"西藏生物影像保护"），原名"西藏生物影像调查（TBIS）"，是目前西藏唯一一家致力于生物多样性考察的影像调查及保护的环保公益组织；

藏人文化促进会（www.tibetcul.com/cs）虽然立足于甘肃，但也提供覆盖整个藏区的文化促进、慈善活动；

拉萨彩泉福利特殊学校（见120页）是一家开在福利学校里的商店，所售商品全出自残疾儿童之手，以藏纸为主，购买也是对他们的一种支持；

拉萨盲童学校 由德国盲人创建，针对盲童进行基础教育和技能培训；

潘得巴协会（www.pendeba.org）以日喀则当地藏族人为主体的第一家民间环保组织，致力于珠穆朗玛峰自然保护区生态环境与传统优秀生态文化的保护与宣传；

绿色江河（www.green-river.org）专注于青藏高原的民间环保组织。

318国道。

户外活动

再没有什么地方能像西藏这样带给你身体和心灵如此彻底的"窒息感",雪山、冰川、湖泊、森林、草原,所有最宽阔雄壮的自然景观等待你来亲眼见证。或迈开双腿,或驾驶爱车,只要做好充足的准备,你所经历的每一段旅程都将是顶级体验。

徒步

西藏已有不少比较成熟的徒步路线,难易皆有,但除了需要承受昂贵的物价和人力成本之外,还需注意挑选时间,提前预约向导和牦牛,并且考虑旺季大队人马竞争客栈或营地的问题。

雪域之行

3天时间从4000多米的雪地下降至600米的雨林,这就是墨脱徒步(见158页)的魅力。作为"中国最后一个通公路的县",墨脱徒步在整个中国徒步界都举足轻重。如今这一路皆有旅店可住,对入门的初级户外爱好者更是体力和体验综合性价比最高的选择。在日喀则,你甚至可以接近唯一一座完全在中国境内的8000米以上的雪山希夏邦马,从其南坡的樟木沟一路迎着雪峰上到大本营(见298页)。短短3天的行程就能让你近距离欣赏它的英姿。如果你是"骨灰级"的老驴,那么能让你心潮澎湃的徒步线路必然只有一条——珠峰东坡(见294页)。这条需要至少7天才能完成的线路,全程得自给自足,艰苦的路途和壮美的景色都会让人刻骨铭

何时去

7月至8月 旅行旺季,却是藏区的雨季,虽气温适宜,但山间经常云雾缭绕,也是泥石流和塌方易发的时段。

9月至11月 雨季已过,雪季未来,空气的通透度最高,徒步时雪山一览无余,山间秋色也分外浓郁。

3月至6月 寒气逐渐消散,高山杜鹃正含苞待放,5月开始,便是骑行进藏的好时机。

12月至次年2月 大部分山区进入封山季,整个高原都处于冬眠状态,并不适宜开展户外运动。

(左图)巴松错环湖骑行;(右图)骑行318国道。

心。如果体力够好,可以尝试走14天的嘎玛沟穿越线(见290页)。这条举世闻名的山谷曾被美国和英国探险家赞誉为"世界上最美丽的山谷"和"世界十大经典徒步线路之一"。那里少有人类的打扰,生活着各种珍稀野生动物和神秘的夏尔巴人,长途跋涉之后还能享用他们的鸡爪谷酒,并享受当地的九眼温泉。

寺院之旅

除了挑战高海拔的专业线路,如果你对藏传佛教有兴趣,拉萨周边也有一些连接寺院的朝圣线路,费时不长,也充满野趣。从离拉萨不远的噶玛派主寺楚布寺(见126页)到温泉圣地羊八井,全程不过90公里,难度不大,两三天就可以走完。一路上尽是当雄的草原风光,最后还能在西藏最著名的热原集中地享受天然温泉。也有人选择在直贡梯寺(见128页)看一场隆重的天葬,再徒步到仅一个小时车程的德仲温泉,给自己来一场"洗礼"。在山南洛扎县还有一条环绕卡久寺(见241页)的徒步线路,轻松程度基本就是转寺,但可以经过寺庙背后漂亮的拉康峡谷。在寺院线路中最为著名的是从格鲁派六大寺之一的甘丹寺到西藏的第一座寺院桑耶寺(见210页),但这也是最有难度的一条线路,没有向导可请,全程4～5天,完全需要靠独自野外徒步的经验——你的方向感一定要足够好。如果有自信,还可以将青浦修行洞安排在途中,和闭关的觉姆们聊一聊,在与世隔绝的清幽山间小住一晚。

骑行

骑行西藏最大的亮点必然是几条进藏之路。4条线路分别从成都、格尔木、叶城和大理出发,从不同方向和角度接近藏区的心脏,沿途风景各异。不少人立志把每条路线都走一遍,但高海拔骑行是漫长而艰苦的过程,最好预估自己是否有足够的户外骑行经验应对各种突发状况。

川藏线

　　川藏线又分为南线和北线,即318国道和317国道两条公路。南线从成都向西,经雅江、理塘、巴塘,过竹巴笼金沙江大桥入藏,再经芒康、左贡、邦达、八宿、然乌、波密、林芝、墨竹工卡、达孜抵达拉萨。北线则从成都北上映秀,穿过卧龙自然保护区,经小金、丹巴、甘孜,从德格入藏,再经江达、昌都、类乌齐、巴青、索县、那曲至拉萨。两条线路的全程均在2000公里以上,至少要15~20天。南线路途稍短,所经过的地方海拔相对较低,人口密集,补给较多,一路皆为高山峡谷,植被丰富,风景更为秀丽,尤其是被称为西藏江南的林芝。相对南线而言,北线所经过的多为诸如那曲这样的牧区,海拔更高,人口更为稀少,景色也更为原始。

青藏线

　　青藏线是进藏线路中最繁忙且最好走

西藏经典户外路线

徒步线路	时间	最佳季节	难度	费用	页数
墨脱	3~5天	5~11月	★★	¥¥	见158页
冈仁波齐转山	2天	7~8月	★★★	¥¥¥	见330页
珠穆朗玛峰东坡	7~14天	5~10月	★★★★	¥¥¥¥¥	见294页
希夏邦马环线	3~4天	8~9月	★★	¥¥¥	见298页

注:入门级的难度指数为★
徒步费用因人数及季节而异,很难估算,以上所列仅供对比

的公路。全程皆为柏油路面,一年四季通车,从青海省格尔木市出发,翻越昆仑山、唐古拉山,跨过通天河、沱沱河,穿过藏北浩瀚无垠的羌塘草原,经安多、那曲、当雄、羊八井,抵达拉萨。青藏公路没有川藏线那样的高山峡谷,山势较缓,全长也不过1160公里,但从格尔木出发一百多公里就到了海拔4000多米的昆仑山口,之后全程平均海拔也都在4000米之上,是对高海拔耐力的挑战。

新藏线

新藏线(见348页)是最具挑战性的一条进藏之路。从新疆叶城出发,进入西藏最荒芜的阿里地区,向南延伸到与中国、印度、尼泊尔三国接壤的普兰县,再由普兰向东与中尼公路会合,经日喀则到达拉萨,全程1455公里,平均海拔比青藏线还高,路况较差,饭馆和食宿点更少。途中需要翻越5座海拔5000米以上的大山,途经大片渺无人烟的荒地,有一定的危险性,但也是景色最为壮观的一条路线,神山冈仁波齐、班公错、札达土林、古格王国遗址,以及圣湖玛旁雍错皆在这条艰险的路上。

滇藏线

滇藏线从云南省大理市下关出发,沿214国道至西藏芒康与318国道会合,后半程和川藏南线相同,全程2360公里。滇藏线沿途经过的少数民族地区最多,德钦以南的路况都很好,但过了德钦进入澜沧江峡谷后公路同川藏线一样,经常发生泥石流和塌方。并且由于这条公路的运输作用不大,没有很强的公路养护力量,一旦断路便会耽误较长的时间。

自行车赛

除了艰苦的长途骑行,西藏本地也会有一些官方举办的骑行比赛。每年4月底至5月初,林芝会举行"环巴松错国际山地自行车越野

墨脱徒步。

竞速赛",赛道围绕海拔3600多米的宁玛派神湖进行,全程99公里,分2天进行。除了一路享尽田园、瀑布、溪流、草甸等藏东南牧区风光,线路本身也是藏民传统的朝圣步道。浪卡子县每年8月18日至20日会举办"羊卓雍错环湖自行车赛"。赛程3天,全程148公里,沿羊卓雍错内环线骑行,不过活动并不以角逐名次为主,其间还会穿插一些游览活动,比如上岛、拜寺等,去往普通游客较难到达的地方。关键是活动皆免费,你只需带上爱车就行。

转山转湖

在藏族人心目中,山、湖皆有神灵,他们围绕湖水或雪山行走,向雪山湖泊神灵祈祷,形成了转山、转湖的习俗。西藏四大神山之一冈仁波齐（见330页）,被藏传佛教、印度教誉为"世界的中心"。不论你是否是佛教信徒,仅花2天时间就能与神山近距离接触的机会实在值得尝试。同时你还能和众多藏民,甚至从印度远道而来的信徒,一起争先恐后地完成这个神奇的过程。羊卓雍错（见267页）的湖岸线总长250公里,现在羊卓雍错外圈都已铺设柏油路,除了常规路线,你可以沿着外圈切入内圈,欣赏它的3个卫星湖——空母错、沉错和巴久错,以及零星的岛屿。同时,每到藏历羊年,各地的信徒都会来纳木错（见133页）朝圣转湖,但环湖徒步通常都需要都在10天以上的时间,且圣湖水不可饮用,各种补给较成问题,因此现在更多人都选择用自驾的方式来完成。

高原户外装备贴士

你可以这样武装自己:

➡ 防风保暖且排汗的衣物、专业的防水徒步鞋和防雨装备,保护你的相机器材和你自己。

➡ 帐篷、-15℃温标的睡袋、防潮垫、头灯（或手电）、登山杖、保暖帽等。

➡ 徒步路线的海拔落差较大,会经过高寒地带和潮湿的雨林,气候复杂,适当预备防高反的药物,雨林地区夏季需注意蚂蟥。

➡ 你的徒步路线可能会涉及一些边境地带,需要提前办理好边防证,随身携带各种证件很有必要。

➡ 徒步过程中很有可能连续几天没有手机信号,失联之前记得告知亲友自己的行踪。

甜茶馆里转经的人。

摄影之旅

西藏实在是摄影爱好者的天堂。这里风光卓绝,让人眼前一亮的大场景随处可见。加上特色鲜明的藏族风情,无论你喜欢自然还是人文题材,都能在这里找到合适的取景点。只要出发前略作了解,不必太过专业的器材,也能拍出相当不错的照片。

为何去

西藏以外,你很难找到这样能令人对大自然的敬畏之心油然而生的地方。离天堂最近的雪域高原上,雪山、草原、湖泊和自由奔跑着的野生动物才是这个世界的主角。千百年来,生活在这里的藏族人民,以特有的谦逊态度与自然和谐共处,他们面容安详,心灵平静,仿佛周围的一切都正处于最好的状态、最好的时间。"行摄西藏,除了开阔你的视野之外,你的世界观也可能悄然改变。"

何时去

西藏一年四季都是出大片的地方。3月中旬,林芝的桃花盛开,被冰封了一个冬天的旅游业开始复苏;4、5月,高海拔地区仍然寒冷,但那时雨水较少,容易拍到壮美的雪山;6月至9月,地方节庆接连不断,民俗摄影正当时;10月,秋色横扫喜马拉雅山脉,林芝和日喀则的5条山沟彩林遍布,色彩纷呈;11月至次年3月,不怕冷的人可以拍到海量的雪景照片,众多寺庙的法会也值得前往一观。

西藏的阳光和紫外线非比寻常,除季节

俯瞰白居寺。

外,一天之中的摄影时间也颇有讲究。一般而言,阳光初起的清晨和夕阳西下的黄昏比较容易拍出质感柔和、层次丰富的照片;正午的烈日会让你很难调出完美的影调和白平衡。所以,早起和晚归的摄影者有更大的概率拍到好照片。

负责任的摄影

近年来前往藏地进行创作的摄影爱好者迅速增多,他们与拍摄地、被拍摄者之间的问题也日益凸显。我们希望你拍摄时能注意以下细节,做一个受欢迎的摄影者。

拍摄前,尽可能地取得对方同意,不要干扰被拍摄者的正常活动。朝圣者磕长头、老人家转经、僧人辩经,这对他们来说都是相当庄重的宗教仪式,你应该使用长焦镜头在较远的地方拍摄。如果答应了寄照片给对方,要言出必行。

尊重当地人的宗教习惯、风俗禁忌。在转

最美摄影路段

➡ 芒康—八宿,山路曲折,峡谷壮观

➡ 然乌—波密,西藏江南美景

➡ 江孜一日喀则,后藏田园风光

➡ 聂拉木—樟木,海拔陡降的立体景观

西藏纪实摄影作品欣赏

➡ 《四季——西藏农民的日常生活》,吕楠著

➡ 《西藏星空》,王源宗摄

➡ 《西藏1985》,马克·吕布著

➡ 《一眼西藏》,李俊秀著

➡ 蓝志贵的西藏民俗摄影作品

经道上拍照时注意顺时针前进。不要偷拍天葬场面和宗教仪式。很多寺庙的大殿里都有"禁止拍照"的标志,不少前来参观的藏族人会用手机拍照,但你拍照前最好征得僧人的同意。

拍摄野生动物时不应惊扰它们,更不能开车追赶,制造动物飞奔的"场景"。保护拍摄目的地的现有状态,不要人为地制造"景观",不要移动他人系的风马旗或他人搭的玛尼石堆。

拍摄时,首先要注意自身的安全,不要将头、手伸出行驶中的车辆外拍照。

注意事项

➡ 在美景面前,每位摄影师都觉得自己少带了一个镜头。在拍摄大场景的自然风光时,一个超广角镜头能拍出更好的效果;而面对老城区、寺庙等人文题材,一个35mm或者50mm

摄影点

题材	摄影点	最佳时间	拍摄内容
雪峰	冈仁波齐(见330页)	5~6月、9月	独具特色的圆锥形山峰、日照金山
	珠穆朗玛峰(见289页)	4~5月、9~10月	珠峰三杰(珠峰、洛子峰、马卡鲁峰)
	南迦巴瓦峰(见172页)	4~5月,10~11月	云雾环绕着山峰
	希夏邦马峰(见301页)	4~5月、9~10月	日照金山
圣湖	玛旁雍错(见330页)	5~9月	湖面、朝圣者、转湖路上的寺庙
	纳木错(见133页)	5~9月	湖面和远方的念青唐古拉山、转湖者
	羊卓雍错(见267页)	4~10月	湖面
	拉姆拉错(见224页)	5~9月	颅骨形状的湖面、通往湖边路上的玛尼石堆
	当惹雍错(见354页)	5~10月	湖面、水鸟
寺庙	布达拉宫(见80页)	全年	布达拉宫外景
	白居寺(见271页)	全年	"十万佛塔"、壁画
	色拉寺(见98页)	全年	辩经
	大昭寺(见82页)	全年	
	桑耶寺(见210页)	全年	建筑细节、朝圣者、壁画、佛塔
	萨迦寺(见281页)	全年	
民俗	罗萨	藏历正月初一前后	
	赛马会	7、8月	藏族服饰、歌舞、节庆活动主题表演、庙会
	节日	7、8月	
	林卡	6~8月	
老城	拉萨市(见82页)	全年	
	日喀则市(见256页)	全年	藏地日常生活细节
	江孜(见271页)	全年	
自然	野生动物	5~10月	藏羚羊、藏野驴、水鸟等
	桃花	3月中旬	桃花盛开
	油菜花	7月	公路两旁的油菜花海
	札达土林(见336页)	4~11月	土林地貌

的定焦镜头能给你最舒服的拍摄视角；拍摄人物特写或建筑细节，适合用长焦镜头。如果体力允许，可以携带三脚架，它是对焦夜景与星空必不可少的摄影助手。

➡ 巧妙运用滤光镜（包括偏振镜、中灰渐变镜、灰镜等），能够起到增加色彩饱和度、控制快门以及消除水面、玻璃反光的作用，让高原的天空色彩更蓝。

➡ 多关注主要景区之外的东西，才能避免千篇一律的图片出现。放慢节奏，多关注当地人的生活细节，会让你拍出的照片具有更多的人文关怀色彩。

➡ 器材固然重要，但你的创意才是好图最关键的组成元素，带着发现的眼睛，手机党也能拍出让人惊叹的照片。

观景点	备注
塔钦村、直热普寺	直热普寺位于神山的转山道上，在那里拍到的是冈仁波齐的另一面
珠峰大本营、绒布寺	使用长焦镜头拍摄效果更佳，傍晚侧面有光时山峰更为立体
直白村、色季拉山口	可顺便观赏南迦巴瓦峰对面的加拉白垒峰
佩枯错旁	使用广角镜头可以把山峰和湖面摄入同一张照片
去普兰县的路边、吉吾寺	可顺便拍摄"鬼湖"拉昂错，湖边可同时拍到冈仁波齐
扎西半岛	以玛尼石堆做前景拍摄湖面效果更好，4月和10月冰封的湖面也别具特色
岗巴拉山口	拉萨前往江孜的公路有很长一段会沿湖行驶
拉姆拉错观景台	据说虔诚地观望能够看到不一样的湖面
湖畔	藏北无人区水色绝美的无名小湖数不胜数
龙王潭公园、药王山上白居寺内、宗山顶上	早晨从龙王潭公园拍布达拉宫背面，17:00左右从药王山拍正面光线最柔和
辩经场地	拍摄时请使用长焦镜头，不要打扰僧人
大昭寺内、八廓街	拍摄朝圣者时请注意礼节。上午在大昭寺屋顶拍布达拉宫光线最好
乌孜大殿	
萨迦寺大殿内	拍摄壁画需取得僧人的许可，并注意不要使用闪光灯
藏地城市	罗萨期间寺庙里往往会有跳法舞等表演
那曲（见388页）、当雄、江孜	需提前关注举办日期
拉萨、日喀则	主要有雪顿节、望果节、珠峰文化节、夏尔巴文化节等，需提前关注举办日期
水草丰美的空地	不要光顾着拍片，也加入他们好好享受一段悠闲时光吧
八廓街及其周边	
扎什伦布寺周边	午后在街巷中散步往往能捕捉到精彩瞬间
白居寺周边	
藏北草原	使用长焦镜头效果更佳，注意不要惊扰动物
林芝地区（见162页）	桃花花期很短，每年时间会略有不同，需关注林芝桃花节的举办时间
江孜—拉孜的路边	机位略高效果更好
巴尔兵站至古格王国遗址、托林寺周边	早晚时分光影更好

强巴林寺法会。

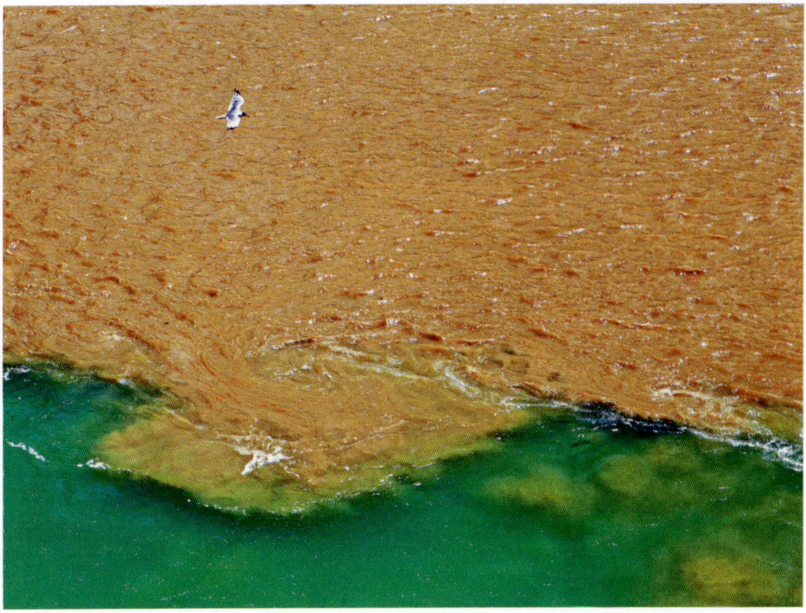
沈鹏飞摄

雅鲁藏布江和尼洋河汇流处。

波密桃花和雪山。

胡澍摄

珞巴族妇人。

冯帅摄

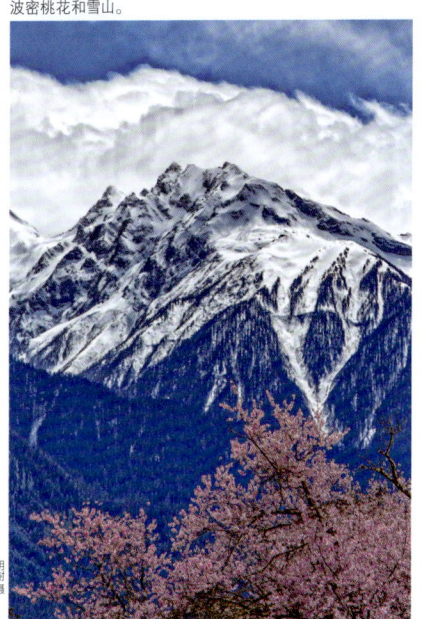

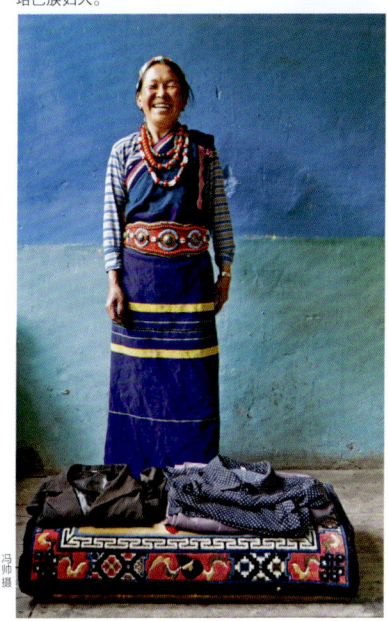

阿里的公路。

自驾游

如果评选国内最适合自驾的省份,西藏即使不是第一,也不会跌出前三。这里地域辽阔,地广人稀,车行路上,窗外如同上映着一部不间断的风光纪录片。自驾能给你纵情驰骋的快感和随时停车的自由,让你在有限的时间内去到更多地方,深入更美的西藏。

为何去

"西藏"两个字,代表着神秘和无穷的吸引力。蓝天白云下,绵延不绝的雪山和草原展示着大自然的神来之笔;世界屋脊上,随处可见的大小寺庙、五彩经幡带给你"第三极"的独特旅程。即使是对观光和藏传佛教兴趣不大的旅行者,也能在西藏找到属于自己的兴奋点。户外运动、人文古迹、民族手工艺、野生动物,西藏的广袤区域为你提供了无限可能。

曾几何时,进藏行程漫长,路途坎坷。近年来,公路建设不断发展,4条进藏干道几乎全程都是柏油路面,西藏区内主要城市都有国道贯通。虽然公共交通仍然不算发达,但对自驾者而言,行程的最大障碍已经扫除。如果你只是走常规线路,甚至可以考虑开家用轿车来西藏潇洒走一回。

何时去

4~10月,西藏气候相对温和,出现暴雪、

最佳风景路段

- 318国道八宿—波密,西藏江南美景
- 219国道萨嘎—塔钦,穿越高海拔无人区
- 巴尔兵站—古格王国遗址,土林地貌
- 色乡—措美,茶马古道的田园风光

四大进藏干道

- 川藏南线(318国道)
- 青藏线(109国道)
- 滇藏线(214国道)
- 新藏线(219国道)

区内热门线路

- 珠峰线
- 阿里南线
- 山南林芝环线
- 纳木错—日喀则环线

大风等极端天气的概率较低,但你计划行程时一定要把海拔的因素考虑进去。3月中下旬,海拔较低的林芝地区桃花正好,但平均海拔4500米以上的阿里地区还冰天雪地,道路封闭。总的来说,海拔越高的地方,适宜旅行的季节越短。拉萨、林芝、日喀则三大主要城市受季节和天气的影响略小,阿里和那曲则最好安排在5~9月前往。

自驾需要注意的是,5月底到8月的雨季经常使川藏线因塌方或泥石流而中断,雨水也会使藏北的未铺设路面更加泥泞,增加陷车的危险。11月下旬至次年三四月,阿里和那曲的公路经常受天气影响处于关闭状态,海拔较高的垭口路段容易出现积雪、暗冰。我们建议冬季不要开车进藏,想自驾的话,可以在较大的城市租车或包车。

进藏干道

川藏南线(318国道) 近年来最为热门的自驾、骑行进藏线路,全长约2200公里。这是一条连接成都和拉萨的立体景观大道,10~14天的旅途中将高山、峡谷、草原、森林等景观一网打尽。初次进藏且时间充裕,想慢慢品味沿途风景的自驾者,选择这条线路最好。

青藏线(109国道) 3~4天就能从西宁开到拉萨,几乎全程都与青藏铁路并驾齐驱,全长约2000公里。沿途景观以草漠为主,虽然略显单一,但路况良好,视野开阔,适合旅行重点在西藏境内的自驾者。

滇藏线(214国道) 云南昆明到西藏芒康,全长约1100公里。在古代,这是西南相当重要的一条"茶马古道",沿途经过多个少数民族地区,风情浓郁。值得你花一周左右时间品味一番。

新藏线（219国道） 新疆叶城到西藏拉孜，全长约2300公里。公路穿行在昆仑山、冈底斯山之间，皑皑白雪与茫茫大漠为伴，穿越大片无人区，景色极为壮观。因为3~4天的行程中海拔落差很大，对旅行者的身体是个不小的挑战。

区内热门线路

珠峰线 初次进藏的旅行者很多会选择不远千里去往**珠峰**，只因为山在那里。常规线路为拉萨—江孜—日喀则—珠穆朗玛峰，再经318国道返回，需要3天时间。途中会经过三大圣湖之一的**羊卓雍错**和班禅驻锡地**扎什伦布寺**。你还可以在拉孜附近参观一下藏传佛教萨迦派祖庭**萨迦寺**，这里古朴幽静，别有一番趣味。

阿里南线 这是一条藏区爱好者的深度游线路，拉萨—日喀则—拉孜—萨嘎—塔钦—札达—狮泉河，往返需一周时间。经318国道、219国道前往阿里地区，朝拜神山**冈仁波齐**和圣湖**玛旁雍错**，近距离接触光影迷幻的**札达土林**和神秘的**古格王国遗址**。阿里南线全程都是状况良好的铺装路面，但219国道沿途大多是高海拔无人区，随车需携带一路所需的衣物、食品，出发前最好仔细检查车辆状况，确认不会途中抛锚。

林芝山南环线 对藏地历史更感兴趣的你可以沿这条线路去人文气息更为浓厚的山南兜上一圈。拉萨—林芝—加查—泽当—拉萨，4天时间里，从风光旖旎的**南伊沟**，到寻找转世灵童的神湖**拉姆拉错**，再到西藏的第一座宫殿**雍布拉康**和第一座寺庙**桑耶寺**。看着沿途景色从山林逐渐过渡到沙漠，你对西藏的认识和理解大概会加深几分。

纳木错—日喀则环线 拉萨到**纳木错**、拉萨到**珠峰**都是经典线路，但往返行程要走回头路这一点让人不爽。而拉萨—纳木错（从**羊八井**转上304省道，在尼木县并入318国道）—日喀则—珠峰—江孜—拉萨，这种走法能让你尽量少走重复路，而看到更多路上的风景。全程路况良好，大约需要5天时间。

西藏自驾锦囊

租车

➜ 长途自驾的话，从四川成都和青海西宁最容易找到进藏的出租车或包车。

➜ 在西藏租车一般以拉萨为起点，大部分租车公司要求客户以现金形式缴纳2万至5万元的押金。

➜ 旺季时越野车型比较紧张，价格也会有所上浮。

➜ 在签租赁合同时，要注意价格里是否包含保险，以及车况描述、里程限制等具体事项。

加油

➜ 在西藏境内加油需要登记身份证、驾驶证、行驶证。

➜ 高海拔行车油耗较高，公路上两个加油站之间的距离往往有上百公里，所以离开县城前一定要把油箱加满。

➜ 有些加油站在傍晚6点或7点以后停止工作，不要等油箱空了才加油。

➜ 93号汽油、柴油一般加油站都有，97号汽油除拉萨以外很难找到。

预防车辆高反

➜ 高原缺氧环境也会对汽车有一定的影响，汽车会出现汽油燃烧不充分、动力不足的情况，

小众越野挑战

阿里大北线 这近2000公里、穿越无人区的艰苦旅程，是让人"眼睛上天堂"的藏地终极梦想。拉萨—纳木错—班戈—尼玛—改则—狮泉河，再从阿里南线返回拉萨，全程需10~12天。其间有数百公里未铺设路面，不过路基已经打好，不必担心迷路。你也可以从当惹雍错转向措勤—仁多—雄巴，切入阿里南线，这样走路况好一些，2016年说不定沿线就铺设好柏油路面了。5月中旬至6月中旬、8月下旬至10月中旬是北线穿越的最佳季节。

川藏北线 沿317国道进藏，沿途以人文风光为主，有数百公里路段路况不佳。从成都出发，沿317国道经都江堰—汶川—马尔康—炉霍—甘孜—玛尼干戈—雀儿山—新路海—德格—江达—昌都—巴青—那曲—当雄—拉萨，需10天以上。走这条线路，你需要性能良好的越野车、娴熟的驾驶技能和一颗勇往直前的心才能挑战这条线路。

山南洛扎环线 藏区重度迷恋者才会想到去走的线路，过去这是西藏通往不丹的"茶马古道"。拉萨—洛扎—色乡—拉康镇—措美—泽当—拉萨，约需5天时间，途中有约200公里的未铺设路面，艰险难行。深藏山中的**普莫雍错**风姿绰约，**色卡古托寺、卡久寺**的历史和传说引人入胜，**拉普温泉**的原始天然给你从未有过的体验。比起景点，更美的是沿途风光：一路与峡谷激流同行，壮阔惊险。如果你愿意尝试，这些名不见经传的景点处处都令人惊喜。

古格深度体验线 对西藏更为久远的历史感兴趣？欢迎前来探索古格王朝。下列地名有可能你在地图和导航上都找不到，但它们大名鼎鼎、历史悠久。札达—古格王国遗址—东嘎皮央（试着跟当地人打听东嘎村）—日土—班公错—狮泉河，看里程这条路并不长，但你走完它需要4天左右的时间。

只能减速、减挡行驶。
- 买一个轮胎气压表，海拔每升高500米检测一下，根据情况适当充放气。
- 更换高沸点的刹车油，以免频繁踩刹车造成刹车短暂失灵。
- 秋冬季柴油类的车辆一定要加高标号的柴油，免得夜里结冻，第二天无法发动。
- 使用质量更可靠的防冻液。

危险和麻烦

- 藏区道路往往蜿蜒曲折、视线不佳，在弯道上最好不要侵占对方车道，多鸣笛。
- 通过检查站的时候不要忘记领限速单——如果你在单子上标注的时间之前到达下一个检查站，等待你的可能是超速罚款。
- 不要跟重装卡车车距过近，以免遭遇路面的坑洼时前车急刹，你来不及闪避。
- 进入牧区或无人区时需留意过路的野生动物。如果遇到转场牧民的牛羊群时，不要按喇叭催促，以免惊了牲畜。
- 秋冬季行驶时最好带上防滑链或使用冬胎，以保证安全通过冰雪路段。
- 不要超速和疲劳驾驶，尽量避免开夜车。

在路上
本书作者 何望若

作为一个喜新念旧的旅行者,拉萨北郊山上和楚布寺是我的"新欢",而下密院、木如旧寺、嘎玛夏寺是每次都要故地重游的"旧爱"。

进一步了解我们的作者,见422页。

八廓街上的转经者。

白宇 摄

拉萨及周边

拉萨及周边

自从1400多年前松赞干布迁都拉萨,这座城市便如其无法被忽视的海拔高度一样为世人瞩目。它早已不是一个需要给出理由的目的地,旅行者总把它与信仰挂钩,既似懂非懂,又觉得神秘而神圣。苍穹之下,婆娑世界,它成了俗世中的一方净土。

拉萨是整个西藏的文化核心,布达拉宫和大昭寺便是承接精神的实体。朝圣者终其一生也要努力到达这个终点,生活在这里的人们,相信举头三尺有神明。寺庙是拉萨最密集的风景,走出城去,那些悬于峭壁或隐于山谷的寺庙,本身也是风景绝佳处。如果你在拉萨待久一点会发现,它也有开放包容的国际化气质。品过甜茶馆里的烟火气,也不妨找间咖啡馆体验20世纪英国人带来的"洋气"的生活方式。

相信你会带着虔诚之心而来,不单只是学会念"唵嘛呢叭咪吽",或随着朝圣者一圈一圈转经、在大昭寺前重复匍匐起身动作,而且对当地文化发自内心的尊重,将此地的慈悲心真正带入你心。拉萨到底是不是"理想国",待你走完,心中自有答案。

☑ 精彩呈现

深度体验拉萨...................... 74
布达拉宫............................ 80
大昭寺................................ 82
哲蚌寺................................ 94
"雪域佛国":
佛教与西藏的结合............ 104
甘丹寺.............................. 124
纳木错.............................. 133

何时去

➡ 萨噶达瓦节时的拉萨很热闹,川流不息的转经队伍皆为朝圣而来。

➡ 雪顿节无疑是暑假最大的吸睛点,但游客超多,住宿很贵,最好避开,况且如今拉萨的夏天也不凉快。

➡ 9月至11月中,游人渐散,风景依然好,也不乏节日。

➡ 冬季是最安静的季节,机票、住宿价格皆是一年中最低。到拉萨晒太阳虽然听起来有点矫情,但你是想在朋友圈晒雾霾,还是享受日光倾城?它比你想象的暖和。

拉萨及周边 73

★拉萨及周边亮点（见76页）
1. 八廓街　2. 纳木错　3. 色拉寺看辩经
4. 楚布寺　5. 布达拉宫　6. 甜茶馆里看百态

初来乍到如何防高反？

➡ 出发前就开始吃红景天或高原安等抗高反药。

➡ 如果可以，尽量坐火车进藏，让身体慢慢适应。

➡ 注意保暖，感冒是大忌。

➡ 避免剧烈运动。

➡ 戒烟戒酒多喝水，保证睡眠充足。

➡ 纳木错海拔很高，尽量排在行程后段；需要攀爬一段的布达拉宫也很耗体力，不宜在到达第一天就前往。

在拉萨，请不要

➡ 逆时针转经。

➡ 穿裙子、戴墨镜、戴帽子进寺庙。

➡ 以手指指向佛像，而应以手掌向上的方式。

➡ 未经允许拍摄经堂或法会。

➡ 参观天葬。

➡ 谈论政治。

➡ 捡拾玛尼堆或牛角。

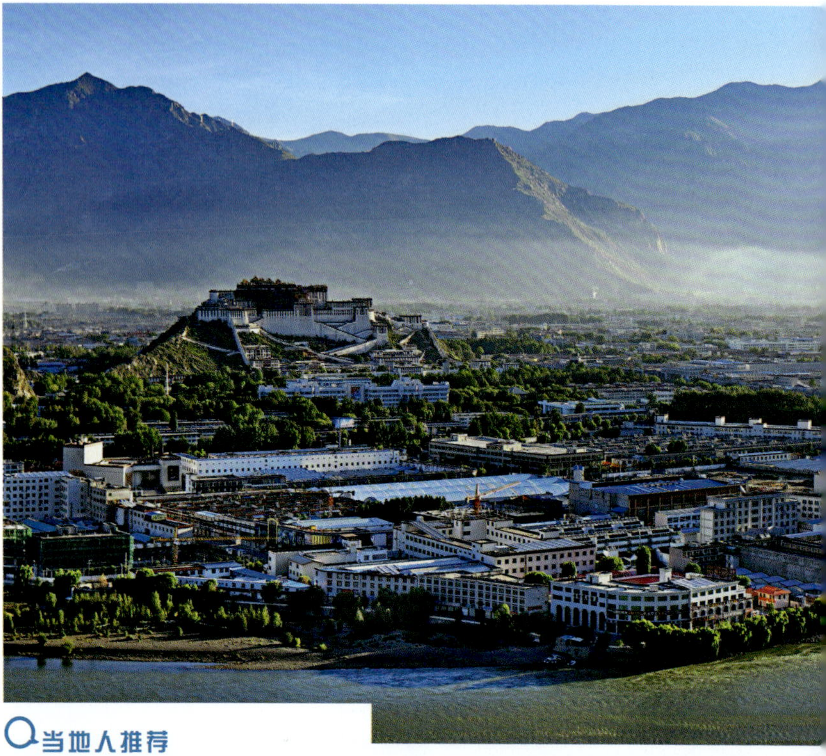

GETTY IMAGES 提供

当地人推荐

深度体验拉萨

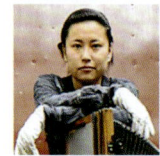

周圆易，湿版摄影师，生活在拉萨的藏二代。

第一次来拉萨有哪些必看的景点？

大昭寺、布达拉宫和八廓街肯定要去。大昭寺得早上去，下午有些殿会关门，看不全。因朝圣队伍与旅行者的参观路线不同，而最重要的觉沃佛殿（即等身像殿）专为朝圣者开放，所以你可能会被拦在殿外，很简单，加入朝圣者队列，跟随排队就好。离开该殿时，注意一下觉沃佛对面的莲花生大士像，其双手合十造像在世界上非常罕见。

这几年拉萨老城的改造，变化大吗？

八廓街的变化就很大。以前八廓街中间有一圈摆摊的商贩，售卖纪念品、佛珠之类的小商品，再加上每天络绎不绝的转经者和磕长头的朝圣者，非常热闹。围绕着大昭寺经商本就是八廓街的传统特色，老城改造后，把这些商贩都迁入了“八廓商城”，八廓街看起来宽阔了，但生活气息没有以前浓郁了。

有没有“私藏”的吃喝购推荐？

吃藏面我比较喜欢去鲁固藏面，藏面比较硬、有嚼劲，外地人如果吃不惯可以告诉面师傅煮烂一点。丹杰林寺旁的老光明茶馆里面有很多本地人玩藏式骰子，挺有意思。丹杰林路口二楼的扎西小吃味道也不错。很多人来拉萨都喜欢买佛珠宝石，但其实假货居多，倒不如带点有特色的手工艺品回去。曲米路卓玛医拉萨全景。

院后面的福利学校里有个商店,所售的藏纸、靴子、包等都是残疾儿童做的,质量很好。如果对款式设计很有要求,可以去卓番林。

给我们推荐一些另类玩法吧。

　　城区后面的山腰上散落着很多寺庙,漂亮又安静,可以俯瞰整个拉萨。有三条线路:从夺底沟的村子步行上山,沿途会经过一个以前英国人修的水库;从色拉寺后面废弃的天葬台向北上山,山上有一片天然岩壁是登山学校的攀岩练习场;城东监狱上面的寺庙也风景独好。这些地方出租车都开不上去,路不难走,但由于海拔高,初到拉萨的旅行者可能还是会觉得有点吃力。

☑ 不要错过

🛏 最佳住宿

➡ **香巴拉宫** 格调不凡,从天井到房间都是浓浓的藏式风情。(见107页)

➡ **溏心客栈** 摄影主题的精品客栈,房间很有格调,也不乏藏饰元素。(见110页)

➡ **圣承书苑** 阅读主题的客栈,观景房可以让你躺在床上看布达拉宫。(见107页)

➡ **慈渡酒店** 现代派设计风格,设施四星级标准,顶楼欣赏布达拉宫的角度非常棒。(见107页)

➡ **星巴拉太空氧舱酒店** 青旅类别中最新、最干净,有自助厨房。(见109页)

🍴 最佳餐饮

➡ **藏家宴** 没因游客增多而降低品质的餐馆,藏餐地道,环境很好。(见114页)

➡ **意式餐厅** 到拉萨吃西餐一点儿也不外行,比萨、羊排都不错。(见112页)

➡ **金马四号演艺中心** 藏地夜店,午夜后与本地人一起跳"迪斯科"。(见118页方框)

➡ **光明港琼甜茶馆** 环境很嘈杂,但据说此地比景点更得旅行者心。(见116页)

◎ 最佳冷门寺庙

➡ **扎叶巴寺** 悬崖边的修行处,被称作"到了拉萨不到扎叶巴寺,等于做了衣服没做领子"。(见125页)

➡ **甘丹寺** 格鲁派的祖庭,山谷环绕,天蓝得通透,映衬洁白的寺庙群。(见124页)

➡ **楚布寺** 噶举派的主寺,大宝法王的家,不见游人,风景独好。(见126页)

➡ **下密院** 昔日的高等学府,如今莘莘学子在此以"填糌粑"祈求金榜题名。(见87页)

拉萨及周边亮点

❶八廓街

它可能是世界上最忙碌的一条街,当阳光尚未照亮这个世界,它已苏醒,长日将尽时,它依然旋转不息。头戴宽檐帽、身穿单边袖长袍或腰系彩条帮典的人们,在此循着统一的方向,转动着手中的经筒,一圈又一圈。没人能否认它魅力十足。

❷纳木错

即便被赋予了爱情传说,高原湖泊也依然是一派高冷范儿。纳木错是西藏三大圣湖之一,依偎在常年积雪的念青唐古拉山脉下,二者携手用洁白与湛蓝洗刷着人们的眼睛,颜色之纯净完胜所有美图滤镜。挂满经幡与哈达的迎宾石和合掌石,在夕阳斜照中尤其漂亮。你可以放大胆子钻一钻善恶洞,找找佛教大师留下的手印。湖边的数个岩洞中依然有人在艰苦修行。若还想让这屏息之美升一级,就去对岸的圣象天门。

❸色拉寺看辩经

即使藏地文化再博大精深,只要你出发前看几本书,也能触摸些皮毛;跟着我们的指南按图索骥,便能不错过风景与风俗的亮点。但对于辩经,即使你略懂藏语,依然会觉得丈二和尚摸不着头脑。一个站着问,一个坐着答,问者击掌跺脚,气势逼人,答者不紧不慢,缓缓应对,场面时而激烈,时而胶着。听不懂又怎样?外行只管凑热闹。

❹楚布寺

一片青山翠谷中屹立着的红色寺庙,楚布寺很安静、很低调,却美得摄人心魄。该寺历

（左图）八廓街。
（上图）大昭寺的朝圣者。

史悠久，是活佛转世制度的诞生地，西藏最大的释迦牟尼坐佛像在此坐镇。全寺规模不大，布局紧凑，但传说不少，有佛像曾离地漂浮7天，有上一世大宝法王的金手印。你可以细究一下各镇寺之宝，也可以欣赏漂亮的酥油花，极目远眺更是舒心。

❺ 布达拉宫

当旅行者坐车进入拉萨，尚未入城，视线已触及了布达拉宫，当你爬上拉萨北面的山坡，俯瞰整座城市时，布达拉宫也必定最先被"定位"。它是藏族人精神生活的支点，有人绕着它转经，有人对着它磕长头。旅行者对它也痴迷至极，清晨拍下它的日照金顶，夜色中拍下它完美的倒影，甚至连找餐馆吃饭都要扭头就见它，随时可以"咔嚓"。老城里的客栈，若是拥有一个可以眺望布达拉宫的天台，便能身价倍增。

❻ 甜茶馆里看百态

拉萨的风土人情何处了解？你无须东奔西跑、四处寻觅，找间甜茶馆坐下，市井百态便自动在你身边上演。一张张长桌前，人们聊着家常，吹着牛皮，分享着甜茶。拉萨有三大著名的甜茶馆，两大"光明"茶馆永远人声鼎沸，乌泱泱一片聚满了三教九流，仓姑寺的环境相对好一些，天井里鲜花盛开，阳光穿透头顶的布棚温柔洒下。除了体验当地人生活，甜茶馆也是你结识旅伴和交换"情报"的好去处。

纳木错。

色拉寺辩经。

4

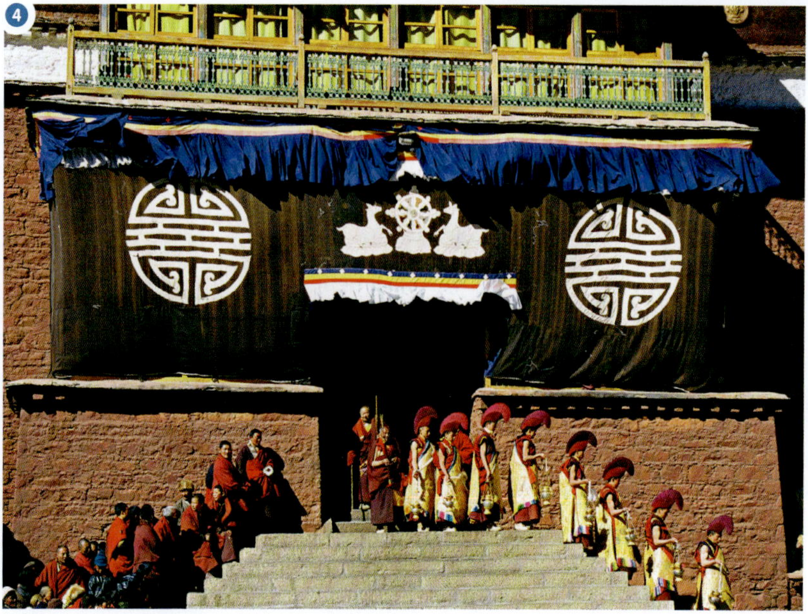
GETTY IMAGES 提供

楚布寺。

布达拉宫。

5

GETTY IMAGES 提供

光明港琼甜茶馆。

6

GETTY IMAGES 提供

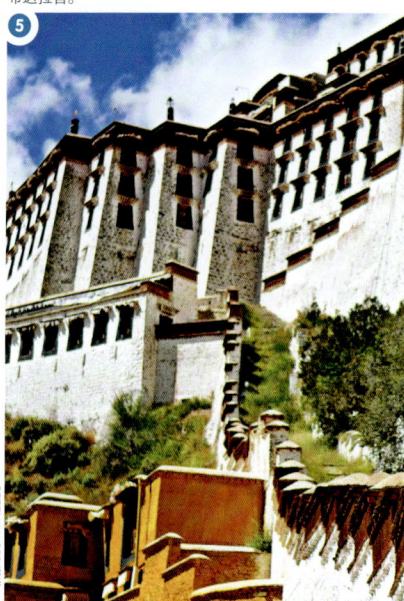

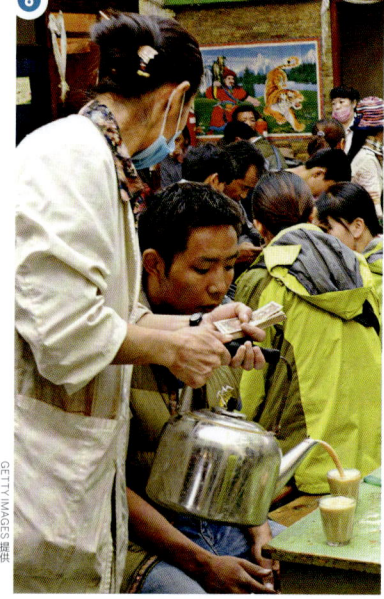

★ 最佳景点
布达拉宫

"布达拉"是梵文音译,意为观世音菩萨的居所。它雄踞在红山之上,是古代藏王和达赖喇嘛的宫殿,也是这片念诵着"唵嘛呢叭咪吽"的土地的神圣所在。布达拉宫从下到上分为雪城、白宫、红宫三部分,无论是建筑、历史意义,还是文物,都足以傲对世界。

尽管随着时代的发展,拉萨城在一圈圈变大,但这颗世界屋脊的明珠是城市不变的中心。每天,从第一缕阳光洒向它到夜幕低垂,人们围绕着它不停息地转经、磕长头,坚守着心中的信仰。

见142页地图;📞400 8649 111;www.potalapalace.cn;门票:5月至10月200元,11月至次年4月100元,5月至10月实行限流,需提前预约门票,雪顿节前后得提前2天,预约地点在布达拉宫西侧停车场,也可通过官网预约;⏰8:00~16:00

黄昏时的布达拉宫。

历史

布达拉宫最早建于7世纪,松赞干布是设计这项伟大工程的第一人,当时的宫殿有999间房,后毁于天灾和战火,只有法王洞和圣观音殿幸免于难。1645年,五世达赖喇嘛重建布达拉宫,完成了白宫部分,那里从此成为达赖喇嘛生活和从事政教活动的场所,也寓意着西藏政教合一。五世达赖喇嘛圆寂后,摄政王桑杰嘉措续建布达拉宫,1693年红宫竣工。之后历任达赖喇嘛又扩建了金顶和其他附属建筑。直至1936年,十三世达赖喇嘛灵塔殿建成后,布达拉宫原样保持至今。先后有10位达赖喇嘛成为这里的主人,自1959年十四世达赖喇嘛逃往印度,布达拉宫也随之退出了政治舞台。

白宫

白宫即整个建筑的白色部分,是曾经的达赖喇嘛居所和西藏地方政府噶厦的办事机构。注意,在你到达半山腰的检票口前,一路会被很多非正规导游"纠缠",不用理会,在检票处你能找到专业的讲解员(400元/10人)。

从山脚拾阶而上,首先经过一个广场,这是昔日为达赖喇嘛表演藏戏的地方。接近入口处,留意一下左墙上有一个壁龛,里面的金手印属于五世达赖喇嘛。白宫最大的殿是东大殿,历代达赖喇嘛的坐床、亲政典礼都在此举行,如今不开放。可参观的是白宫顶层的**东日光殿**,曾是达赖喇嘛的寝宫。进入后的第一个大殿是达赖喇嘛每天与噶厦政府官员处理政事的地方,意义等同于中原皇帝的早朝。大殿东面有一个窗台,从这里望出去,便是你最开始经过的广场,达赖喇嘛会透过此窗观看下面的藏戏表演。日光殿分东、西两座,格局相仿,不过仅开放参观一座。

红宫

红宫位于建筑中央,是宗教殿堂,也是存放历代达赖喇嘛的灵塔殿。自五世达赖喇嘛入主布达拉宫后,已过世9位达赖喇嘛,但你只能数出8座灵塔,缺的那座正是属于一生跌宕起伏、神秘莫测的六世达赖喇嘛。红宫藏宝众多,开放参观16个殿。最高处的**殊胜三界殿**曾是金瓶掣签的举行地,里面有一块以藏、汉、满、蒙4种文字书写的"当今皇帝万岁万万岁"牌位。**圣观音殿**的门楣上悬挂着清朝道光帝御赐的"福田妙果"匾额,殿上有一尊天然形成于檀香树中的观音像,是布达拉宫的镇宫之宝。**西大殿**是红宫最大的殿堂,四周壁画反映了五世达赖喇嘛赴京觐见顺治帝、被册封为达赖的故事,殿内悬挂的"涌莲初地"匾额出自乾隆御笔。历代达赖的灵塔殿中,五世达赖喇嘛的那座灵塔最高大、最华丽,塔身用3721公斤纯金打造,镶嵌着近2万颗珠宝。在十一世达赖喇嘛的灵塔殿中,五世达赖喇嘛银像与释迦牟尼金像大小相当,平起平坐,这是非常罕见的佛像设计,代表了五世达赖在西藏的地位和丰功伟绩。

亮点速览

➡ **珍宝馆** 宫殿里的宝贝看得不过瘾?就去主体建筑外的珍宝馆一饱眼福。

➡ **上师殿** 布达拉宫中唯一的一尊六世达赖喇嘛像就在其中。

➡ **梯形造型** 布达拉宫的墙体下厚上薄,白宫底部厚度达5米多,而红宫最薄处仅1米多。

拉萨市

电话区号 0891　海拔 3650米

拉萨一直稳占"一生中必去的N个目的地"榜单前列,有人为了它清澈的蓝天白云,有人为了它神秘的宗教文化,有人渴望在此获得精神的洗礼,拉萨成了人们心中的圣洁之城。更多人对它的认识停留在煨桑炉前的香烟升腾、浓烈的酥油气息和络绎不绝的转经者。但如果你邂逅过街头玩滑板的少年,感受了这里的消费指数,就会找到你熟悉的都市活力四射的一面。这个城市骨子里坚守传统,但也紧跟时代活在当下。

◉ 景点

90%的景点都与宗教相关,拉萨人虽然热情宽容,但你若"懂规矩"便会更受欢迎,收获更多。参观寺庙时,除了顺时针这一不变的真理,应先进一楼大殿,沿左侧开始,到殿后方时,再从左边进入后方各配殿,然后从右边配殿出来,接着朝拜大殿中央所供奉的各尊佛像,最后上楼参观。需要提醒的是,拉萨的寺庙很"任性",本书中所列的开放时间只是一个约数,遇上节日可能会关门,傍晚有"大施主"光顾,也可能延长关门时间,当你在日头高照时吃个闭门羹一点都不稀奇。

◉ 老城区

以大昭寺和八廓街为中心的老城区,是拉萨建城最早的区域。老城区寺庙集中,对藏地文化感兴趣的人,往往会一头扎进不知名的寺庙,挖掘有趣的故事。老城里还有一大一小两座清真寺,但不向非穆斯林开放。

★ 大昭寺　　　　　　　　　寺庙

(见144页和147页地图;门票85元,讲解50元;⏲8:30~18:30)7世纪时,松赞干布迎娶尼婆罗(今尼泊尔)尺尊公主后,为其建造了大昭寺。1409年,宗喀巴在此举办规模盛大的祈愿法会,开启了之后500多年每年一度的大昭寺传召大法会。大昭寺最初的名

八廓街朝圣者。

字"惹萨曲朗祖拉康"中的"惹萨"衍生出了这个城市的名字，它一直被视为拉萨的心脏，也是整个西藏的信仰中心。如果你愿意入乡随俗地暂时接受西藏人的信仰，那么，大昭寺应该是你到达拉萨后首个拜访之地。

大昭寺分为三层，最大的看点为一楼的等身佛像，永远挤满了排队朝圣的人，殿外还有负责管理秩序的人员拦住没有排队的游客。建议的参观路线为先去一楼的主要配殿，沿顺时针方向，从药师琉璃佛龛处上楼，看完二、三楼的亮点后，再下至一楼参观其余配殿。尽管拥挤，但还是要尽早上前往大昭寺，因为下午很多配殿会关门。

大昭寺内藏宝众多，历史典故也相当精彩，最好有讲解，否则只是在一尊又一尊佛像前走马观花。不要找那些晃荡在寺门入口处的野导游，大昭寺售票处旁有一块牌子，列出了所有正规导游的名字和电话，这些人专业知识丰富，会让你受益匪浅。但是由导游带队的游客大都局限在大殿中

如果你有

➡ **1天** 只留给拉萨1天的话就不用赶景点了，把时间留在八廓街（见86页），参观大昭寺（见82页），去光明港琼甜茶馆（见116页）坐坐。如果感觉对海拔没有不适，可以将布达拉宫（见80页）也列入行程。

➡ **3天** 第1天尽量休息，吃点藏餐喝杯甜茶。第2天参观大昭寺、布达拉宫，下午可以去色拉寺（见98页）看辩经。第3天去纳木错（见133页）一日游，晚上回到拉萨可以去看场《文成公主》实景演出。

央一圈参观，你可以跟随导游听完一遍讲解后，再加入朝圣者的队伍依次入各配殿参观。

天井广场和大殿中央

进门后，首先是天井广场，这里是以前每年拉萨三大寺格西学位考试的会场，傍晚时会有僧人在此辩经。若是跟着朝圣队伍走的话，你会先到达天井东北拐角处的**度母殿**，进殿前留意一下地上有一处被磨得很光滑的凹陷石头，据说能治膝盖痛，当地人会跪下摩擦膝盖。

穿过一条长长的殿廊便进入了大殿。大殿中央供奉着**千手观音、莲花生**和**弥勒佛**。各配殿所供佛像不同，典故亦不同，配殿外沿壁一圈也有很多看点，以下按照顺时针参观顺序一一介绍。

一楼主要配殿

最先进入的是**甘丹拉康**，也称宗喀巴和八大弟子殿。殿外屋角有一座**白色佛塔**，原为萨迦班智达大师所造，是大昭寺主供的佛意代表物，如今所见重建于"文革"后。药师殿和天成五尊观音殿之间供奉着**米拉日巴像**。**天成五尊观音殿**中有一尊十一面千手千眼观世音菩萨像，据说此像为天然形成，因圣像本身是观音，内装有檀香观音，又有传说称，被视为观音化身的松赞干布和文成公主、尺尊公主去世后的意识都进入了此尊观音中，所以被称为天成五尊观音，如今所见也是"文

大昭寺金顶。

革"后以旧佛像残片重新造的。接着，在进入强巴佛殿之前，会看到藏戏的发明者、建桥专家**唐东杰布**的坐像。**强巴佛殿**中的弥勒像是11世纪重修大昭寺时取松赞干布沐浴处的泥土所造，站在门内抬头看门头上方有一块六字真言的牌匾，是松赞干布亲手所书。角落处的**至尊宗喀巴大师殿**是唯一一个高悬的配殿，此像是宗喀巴在世时所造，据传当时宗喀巴看后，说这尊像和自己很像。该殿下方的阶梯通往寺院下的地底湖。转弯后，留意下**无量光佛殿**（俗称忏悔殿）前有几根形状独特的柱子，俗称牙柱，因古代香客之间有一传统，若有香客死在朝圣路上，其他朝圣者就会带上一颗死者的牙齿，来到大昭寺后镶嵌进这根柱子中，就等于带他到了大昭寺。

等身佛殿是大昭寺内最拥挤的一座殿，多少朝圣者千里迢迢皆是冲它而来，只因该殿内供奉着大昭寺最珍贵的宝物：释迦牟尼十二岁等身像，也称觉沃佛。等身像的左右两侧都有阶梯供朝圣者爬上去贡献哈达或用额头抵佛身以求加持。等身像背后还有一尊释迦牟尼佛，据说曾显灵要守护等身像，便被称为"我不走"佛像。而在该殿门的正前方，有一尊面对等身像的莲花生像，呈双手合十状，如此造像全世界罕见。你还可以留意下殿门两边的四大天王像，右边两尊面带微笑，左边两尊则眉头紧皱。

狮子吼观音殿外有一个石洞，试试在洞口附耳倾听，听到地底的湖水声了吗？然后从**药师琉璃佛龛**对面的楼梯上楼。

二、三楼亮点

在二层与三层的楼梯间有两尊吉祥天母（也叫白拉姆，大昭寺的主要护法之一）的化身佛龛，其中一尊为蛙脸。再下到二楼参观，该层最重要的配殿是**法王殿**，松赞干布和两位公主坐镇于此。站在法王殿外，你可以琢磨一下头顶的木檐雕刻，试试在百狮中找出一张人面，若无导游，你不妨找位僧人问问这其中的缘由。

接着便上顶楼，这里可以拍摄大昭寺漂亮的金顶，俯瞰大昭寺广场，远眺布达拉宫。

修旧如旧与历久弥新
——拉萨老城的未来

杜冬

2012年开始，拉萨进行了老城改造，主要内容包括供暖、设置路灯，以及最受争议的八廓街改造：流动摊贩迁出八廓街，路面新铺，架设了众多藏式风格、据说价格昂贵的路灯。有评论者说，这让拉萨老城千百年来的街头交易消失了，八廓街魅力顿减。

拉萨老城区的改造其实并不是新鲜事，从20世纪60年代开始，布达拉宫广场及宇拓路、江苏路开始兴建，老城区被一条北京东路分开两半。20世纪80年代大批老旧的民宅被换成了新盖的藏式大四合院，20世纪90年代，曾在布达拉宫脚下的雪社区被迁出，建成布达拉宫广场。可以说自西藏和平解放以来，拉萨老城的改造就在持续进行。时至今日，除了明确受保护的寺庙和重要民宅，老城区大部分建筑物都只有二三十年的

曾经的拉萨老城。GETTY IMAGES 提供

历史。长期的改造中有成功的经验，例如老城区新建的房屋使用藏式色调，藏式建筑，有些甚至使用了藏式传统建筑工艺。失败的例子也不少，例如布达拉宫周边水体大面积缩小、大昭寺前河流的消失，以及老城区被一分为二等。更多的情况则是不同思路的对撞：例如大昭寺前是否应当修建广场以方便旅游？是否应进行夜间的亮化以保证安全？八廓街是否应当允许大量的流动商贩？这些复杂的问题恐怕不能靠一句简单的"修旧如旧"就能了事的了。

还有一个更为长远的担忧：旅游业的兴旺、高昂的转让费和租房价格，加上老城区的改造，会不会使本地居民迁出八廓街，只剩下如丽江四方街那样的空壳？从老城区这些年的变化看，的确有此趋势，旅游从业者、创业者和商店纷纷进驻老城区，众多创意工作室、旅馆、酒吧乃至蛋糕店的出现，隐约浮现出丽江的影子。

但拉萨毕竟不等于丽江，这是一个有10万居民、靠强大的信仰黏合的圣城，依然遵循着古老而强大的习俗。清晨的甜茶馆里人满为患，八廓街上桑烟缭绕，诵经声不绝于耳，来自藏地各个角落的朝圣者们迈开大步，与磕长头的人擦肩而过；为旅行者作画的唐卡画师会自然地放下画笔，加入老拉萨的行列，去参加盛大的节日活动，如仙女节和燃灯节。即便是深夜的街头，拉萨依然不乏小酒馆里的藏文醉话、梦呓、欢笑和歌声。来拉萨的创业者们也慢慢习惯了转八廓街和在甜茶馆神侃的生活。拉萨的古老节奏再一次驯服外来的冲动，这也不是不可能的。

听、读拉萨

→ 《回到拉萨》（郑钧）20年前的经典摇滚作品，唱出了人们对雪域高原的向往。

→ 《拉萨谣》（朱哲琴）空灵的嗓音淋漓尽致地表达了这片土地的神圣、神秘和神韵。

→ 《拉萨酒吧》（藏娃）康巴汉子唱出了"拉漂"的心声。

→ 《喇嘛王国的覆灭》（梅·戈尔斯坦著）详细介绍了从十三世达赖喇嘛到十四世达赖喇嘛逃离拉萨这之间近40年的历史。

→ 《一步一如来》（林聪著）如果你对寺庙感兴趣，不妨把这本指南带上路。Ⓛ

一楼其余配殿

再度回到一楼，从药师琉璃佛龛处继续顺时针走。**强巴佛殿**内，注意左侧瞻巴拉财神旁的角落里，有一个山羊头像，你可以在此寻思一下山羊驮土填湖建寺的故事（见113页方框）。在进入下一个殿之前，会经过**萨迦五祖师像**，背后的壁画上有一尊文殊菩萨像，相传当年发生参身像对调风波（见87页方框）后，待金城公主找到这里时，壁画上的文殊菩萨自动右移，以便让公主破墙请佛。旁边的殿便是昔日的佛像藏身处。在快绕回进门处的**法王松赞干布殿**里有一根大昭寺最古老的圆柱，该殿外的壁画描绘了文成公主进藏、山羊驮土填湖的历史。

八廓街　　　　　　　　　　　街区

拉萨的建城顺序是这样的：先有大昭寺，后随着朝拜者众多，产生了吃、住、购的基本需求，于是便催生出了街市——八廓街，又叫八角街，再进一步以此为中心向外扩展出整个城市规模。因此有"先有寺后有城"的说法，这条环绕大昭寺的多边形街道一早便不是商业绝缘体。

无论冬夏，从天亮前到天黑后，八廓街上永远都有虔诚的朝圣者绕其顺时针转经，或磕着等身长头，有白发苍苍的老人，也有稚气未脱的孩子。他们中的很多人并非拉萨本地人，从家乡经长达数月的跋涉，一路长叩至此。

约1公里长的八廓街上古迹、看点颇多，除了本书单独列出的一些景点，以下这些地方也值得你驻足探究一番。**唐蕃会盟碑**位于大昭寺前的广场上，也叫"长庆舅甥会盟碑"，该碑建于823年，以纪念唐朝和吐蕃长庆年间先后在长安和拉萨两度盟誓的重要事件，碑上用汉藏两种文字书写。紧挨着它的是**劝人种痘碑**，因清朝乾隆年间西藏天花肆虐，钦命总理西藏事务大臣和琳为了普及接种牛痘对天花的治疗，特立此碑。在两块碑的旁边有一棵枝繁叶茂的树和一截已枯死的树根，后者是文成公主当年所植的唐柳，也称**公主柳**。

八廓街东北角的白房子内是**八廓大经轮**（见144页地图），此地曾经的身份是监狱的露天刑场，监狱旧址就是隔壁的**朗孜厦陈列馆**，不开放参观。八廓街东南角有一片布满浮雕的墙，被称作**东苏拉姆墙**（见144页地图）。大昭寺背后有2条"L"形的小巷（色拉达果巷和卧堆布巷），里面有几栋旧民居，已列为文物保护单位，这两条巷子非常安静，鲜有游人进来，倒是会遇见本地的婚纱摄影人群。八廓南街上的**拉让宁巴**，昔日宗喀巴大师在此住过。

小昭寺　　　　　　　　　　　寺庙

（见144页地图；小昭寺路；门票30元；⊙7:30~21:00）历史上与大昭寺地位相当的小昭寺建于641年，是松赞干布为文成公主所建。你是否留意到两座寺庙的大门朝向？小昭寺大门向东开，正是朝着文成公主的故乡中原大唐，而大昭寺的门向西，便是面向尺尊公主的故乡尼婆罗（今尼泊尔）。15世纪中后期，小昭寺成为格鲁派密法最高学府之一——上密院的校址。

每天7:30~10:00，主殿会举行法会，若恰好遇上请务必保持安静，绝对不能拍照。后方有一个配殿，供奉着**释迦牟尼八岁等身像**，是全寺最珍贵的地方，此殿只在7:30~

13:00开放,可步入殿内顶礼、献哈达、绕拜等,形式同大昭寺一样。下午殿门会锁上铁网,佛教徒只可在殿外磕拜,留意一下殿外正对等身像的地上镶嵌着一些彩色的宝石。

参观完可以随朝圣队伍绕大殿外的转经筒走一圈。别错过顶楼,这里比大昭寺顶楼安静多了,满心期待在雪域晒太阳发呆的人,不如来这里。

小昭寺院内左侧有一间供灯房,如果想为家人祈福,需早上6:30前来,100盏灯起供,80元。

长寿寺 寺庙

(见144页地图;小昭寺隔壁;⊙6:30~17:00)免费 长寿寺藏语名为"次巴拉康",紧挨着小昭寺南侧。寺庙虽小,但人气相当旺,因这里供奉着拉萨最大的无量佛像,保佑家人健康平安来这里就对了。你可以跟随朝圣者在殿堂外绕拜,绕拜圈数有讲究,可以按照自己的年龄绕,也可以按三、七等单数来绕。天井里有一间熏得黑黑的屋子,是供灯房,如有需要可在早上6:30前来供灯,100盏灯起供,65元。

长寿寺门口有很多卖天然草香的摊位,可以买一些投入旁边的煨桑炉,或带回去放在家里,能净化空气。

锡德扎仓 遗址

(见144页地图;策门林四巷)免费 锡德扎仓也叫"喜德林",曾是拉萨五座摄政寺院之一,也是热振活佛在拉萨的行宫。如今这里没有寺没有僧,它以残垣断壁的废墟状屹立于闹市已久。繁华早已是过眼云烟,但生活依然在继续,围绕这座死气沉沉的废墟之外是三面民居。院子里的蝶形太阳能灶上烧着开水,总有顽皮的藏族小孩在废墟外围上蹿下跳。欣赏锡德扎仓最好的时间是夕阳西照时。

下密院 寺庙

(见144页地图;北京东路;⊙8:00~18:00)免费 下密院由宗喀巴大师八大弟子之一的喜饶僧格于1410年所创立,与设在小昭寺的上密院相对应,同样都是格鲁派密法最高学府。"上"与"下"并非等级区别,仅相对地理位置而言。

不同于八廓街上的名寺那般熙熙攘攘,下密院安静而古朴,很值得前往。它的建筑非常有特色,若站在寺外看,你会发现后殿比前殿高,在拉萨古城里唯此一例。

一楼大殿很大,你可以想象一下下密院鼎盛时500多位学僧济济一堂的场景,现在这里仅有60位僧人,殿中的立柱也已斑驳脱色。后殿中供有5米高的宗喀巴大师像,是拉萨各寺中最高的。别错过二楼配殿,这里有一尊佛像前供奉着很多哈达和水果,此像为镇寺之宝:曾经显灵说话的**绿度母石碑**。你一定会注意到度母前的贡品非常独特,一条长长的装满糌粑的白色圆柱形布袋子,顶端托举着一个苹果,当地人称为"填糌粑",有特殊寓意——求学。若家里有孩子考学、考公务员等,便会来下密院做此特殊供奉,一楼大殿外右侧的一间小屋子便是"填糌粑"的地方。

> ### 对调的等身像
>
> 大昭寺是松赞干布为尼婆罗(今尼泊尔)尺尊公主所建,尺尊公主带来的是释迦牟尼八岁等身像,而小昭寺是为文成公主而建,文成公主的陪嫁品是释迦牟尼十二岁等身像,但是如今我们看到,两座等身像都不在自己的主场,十二岁等身像安坐于大昭寺中,八岁等身像去了文成公主的地盘。这当然不是汉、尼二妃用互换场地来表示和谐共处。
>
> 当大唐进入武则天时代,这位强悍的女王欲把先皇送出去的十二岁等身像索回,于是西藏君臣就把该佛像藏于大昭寺的墙内,又把大昭寺内的八岁等身像请至小昭寺。直到唐蕃再度联姻,金城公主嫁入西藏,才从大昭寺内找出了这尊像,但两尊等身像并没有依其最初的位置归位,而是对调至今。

密院学僧的僧钵

参观小昭寺和下密院时，你应该会注意到大殿内僧人座位上方悬挂着很多黄布袋，布袋内是僧钵，为上、下密院特有。僧钵代代相传，每一个僧钵都代表了一位在学寺僧，若有新僧寻取，就会发一个僧钵，直到学僧毕业，此僧钵又转于新僧。据说，当密院拒绝新生入院时，会告诉对方："本寺暂无闲钵。"僧钵是什么样？下密院二楼配殿中就有一个黑色僧钵，钵中塞满了信徒的供奉，有些寺庙所供的释迦牟尼佛像手中也会托举着。 ⓛⓟ

木如寺　　　　　　　　　　　寺庙

（见144页地图；北京东路；◐8:00~17:00）免费 也称木如新寺，建筑群规模很大，实际寺殿却很小。跨入大门，原先的主殿已改作印经院，不开放参观，西侧天井中的配殿才是木如新寺如今的主殿，也是唯一的殿堂。殿中央悬挂着巨幅唐卡，殿内供奉着释迦牟尼、宗喀巴大师、阿底峡尊者等，有根柱子上挂着古盔甲和刀剑等，这是以前的信众供养给寺庙的。右侧墙上有一些漂亮的酥油花，你也常能在这里看见僧人制作酥油花。

清政府驻藏大臣衙门　　　　　纪念馆

（见144页地图；八廓北街；◐5月至9月9:30~18:30，10月至次年4月10:00~18:00）免费 清政府驻藏大臣衙门旧址也叫"冲赛康"，意为能看到集市的房子。这里是清朝政府在西藏设立的供历代驻藏大臣办公和居住的地方，后来还被用作警察局、邮局、不丹政府驻藏机构等。现作为纪念馆开放参观，横向三进式的院子内介绍了清朝、民国、新中国成立后，中央与西藏的关系，建筑内还原了驻藏大臣当时的会客厅、卧室、公堂、议事厅等。

根敦群培纪念馆　　　　　　　纪念馆

（见144页地图；八廓南街；◐5月至9月9:30~18:30，10月至次年4月10:00~18:00）免费 根敦群培是20世纪上半叶西藏的著名诗人、翻译家、画家、思想家等。他出生于青海同仁，4岁时被认定为山南多吉扎寺活佛的转世灵童，后进入拉卜楞寺学习，又辗转来到拉萨，接着去印度等南亚国家游学。根敦群培生活的年代正处于西藏历史的特殊时期，才华横溢的他回国后便遭牢狱之灾，以致英年早逝。纪念馆建在根敦群培辞世时的小院内，详细介绍了他的生平，展示了他穿过的衣服、鞋子，还有用过的笔记本和创作的作品等。

嘎玛夏寺　　　　　　　　　　寺庙

（见144页地图；◐7:30~18:00）免费 八廓街上黄颜色的建筑都有点来头，这栋楼曾经是噶举派噶玛巴法王在拉萨的府邸，后由色拉寺管辖。寺内主供独眼的恰赤坚吉护法，该护法是色拉寺不共护法的下级。殿内有根柱上挂着一个大大的皮袋，据说人死后的灵魂便被收入此袋中。

绕赛赞康庙　　　　　　　　　寺庙

（见144页地图；绕赛二巷；◐8:30~17:30）免费 从玛吉阿米一路向南，到丁字路口时，左手边有一栋显眼的黄色建筑，便是绕赛赞康庙。寺庙建于松赞干布时期，以供奉龙神图多旺秋而知名，寺庙不大，却不乏看点。主殿正后方，中央供奉着宗喀巴师徒和莲花生大士，最右边吐着舌头的是扎基天母，左侧一个金色脚印是松赞干布的足印，再往左有一块石头是图多旺秋的"魂石"。图多旺秋到底长什么样？左侧墙上有三尊像，中间的那尊便是。

弥勒殿　　　　　　　　　　　寺庙

（见144页地图；色拉达果巷15号；◐8:00~21:00）免费 弥勒殿位于八廓街大经轮旁，由宗喀巴大师的弟子创建。殿内供奉着8米高的弥勒像，由于佛像太高，你得上到二层才能看清弥勒的脸，释迦牟尼和燃灯佛立于弥勒佛两边。一层殿内还有一个创寺祖师和噶举派"疯行者"竹巴昆列的修行地洞。这里比较奇特的是佛坛不朝向殿门，八廓街上仅弥勒殿和塔布林寺如此。

弥勒殿二楼每天早上8点有一个仪式，殿内放着一盘面团，朝拜者将面团放在身上病痛的部位擦拭，再丢弃，意味着病痛解除。主持法事的喇嘛会为朝拜者淋上甘露，朝拜者双手接住甘露喝下，接受"洗礼"。

木如宁巴寺　　　　　　　　　　寺庙

（见144页地图；色拉达果巷9-1-5号）
免费 从弥勒殿前的巷子继续往里走，就是这座寺，也称木如旧寺。整个建筑由财尊殿、贡嘎曲德殿和木如旧寺三部分组成，三寺虽同处一个大院，但彼此独立。

走进院子，首先是财尊殿，顾名思义就是拜财神的地方，殿中央供奉着燃灯佛和弥勒佛等。外围一圈四尊像分别是左侧的臧巴拉财神爷、财续母救难仙女和右侧的多闻天王、妙音仙女，四尊像中唯有妙音仙女与文化有渊源，其余三尊皆"带财运"。财尊殿楼上是贡嘎曲德殿。

天井深处就是木如旧寺，该寺历史悠久，有"先有木如，后建大昭"的说法。殿内供奉着千手观音、莲花生大士等。每年藏历二月二十三日这里会举行隆重的"玛尼法会"，各地僧俗聚集于此，共诵六字真言一亿遍，法会历时多天，很是壮观。

丹杰林寺　　　　　　　　　　　寺庙

（见144页地图；丹杰林巷5号；⏰7:30~20:00）**免费** 也叫丹吉林寺，曾位列"四大林"之首，对于旅行者来说其名声或许还不如隔壁的老光明茶馆响亮，但你无法轻视这栋红色建筑的历史意义。丹杰林第穆活佛在西藏历史上地位显赫，获封呼图克图称号。该世系先后有三位活佛担任摄政，最后一位第穆活佛任摄政期间发生了著名的加害十三世达赖喇嘛的"第穆事件"，不但黯然下台，还被革除了呼图克图封号，此后，丹杰林寺由桑耶寺（见210页）接管。桑耶寺的主要护法紫玛护法也是丹杰林寺的主供护法，供奉在二楼大殿中，常有朝拜者为该护法添酒供养，因此殿内弥漫着淡淡的酒香。丹杰林寺后面连着一户民居的天井，与世俗世界几乎

理清寺庙的关系

拉萨的寺庙不止数量多，名头也多，既有派系之分，也有上下级从属关系，有些寺庙的历史从名字上便能略知一二，有些寺庙如今看起来门庭冷落，但也曾风光一时。

藏传佛教分宁玛派、噶当派、噶举派、萨迦派、格鲁派等，这构成了各寺庙的派别属性，例如楚布寺（见126页）便属噶举派。但各派创立时间不同，在历史长河中又各主沉浮过，当一派衰落另一派兴起时，寺庙也会发生"转会"。格鲁派成立得最晚（15世纪），此后，其他各教派不是改宗格鲁派，便是或多或少受其影响。例如，创立噶当派的热振寺（见132页）后改宗了格鲁派，嘎玛夏寺和夏珠林本属噶举派，后也归入格鲁派门下。

派别明确后，还得分主寺、属寺。并非所有寺庙都有独立自主权，通常而言，主寺领导分寺，大寺管辖小寺。例如南方三怙主殿就是甘丹寺的下属分院，而嘎玛夏寺由色拉寺领导。再如日喀则的萨迦寺（见281页）是萨迦派的主寺，而拉萨八廓街上也有一座供奉着萨迦五祖的萨迦寺，可视为主寺在拉萨的办事处。

即使是同一派别下的寺庙也有不同分工，或被贴上不同标签。由宗喀巴及弟子分别创立的甘丹寺、色拉寺、哲蚌寺被列为格鲁派三大寺，也是重要学府，但显宗是这里的主要学习方向，而上、下密院是该派密法教学的最高学府。格鲁派将以"林"字结尾的丹杰林、功德林、策门林、次角林并称为四大林，其中丹杰林、功德林、策门林和锡德扎仓、木如寺又曾做过摄政官邸。Ⓟ

无缝对接。

策门林　　　　　　　　　　　　寺庙

（见144页地图；⏰8:00~18:00）**免费** 也

叫策墨林,曾是策门林摄政的官邸。昔日规模庞大,经"文革"被毁重建后,已不复当年盛景,寺庙大院内也是僧俗共居。在北京路上找到策门林三巷,走到头便是。主殿后方两个相通的配殿中供奉着的主供护法塔乌和大威德金刚。策门林独特之处是主殿的左右两边各有一间长条形的配殿,分别供奉罗汉和三怙主。这里很安静,雪顿节时僧人会放假。

仓姑寺　　　　　　　　　　　　　寺庙

（见144页地图；林廓南路；门票40元；⊙8:00~18:00）也叫仓空尼院,是拉萨老城里唯一的尼姑寺,很多旅行者知道这里是因为仓姑寺的甜茶馆。事实上仓姑寺很有来头,仓空意为地洞,因松赞干布在该岩洞中修行而得名。大殿中央供奉着千手观音,并有二十一度母环绕其周围,殿内还有一尊帕崩喀大师在世时自己看过的本人像。出大殿后不要着急离去,左侧有一条小径,走到底的屋子里便是松赞干布当年的修行洞,地洞深入地下两米,地洞上方供奉着一尊松赞干布像。参观完寺庙,你可以在种满鲜花的天井里坐坐,或去隔壁的甜茶馆买壶茶小憩。

◉ 布达拉宫周边

拉萨城内有三座山丘:红山、磨盘山、药王山,传说它们分别代表观音、文殊、金刚手三怙主,三座山皆有景点。布达拉宫广场、药王山观景台和龙王潭是拍摄布达拉宫的三处取景点。除了布达拉宫和以下所列,当你随着朝圣者行走在孜廓转经路线(见109页方框)上时,留意布达拉宫东侧的红山脚下(康昂多北路)有一些岩画和堆积的牛角,旁边是一座小尼院,顺着人流而行时,别忘了进去参观一下。

药王山千佛崖　　　　　　　　　摩崖石刻

（见142页地图；门票10元；⊙24小时）

药王山千佛崖壁画。

药王山南面有一片颇为壮观的摩崖石刻,其由来据说是因松赞干布曾在此看见观音、度母等幻影而命工匠在山壁上凿刻的佛像,又经后人一代代持续凿刻才形成如今的规模。

沿德吉南路上的一条小巷走入该景区,左手边就是一面鲜艳的摩崖石刻墙,佛像、六字真言等密集地布满墙面。从日出到日落,朝圣者不间断地在此磕着长头,他们身下的土地也因长年累月的磕头膜拜被磨得非常光亮。旁边有一个沿崖壁搭建的小房子,里面供奉着观音、释迦牟尼像等。

往里走,一座金光闪闪的高大经塔耸立在面前,该塔由一片片经文薄石板堆积而成,被称作甘珠尔塔。与拉萨城里的各处古迹不同,该塔的年岁还不及90后,它由一位来自青海的朝圣者发愿修建,这位朝圣者花了15年在此化缘,带领工匠周而复始地雕刻。塔四周有修葺好的石阶可环绕,沿途散落着一些经文石板和牛角。

鲁普岩寺 寺庙

(见142页地图;门票20元;⊙9:00~18:00)不同于拉萨其他寺庙,鲁普岩寺是一座石窟寺院,是7世纪时松赞干布为其木雅王妃所建,松赞干布和文成公主、尺尊公主也在此闭关修行过。

进入寺庙,顺着石阶上的指示先到达最高处的洞窟,这里供奉的较大一尊是莲花生大士像,尼泊尔公主像端坐其左侧。然后下到较低一层的石窟,中央有一尊据说是自然浮现的释迦牟尼像,背后是松赞干布像,周围墙上刻着很多彩色佛像浮雕。

离开鲁普岩寺时,可顺道参观隔壁的**唐东杰布庙**,沿西藏唐卡画院旁的台阶走上去就是。

布达拉宫广场 广场

(见142页地图)布达拉宫广场即与布达拉宫隔马路相对的一片开阔地,这里有绿荫小道、人工湖等。2001年10月1日所立的西藏和平解放纪念碑高耸于广场中央。

擦擦

药王山千佛崖景区门口有很多制作和销售一种用模具做成的佛塔、佛像的地方,它们是类似中国古代令牌的小浮雕,你也常会在玛尼堆旁或佛堂里看到这种形状不一的小泥佛。它叫"擦擦",最初是为了替代释迦牟尼真身骨灰舍利而放在佛塔中的装藏,以便令佛教精神更加广泛地传播,后来又被赋予更多意义。擦擦按材质可分为陶擦、土擦、布擦、水擦等,也有用亡者的头发、指甲等做成的擦擦,而布擦是指高僧圆寂后,对其进行脱水处理后的体液混合泥土制成的,也叫法体擦,是非常珍贵的宗教圣物。总的来说,因擦擦意义特殊,不建议作为纪念品购买,更不能亵渎。ⓛⓟ

(上图)擦擦
何望若摄

靠近公路边有一圈黄色围墙,墙内绿树掩映中有一块立于8世纪的**达扎路恭纪功碑**。达扎路恭是吐蕃时期的大臣,763年,藏王赤松德赞为了表彰达扎路恭率兵攻掠长安取得功绩而立此碑。碑高1.92米,碑身北、东、南三面均刻有藏文楷书,但围墙大门紧锁,无法近距离欣赏。

广场两侧有两个大屏幕,会循环播放西藏旅游的常识和风光片,可以停下看看。最热闹还是每天入夜后,广场上喷泉开启,本地人会围成一圈跳起锅庄舞,你也可以加入拉萨的"广场舞"队列。待布达拉宫亮起灯,喷泉已把地面全部打湿,便是时候架起三脚架,拍下布达拉宫的倒影。

三座白塔　　　　　　　　　　　　地标

北京中路上、布达拉宫西侧有三座白塔，中间一座位于马路中央，曾是拉萨的第一座城门，20世纪中期为了扩宽马路被拆除，1995年又重建。

最南边的一座白塔位于药王山上，是拍摄布达拉宫侧影的观景台（见142页地图），这里永远有一堆"长枪短炮"以45°角对着布达拉宫。你还可以拿出50元人民币和眼前的景象比对比对。

最北边的一座最小，位于红山东角。塔上方有一尊坐在伞盖下的塑像，他是西藏历史上的重要人物——唐东杰布，据传他在藏区共建了108座铁索桥，还是一位名医，又是藏戏的创始人。

龙王潭　　　　　　　　　　　　公园

（见142页地图）龙王潭也叫宗角禄康，指布达拉宫背后一片以人工湖为中心的区域，17世纪，五世达赖喇嘛掘土重建布达拉宫时形成了这座湖。公园的主要看点是位于湖心岛上的龙王庙（门票10元；8:30～16:30），这座三层楼高的八角琉璃殿由六世达赖喇嘛兴建，殿内所供的龙王骑在象背上，蛇绕其身后，庙中的壁画也很有名。每年藏历新年和雪顿节时有藏戏表演，11月，红嘴鸥会飞来龙王潭越冬。夜游龙王潭可以拍摄布达拉宫的背影和倒影。

关帝庙　　　　　　　　　　　　寺庙

（见142页地图；北京中路；9:30～19:30）关帝庙位于磨盘山上，是1792年由清朝将军福康安所建，以护佑清军抵抗尼泊尔的入侵。寺庙为汉式结构，与内地大多数关帝庙一样，关公当然是该庙的主人，不同的是，这里还有西藏史诗中的英雄格萨尔王，汉地与藏地两位战无不胜的大将军并列于此，因此关帝庙又称格萨拉康。每天早上关帝庙有求签活动，不过签是用藏文书写的，与喇嘛交流起来可能比较费劲。

功德林　　　　　　　　　　　　寺庙

（见142页地图；7:30～20:00）关

🗨 藏式建筑

杜冬

建筑或可视为人类对其生存的广阔空间的缩微和模拟，是一个简化版的宇宙。一个地区的建筑所特有的构造、材料和空间划分，无一不展现着大地理对其影响，或者说是在模仿着大地理，无论模仿的对象是树或者是鸟。

以此理论出发，藏式建筑的模仿对象应当是山岩。藏地常见光秃秃的悬崖、高大的山脉、狭窄的冲击河谷和厚实的土台。因此藏地的建筑，特别是大型建筑，例如城堡、宫殿、寺院等，往往有明确的山岩基因，常表现为陡峭峻拔、内部曲折、坚不可摧。

以吐蕃时代为例，吐蕃在拉萨初建的建筑多为险要的多层塔式堡垒，例如帕邦喀的九层塔以及乌香拉康的九层塔。它们往往依山据险，军事意义重大，你可以用欧洲中世纪众多的小城堡来想象当年吐蕃城堡的风

（左图）典型的西藏民居；（上图）普兰县一户民居的内部。（左图）GETTY IMAGES 提供；（上图）CFP 提供

格。即便是吐蕃建筑的杰出代表——布达拉宫，也同样具有要塞的风格。宫殿建立于红山山脊之上，颇为险要，《西藏王统纪》等经典中记载：布达拉宫有城墙和四扇大门，每扇门上都有碉楼，宫殿顶部插有显示威严、用丝带缠绕的刀，"王与王妃的宫室之间架有一银桥以通往来"，似乎都在表明布达拉宫作为山岩军事要塞的特点。

另一种极有特点的古老建筑形式就是岩穴，从印度以及中亚传来的岩穴寺建筑与藏地本土的岩穴结合，形成了独具特色的岩穴隐修所。似乎特意要与宏伟的堡垒做对比，岩穴深邃、矮小，刻意与世隔绝，利于禅定和思维，是早期寺庙常见的风格。例如布达拉宫对面的鲁普岩寺就是如此，帕邦喀寺的塔基处也有据说是松赞干布学习藏文字的山洞。大昭寺的内部壁龛式的佛殿仿闲了岩穴的格局，布达拉宫最古老的殿堂也是一处吐蕃的岩穴，叫作法王洞。或可将山岩堡垒的顶视为建筑的尖端，而将岩穴视为其根。

吐蕃王朝灭亡后，藏地各教派之间的战乱频繁，进入11~12世纪，建筑以平原河谷上强大的厚夯土堡垒（如萨迦南寺、查杰玛大殿）及山岩上的隐修院为代表。进入帕竹政权时代，藏地逐渐走向统一，作为政权的象征，在帕竹的统治腹地各宗（县），据险修建了许多宗山堡垒。如今它们大都坍塌了，只有近年重建的日喀则宗山堡和江孜宗山堡巍然屹立，其中江孜宗山堡在热兵器时代（1903年抗英战争）中被证明依然是难攻的堡垒。

清代以来，藏地进入了长期而普遍的和平时期，堡垒式建筑慢慢消失，取而代之的是贵族宽敞、舒适的庄园，这些庄园有着庭院和花窗。其中的杰出代表有江孜的帕拉庄园、朗县的朗顿庄园等，在拉萨八廓街甚至出现了热闹的城市和集市，奠定了今日拉萨老城的模样。寺院也不再向城堡发展，而是变成了宏伟、优美的建筑群落，如哲蚌寺、色拉寺等。到了清朝中期，➡

← 园林建筑也出现了，罗布林卡集森林、水景、庙宇和宫室于一体，别开生面。

与宫殿和寺庙建筑相比，更加凸显本地风格的是各地的民居。康区的民居强调高大的夯土围墙，内部装饰华丽，用色强烈，尤其以道孚、芒康、中甸的民居为代表，其细部装饰受到大量汉文化的影响；林芝的建筑则多用木材，坡屋顶，质朴大气，尤其以工布江达县错高村的建筑为最出色代表。进入卫藏地区后，强烈的颜色对比消失，房屋舒适，多为土、石结构，喜用白色，矮小宽阔，自成体系；在藏北的那曲等牧区，黑帐篷方便流动，半天时间即可扎好，耐大风暴雪，还防雨保暖，更小的转场帐篷只需搭建1个小时就能入住。

不管在哪里，藏地民居建筑都体现出几个独有的风格：特别重视阳光，让阳光尽可能地发挥照明及取暖的作用；佛堂是最洁净、最尊贵的位置，即便是在帐篷里，也会将唐卡悬在高处；看重颜色的搭配，屋顶木椽子和家具色彩艳丽，花纹多样；重视坚固也强调灵动，以屋顶插的风马旗为例，它不但有宗教意义，也能为房屋增加一丝灵动。ⓛⓟ

帝庙内向西的台阶直接通向隔壁的功德林，它是曾经的"四大林"和摄政寺院之一，如今的建筑是重修的。寺内供奉全西藏最大的白度母，被视为藏地女性的保护神，常有藏族妇女来此向白度母诉说衷肠。每天下午3点，后院会有僧人辩经。

◎ 西郊

所谓"郊"其实并不远，只是因为在老拉萨人眼里，老城区以外便是郊区。西郊最热闹时莫过于每年夏天雪顿节时，那时你若从空中俯瞰，会发现全城的人都在向着城西的某个点聚拢。

★ 哲蚌寺　　　　　　　　　　寺庙

（根培乌孜山脚；门票60元，讲解200元；⏲9:30~17:30）哲蚌寺位列拉萨格鲁派三大寺之首，曾是世界上最大的藏传佛教寺院，由宗喀巴的弟子绛央曲吉·扎西班典于1416年创立，五世达赖喇嘛修建布达拉宫前居住于此，是当时的西藏政教中心。哲蚌寺最鼎盛时有1万僧人，如今有400僧人。

来哲蚌寺参观一定要赶早，下午3点半后，大多数殿就关门了，有些殿甚至在2点就开始闭门，再加上哲蚌寺很大且依山而建，一路向上爬费时费力，你至少应该在中午时赶到才来得及参观完所有殿。讲解仅包括措钦大殿和甘丹颇章两个殿，约1.5小时。所有大殿要么不能拍照，要么收取10~20元的摄影费。

过了检票口后，一路拾阶而上，有清晰的路牌指引，形成一个先上山、后下山的参观环线。首先进入的是**甘丹颇章**，在布达拉宫完工前，二世至五世达赖喇嘛就住在这里。在原达赖喇嘛的经堂内，供有一尊大威德像，该像与色拉寺马头明王、甘丹寺阎魔法王并列为"拉萨三忿怒尊"。后殿三楼是达赖喇嘛的宝座殿和日光殿。在一个黑墙描金壁画的屋子里，留意一下头顶的天花板上镶嵌着很多兵器，从这间屋子望出去，可以看到哲蚌寺著名的展佛台。

进入措钦主殿前，留意左侧有一个屋子的门牌上写着"寺庙功德处"，里面是厨房，因该寺历史上僧人众多，所以做饭的锅也是全藏最大的，不过如今这两口大锅已经"中看不中用"了。

措钦主殿非常大，有180根柱子。中央悬挂着堆绣唐卡和彩色幢，左侧的吉祥天母配殿女士止步。正殿中央供奉着文殊菩萨、宗喀巴大师、绛央曲吉像等。后方配殿中有一前一后两尊绛央曲吉像，据说位于后面佛龛里的那尊曾显灵说话。大殿右侧有一条长长的底部中空的木柜，里面存放着一年一度雪顿节时展出的巨幅唐卡，人们躬身从柜子下面走过，以求加持。该殿楼上有一间悬挂"**穆隆元善**"匾额的屋子，这块匾是清朝道光年间驻藏大臣所赠。殿内供奉着一尊由宗喀巴大师亲自开光的巨大弥勒像，该像有"见者解脱"之说。楼上另一座配殿内也供奉着一尊巨大的弥勒佛像,佛像前有一面镜子,据说是西藏的第一面镜子。接着进入**度母殿**,左边佛龛从左至右分别供奉着掌管寺院水源、财富、威望的三尊度母,最右的那尊度母前有一尊小的释迦牟尼像和一尊自生度母石像,这里同样有一面镜子,是清朝皇帝所赠。留意一下此殿中央般若佛母胸前的一个盒子,里面装有宗喀巴的牙舍利。该像旁还有一个更不起眼的小石头,是高僧班钦索南扎巴的遗骨,上面有自现观音像。

接着,来到**密宗扎仓**,后方配殿中存有哲蚌寺另一尊**大威德像**,传说它由宗喀巴亲手所造,右侧还有一尊同样为宗喀巴大师亲塑的事业护法神阎魔王。

顺着指引拐向东是**文殊殿**,这里有一座天然显现的文殊石刻,旁边一根铁杖是绛央曲吉的手杖。文殊殿下方不远是绛央曲吉的修行洞,墙上有一些天然呈现的佛像。

一路下山你还能顺道参观洛赛林扎仓、郭芒扎仓、德阳院扎仓,各扎仓规模不小,但看点泛泛。寺庙左侧山上有宗喀巴大师等的岩画,最高处便是展佛台,一年一度雪顿节的晒唐卡仪式便在这里举行,如果参观完寺庙时间尚多且体力充足可上去看看。

前往哲蚌寺,可在北京路上乘坐25路,公交只到山脚,步行上山约需半小时,山脚有面包车(3元)可带你上山。

乃琼寺 *寺庙*

(哲蚌寺山下;⏰8:30~17:00) 免费 参观完哲蚌寺,下山时可顺便参观乃琼寺,走乡间道可抄近路,沿途有一些石板藏经等。乃琼寺是9世纪由贡塘喇嘛始建、五世达赖喇嘛扩建后形成的,历史上是有名的佛教高等学府,又称"乃琼护法神殿"。乃琼寺的风格与藏地大多数寺院不同,这里供奉印度的白哈尔王护法,殿门和殿内有一些骷髅、人皮的壁画,它与藏地常见的寺院壁画有很大不同。大殿内的两尊护法中间有一根被哈达包裹住的树干,据称是当年白哈尔王化身白鸽

雪顿节哲蚌寺晒佛。

后长住之树的残留树干。大殿二、三层分别供奉着宗喀巴师徒三人像和6米高的莲花生像。

西藏博物馆　　　　　　　　博物馆

（见142页地图；☎681 2211；民族南路2号；门票免费，讲解100元，语音导览10元；◎5月至10月9:30~17:00，11月至次年4月10:00~16:30，周一闭馆）西藏博物馆的展出内容并不算丰富，但也不失为了解西藏历史、文化、艺术、风俗的窗口。

镇馆之宝陈列在二楼"史前文化"展厅中，是一个双体陶罐，是西藏地区新石器中晚期遗留下来的。"历史的见证"展厅介绍了自唐代起各时期西藏与中央政府的关系，你可以了解一下西藏历史上三个重要时期的重要事件：松赞干布与大唐的"甥舅关系"、元朝将西藏正式纳入中央政权的管辖、清朝大力扶持黄教。唐卡展厅中可以欣赏各画派的唐卡。民俗展厅介绍了藏族的居住环境、建筑、服饰、生活用具等。

三楼也有四个展厅，其中"元明清玉器"展厅里的陈列物非常精美，"佛教造像"展厅中有印度、克什米尔、尼泊尔、中原、西藏的佛教造像。

前往博物馆，可在北京东路上乘坐24路公交，博物馆与罗布林卡隔街相对，可以两个连起来参观。

罗布林卡　　　　　　　　公园

（见142页地图；民族中路；门票60元；◎8:30~18:00）罗布林卡始建于18世纪中期、七世达赖喇嘛掌政期间，建成后成为历代达赖喇嘛的夏宫，也是西藏最大的人造公园。自达赖喇嘛"离场"后，罗布林卡每年最重要的事便是在雪顿节期间供人们逛林卡、看藏戏演出。罗布林卡占地面积很广，但内部建筑不多，对于绿树环绕式公园见怪不怪的旅行者来说，这张门票的性价比不高。

格桑颇章以七世达赖喇嘛的名字格桑嘉措命名，也是公园内最早的建筑之一。**达旦米久颇章**又叫新宫，是20世纪由十四世达赖喇

📖 唐卡

丁海笑

唐卡，是一座穿越时空的佛殿。"唐卡"（Thang-ka）一词从藏语中音译过来，"唐"和空间有关，意味着广袤无边，就像在一块布上，可画几百甚至上千尊佛；"卡"指的是填补画布上的空白。人们一般认为，唐卡就是西藏人画在布幔或纸上的卷轴绘画。经过几个世纪的传承，唐卡现在是了解藏传佛教的百科全书。因为唐卡可随意移动，方便牧民们收藏。有时候几幅唐卡就能完整地迁移一座寺院，被称作"移动的庙宇"。

起源

唐卡的起源无从考证，相传松赞干布在一次神示后，用自己的鼻血绘制了第一幅唐卡《白拉姆》。其实，西藏早在古象雄时期便有了唐卡的雏形，最早的唐卡受到印度布帛画的影响，松赞干布时期唐卡开始有了文字

(左图)唐卡成品;(上图)唐卡工匠正在绘制唐卡。(左图)GETTY IMAGES 提供;(上图)丁海笑 摄

记载。早期的唐卡经过朗达玛灭佛后被毁,已无迹可寻;从五世达赖喇嘛起,西藏成立了相当于画院的机构,唐卡创作进入了专门化时期;七世达赖喇嘛时成立了"拉日白吉社",也就是官方性质的画院,唐卡绘制也逐渐出现许多流派和画风,如勉唐派、勉萨派、热贡派、嘎玛嘎赤派、尼泊尔画派等。

唐卡的种类

如果简单来看,根据使用的基本材料不同,唐卡分为两大类:一种叫软唐卡,以织物作底,用丝线、彩缎、金属片、珍珠来刺绣、粘贴、串缀而成;一种叫硬唐卡,用布作画底,然后用颜料绘画,这就是我们通常意义上所指的彩绘唐卡,也是数量最多、传播最广的一种唐卡。这种唐卡的绘制工序极其复杂,走错一步,可能就要从头再来。根据不同底色又可分为彩唐、金唐、黑唐、赤唐等。还可从创作时期、流派进行划分。最小的唐卡有巴掌大,画在纸上、布上或羊皮上。而大的唐卡可达几十或上百平方米,只在特殊的节日进行展示。

唐卡的绘制

除了工业化印刷的唐卡外,唐卡画师制作一幅唐卡是一个漫长的修行过程。制作一幅唐卡用时较长,短则半年,长则需要十余年。唐卡的绘制要求严苛,工序极为复杂,必须按照经书中的仪轨及上师的要求进行,包括绘前仪式、制作画布、构图起稿、着色染色、勾线定型、铺金描银、开眼、缝裱开光等一整套工艺程序。

由于线条和颜色的组合是最容易看出唐卡优劣的地方,因此也最为重要。素描绘画,能考证出一个画师的基本功。佛像的神韵、栩栩如生的人物,甚至是花鸟鱼虫,都要精细到位,➡

嘛所建，内部有经堂、卧室、禅修室、盥洗室等，南殿的墙上绘有藏族起源、吐蕃王朝历史等故事。**湖心宫**即两座建在湖上的建筑，但不能进入参观。**准增颇章**是历代达赖喇嘛的藏书阁。**金色颇章**是十三世达赖喇嘛最后的圆寂地。

拉鲁湿地国家级自然保护区 湿地

（见142页地图；当热西路）免费城市的西北角有一片天然湿地，是黑颈鹤、赤麻鸭、斑头雁、棕头鸥等珍稀鸟类的栖息地和越冬地，每年11月到次年3月，藏北的大量候鸟飞来这里"取暖"。拉鲁湿地是世界上海拔最高、中国面积最大的城市湿地，属于芦苇泥炭沼泽，而与人居生活仅一街之隔。它不仅是鸟类嬉戏的天堂，无净化着拉萨的空气，还是日光城氧气的主要补给源。你所享受的碧空如洗，拉鲁湿地功不可没。

作为国家级自然保护区，拉鲁湿地不能深入探索，观鸟必须保持距离，最近的观赏地是巴尔库村和湿地南侧的中干渠。

◎ 北郊

想知道生活在此的"拉漂"们爱去哪儿吗？去北郊看看，当然我们说的可不只是下面列出来的这些景点，待你适应了拉萨的高度，爬上山看看不一样的风景吧。

★ 色拉寺 寺庙

（见142页地图；色拉路尽头；门票50元；⏱8:30~16:30）拉萨格鲁派三大寺之一，由宗喀巴的弟子大慈法王于1419年创建，最鼎盛时曾有5000多名僧人。从山门进寺后，有一条中轴线，扎仓与康参都分布在这条主轴两侧，可按照先左后右的顺序参观。各殿内都禁止摄影，或会收取一定费用（15元起）。大多数殿堂在下午3点陆续关门，不宜太晚前来。

首先到达**色拉麦闻思珍宝园扎仓**，也叫色拉昧大殿或麦扎仓。殿门外两侧的壁画非常精美，大殿内供奉着释迦牟尼、宗喀巴、大慈法王和帕邦喀大师像及其灵塔。二楼有间

← 度量准确。

唐卡的颜料最早都是不透明的矿物和植物颜料，还要加入动物胶和牛胆汁，才能保持其鲜艳。冷色调的环境，衬托着暖色调的佛像和人物，形成非常强烈的对比。这些颜料加以各种调配，可达上百种颜色。但由于许多颜料需要进口，非常昂贵，在炮制和提取过程中还需念咒诵经。如今的唐卡画师，大都已改用市场上能买到的化工颜料。

唐卡的最后一道工序是铺金、磨色和开眼，其中"开眼"是整张唐卡的点睛之笔。这神圣的一笔实际上是整个唐卡的灵魂所在。在画师的传统思维中，这重要的一笔还要选择一个黄道吉日。但千万不要认为"开眼"只是描绘佛像的眼睛，事实上还包括佛像的嘴唇、手足，甚至是指甲。这些地方的颜色大都有统一的规则。如果你在西藏见到唐卡，也可以尝试观察，唐卡上的那些佛像的手脚指甲，到底是什么颜色。

唐卡中的神佛

初次接触唐卡的人，也许会被唐卡上众多繁杂的佛像弄得晕头转向。辨认唐卡上的佛和菩萨还是有点难度的。说错了不仅得罪画师，还有可能得罪菩萨。唐卡里的佛、菩萨、明王护法、佛母上师等形象众多，有的佛具有多种变化身，各教派供奉的菩萨形象还有差异，所有的这些都复杂得令人不知所措。

通常来说，你可以先以佛的两种变化身来区别：真实身和忿怒身。前者又称为"寂静相"，就是我们平常所见的慈目善眉、四肢完美、表情平静的佛像，最常见的是穿袈裟的释迦牟尼佛、燃灯佛、大日如来等。他们个个面如满月、体态端庄、上下匀称，斜披袈裟或天衣，庄严地坐在莲台上。忿怒身是那些看着恐怖的形象，他们是佛在镇服魔障时显现的三头六臂、青面

獠牙的化身。画师们根据佛经记载，往往把这类形象刻画得怒目而张、血盆大口、凶悍恐怖，身上挂着人头骷髅串、骨饰、蛇等，手里拿着冒血的人心，背后是熊熊烈焰，这类形象的代表如大威德金刚、大黑天（大日如来降魔相）、六臂怙主等。事实上人们更喜欢这类唐卡，因为面部表情越是凶恶的神，越能给人类带来安全和福佑。

曼荼罗

坛城是唐卡中最包罗万象的一个绘画主题，梵文称为"曼荼罗"。它是佛教文化中最吸引人的精华部分之一，不仅象征本尊的智慧和威德，也显示着佛教的宇宙真理。而"沙坛城"则是唐卡的一种特殊延伸。在仪式中，僧侣们在一个大沙盘上用各种颜色的彩沙画出天地、世界、人物、虫兽，完成之后，再将沙盘上的图画毁掉，装入瓮中，倒入河流，世界归于尘土虚无。

佛教认为沙是建构世界最基本的元素，而由于沙坛城难建、易毁、脆弱得转瞬即逝，因此最能揭示这个世界虚幻无常的本质。一般来说，僧侣绘制的沙坛城，是以手工磨制特殊石头取得的白沙再染色而成（6种颜色，还可以调配成14种颜色）。整个制作过程往往需要几个甚至数十个训练有素的僧侣合作完成。每一个步骤，都谨遵佛陀所传如法炮制。这些僧侣都经过严格的训练，每个细节必须牢记，不可擅自改变。因为他们的动机和制作的完美程度，关系到观看者是否能从中得到最大的加持。

"因循守旧"

唐卡的题材大多来自于藏传佛教故事或神话传说。如今也有一些被称为"新唐卡"的绘画，注入了现代主义的内容，还借鉴了中西方绘画的表现手法，以表现自己的独特性。不过，多数人认为唐卡至今犹存的最大秘密恰恰在于"因循守旧"——它象征着唐卡的光荣传统，每一位画师都因为坚守这种传统而成为文化记忆的复制者和工匠。⓵

僧人制作坛城。冯帅 摄

辩经

辩经是藏传佛教显宗学习的方式之一，历史可追溯到佛教起源时。很多佛教大师都通过辩经扬名立万，曾远赴印度的内地古代高僧玄奘，也是在这个"擂台赛"上一战成名的。就如读书需经大大小小的考试一样，辩经小到每日课后复习，大到升学考试，也是学僧都得过的一关。辩经通常分一对一、一对多和多对一式。以一对一举例，两人一组，一人负责提问，一人负责回答，发问者站着，回答者坐着，发问者每次提问前会大力击掌，击掌时右手在上、左手在下，击掌响亮，动作幅度很大，像雄鹰展翅，提问时气势逼人，回答者必须马上回答，不能反问。一对多和多对一的辩经通常是在更重要的场合，例如过去一年一度的祈愿大法会上，应考者须与多位长老同时辩论，方可考取格西学位。除了色拉寺外，大昭寺（见82页）、哲蚌寺（见94页）、功德林（见92页）等寺庙都有规模不等的辩经，大都在下午举行，高等学府下密院（见87页）晚上还有一场辩经，就像大学里的晚自习。⒧

配殿内供奉的释迦牟尼像据说是从桑耶寺请过来的，而桑耶寺的护法——**塔乌护法**也随其来到色拉寺，如今这位护法的佛像站立在宗喀巴大师身后，是色拉寺一宝。出麦扎仓后，可前往规模较大的两大康村（即崩布热康参和杰荣康参）参观。你可以留意一下建筑顶部是否有白色法幢，若是有，即代表这里出过甘丹赤巴（格鲁派最高权威学者，掌管该派所有寺庙）。

接着来到**密宗僧院**，也叫阿巴扎仓，是色拉寺最早的建筑之一，初为措钦主殿，后专为学习密宗的机构。殿内有尊被供奉哈达最多的罗汉像，据说曾显灵说话，被视为珍贵的文物。同样珍贵的是一尊大威德金刚，乃宗喀巴年代所造。

继续向北是**色拉杰扎仓**，该扎仓与麦扎仓同样都是显教学府。这里供奉着拉萨三忿怒尊之一的**马头明王**。马头明王很好辨认，全身通红，头顶有一个马头。你经常会在这里看到鼻头有黑印的藏族孩子，这是本地的习俗，人们用马头明王像前油灯里的灯灰涂抹在孩子的鼻头上，以求保佑。色拉寺另一件宝物金刚橛也收藏在该殿，不过平常不公开展示，只有在藏历十二月二十七日的朝橛活动中才展出。在大殿最右边的配殿中，仔细留意一尊歪着脑袋的文殊菩萨，据说是在听窗外的辩经。

色拉杰扎仓后的露天庭院就是**辩经场**，每天下午3点（周日除外）准时开始。色拉寺的辩经是西藏各寺院中规模最大的，有些僧人在辩经过程中面部表情和动作夸张，更像是一场生动的表演，因此色拉寺的辩经甚至比寺庙本身更吸引旅行者。虽然僧人早已对围观者见怪不怪，但参观时还是应该自律，不要说话，不要近距离拍摄僧人，记住：这是他们的课堂。

中轴线的尽头有一扇木门，可通往**展佛台**，但若非雪顿节，此门不开，想参观得从寺庙外走过去，展佛台下有很漂亮的岩画。

绕回中轴线的另一侧，参观**色拉寺大殿**，即措钦主殿。殿内悬挂着精美的堆绣唐卡，一楼供奉着弥勒佛、大慈法王、宗喀巴师徒、阿底峡等。二楼有一尊从印度"飞"来的**千手观音像**，是该殿之宝，僧人会用一根木条抵着观音像的心脏，另一端触着朝拜者的额头，意为美好祝福。

24路公交连接哲蚌寺和色拉寺，在林廓北路、北京西路都有停靠站。

帕邦喀寺　　　　　　寺庙

（见142页地图；娘热沟内宝伞山）免费

同在北郊山上，帕邦喀寺的名气不如色拉寺，但地位同样显赫。寺庙最早建于松赞干布时期，文成公主曾居住于此，吞弥·桑布扎在此发明了西藏文字。赤松德赞时期，西藏最早的七比丘和莲花生都曾在这里修行。历代达赖喇嘛都要到该寺院礼佛、受戒，获得格西学位后也要来此举行庆贺仪式，帕邦喀本人也是藏传佛教历史上的一代宗师。帕邦喀寺历史上相继被噶当派、萨迦派、格鲁派掌管，如今是色拉寺的"下级"。

三怙主殿内中央供奉着自然生成的文殊、观音、金刚手三怙主；殿内右墙上有一个蓝底金字石碑，所刻六字真言便是最早书写的藏文字，距今已有1300多年历史；左墙供奉着一尊千手观音，据说此像一直在长高，如今已比原先放进佛龛里时高了很多。离开此殿往上走，是松赞干布时期修建的胜乐宫，最初有九层，吐蕃末期在朗达玛灭佛运动中遭到破坏，后又重新修缮。胜乐宫下有一个洞窟，历史上有多佛教大师曾在此修行，里面有一尊天然生成的吉祥天母像。胜乐宫对面的黄色建筑是**文成公主楼**，楼前文成公主亲手种下的桃树如今依然生机勃勃。

帕邦喀寺后的山上挂满经幡，朝东北方向望去，有一排灰色的建筑，那是**吉祥法林**。走山路过去约需半小时，没有明显的路，你可以沿着两寺之间的一排电线杆走。若是体力好，还可以继续向东走走，沿途有帕邦大师当年闭关的修行洞，里面有自现的胜乐金刚眼，不过如今是一些尼姑的修行洞。

前往帕邦喀寺，可在北京东路坐23路公交到娘惹乡政府下，再花10元坐摩的上山。也可以坐20路、22路、6路到总医院下，同样坐摩的上山，需15元。上山路上有一个岔口通往曲桑寺，下山时可顺道参观。

曲桑寺　　　　　　　　　　　　寺庙

（**色拉乌孜山**）曲桑寺也叫曲桑日追，历史上很有名，全盛期是拉萨知名的公开说法道场，如今改为尼院。寺院有两座主殿，一座是尼师学经的地方，殿内供奉着释迦牟尼、宗喀巴、阿底峡、仲顿巴等；另一座殿内供奉着镇寺之宝——五世达赖喇嘛开启伏藏取出的曾显灵说话的佛像。寺庙后面的巨石上绘有大量宗喀巴大师的佛像。

曲桑寺位于色拉寺和帕邦喀寺中间，没有公交直达，可参观完色拉寺后坐摩的过来，约需20元。接着继续前往帕邦喀寺，若

徒步上山到帕邦喀寺约需40分钟。

扎基寺　　　　　　　　　　　寺庙

（见142页地图；扎基寺路；◉8:00~16:30）免费 这座远离老城区的寺庙香火非常旺，因为据说这里求财很灵，并且传闻周三是来这里最好的日子，但这其实是并无历史根据的口耳相传。扎基寺的主供佛扎基天母来自内地，寺庙曾为汉人、驻藏清兵所信奉，随着来拉萨做生意的外地人越来越多，大家都喜欢来这里拜一拜，于是便有了"财神庙"一说。

未入扎基寺主殿，已闻扑鼻的酒香。朝拜者会在殿外买瓶白酒，然后捧起一条哈达进入主殿，将酒交予专门负责的僧人，由僧人为其完成供养。朝圣者则依次排队走向殿左侧的**扎基天母像**，敬献哈达，以头触天母像以求加持。扎基天母像长相奇特，红色的长舌是其最显著的标志，据说扎基天母本来容貌漂亮，但因遭人嫉妒被下毒手，导致面颊呈黑色，舌头缩不回去，失去双足并代之以一对鸡爪，不过该像的法衣将双足遮着，你看不到。

扎基寺还有一独特之处，主殿隔壁的殿中有算命的，每天都有很多本地人排着长队依次找僧人问卜，你也可以权当娱乐加入其中，但可能得找本地人帮你翻译。藏历每月十五日通常是寺庙最热闹的日子。

前往扎基寺可在北京东路上坐28路公交。

次仁切阿山岳博物馆　　　　　博物馆

（见142页地图；www.mt8848.com；夺底沟喜马拉雅山岳文化·登山探险大本营；门票30元；◉9:30~17:30）这座私人博物馆由创办西藏登山学校的校长所建，"次仁切阿"指喜马拉雅山脉的五座姐妹峰（即五位山神）。博物馆由三个展厅组成，内容包括喜马拉雅野生动物、雪山民居的风俗文化、米拉日巴主题的唐卡、藏地四大神山、中国登山英雄、人类攀登雪山的珍贵历史照片和装备等。馆内还有一座攀岩墙，可以供你在此

拉萨河。

小试身手。

售票员兼讲解员是西藏登山学校的学生，他们在上课之余来此兼职。虽然年纪不过20出头，却登过珠峰和多座海拔7000米以上的雪山，与他们聊聊登山的故事可能比看展更有意思。

前往该博物馆，可在江苏路上坐15路，或在林廓北路坐14路公交，在夺底乡一村站下车即可。

◎ 拉萨河及南岸

该区域的景点稍显平淡，若在拉萨的时间有限，可以舍弃。拉萨河上新兴的仙足岛体现出与拉萨古城不同的文艺气质。需提前1天电话预约的**醍醐艺术中心**（见142页地图；☎662 6599）能让你领略当代西藏的艺术魅力。

拉萨河　　　　　　　　　　　河

流淌于城南的拉萨河发源于念青唐古拉山，流经墨竹工卡、拉萨等地，最后汇入雅鲁藏布江，沿河的草甸、沼泽是黑颈鹤等迁徙鸟类的越冬地。这条河与拉萨人的生活息息相关，人们来此过林卡，小孩下河嬉戏，年轻人谈恋爱，冬季带着相机来等待候鸟入镜。每年夏天最热的那段日子，拉萨河靠近仙足岛东南角处最热闹，这是拉萨人放风筝的季节，确切地说，是在天上斗风筝。风筝线涂抹上玻璃胶，把风筝放上天，然后把别人的风筝拽下来，是不是让你联想到了《追风筝的人》？拉萨人会告诉你："放风筝不打架有什么意思？"你可以去围观天上的战争，也可以亲自"参战"，试试自己能拽下几只风筝。

牦牛博物馆　　　　　　　　博物馆

（柳梧新区察古大道16号；门票免费，讲解80元；⏰10:00~17:00，周一闭馆）全拉萨最新的景点，以牦牛为主题的博物馆，展品尚不丰富，仅3个展厅。"探秘牦牛"展厅介绍了牦牛的诞生、迁徙、分布、身体特征等，展示了各地牦牛的标本，还有编织物、皮箱等牦牛制品。"灵美牦牛"展厅主要是牦牛主题的书画、木雕、挂毯和工艺品等。"感恩牦牛"是一个圆形的展厅，周围墙上都是牦牛头骨，中央模拟搭建了一个玛尼堆。

前往博物馆，可在北京西路上乘坐6路公交。

拥挤的雪顿节

在拉萨所有节日中，雪顿节最受旅行者追捧，他们与当地人一起半夜摸黑上山，等待500平方米的巨幅唐卡迎着曙曦徐徐展开。近几年，围观的旅行者越来越多，甚至比当地人更早上山"抢地盘"，只为了能拍下一张角度特别好的照片，展佛台下的拥挤程度已经到了令人望而生畏的地步。

展佛仪式（俗称晒唐卡）哲蚌寺和色拉寺都有，但因雪顿节最早在哲蚌寺形成，因此还属该寺最热闹。晒大佛的时间是早上8点，天亮之后哲蚌寺周围实行交通管制，车辆只能停在离寺庙两三公里处，所有人得排着长队慢慢挪向山脚。而此时山上早已挤得水泄不通，等"贪睡"之人好不容易挪上山，已很难找到落脚之处，而山上打算撤退的人群所面对的下山之路同样不易。在哲蚌寺看完晒唐卡的当地人大多数还会继续前往色拉寺，同样排着长队慢慢挪，不过拥挤程度与哲蚌寺相比已是小巫见大巫。节日时，两座寺庙同样需要购票进入，但寺内各大殿并不开放参观，也就是说你买票进来只能看展佛。

上午看晒唐卡，下午的主题是去罗布林卡过林卡，这是以家庭为单位的郊游野餐活动，是雪顿节的另一项内容，同样拥挤。你不必跟着人潮绕着罗布林卡挤上一圈，因为这场游园会并不赏心悦目，除了属于节日的藏戏表演，很多餐饮品牌的推广活动也在此扎堆吃喝着。龙王潭也有藏戏表演，两个地方都是从雪顿节开始连演7天，每天11点开始演到傍晚结束。

次角林寺 寺庙

（拉萨河南岸次角林村；⊙8:00～17:00）1790年，八世达赖喇嘛的经师嘎钦·益西坚赞创建了次角林寺。虽曾为拉萨"四大林"之一，寺庙规模也非常宏大，富丽堂皇，但如今它因离拉萨城区较远、交通不方便而颇显冷清。在本书调研期间，次角林寺周边的村落正在大兴土木，附近《文成公主》实景剧演出地已被开发成文化创意园区。可以预见的是，未来的次角林寺周围也会焕然一新。

可在拉萨大桥坐开往次角林的专线公交过来，车停在寺下面的公路上，还需步行5分钟到达寺庙。《文成公主》实景剧演出现场离这里不算远，可以下午早一点先坐班车到次角林寺，参观完后步行前往《文成公主》演出地，吃顿晚饭，等待该剧拉开帷幕。

✺ 节日和重大活动

藏历新年 新年

藏历新年是拉萨最重要的节日之一，从藏历元月初一开始，持续到十五日结束，放假7天。该节日的意义和形式与农历新年类似，年会会大扫除、煨桑、替换隆达等，吃喝玩乐、走亲访友是过节的主题，还有盛大的"跳神会"。藏历新年的日期与春节常常挨得很近，甚至重叠，对于旅行者来说，唯一（且很重要）的不便是很多商店都会关门，把吃和购看得很重要的人最好避开此时前来。

萨噶达瓦节 宗教节日

春暖花开时，拉萨的人气一点儿也不输于夏天，但街上川流不息的并非一身游客装扮的人，而是身着藏袍、手持转经筒的朝圣者，他们皆为萨噶达瓦节而来。萨噶达瓦节是纪念释迦牟尼诞生、悟道、圆寂的节日，整个藏历四月的主题就是转经。天还未亮，人们已走上林廓路开始绕拜，节日的高潮在藏历四月十五日这一天，人们几乎昼夜不息地转经。

雪顿节 传统节日

雪顿节是拉萨特有的节日，在藏历六月

📖 "雪域佛国"：佛教与西藏的结合

杜冬

7世纪中叶，吐蕃帝国已经横空出世，通过战争树立了自己的权威。新生的帝国需要一个信仰，佛教是必然选择，因为吐蕃的四周都是佛教的天下，佛教从南面的印度、尼泊尔，东面的唐帝国以及北面新疆的于阗等地向吐蕃传播。此时阿拉伯帝国刚刚崛起，局限于阿拉伯半岛及两河流域，如果吐蕃晚崛起一二百年，或许会选择伊斯兰教作为其信仰。

从松赞干布兴建大、小昭寺开始，吐蕃选择了佛教作为其核心信仰。唐的禅宗和印度的密宗同时传入了吐蕃，两种思潮终于在赤松德赞时期引发了一场大争论，结果是代表汉传的禅宗失败了。印度传入的密宗正式成为吐蕃的信仰，对佛教的信仰随着吐蕃的国势一路高涨，到了帝国末年发展到最高

大昭寺诵经的僧人。GETTY IMAGES 提供

潮，赤热巴巾赞普甚至会散开头发，让僧人从自己的头发上走过去，表示尊崇。佛教在吐蕃烈火烹油般地弘传到朗达玛赞普时代终于告终，随着朗达玛灭佛（与唐武宗灭佛几乎同时），僧人与赞普的"蜜月"结束了，朗达玛被一位僧人暗杀，吐蕃崩溃，卫藏地区的佛教几乎绝迹。但是遭到毁灭的仅仅是最为崇拜佛教的吐蕃核心区，数百年后，佛教从最西面的阿里和最东面的康区开始向遭受毁灭性打击的卫藏地区（今天拉萨、日喀则、山南等富庶的河谷农耕地带）再次传入，相较于吐蕃佛教，这被称为后弘期，而今日之藏传佛教，正是在后弘期形成的。

后弘期的藏传佛教不同于吐蕃时代有吐蕃帝国的大力推广，而是在一个帝国崩溃、各地割据战争的混乱局面中开始传播的，因此带有强烈的地方特色，加上师承体系的不同特色，最终形成了藏传佛教纷繁复杂的教派。有在吐蕃佛教的基础上复振，强调苦行、隐修，有瑜伽士传统和"大圆满法"的宁玛派（红教）；有从印度传来，以著名的修行者玛尔巴和苦修圣者米拉日巴为宗师，却又执掌西藏政坛数百年风云的噶举派（白教）；有蒙古帝国的战略结盟者，萨迦王朝的统治者萨迦派；还有后起之秀，重视戒律和哲学思辨，至今仍在卫藏占主要地位的格鲁派（黄教）。僧人在西藏的地位一路走高，上可出任帝师，下能直接插手地方王侯的政治、经济甚至军事事务，逐渐成为西藏最显赫的势力集团。这一趋势到帕竹政权时代（13～15世纪）达到顶峰，即所谓政教合一制度，由僧人出任政治最高统治者。后起的格鲁派将这一制度发扬光大，建立了牢固的甘丹颇章政教合一政权，造就了藏传佛教在西藏社会中的压倒性地位。

除了这等显赫的教门外，还有觉囊派、布顿派、噶当派等众多小派，再加上如今也算是藏传佛教体系的苯教，藏传佛教发展一派繁茂。藏传佛教一方面接受和传承正统的佛教经典，佛学思辨和僧人培养体系，另一方面又在仪式、美学等方面与西藏共存的道路，形成了个性鲜明 ➡

◀的藏传佛教，与汉传佛教、南传佛教三足鼎立。这是佛教和藏族人共同的伟大成就。以至于在格鲁派统治期间，僧人们往往会自豪地认为，西藏已经是佛法治下的雪域乐土了。

佛教与西藏的融合，可谓是西藏规模最宏大的社会试验。如今，藏传佛教面临着如何与世界接轨的问题。从"仁波切热"、"藏密热"乃至"白玛铁林"大师引发的重重议论中，至少能看出藏传佛教其实具有相当大的灵活性和适应性。 ⒧

三十日举行，藏语意为吃酸奶子的日子。因佛教有不杀生的原则，而夏天虫子很多，户外活动难免踩到小虫等，于是宗喀巴规定夏季僧人闭关，持续到藏历六月底。开禁的这一天百姓为迎接僧众结束禁戒，会献酸奶，进而演变成雪顿节，并加入了晒大佛、藏戏表演、游园等内容。如今，吃酸奶的习俗已不多见，但其他传统仪式没有变，而且还加入了唐卡博览会、纳木错徒步大会等活动。这天的活动就是早上去哲蚌寺或色拉寺观展佛，下午去罗布林卡看藏戏、郊游。雪顿节期间拉萨放假7天，有些寺庙或商店也关门，尤其是在头两天。

望果节　　　　　　　　　　传统节日

望果意为绕田转圈，是农村庆祝丰收的节日，通常在秋收前举行。庆祝仪式上人们或手持青稞穗，或高举佛像和经书，围着农田转圈，感谢上天赐予的风调雨顺、五谷丰登。还会有藏戏表演和赛马等活动，非常热闹。望果节是农民的节日，固然是在有农田的地方举行，想参与的话得去周边的乡里，也没有固定的日子，只能向当地人打听，但通常是在雪顿节结束后的那个月里。

沐浴节　　　　　　　　　　传统节日

沐浴节在藏语里叫"嘎玛日吉"，时间在入秋时，为期7天，家家户户都会来到拉萨河边，搭起帐篷，下河洗澡，仿如一个欢乐的聚会。藏族人认为藏历七、八月时，天空会出现弃山星（也叫金星），被该星照过的水具有抗病健体的功效。仅就洗澡本身而言，春天拉萨河冰雪融化非常寒冷，夏天雨水多河水浑浊，冬天河水结冰，只有入秋时的水温和清澈度都刚刚好，不过如今参与此节的本地人已经越来越少。

白拉姆节/仙女节　　　　　　传统节日

白拉姆节源于一个藏地版的鹊桥相会。藏传佛教最高护法神之一班丹拉姆（即吉祥天母）的女儿白拉姆与大昭寺护法神赤尊赞相爱，却遭母亲反对，赤尊赞被赶到拉萨河对岸的次角林。拉萨人同情他们，每年藏历十月十五日这一天，会将白拉姆像从大昭寺中请出，绕大昭寺巡行一周后，背到拉萨河边，而对岸也会将赤尊赞神背到河边，让有情人隔河相会。这天，藏族女性会盛装来到大昭寺煨桑、朝拜，后来有了"仙女节"的新名称，有点像内地的"妇女节"，并且有了新玩法——女性可以向身边的男士索要礼物或红包，有人将这种对传统的背离戏称为"姑娘们抢钱的日子"。

燃灯节　　　　　　　　　　宗教节日

藏历十月二十五日是燃灯节，是纪念格鲁派创始人宗喀巴大师圆寂的节日。这一天，寺庙和家家户户都会点起酥油灯，寄托哀思、祈求平安，星星点灯照亮拉萨的夜空，寒夜也变得温暖起来。信仰藏传佛教的地方都会举办燃灯节，但各地举办时间并不一致，据说这是因为宗喀巴圆寂的信息传到各地的时间不同而导致的。

🛏 住宿

拉萨的青旅不少，但大多设施一般，如果预算宽裕，藏式小楼改建的客栈更能给你特色体验。本书中推荐的住宿，若非特别说明，都有涉外许可，即港、澳、台旅行者也能顺利入住。所有价格为旺季（6～9月）价，并且依然有10%～20%浮动空间，雪顿节期间一定要提前预订。国庆过后至次年4月是拉萨的淡季，大多数酒店、旅馆的房价会降100～200元，也有部分住宿处冬季歇业。

八廓街附近

香巴拉宫 精品酒店 ¥¥¥

（见144页地图；630 7779；www.shambhalaserai.com；林廓东路铁崩岗吉日街道办事处后院；标单/双490/680元； ）八廓街里浪漫而有格调的藏式小楼，房间从门窗到古朴的家具都饰以浓浓的藏式风格，幔帐床、藏式沙发、富有野趣的卫浴间。天井也很漂亮，屋顶是欣赏布达拉宫的好地方，四楼的两间观景房同样能看到布达拉宫。12月至次年3月歇业。同一个老板经营的**卓玛拉宫**（见144页地图；632 6533；吉日二巷7号；标单/双/三350/680/680元起； ）同样的风格，因位置更好也更贵一点，旺季更不容易订到。

白云藏式家庭旅馆 客栈 ¥¥

（见144页地图；634 2222；八朗学二巷13号；标单/双240元； P）房间漂亮、宽敞，洗手间干净。最重要的是，在旺季的价格高峰期也只上涨100元，是八廓街里性价比很高的客栈，冬天价格可降到100元。房间里Wi-Fi信号不好，上网最好到院子里。

圣承书苑 精品酒店 ¥¥¥

（见144页地图；680 0627；八朗学二巷38号；标单/双420/400； ）阅读主题的客栈，洋气的藏式建筑，可能是古城采光最好的客栈，装修颇具小清新风格。每间房都有落地玻璃，顶楼的观景房能让你躺在床上看布达拉宫。顶楼还有一个雅致的私房菜馆。在本书调研期间，这里尚无涉外许可。

慈渡酒店 酒店 ¥¥¥

（见144页地图；635 6699；林廓南路34号；标单/双580元起； ）2015年夏天新开的酒店，带点LOFT风格。内部设施为四星级标准，房间简洁大气、色调淡雅，地毯非常柔软。顶楼餐厅拥有欣赏布达拉宫的无敌角度，是喝下午茶（15:00~19:00）和入夜后来上一杯的好地方。

燃灯节。

打阿嘎，西藏的劳动号子

在拉萨街头，有时你会听到某栋建筑里传来整齐的大合唱，一群青年男女在屋顶排着整齐的队伍"练歌"。这是本地独有的盖房方式——打阿嘎。拉萨的房子大多为土石砌筑，屋顶用黏土、石灰等材料混合后铺设。夯屋顶时，人们一边唱歌并简单地前后踏步，一边手拿棍子捶击地面，节奏与步调一致，经这样反复捶打后，屋顶就会变得结实平滑。若听到屋顶有歌声传来，不如加入其中。

（上图）打阿嘎。
何望若 摄

风马飞扬　　　青年旅舍 ¥

（见144页地图；679 0250；策门林二巷5-1号；铺40元起，标双260元；）骑行主题的青年旅舍，氛围不错，也不喧闹。公共洗浴间干净，多人间不是高低床，都是单床，显得宽敞些，洗衣服免费。主人热情好客，旅舍有自行车出租。冬天仅靠电热毯取暖，会比较寒冷。

雄卡精品酒店　　　精品酒店 ¥¥¥

（见144页地图；632 7778；北京东路八朗学三巷9号；标双/三480/680元；）藏式建筑，房间宽敞整洁，床很柔软，洗手池是有特色的铜盆，有配套洗漱用品和浴衣。墙上饰有唐卡和吉祥物。不过所有房间都没有电视机。房价含早餐和下午茶。酒店的藏式火锅也是一绝。在本书调研期间，这里尚无涉外许可。

咖则苍宾馆　　　客栈 ¥

（见144页地图；632 2251；八朗学五巷3号；标单/双140/180元；）性价比很高的一家旅馆，房间很普通，洗手间看起来很棒，洗脸盆是铜盆。冬天价格减半，不过仅靠电热毯取暖。

尧西平康　　　精品酒店 ¥¥¥

（见144页地图；632 8885；www.yxpkhotel.com；北京东路；标单/双639元，豪华间2159元，特价房399元；）建筑已有200多年历史，昔日的主人大有来头，是十一世达赖喇嘛的父母。改为酒店后基本格局没变，房间等级也随当年居住者地位的不同而各异，总的来说房间挺大，装修古朴。十一世达赖喇嘛住过的房间最豪华，也最贵；后院一排平房是当年供到访亲戚住的，如今也是酒店最便宜的房间。房间里Wi-Fi信号不好，上网最好到庭院和公共区。这里只在4月10日至10月10日营业。

林仓　　　客栈 ¥¥¥

（见144页地图；689 9991；鲁固一巷38号；标单/双580元起；）有着300多年历史的老建筑，曾经住过一位著名的活佛——林仁波切。如今是很低调的酒店，门口没挂酒店的招牌，推门而入，一排转经筒相迎，让人误以为闯入了寺庙。房间陈设简单，洗手间很漂亮。冬天房价能便宜100元。

扎西曲塔　　　客栈 ¥¥¥

（见144页地图；633 3028；吉日一巷18号；标/三448/558元；）藏式建筑改造的客栈，房间简单而不失漂亮，墙上的装饰洋溢着浓浓的藏式风格，天花板绘着绿色的法轮，洗手间又很现代化。

廓尔喀饭店　　　酒店 ¥¥

（见144页地图；634 7000；林廓南路47号；标双/三280/340元，家庭房580元；）曾经的尼泊尔领事馆，建筑很老，院子很棒，房间也过得去。淡季时降价接近一半。

邦达仓大院　　　客栈 ¥¥¥

（见144页地图；633 9576；绕赛一巷7

号;铺65元起,标单/双520元起;❄)300多年的老建筑,昔日的贵族官邸。床位间都是藏床,标间设施很好,但藏式小窗的采光差一些。豪华间(680元)有大窗,房间和洗手间都更漂亮。11月至次年3月,标间价格为300元左右。

东措国际青年旅舍　　　　　　青年旅舍¥

（见144页地图;📞627 3388;北京东路10号;铺50元起,标单/双/三220/350/390元;📶P）老牌青旅,有live show、旅行社、书店、纪念品店等,氛围比条件好得多。多人间皆为公共卫浴,最"疯狂"的房间有25张床。

平措康桑青年旅舍　　　　　　青年旅舍¥

（见144页地图;📞692 9789;朵森格北路48号;铺90元起,标单/双320元起;📶）拉萨最贵的青旅,与价格成反比的是设施。老楼氛围好,新楼条件相对好一些。新楼的多人间含卫浴,宽敞但不通风,有些房间相当臭,也没有私人储物柜。

吉曲饭店　　　　　　　　　　　酒店¥¥

（见144页地图;📞636 6555;北京东路18号;标单/双380元起;📶P）藏式建筑,有一个很棒的花园,新楼的设施较好,房间大且干净,房价含早餐。房间搜不到Wi-Fi信号,院子里有。冬天房价便宜100元。即使不住这里,也值得为这家的尼泊尔餐而来。

🏠 仙足岛

星巴拉太空氧舱酒店　　　　　青年旅舍¥

（见142页地图;📞637 0111;舱58元起,标单/双290/280元;❄📶P）2015年新开的这家太空舱酒店在现有拉萨青年旅舍中性价比很高,很新很干净。每个独立的舱内都有电视机,初到拉萨还可以选择有氧气供应的舱。公共卫浴男女分开,楼顶有自助厨房。但这里尚无涉外许可。

蒙拉里　　　　　　　　　　　　客栈¥¥

（见142页地图;📞133 9800 3315;仙足岛花园小区10排-2号;标单/双 带卫生间320/380元,不带卫生间150/240元;📶P）

拉萨的4条转经道

拉萨有4条转经道,分别为囊廓、八廓、林廓和孜廓。囊廓即大昭寺内围绕天井的一圈转经筒,也叫内圈,在本书调研期间,因大昭寺内正在进行壁画修复,转经筒也被围起,暂时不得转经;八廓即环绕八廓街转经,也叫中圈;林廓路线最长,被称作外圈,从布达拉宫背后的龙王潭开始,从林廓北路走到林廓东路,向南至江苏路,往西到金珠东路,再转入德吉南路,向北走到北京中路上,拐入林廓西路,绕回到出发点龙王潭;孜廓也叫顶圈,是沿布达拉宫山脚的一圈。

每条转经道上看点都很多,你也可以选一条路线绕拜一圈,记住:顺时针!很少有旅行者会走外圈,但你若早上6点出门,尤其是藏历四月萨噶达瓦节时,会看到四面八方的人流向功德林前的北京路口聚拢,然后开始绕行。在黎明的寂静中,回荡着喃喃默念的"唵嘛呢叭咪吽"声,你会感叹这座城市信仰的力量。 ⓟ

性价比非常高的客栈,房间很干净,公共卫浴也很好,顶楼的标间面向拉萨河,还有一间很大的榻榻米房。遗憾的是冬天没有任何取暖设施,而且无涉外许可。隔壁是一家装修不错、价位合理的餐厅"蒙拉里小石堂",适合消磨时光的下午茶。

🏠 其他地区

甲热布通酒店　　　　　　　　精品酒店¥¥¥

（见142页地图;📞680 8155;药王山千佛崖旁边;标单/双/套588/488/688元;📶❄P）这家酒店有一个特别适合发呆晒太阳的漂亮大院子,隔壁药王山的甘珠尔塔是其最佳免费景观,院子里还有一个天然形成的佛像。房间也很漂亮,干净整洁,卫生间干湿分离,地毯柔软,房间内饰有一些藏地元素。7、8月最贵,9月便降至300元以下了。遗憾的是这家没有涉外许可。每年12月至次年3月初歇业。

夏院　　　　　　　　　客栈¥¥

[见142页地图；☎634 1811；纳金路北地面卫星接收站巷内（万融超市对面）；标单/双150/350元；@]蓝色的小院子，每间房都干净整洁，公共区域舒适，性价比不错。周边美食之丰盛非八廓街上的客栈可比，距八廓街也就半小时的步行路程。这里还兼做户外行程定制，但不具备涉外许可。

溏心客栈　　　　　精品酒店¥¥¥

[见142页地图；☎180 8998 7067；纳金路北地面卫星接收站巷内（拉木藏餐对面）；标单/双599元起；@]摄影主题的酒店，公共区域摆放着一些早已退休的摄影器材。房间装修相当不错，屋内不乏藏饰元素，也非常洋气，床很柔软，卫浴设施是科勒的。顶层的景观大床房（799元）确实物有所值，但该店没有涉外许可。

娑娜姆国际青年旅舍　　青年旅舍¥

（见142页地图；☎692 7969；德吉南路11号；铺60元起，标单/双300元；@）在拉萨青旅中环境、设施都属上乘，小院绿意盎然，标间干净、舒适，多人间也很整洁，多人间冬天不开放。

拉萨瑞吉度假酒店　　精品酒店¥¥¥

（见142页地图；☎680 8888；江苏路22号；标双3000元左右；@❄☎P）喜达屋旗下的精品酒店，也是拉萨最高档的酒店之一。房间设计简约不失贵气，融入了一些藏饰元素，服务同样一流。

达兰客栈　　　　　　青年旅舍¥

（见142页地图；☎672 5172；tibet172.com；北京西路7-9号、拉萨饭店对面；铺48元起；标双/三268/318元；@）公共区域很大，设施如客栈，氛围如青旅。周围吃的很多。

✖ 就餐

想吃得入乡随俗，那就跟着本地人的节奏来。藏面是早餐首选，土豆咖喱饭是最家

🚶 步行游览
拉萨老城区漫步

起点: 大昭寺
终点: 大昭寺广场
距离: 6.5公里
需时: 4小时

从❶大昭寺出发，先加入转经队伍，随朝圣者转一下❷八廓大经轮，参观❸清政府驻藏大臣衙门，看看❹东苏拉姆墙上的浮雕，参观完❺根敦群培纪念馆后回到大昭寺广场上。

沿广场前的路向西走，先去❻丹杰林寺，然后从❼光明商店餐馆旁的钦古巷向北走到北京东路上，过马路，从策门林四巷走

拉萨市 111

入 ⑧锡德扎仓。继续从这条安静的巷子到 ⑨策门林，再穿到小昭寺路上，北行约50米就是紧挨着的 ⑩长寿寺和 ⑪小昭寺。参观完往回走，注意左侧热闹的集市中有一座不显眼的小房子，顺着一排转经筒走进去便是 ⑫北方三怙主殿。南行至北京东路后一路向东，依次进入 ⑬下密院和 ⑭木如寺。

过马路，从正对木如寺的小巷进入，顺着稍有扭曲的巷子拐入吉日一巷，留意门牌号为3号的街角小房子，里面是僧俗共居的 ⑮塔布林寺，小寺很低调也很古朴。往回走一点，南行不久向东拐入翁堆兴卡路，幼儿园旁一栋挺大的黄色房子是 ⑯嘎玛夏寺。参观完这里向东、向南走，这段路略显无趣，建筑也很新。穿过热闹的东孜苏路，沿羊肠小径走入同样热闹的林廓南路，西行20米到 ⑰仓姑寺，可以在寺里的甜茶馆坐会儿。过了仓姑寺，注意路牌，从绕赛二巷进入，左手边有栋黄色房子是 ⑱绕赛康参。再沿鲁普一巷朝西走，绕回林廓南路，街角是 ⑲南方三怙主殿。继续向西可在 ⑳娜玛瑟德享用一顿尼泊尔餐，这栋建筑本身就大有来头，半个世纪前是格鲁派高僧赤江大师的府第。沿鲁固五巷向北走不远，进入左边的小巷，经过臭气熏天的公厕，前方是有着400多年历史的红色寺庙 ㉑布旦康萨。走回鲁固五巷转入鲁固一巷，右手第二个巷子转入 ㉒萨迦佛堂。西行经过一排川菜馆，拐角处是 ㉓奴日松贡布寺，即西方三怙主殿。又回到 ㉔大昭寺广场上，结束行程。⑩

（左图）小昭寺的僧人给等身佛像涂金。
何望若 摄

辨别唐卡

画师的水平决定了唐卡的质量和价值,内容复杂、线条流畅、配色协调、画工精细的自然价高,也更具收藏价值。画唐卡与修行一样需要心静,完成一幅唐卡相当费时(见96页方框),短则数月,长则十几年,并且通常是由多人合力完成,有人专画大场景,有人负责眼睛、指甲等细节,有人勾线衣纹。很多人迷恋大师的作品,殊不知一幅唐卡的主体部分往往出自众学徒之手,大师仅为其"画龙点睛"一下。

八廓街上有很多唐卡店,但高质量的唐卡很少,且大多为印刷品,或者用广告颜料所绘。画布已不再是衡量唐卡真假的标准,如今的高仿技术可以在画布上印刷,最基本的辨别方式是用手摸,手绘唐卡一般比较粗糙。若非收藏也不必太较真,八廓街是个工艺美术品市场,不是艺术市场,花几十块到百来块买个纪念品即可。

常的主食,酸萝卜炒牛肉、血肠、炸羊排都是地道的藏餐,人多的话当然要尝尝藏式火锅。

至于去哪儿吃这个问题,八廓街上十步一餐馆。不过脚步迈大一点才能寻到好味道,德吉路中段有各种冒菜、火锅、串串等,也能找到油条、包子等早餐铺;二环路靠近地面卫星接收站巷子处有几家吃手抓肉的清真馆子,价格合理、味道不错;天海路北段集中了各种川渝湘风味的馆子;想吃烧烤类大排档就去**天海夜市**(见142页地图;天海路与江达岗西路交界处;入夜至次日6:00)。

❌ 八廓街附近

热玛嘎布餐厅　　　　　　　　　藏餐¥

(见144页地图;634 6963;翁堆兴卡路15号附2号;人均50元;12:00~22:00)青海藏族人开的安多餐馆,藏式火锅(140元起)比别处便宜些,而且味道非常好。若是没人拼餐,盖碗肉(25元)和牛肉包子(28元)也绝不会让你哀叹独自旅行的凄惨。餐厅楼上是宾馆,也有床位间。

意式餐厅　　　　　　　　　西餐¥

(见144页地图;吉日二巷;人均50元;10:00~22:00)拉萨也有味道很正的西餐。比萨(39元起)非常好吃,皮很薄很脆。虽然服务员极力推荐菲力牛排,不过我们觉得羊排更好吃。

兰州马记牛肉面　　　　　　　　　面条¥

(见144页地图;林廓东路靠近恰彩岗路口;牛肉面套餐15元起;8:00~22:00)全拉萨最好吃的牛肉拉面,即使忽略少得可怜的牛肉丁,依然非常好吃,加份肉自然更无可挑剔。套餐包含一个鸡蛋、一碟蔬菜等。

驴窝餐厅　　　　　　　　　粤菜¥

(见144页地图;633 5853;北京东路刚坚饭店西侧;人均60元;11:00~15:00,18:00~22:00;)稍有改良的粤菜,但味道不错。如果你想在拉萨换换口味,可以来这家,无论是炒菜,还是煲仔饭,都让人满意,就餐环境更像咖啡馆。

耐宫藏餐　　　　　　　　　藏餐¥

(见144页地图;690 4977;吉日一巷;人均40元;8:30~22:00)只有本地人才知道的好馆子,以昌都风味为特色,奶制品和牦牛肉的来源都值得信赖。不要错过康巴肉饼(25元),翻开面包盖,里面满满都是牦牛肉,肉质和味道都刚刚好,也不油腻,可以配酸奶(15元)吃。

尼泊尔雪莲餐厅　　　　　尼泊尔餐、藏餐¥¥

(见144页地图;634 5535;北京东路59号2楼;人均80元;9:00~23:00;)老板是尼泊尔人,自然是来吃尼泊尔菜。菜单和大名鼎鼎的娜玛瑟德几乎一致,味道和价格都稍胜一筹,也没那么闹哄哄。鸡肉咖喱套餐(55元)是招牌,如果喜欢吃辣,可以点玛沙拉鸡(55元)。盥洗室里的洗手盆开关设置很不寻常。

蒲巴仓　　　　　　　　　　藏餐¥¥

（见144页地图；☎689 9000；丹杰林路2号2楼；人均100元；⏰12:00~22:30）如果你选择进这家店，最好来吃晚餐，并且，吃不重要，就餐环境很棒，有一些新派藏菜，价格也相当贵。来这里的重点是看"朗玛堆谐"演出（19:30~21:30），这是一种被列入国家级非物质文化遗产名录的藏地音乐舞蹈。

玛禄藏膳　　　　　　　　藏式火锅¥¥

（见144页地图；☎630 3866；翁堆兴卡路15号；火锅188元起；⏰10:00~22:00）环境不错的藏餐馆，藏式火锅很有名，你也可以尝一下独家配置的玛禄藏膳（40元），它是用馒头、酥油、奶茶、糖做成的。

娜玛瑟德　　　　　　　尼泊尔餐、藏餐¥

（见144页地图；☎632 4669；宇拓路30号拉萨电影城2楼；人均60元；⏰11:00~21:30）"娜玛瑟德"正是尼泊尔语的问候语"你好"。旅行者和本地人都爱这家店，这里不负盛名，价格合理。你可以试试鸡肉咖喱、玛沙奇鸡（35元），最好配naan（馕），而不是你在家也能吃到的米饭。炸羊排（35元）美味便宜，分量也不少，甜品可以来份酸奶蛋糕（10元）。

原名小吃　　　　　　　　　川菜¥

（见144页地图；大昭寺广场南侧；人均40元起；⏰7:30~23:00）大昭寺广场南侧聚集了一排川菜馆子，多为四川人所开。这家店的味道不错，分量很大，一个人也可以吃盖浇饭（22元起）、面（13元起）、抄手（13元起）等。早餐很丰盛，稀饭、包子、豆浆、油条等都是你习惯的内地口味。

居家茶馆　　　　　　　　　面条¥

（见144页地图；丹杰林巷；人均15元；⏰8:30~20:00）这里不像那些大开间的茶馆，人多人杂，地方不大，衣着体面的藏族女性居多，环境尚可。藏面（5元）味道很好，你也可以尝尝藏饺（10元），甜茶按壶卖（5元）。

拉萨城里的传说

信仰之城怎会没有传说？这里角角落落皆故事，无须计较真假，权当趣闻轶事，类似的故事你可能还会听到不同版本，祖祖辈辈口耳相传后民间自当有多种演绎。

传说一：罗刹女地形。松赞干布娶了尼婆罗（今尼泊尔）尺尊公主和大唐文成公主，两位公主各自带着释迦牟尼的等身像来到拉萨。在为等身佛像择地建寺前，文成公主观察西藏地形如仰卧的魔女，心脏部位是卧塘湖，旁有恶龙居住的龙宫，于是便在这两处分别建大昭寺和小昭寺，又在魔女四肢关节处建12座寺庙，以此镇住魔女。

传说二：山羊驮土填湖建寺。"风水大师"文成公主"神机妙算"出了卧塘湖为罗刹女心脏，但卧塘湖是一片沼泽地，无法直接建寺，于是松赞干布使用1000头山羊驮土填湖。大昭寺初建成时名为"惹萨曲朗祖拉康"，就是山羊驮土变成佛殿的意思。

传说三：流落街头的东苏拉姆。民间传说东苏拉姆是大昭寺护法吉祥天母的女儿，因成天好吃懒做、游手好闲，最后被赶出家门，蹲在八廓街东南角以乞讨为生，也就是东苏拉姆墙（见86页）。经过这里的人们会撒些糌粑粉，抹一把酥油，以示施舍。

传说四：据古西藏风水观，红山是虎，药王山是狮，最初两山相连，形成一条龙脉。金城公主嫁入吐蕃后，她的儿子赤松德赞被藏族妃子抢去，金城公主一气之下便把龙脉切断，后来她又用3座白塔（见92页）及铁索将两山相连，重新续上龙脉。Ⓛ

老鱼饭局　　　　　　　　　川菜¥

（见144页地图；☎661 6166；朵森格北路平措康桑青年旅舍新楼5楼；人均60元；⏰8:00~22:00）看着布达拉宫吃饭是这里最

大的亮点,夜景尤其出众,但炒菜味道不怎么样,而且上菜非常慢,你只能视觉饱腹。推荐菜既贵又没特色,家常菜价格合理。

宗莲素食　　　　　　　　　素菜¥

(见144页地图;☎639 9188;大昭寺正门左侧八廓街7号;人均40元;⏱10:30~22:00;❄)素食做得很好看,味道也不错,不油腻也不是一味地淡,砂锅老豆腐(32元)必点。藏历每月八日、十日、十五日、二十五日、三十日(藏族忌荤的日子)的中午提供自助素餐(39元)。

陕西风味小吃　　　　　　　陕西菜¥

(见144页地图;☎622 3391;北京东路;人均30元;⏱8:30~22:00)老城区价格比较公道的一家餐馆,荤菜25元起,素菜16元起。虽为陕西菜,但也稍有改良,尝尝肉夹馍(8元)或羊肉泡馍(35元)是否地道。

玛吉阿米　　　　　　　　　藏餐¥¥

(见144页地图;八廓街东南角;最低消费68元;⏱11:00~23:00)这家店因一段后人附会出来的六世达赖的爱情故事而成为八廓街上炙手可热的旅游签到处。不过味道不如名气来得过硬,点一个菜加一碗酸奶就已达到最低消费,等位也再正常不过。

❌ 其他地区

★ 藏家宴　　　　　　　　　藏餐¥¥

(见142页地图;☎636 2228;团结新村东区1号;人均约75元;⏱10:00~22:00)虽然游客很多,但味道真的不错,环境也好。油煎灌牛肠(58元)、香煎牛排(75元)一定要尝尝,分量不小,最好约伴前来。

新疆喀什柯罗兰餐厅　　　　清真菜¥¥

(见142页地图;☎679 3430;纳金路圣天鹅宾馆对面;人均50元起;⏱10:00至次日2:00)维吾尔族开的馆子,味道很正,简单的一碗抓饭(20元)和烤包子(5元)让你忆起新疆的味道,烧烤类不要错过排骨烤肉(70

🍴 藏族人最长情的食物

冯帅

甜茶、酥油茶、藏面是入门级的藏族食物,也是藏族人传统生活方式的重要组成。尽管在当今藏餐中也有水煮牦牛舌、松茸炖鸡这样少有的珍品,但这些朴素的饮食却始终贯穿藏族人的日常生活。

总体而言,西藏本土的饮食算不上丰富和美味,青稞制品糌粑与奶制品酥油最为常见,西藏境内有诸多以这两种食物作为基础的衍生品。它们的起源都非常古远,并且由于身在西藏,在功能上也兼具食用与实用两大功能。

糌粑和青稞酒

由于气候和海拔的原因,西藏的土地较为贫瘠,藏族人的美食需求因而也比较接地气。青稞抗寒、耐寒、抗风,特别适合西藏的气候及土壤,成为早期卫藏(西藏最重要的

(左图)藏面;(上图)青稞酒。(左图)GETTY IMAGES 提供;(上图)丁海笑 摄

农耕区域,含拉萨、山南及日喀则河谷)最主要的作物。

　　青稞作为主食有很多缺陷,比如没有面筋,无法单独做成面包和面条,口味也很平淡。于是藏族人发明了一种快餐式的吃法,就是把青稞磨成粉末状,吃时放入水和酥油,成糊状即可,类同炒面,这就是糌粑。数千年来,糌粑是卫藏地区一天中的主食,甚至餐餐少不了,大概从吐蕃时代到现代,都不曾有什么改变,可以说糌粑是藏族人最长情的食物,在某种意义上代表着藏族饮食。

　　藏族人对糌粑很自豪,但是这大概不是基于口味的。糌粑很有益健康,对"三高"尤其有效果,生吃糌粑也很香甜,但它实在太单调,除了加水冲服,就只剩下一些传统糌粑甜食比如"玛森"了。

　　此外,青稞可酿酒,口味酸甜多气泡,类似于米酒,是西藏本土最主要的饮品,藏语称为"羌"。

　　青稞还有很多用途,在节日里,藏族以抛撒青稞粒和糌粑代表欢庆和祝福;在大型法会上,糌粑粉也被用来在地面上描绘吉祥八宝的花纹;糌粑加水捏成的坨坨在宗教仪式里往往具有重要的用途,例如制作成神食"朵玛",甚至被神秘地用于祛病;青稞酒还是西藏众多威猛护法神的钟爱之物。

酥油、酸奶和奶酪

　　青稞是农区的代表性产品,对牧区而言,除了牛肉之外,最重要的食物来源就是奶制品了。牛奶主要用来制作酥油,通过千百次抽打,实现牛奶中的脂肪与水分离,脂肪被单独取

← 出来,冷却后就成了酥油。酥油的地位可以和糌粑相提并论,吃糌粑要放酥油,喝酥油茶要放酥油(据说一个合格的酥油茶爱好者一天总得喝个两三斤),吃甜食要放,炒菜还是要放。人吃,神也要吃,神食"朵玛"要用酥油做装饰,酥油花更不要提了,那是食品做成的雕塑。此外,西藏成千上万的转经筒,你猜它们是用什么秘密材料润滑的?

  酸奶是奶制品的又一巨头,藏文叫"雪",雪顿节就是喝酸奶的日子。酸奶加酥油的吃法口味极重,能明确地考验出一个人是否真心地热爱藏式"美食"。至于奶酪,以可以硌掉牙齿的硬干酪为主,以臭气熏天的臭酪"退"为辅,再加一点酸奶渣"曲拉",你基本上可以端上一份正宗的藏式美食了。ⓛⓟ

元/斤)和羊腰子(15元)。

马家手抓　　　　　　　　　清真菜¥¥
  (见142页地图;夺底路临夏驻西藏办事处院内;人均80元;⏰10:00~22:00)别找错了!拐进临夏办事处旁边的洗车场院子里才能找到它。环境一般,但味道胜过外面大马路上的清真店。经营种类只有手抓肉(90元/斤)和香麻鸡(45元/斤),都很好吃,再配上一杯回族特色的八宝茶(5元)。

拉木·民间藏餐屋　　　　　　藏餐¥¥
  (见142页地图;📞632 0188;纳金路北巷;人均50元起;⏰11:00~22:30)吃藏餐的好地方,藏式火锅和烤羊腿非常贵,炸羊排(58元)也是特色,但我们更建议你尝尝价廉味美的藏式扣肉和酸辣牛肉丝。生牛肉配糌粑(25元)是藏地特色,但很考验肠胃。

阿可丁藏式面包坊　　　　　　藏餐¥¥
  (见142页地图;📞180 0899 6566;太阳岛环岛南路1号雪龙庄园酒店顶层;人均50元起;⏰10:30~22:30)2015年新开的这家店与丹杰林路上的是同一家,不过这里的环境更棒。空间非常大,风格很混搭,牛羊是随处可见的主题,也有藏式帐篷,有老家具也有儿童乐园,你也可以选靠窗的位置对着拉萨河享用。与酸奶相关的都是特色菜,藏式酸奶牛扒(70元)很有特色,牛吃草主厨沙拉(48元)和阿可丁藏面(26元)也值得尝,巴式酸奶蛋糕(16元)很好吃,名字和长相都有点可怕的黑青稞牛粪面包(10元)味道也不错。

河畔牛腩面　　　　　　　　茶餐厅¥
  (见142页地图;城关区环岛南路;人均25元;⏰11:00~21:30,周三歇业)港人开的港式茶餐厅,经营品类简单,牛腩面最好吃,生滚粥也不错,XO酱炒肉丝乌冬(35元)也可一尝,但南洋派的简餐可忽略。

老名健康凉粉店　　　　　　　小吃¥
  (见142页地图;北京西路拉萨饭店北门对面;凉粉4元;⏰7:30~21:00)这是一家从1991年就开始经营的老字号,凉粉好吃自不必说,肉饼子也不错,还有很特别的酸酸辣辣的西红柿酱(15元起)。

  喜欢吃凉粉又不想离八廓街太远,可以去江苏路上的**措姆凉粉**(见142页地图),这家店在旅行者圈子里声名远播,每天都排着长队。

老拉萨粥坊　　　　　　　　　粥¥
  (见142页地图;德吉路北段;粥10元起;⏰9:30~22:00)想在拉萨来点清淡的,或遇上高反没胃口时,就来这里喝粥吧。80种粥,有咸有甜,有药膳类、蔬果类、肉蔬类、杂粮粥等,也有一些家常炒菜。

🍶 饮品

  拉萨的饮品,白天喝甜的(甜茶),晚上喝苦的(啤酒),甜的是本地特色,苦的则世界大同。

★光明港琼甜茶馆　　　　　　　茶馆¥
  (见144页地图;丹杰林路;甜茶0.7元/杯;⏰8:00~20:00)进门后从消毒柜中拿

个杯子,找空位坐下,掏出钱放在桌上,等待即可。服务员会过来拿走7毛钱,然后为你倒奶茶。只要你桌上一直留有钱,只要你的杯子空了,服务员便会持续为你倒茶。人多也可以买上一壶茶。茶馆很大,但乌泱泱一片,空座从来不会很多,要感受藏式茶馆文化来这里就对了。除了甜茶,还有藏面、饺子、盖饭等,并赠阅《拉萨晚报》。

大门酒吧　　　　　　　　　　　　　酒吧¥¥

(见144页地图;宇拓路琉璃桥旁;啤酒45元起; ⏲21:30至次日0:30)这家酒吧每天晚上9:30至次日0:30有现场音乐演出,以民谣、摇滚为主,驻场歌手水准不错。不过这里不销售国产啤酒,消费相对不低。

光明商店餐馆　　　　　　　　　　茶馆¥

(见144页地图;钦古巷5号;甜茶3.5元起; ⏲8:30~19:00)也叫老光明茶馆,环境与光明港琼类似,甜茶只按壶卖,这里的牛肉藏面(5元)值得一尝。院子里有藏族男人围坐在地上玩藏式骰子,不如凑热闹围观下他们的玩法。

风转咖啡馆　　　　　　　　　　　咖啡馆¥

(见144页地图;钦古巷;咖啡28元起; ⏲12:00~23:00; 🛜)这是个有趣的地方,老板是走遍世界的香港人,说着浓浓港腔的藏语,不卖港式奶茶,却卖越南滴漏咖啡。你可以在此耗上半天,翻看老板自己写的《我在拉萨卖咖啡》,由着滴漏咖啡慢慢滴。这里也供应吃的,但只有两款,卤肉饭和餐蛋面,味道同样很赞。

伊兰朵冰激凌餐厅　　　　　　　　甜品¥

(见144页地图; 📞636 1096;丹杰林路雪域旅游商场2楼;冰激凌10元起; ⏲10:00~20:30; 🛜)本地老字号冰激凌店,在拉萨市内有3家分店,每家的经营方向都不同。这家的特色是意大利进口冰激凌,酸奶、

玛吉阿米。

拉萨的夜店

你自诩是越夜越疯的"派对动物"吗?你可以是不是以为西藏人的生活就是整天朝拜、转经,围着各路大神转?夜晚11点后,你可以去朗玛厅见识下声色犬马的夜生活,比比谁更嗨。

朗玛厅是这里特有的歌舞厅,好一点的朗玛厅非但空间相当大,装修也极华丽。朗玛厅有正式的表演流程,有主持人,有本地艺人(通常在西藏地区都还挺有名)的演出。台下的人喝酒看表演,喝尽兴了就开始上台群舞。你可以跟着本地人学跳锅庄舞,有些朗玛厅里还会放恰恰等音乐,你没看错,这藏式拉丁是什么风格留待你自己去看。藏族人的酒量相当惊人,喝高了容易"擦出火花",西部汉子的火爆脾气你且想象一下。拉萨朗玛厅相对还是安全的,不过女性旅行者还是尽量不要独自前往,可以结伴去规模较大的朗玛厅,子夜后朗玛厅里"嗨翻天",你最好把场子留给本地人,乖乖回酒店去。

金马四号演艺中心(见142页地图;纳金西路;最低消费100元/人,2人以上200元/桌;⊙10:30至次日4:00)是拉萨现今最火的朗玛厅,厅很大,装修得富丽堂皇,既有藏地歌舞,也有迪斯科、恰恰,晚上11点后渐入高潮。最低消费不低,人多才划算。**尼威**(见142页地图;林廓北路;最低消费52元/人;⊙10:30至次日4:00)也是拉萨最火爆的朗玛厅之一,夜晚1点后才最热闹。 Ⓟ

朗玛口味都很美味,还有各种蛋糕(25元)、咖啡、奶昔、茶、中西式简餐等。

The Funk 酒吧¥

(见142页地图;雪雁街;啤酒15元起;⊙20:00至次日2:00)现场演出在晚上10点半到12点半之间,虽然是放克类酒吧,唱的歌却是以民谣为主,不过音乐还不赖。

念吧 酒吧¥

(见144页地图;北京东路;啤酒15元起;⊙21:00至次日2:00)老城区口碑不错的一家酒吧,晚上9点到11点有现场演出,以民谣歌曲为主。据说这里的进口酒品质很好。

顶峰咖啡 咖啡馆¥¥

(The Tibet Summit Cafe;见144页地图;☎691 3884;www.thetibetsummitcafe.com;丹杰林路香巴拉大酒店内;咖啡25元起;⊙8:30~21:00)这家老牌咖啡店显然更面向老外,连店名都用英文,在拉萨有3家分店,这家是总店。环境幽静,咖啡好喝,蛋糕偏甜,比萨分量很大。

仓姑茶馆 茶馆¥

(见144页地图;仓姑寺隔壁;甜茶3~15元/壶;⊙8:00~18:00)由仓姑寺尼姑经营的这家甜茶馆口碑一直很好,价格实惠,环境在同类中也属干净,而且禁止打牌,不会太嘈杂。甜茶按壶卖,从1磅到8磅不等,很多人也喜欢这里的藏面(3~5元)和包子(0.5元)。

山洞甜茶馆 茶馆¥

(见142页地图;北京中路布达拉宫停车场旁;甜茶4元起;⊙7:00~20:00)坐在黑黑的山洞里喝茶,周围全是说藏语的当地人,是不是挺有意思?不如去感受一番。

⭐ 娱乐

露天实景剧《**文成公主**》(☎657 6666;宝瓶山下次觉林村;票价380元起;⊙4月10日至10月10日天黑后)讲述了松赞干布与文成公主和亲的故事,演出地点据说就是当年文成公主进藏后婚前居住的地方。演出时长1.5小时,共分5个段落,融合了藏舞、藏戏、佛号念唱等形式,有2000多位演员参与表演,气势磅礴,很值得一看。拉萨市内各酒店、青旅、旅行社等都有门票出售,你可以多问几家,7.5折通常含专车接送。再低的折扣就得自己前往,从市区打车过去20~30元,也可以到龙王潭的停车场坐文成公主专线公交,约半小时一班,回程末班车为23:00。

🛍 购物

你恐怕很难在拉萨管住钱包,**八廓商城**(见144页地图)和**尼桑辰波商场**(见144页地图)里各种纪念品琳琅满目,不要计较真假,花钱买个开心就好。北京东路上有大超市也有日用品小店,若有计划在西藏走长线,可以去**冲赛康市场**(见144页地图;◷9:00~18:00)补充"弹药"。以下"高消费"路段水深请谨慎:大清真寺周围是虫草批发地;宇拓路西段是虫草、藏红花的集中地;琉璃桥是藏地药材的高档专卖店。

书店

拉丹曼贝藏文化中心
(天堂时光旅行书店) 书店

(见144页地图;北京东路;◷周一14:00~23:00,周二至周日11:00~23:00)"天堂时光"在拉萨有很多分店,这家比较大。书目主要分西藏文化、佛教、旅行三类,除少数通俗类游记小说,选书水准颇高。店内有阅读区,墙上一句"本店无消费限制,即使您不买也可免费坐上一天"让人颇感欣慰。二楼有明信片、藏香等纪念品,也有期刊可供翻阅。

古修哪书坊 书店

(见144页地图;夏萨路二巷20-1-1;◷9:30~21:00)店内弥漫着浓浓的藏香味,书目类型涵盖西藏历史、文化、艺术和旅行指南、佛教大师的灵修书,有些佛教方面的专业书籍别处买不到。这里出售的手绘地图也是小而实用的拉萨指南。该店提供餐饮,若是你在店内看书超过15分钟,便会被提醒该消费了。

旁观书社 书店

(见144页地图;丹杰林路雪域旅游商场3楼;◷周一早上不营业)是书店,也是阅读区,每周还会组织各种主题的分享活动,这

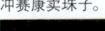
冲赛康卖珠子。

购物有风险，掏钱需谨慎

蜜蜡、天珠、绿松石、红珊瑚、虫草、藏红花……你是不是觉得西藏处处都是宝，随便淘一淘就可以回去等升值？醒醒吧，珍稀宝贝早已所剩不多。八廓街上每个商家都说自己手里那颗黄澄澄的石头是蜜蜡，开价几千上万，然后一路对折又对折地直线下降。冲赛康市场外很多人身上挂满佛珠待价而沽，要价都不低，不要因为很多本地人也在此询价，就以为这里都是真货。能砍价到几百元的都是假的，珍贵之物岂会廉价？当然，咬定5位数以上不松口的商家，也未必就拥有真货。

细细红红的藏红花虽带有个藏字，但西藏并不产藏红花，西藏所售的藏红花大多来自伊朗，你可能也了解到目前全世界口碑最好的藏红花就产自伊朗，先别急着放心购买，藏红花里的猫腻很大，你在拉萨买到的藏红花大多数是来自内地种植。其实辨别藏红花的好坏不难，拿十透明的玻璃杯，泡上一两根，与辨别茶叶的方式一样：首先看它能不能根根竖起来；再观察色泽，好的藏红花色泽是慢慢晕开来的，若是红花一碰水，立马彻底变色品级必然不高。满大街的虫草倒确实不掺假，但产地不同质量的高低相差很多，卖方一定对你说是那曲产的（那曲因海拔高，虫草很有名），但大多数都不是，卖得很便宜也有可能是上一年的货。

微信公众号"藏地行知书"（账号为Tibetan-online）中关于藏地文玩的内容很有警醒作用。建议购物狂出发前先看看，便不会在头脑发热买错东西后，责怪卖家演技高了。

里还是拉萨唯一一家销售进口书的书店。不必太早去，老板开门时间很随意，不如吃过午饭晃悠至此。坐下点杯手工酸奶（10元）或果茶（18元起），找本心仪的书翻上半天，或写上一堆明信片，想待多久随你。

工艺品

拉萨彩泉福利特殊学校　　　手工艺品

（见142页地图；曲米路卓玛医院南侧；⏰周一至周五 9:00~13:00）这是一家开在福利学校里的商店，所售商品全出自残疾儿童之手，以藏纸为主，包括普通纸、包装纸、笔记本、贺卡等，也有漂亮的鞋子、包等，价格合理，制作精美。最重要的是，你的购买也是对他们的一种支持。

卓番林　　　手工艺品

（见144页地图；📞633 1898；www.tibetcraft.com；恰采岗路11号古艺酒店内；⏰10:00~20:00）皮包、披肩、衣服等都设计独特、质量不错，款式在中国风中又融入了藏地和西方元素。楼上便是工作间，不是流水线生产，多是拉萨周边的手艺人在一针一线地缝制。

敏珠林寺藏香直销店　　　手工艺品

（见144页地图；📞135 1893 5024；鲁固一巷；⏰9:30~19:00）敏珠林寺的藏香在西藏有口皆碑，这家店的藏香便是由敏珠林寺提供的，很有信誉。藏香按照品级从40元至上千元不等。

乡村手工业商店　　　手工艺品

（见144页地图；鲁固六巷10号；⏰10:00~21:00）这家店销售的都是藏地款式的包，包多为羊毛、牦牛毛质地，全手工制作，手感舒服，款式很好看，价格通常在400元以上。

极乐善业经桶商店　　　纪念品

（见144页地图；南方三怙主殿旁；⏰9:00~20:00）如果你想买个转经筒，可以来这家经营了18年的老店，品质很好，价差代表质量高低。

八廓唐卡艺术专画部　　　手工艺品

（见144页地图；📞632 6212；八廓东街10号；⏰9:30~20:00）八廓街上唐卡店众多，但假货也很多。这家店内摆满主人次旦朗杰的获奖证书，此人是勉唐派的传承人，所售唐卡品质相对较高。店内有学徒在现场作画,可观摩。

其他

罗林超市 超市

(见144页地图;林廓东路、恰彩岗路口对面;◎9:00~20:00)当你走到这家与中国各县级市无异的小超市门前时,不要怀疑我们的推荐,走进去。普通的货架上摆放着印度的红茶、不丹的辣酱、韩国的饮料、印度的糖、新加坡的咖啡等,进口货品很多。

麦子 服装

(见144页地图;丹杰林寺对面;◎9:30~22:00)当你在八廓街上看见第一条围巾或民族服饰时,可能会很兴奋,但当你逛完一圈八廓街,看尽了雷同货,可能早已失去了购买的兴趣。这家店的主人很有眼光,衣服既民族又文艺,手工皮包、皮靴很漂亮,懂行的人会在珠子里找到些有特色的宝贝。

山野户外 户外用品

(见144页地图;北京东路靠近朵森格路;◎9:30~21:30)北京路上的户外用品店假货居多,这家比较正规,凯乐石、探路者等品牌都有。

ⓘ 实用信息

医疗服务

北京路上有好几家药店,若是身体不适不用太担心,**拉萨大药房**(见142页地图;北京中路靠近娘惹南路;◎8:50~22:00)药类齐全,有防高反的药、氧气袋等。如果长时间不适就需要去医院就诊,**西藏自治区人民医院**(见142页地图;林廓北路12号)和**拉萨市人民医院**(见142页地图;北京东路1号)离老城区都不远。

银行

拉萨有中国银行、建设银行、农业银行、工商银行等,离八廓街最近的**工商银行24小时ATM机**(见144页地图)位于丹杰林路上。如

> ### ⓘ 边防证
>
> 如果你计划前往阿里、定日、樟木、亚东、墨脱、米林等地,最好先在户口所在地办好边防证(免费)。如果到了拉萨再办比较麻烦,边防大队不为个人服务,所需的资料和手续复杂,你得委托旅行社办理,并且须满4人才能办,100元/人。如果你只有一个人,旅行社可能会让你掏4个人的钱。也有些青旅会帮你想办法凑足4人一起办。若淡季无法凑人数,可以去位于东措国际青年旅舍(见109页)里的旅行社,无论1人或4人办理都是200元/人。 ⓛⓟ

果计划去尼泊尔,可以去**中国银行西藏自治区分行**(见142页地图;林廓西路7号)兑换美元等外币。

邮局

天上西藏邮局(见142页地图;北京中路;◎夏9:00~21:00,冬9:30~18:30)明信片相当多,还有3D立体明信片和皮质雕刻明信片,可以盖上西藏各个著名景点的戳,也有书签、笔记本、地图出售,并且代售《文成公主》演出门票(7.5折,含接送)。如果要办理寄包裹等邮政事务得去隔壁的**中国邮政**(见142页地图;北京中路与康昂多北路交叉路口;◎夏9:00~19:00,冬9:30~18:30)。

地图

星球地图出版社的《西藏交通旅游指南地图》所绘比例比较精准,《手绘西藏旅游路线手册》对于希望在西藏分区走环线的旅行者比较实用,这两张地图都可以在天上西藏邮局(见本页)买到。大多数纪念品店、青年旅舍也都有手绘地图出售。

上网

基本上你住的地方都有Wi-Fi,但信号、网速各有千秋,如果急需上网,可以去**威客网**

咖（见142页地图；宇拓路26号2楼；10元/小时；◷24小时），这家网吧配备苹果显示器，但上网价格挺贵，你若上网满3小时，不如办会员充值卡，价格为对折。

ℹ 到达和离开

你可以飞越雪山而来，也可以沿着"神奇的天路"在人工供氧的车厢中渐渐爬升而至，或者穿越依然艰险的318国道进入，如今，进藏之路已经四通八达，重重天险再也构不成阻碍。而作为西藏的中心，无论你要去向"世界屋脊"的何方，拉萨都是你绕不开的出发点。若评选中国最热门的骑行路线，一定非318国道莫属，受虐过一次，大概没人会想再骑回去。风马飞扬青年旅舍（见108页）能提供单车打包和托运服务。

飞机

拉萨贡嘎机场（见142页地图；📞621 6465；山南贡嘎县甲竹林镇）位于山南贡嘎县，距拉萨市区50公里。北京、成都、西安、重庆、昆明、广州、深圳、杭州、兰州、长沙等城市每天有航班直飞拉萨，上海飞往拉萨的航班往往需经停或在西安、成都转机。7月至"十一"期间的机票最贵，常接近全价，从成都转机或许更划算。省内航班每天往返于昌都、林芝、阿里和邻省的香格里拉，不过即使是淡季，机票也不便宜。

长途汽车

拉萨共有4个长途客运站，基本上可以辐射自治区内所有地方，各客运站所处的方位也代表了车次所发往的方向。如遇某路段修路暂时关闭公共交通，你还可以找到你要去的县、乡在拉萨的办事处，往往还是会有少量班次运营。若欲前往山南的洛扎，曲米路的嘎玛曲米宾馆内每天早上8点有班车发出，约下午4点到，票价110元，最好提前2天买票，可在北京东路上坐23路公交到雪一巷站下。

西郊客运站（见142页地图；📞663 0309；金珠中路1号）的班车主要发往日喀则、山南，也兼售发往昌都、樟木、亚东、芒康、香格里拉的班车，但乘车地点在柳梧客运站。本书调研期间，因2015年尼泊尔地震的影响，拉萨发往樟木、加德满都的班车都已停运。注意，该车站只发售当日票，若是7、8月前往日喀则，通常当天的票在上午11点前就售罄了，建议旅行者早上7点开门就过来排队买票。西郊客运站斜对面有一座**青川藏公路纪念碑**，是1984年12月25日为纪念青藏、川藏公路通车30周年而建的，可顺道看看。

西郊客运站车次时刻表

站点	发车时间/班次	票价（元）	行程（小时）
日喀则	7:00~19:00/每30分钟1班	90~140	5
山南	7:00~19:00/每20分钟1班	60	2.5
米林	9:30	155	7
江孜	9:30, 11:30	90	2.5
那曲	7:00~19:00/每小时1班	90~140	5.5

东郊客运站（见142页地图；📞634 0523；江苏东路3号）主要发往林芝方向（6:30~18:30坐满发车，150~180元，9小时），前往直贡梯寺、热振寺的朝圣大巴也在这里乘坐。

北郊客运站（见142页地图；📞692 2104；扎基中路）主要发往那曲、阿里方向，阿里、班戈的车次每天发1班，需提前1天购票。

北郊客运站车次时刻表

站点	发车时间/班次	票价（元）	行程（小时）
那曲	8:00~18:00/每小时1班	92~100	6
班戈	8:30	150	10
普兰	9:30	602	20
狮泉河	11:00	652	26
札达	11:00	652	24

火车

拉萨火车站（见142页地图；📞675 6221）位于柳梧新区。进藏的铁路只有一条，无论你从中国哪个城市出发，都要绕到"天路"的起点西宁。每天有5趟列车进出西藏，如果你想欣赏可可西里的风光，最好搭乘Z265和Z165这两趟车，其他3趟班次都是在夜里经过可可西里。拉萨已开通至日喀则（9:00, 3小时，40.5元）的列车，节假日会在下午加开1班。

ⓘ 当地交通

抵离机场

机场大巴从**民航班车站**（见142页地图；📞682 7727；航空酒店内）发出，从早上5点至晚上8点，坐满18人就发车，票价30元，车程1小时10分钟。从机场发往市区的班车为滚动发车，有航班降落便有车。

从机场和人拼出租车到市内约50元/人，但若是从市内打车去机场司机通常会要价200元。

公交车

拉萨公交车票价1元，大都从早上六七点运营到晚上八九点。24路公交连接色拉寺、哲蚌寺、博物馆、罗布林卡，可在布达拉宫附近的拉百站乘坐；15路公交连接东郊客运站和西郊客运站（纪念碑站下）；1路公交连接火车站、民航局站和拉百站；13路公交连接火车站、博物馆、民航局和北郊客运站；19路公交连接仙足岛、西郊客运站和堆龙德庆区。市内大多数地方都有公交可到，但除了发往景点或在北京路、江苏路上运营的主要线路，其他车次都不多，甚至发车频次常常无规律，在郊区苦等1小时并不稀奇。

出租车

拉萨市内出租车起步价10元，你很少会享受一人一车，这里打车都靠"拼"，也不见得会打表，有时明明计价器显示超过10元，司机也可能只收你10元，但如果不放心可在上车前问清楚价钱。

人力三轮车

北京东路上有很多人力三轮车，价格不便宜，即使你只是从此路口到下个路口、走路不过5分钟，人力车夫开口便是10元，你大约能砍到5元。三轮车并不是什么地方都能去，布达拉宫和八廓街就不能前往或停留。

自行车

拉萨市内有公共自行车服务，市内有15个借/还车的网点，包括大昭寺、小昭寺、火车站、罗布林卡、邮局、龙王潭公园等。租车得先办公交IC卡，中国邮政（见121页；📞633 7202；⏰9:00~12:30, 14:30~18:00）前有办卡点，非拉萨本地人需支付500元押金并充值100元，之后租自行车第1小时免费；1~2小时，收取1元租赁费；2~3小时，收取2元租赁费；超过3小时按每小时3元计费（不足1小时按1小时计）。退卡必须得在办卡3天后，退押金和余额。

你还可以在**西藏风马旗单车俱乐部**（见142页地图；林廓东路南段靠近仙足岛）租借自行车，租金50元/天。一些青年旅舍也可以租自

ⓘ 从拉萨去尼泊尔

从拉萨前往尼泊尔非常方便，只要你携带了护照，便可在**尼泊尔驻拉萨总领事馆**（见142页地图；📞683 06009；嘉措路；⏰周一至周五10:00~12:00）办理签证，可申请最长90天（一般最短15天）的旅游签证，2015年12月25日尼泊尔政府宣布免中国公民赴尼泊尔旅游签证费。

自2015年尼泊尔大地震后，樟木口岸一直处于关闭中。2015年11月，吉隆口岸恢复通关，可以从该口岸前往尼泊尔，本书调研期间，从吉隆到加德满都的班车处于试运行阶段，目前路况依然很差。每周一、三、五从吉隆口岸向加德满都发车（12:00，车程6小时，约140元），周二、四、六从加德满都返回，在尼泊尔境内需穿越郎唐保护区，会收取一定费用（约200元）。若是包车，从拉萨到吉隆车费约450元/人（2000元/车，7座的车)，到了吉隆再包车前往加德满都为2500卢比/人。

> **朝圣大巴**
>
> 每天6:00~6:30，拉萨电影院（见144页地图）门口有朝圣大巴发往周边的甘丹寺、楚布寺、扎叶巴寺、雄色寺、桑耶寺等寺庙，坐满即走，车费含返程，通常是中午往回发，回程沿途会停留几个小寺庙。前往热振寺和直贡梯寺的朝圣大巴在东郊客运站乘坐，早上6:00发车，但虔诚的朝圣者往往5:00便已将车位全部占满。由于周边各寺庙交通不便，若欲前往参观，和当地人一起坐朝圣大巴不失为最便利的方法，只不过朝圣大巴都不提前售票，早上还是得赶早前往。Ⓛ Ⓟ

行车，风马飞扬（见108页）的价格是5元/小时，25元/天，超过5小时算1天，押金600元，而车子没有车锁；东措青年旅舍（见109页）的价格是50元/天，需押金1000元，车子有车锁。

拉萨周边

甘丹寺

（见126页地图；达孜县；门票50元；⏱7:30~16:30）甘丹寺是由格鲁派创始人宗喀巴大师于1409年亲自建成的，是拉萨三大寺中的老大，又是宗喀巴大师圆寂的地方，它当之无愧是格鲁派的祖庭。鼎盛时有3000位僧人，如今数量仅为当时的十分之一。甘丹寺建在山上，坐车盘山而进时，你就能眺望到这片气势恢宏的白色建筑群。

甘丹寺内主要参观措钦主殿、弥勒殿、灵塔殿、存衣殿和宗喀巴闭关房。**措钦主殿**最为庞大，内有108根柱子。代表格鲁派最高权威的甘丹宝座就位于后方配殿中，宝座也是当年宗喀巴说法的法座和甘丹赤巴的法座。宝座旁的桌子上，有一顶帽子和一只鞋子，帽子是宗喀巴和历代甘丹赤巴传下来的学者冠，鞋子属于十三世达赖喇嘛。大殿一侧有一条底部中空的木柜，里面存放着一套《大藏经》，朝圣者会躬身从柜子下走过，以

甘丹寺。

求加持。殿内有一根被铁链锁住的柱子，关于它有各种传闻，有的说此柱子曾流出血，又有的说它曾宛地腾空。

灵塔殿是甘丹寺最神圣的地方，保存着宗喀巴的灵塔。宗喀巴圆寂后，起初遗体被存放在塔内，塔在"文革"期间被毁，遗体在后山火化，后又于20世纪80年代重建灵塔。殿四周的墙上绘有历代甘丹赤巴的壁画。殿内有一间女性禁入的护法殿，供奉着**阎魔法王像**，该像与色拉寺的马头明王、哲蚌寺的大威德金刚并列为拉萨三大忿怒尊。

存衣殿是宗喀巴和历代甘丹赤巴居住的地方，殿内的宗喀巴寝宫也是其1419年圆寂之处。

如果你跟随朝圣者而来，他们大都会先去甘丹寺后山绕拜一圈后，再进入寺庙。后山上古迹众多，一些与宗喀巴相关的典故传得有声有色，例如宗喀巴降魔处、宗喀巴穿山处、吉祥天母坐骑的蹄印、宗喀巴洒落药泥处等，绕后山走一圈需1小时，若不想错过这

些"神迹",跟着本地朝圣者走就可以了,但凡他们停留朝拜处便有故事,你可以让他们为你讲解一二。后山步行的沿途风景很棒,终点也就是进寺的第一栋黄色的房子,这里是宗喀巴当时的闭关房,房间内右墙上有一块凸出的巨石,上面有宗喀巴的掌印。

在甘丹寺山门旁,有一条上山路径,参观完寺庙时间多的话,不妨上行走一段。从高处俯瞰甘丹寺,你会有不一样的收获。若是冬日,踏雪而行虽有一定难度,但被一片白色包围的甘丹寺更显庄严神圣。

❶ 到达和离开

每天6:00~6:30,拉萨电影院门口有朝圣大巴发往甘丹寺,票价40元(含回程),行程1.5小时,14:00点原车返回。甘丹寺有供应藏面、甜茶的餐馆,可解决午餐。回程途中停留**桑阿寺**,该寺原属噶举派,后改宗格鲁派。大殿内供奉着宗喀巴徒弟克珠杰亲手塑造的玛哈嘎拉护法像、藏巴拉财神像等,前者是镇寺之宝。寺后山上是达孜城堡的废墟。

扎叶巴寺

(见126页地图;达孜县;门票30元;⏰7:30~18:30)扎叶巴寺也叫查叶巴石窟寺,开凿于石灰岩山上,寺洞合一是它的特色,松赞干布、阿底峡、莲花生、拉隆贝吉多吉等都曾在这里闭关修行。前往扎叶巴寺的沿途会翻越飘满经幡的纳金山口,一路盘旋上山后,你眼前出现一座被经幡覆盖的山,旁边便是石窟的所在地。这里山势较高,若是赶早前来,正是薄雾笼罩群山时。

108个洞窟散落在山上,可在山脚买点酥油、香草,一路拾级而上,得走上好一段才能到达阿底峡的修行洞。接下来的弥勒殿内供奉着一尊高大的弥勒佛,此洞当年修行者众多。然后你会经过松赞干布修行的法王洞、行刺朗达玛的拉隆贝吉多吉修行的洞。月亮洞中有莲花生的脚印。各个洞窟形状不同,有些得弯腰通过。除了参观各洞窟,在你喘着粗气上山的途中别忘了停下来欣赏壮丽的山谷美景。

拉萨周边

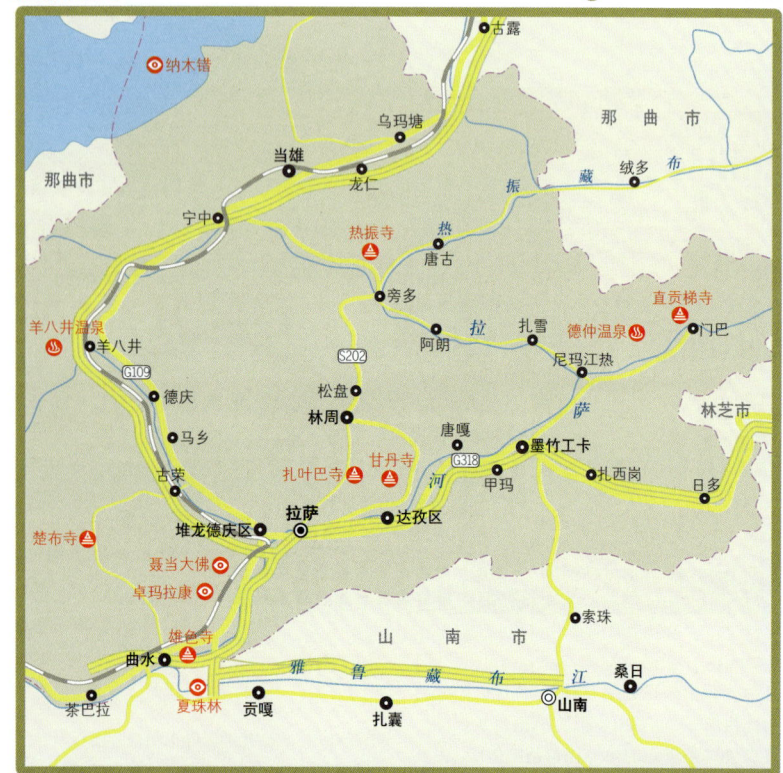

参观扎叶巴寺的时间充裕,下山后,可在寺院茶馆吃点藏面或咖喱饭(5元起)。

每天6:00~6:30拉萨电影院门口有朝圣大巴发往扎叶巴寺,票价30元(含回程),行程1小时,12:00返回。

楚布寺

(见126页地图;堆龙德庆区境内)**免费** 自1189年由第一世噶玛巴大宝法王都松钦巴建寺以来,楚布寺便是噶玛噶举派黑帽系的主寺。楚布寺位于山谷中,若是夏天来此,红色寺庙会被郁郁葱葱的青山环绕,远处云层中又有雪山隐现,说其漂亮秀美一点儿也不过分。

楚布寺周围四个方向各有一座佛塔,分别为白色、红色、黄色、绿色。寺庙中心广场上有一座石碑,立于9世纪赤祖德赞时期。正对着石碑的就是**楚布寺大殿**,大殿后方中央最高大的像是第一世大宝法王像,旁边还有一尊较小的十六世法王像。在左边佛龛中有一尊是第八世大宝法王为纪念其师桑杰念巴仁波切所造的祖师像,据说此像曾离地漂浮了7天之久,因此又称"空住像",是楚布寺的镇寺之宝。佛像下中空,每个香客行至此都会将头伸入洞中接受加持。二楼配殿中有十四世法王的脚印和康巴三尊的灶脚石。三楼是当今大宝法王幼年时的寝室,需脱鞋进入参观。大殿屋顶飘扬着噶玛噶举派的黄、蓝旗,你所乘坐的朝圣大巴上也有这面旗帜,你也常会在拉萨的一些出租车上看见这面旗帜。

大殿两侧有一红一黄两栋建筑。红色的为**护法殿**,二楼配殿中供奉着蓝色身体、手持月刀和颅皿的黑色披风金刚,旁边一个小

楚布寺的佛像。

佛龛内的黑色披风金刚也是镇寺之宝。黄色建筑为**祖师殿**,殿内从左至右供有米拉日巴、玛尔巴、达布拉杰三尊祖师像。

参观完广场上的三座殿,绕到后面去,留意下一堵红墙上有一个金手印,是十六世大宝法王留下的。后面有两个殿值得参观:一个是**灵塔殿**,供奉着历代大宝法王像和第一世法王堆松钦巴、第二世法王噶玛拔希的灵塔;还有一个**大佛殿**,供奉着一尊全西藏最大的释迦牟尼坐佛像,被称为"楚布拉钦",但旧佛早已被毁,此为20世纪重修的,大佛前方的一个佛龛内放着原大佛的一块碎片。

进寺参观前,你可以在寺院商店里买包酥油,像当地人一样为各殿佛像添灯油。如果坐朝圣大巴往返,你大约会有4个小时待在这里。十余个殿很快会看完,你也可以跟随朝圣者去后面的山上绕拜,沿途有历代大宝法王的闭关房,在高海拔爬山并不轻松,但风景不错。

每年藏历四月十一日,该寺也有一个规模宏大的展佛仪式,并会举行为期3天的跳神活动,该仪式在楚布寺已延续了近千年,非常值得一看。

🍴 就餐

跟随朝圣大巴的话,结束楚布寺的参观回到拉萨差不多是下午3点后,你可以带点干粮,也可以在寺庙食堂吃碗藏面(5元)、喝点甜茶(4元起),不过藏面很抢手,去晚了只有方便面。

ℹ️ 到达和离开

每天6:00~6:30在拉萨电影院门口有朝圣大巴发往楚布寺,票价40元(含回程),车程2小时,12:30返回。回程会停留乃朗寺和一个小寺庙,及一个据说是某位大宝法王以手杖击地变出的圣泉,当地人都会带着壶或桶在此取水,回程约需2.5~3小时。

雄色寺

(见126页地图;曲水县拉萨河南岸才纳

乡山坡上）雄色寺也叫休赛寺，是西藏最大的尼姑寺，尤以绝甯（西藏的一种音乐形式）、舞蹈、诵经出名，每年藏历三月十三日该寺有绝甯表演。雄色寺始为噶举派，后改为宁玛派。18世纪准噶尔蒙古部落入侵西藏时毁，后来一位名叫玛尼洛钦的女性密宗大师发愿重建该寺，从此该寺改为尼姑寺，她也被拥立为女活佛。

该寺分山上、山下两部分，彼此相距较远，上山途中有路标，别走岔了。野路上时有野牦牛出现，若遇上一定不要招惹。上下两座寺都曾在"文革"时期遭到毁坏，山下寺庙较新较大，山上的相对古朴，能看到当年宁玛派的修行洞，在一株古树根后的墙上有一个天然显现的佛眼。该寺的诵经方式比较特别，众尼边念经边摇着绿色的手鼓，如果幸运的话，你会在山下的主殿中看到。

每天6:00~7:00，拉萨电影院门口有朝圣大巴发往雄色寺，票价70元（含回程），车程1小时，13:00返回。

直贡梯寺沿线

前往这条线最省心的方式是乘坐拉萨东郊客运站的朝圣大巴，往返总行程耗时约12小时，停留的时间足够。除了以下列出的直贡梯寺和德仲温泉，途中还会在羊日岗寺和嘎则寺停留，前者在本书调研期间正在修缮中，后者是2013年重建完成的，都属于噶举派。

直贡梯寺附近的天葬台是西藏最神圣的天葬台之一，但即使你想对这种古老神秘的葬俗一窥究竟，也要忍住好奇心，请尊重逝者和其家人，尊重当地的信仰和文化。

◎ 景点

直贡梯寺　　　　　　　　　　　　　　寺庙

（见126页地图；门巴乡直贡河北岸山坡上）前往直贡梯寺的路相当差，五脏六腑经历无数次翻腾后，隔河相望的对面山腰上终于出现了一片红白相间的寺庙群。直贡梯寺是直贡噶举派的主寺，在历史上非常有地位，很多有名的高僧在此修炼密法。噶举派特别注重

（左起）雄色寺尼姑诵经；直贡梯寺；直贡梯寺里的宝伞和海螺。

修习密法,不畏寒冷和饥渴的"拙火定"便属于该派的修行课程。修成者能在冰天雪地里靠体温烘干一件厚厚的袈裟,如今依然有修行者在山上散落的修行洞中闭关修炼,但不要以为你在这里遇到的每一位喇嘛都是"气功大师",近千年来修成拙火定的高僧屈指可数。

直贡梯寺由直贡噶举派的创始人觉巴·吉丹贡布仁钦贝在一座小庙的基础上扩建,你可以在该寺多处佛殿内看到这位大师的佛像。与大多数藏地寺庙一样,莲花生、释迦牟尼、米拉日巴、宗喀巴等佛像也是各殿的主供佛。可供参观和朝拜的殿包括经堂、灵塔殿、护法殿、藏经楼等,其中灵塔殿最为壮观,神圣庄严的宝塔高3层,塔内装有该派创始人和噶举派历代祖师的舍利子,以及很多珍贵的佛经、奇珍异宝等。灵塔殿被保护得很好,你只能隔着玻璃一窥究竟。

1920年,在直贡噶举派与萨迦派的宗教战争中,该寺几乎完全被摧毁,20世纪80年代进行大规模的寺庙修复。每逢猴年的藏历六月,直贡梯寺会举办宏大的法会。东面与寺庙隔河相望的一片宽阔草原上有气势宏大的诵经活动,持续3天。

🛫 活动

德仲温泉　　　　　　　　　　　温泉

（见126页地图；门巴乡德仲村）位于山坳间的德仲温泉,温度在40~42℃间,泉水中含有多种对人体有益的矿物质,但这些都不足为奇,它的特别之处在一个"野"字,这里没有修葺漂亮的温泉池,没有更衣室（如果公厕也能算的话）和淋浴室。并且这里是天体裸泡,男女之间仅一堵矮墙相隔。也有很多本地人将温泉当作洗澡的地方,因此常见一汪碧绿的池水中某个角落冒起了肥皂泡。后面有一个专门泡脚的温泉池,据说能治关节炎,水温高达50℃,泡一会儿就能热出一身汗。

这么野趣十足的环境虽然走光难防,不过朝圣大巴会在此停留1.5小时,不如放下矜持,放胆一试。夜晚温泉的水温要高于白天,若在此住上一晚,皓月当空下泡着温泉,会感觉非常棒,而且对于腼腆的女性来说,寂静少人的夜晚也可以加强你裸泡的勇气。无论何时来泡温泉,都不要太贪恋温暖的泉水,此处海拔超过4500米,泡太久容易引发高反。

温泉上方,是一座小小的尼姑寺,可顺道参观一下。

食宿

直贡梯寺和德仲温泉都有寺院饭馆,选择不多,只有简单的藏面(5元起)和甜茶(8元起)。若是自驾,你大可以放慢节奏,德仲温泉附近有一些旅馆,床位约40元。

到达和离开

拉萨东郊客运站每天早上6点有一趟朝圣大巴发往这里。早上先前往直贡梯寺(单程车票40元,需3.5小时),中午12点回程,途中停留德仲温泉和羊日岗寺、嘎则寺,回到拉萨约下午18:30。不过要注意的是,这趟班车没有预售票,只能当天到了买票,虽为6点发车,但通常在5点时,车中便已满员,所以一定要赶早前往。

松赞干布出生地

(墨竹工卡县甲玛乡)虽有1300多年历史的厚重名义,但该景区很新,看点也不多,近年来最大的考古发现是1992年挖掘出了一幅17×17线格的石刻围棋盘,如今保存在西藏自治区博物馆中。强巴敏久林宫和山腰上的三座白塔都是新造的,此宫殿还因鲜有人前来参观而常常关闭。景区内另有一座私人博物馆——**群觉古代兵器博物馆**(门票30元;⏰10:00~18:00),展品以主人搜集的兵器、陶器、服饰等为主。

前往松赞干布的出生地,可在东郊客运站乘坐发往墨竹工卡的班车(7:00~19:30坐满发车,20元,1.5小时),在距墨竹工卡约10公里处下车,这里离景区还有约4公里路,要么走着进去,要么搭顺风车。

机场老路沿途

在前往贡嘎机场的老路上,有众多寺庙、景点值得参观,包车最方便,半天便能走完。除了以下列出的,热堆寺、扎西岗寺、达扎寺也在这条线上,可一并参观。

景点

夏珠林 寺庙

(见126页地图)[推荐]夏珠林寺建在山顶,面朝雅鲁藏布江,视野开阔,景色壮观。夏珠林寺在历史上很有来头,最初是帕竹噶举派的寺庙,后成为该派乃东法王的宫殿。五世达赖喇嘛时期,改宗格鲁派,五世达赖喇嘛还规定该寺不设活佛转世制度,堪布为

进寺扫盲帖

你当然可以跟随朝圣者亦步亦趋,口中默念"唵嘛呢叭咪吽",见寺就进,遇佛就拜,逢经筒就转。但若只是这样,最初的新鲜感持续不了太久就会被重复的单调感打败。提前了解一些寺院知识,也许能让你对寺庙多产生一些兴趣,也会发现导游词外的惊喜。本书中也有另一个有趣的章节,帮你快速辨认藏传佛教中的形象(见224页方框)。

佛像中最常见的是三尊并坐的**"三世佛"**,他们分别是代表过去、现在和未来的燃灯佛、释迦牟尼佛和弥勒佛(也叫强巴佛)。常以组合形式出现还有释迦牟尼师徒三尊、宗喀巴师徒三尊、阿底峡师徒二尊等。**文殊菩萨**也常供奉于大殿中央位置,他有多种化相,通常右手持宝剑,左手拿莲花,莲花上有经书。白度母与绿度母的出现概率同样高,**白度母**盘腿而坐,双手、双足、额头各有一眼,总共七眼;**绿度母**右腿向前伸出,左右手各持一朵蓝莲花。**密集金刚**、**胜乐金刚**、**大威德金刚**等五大本尊神都以多面多臂、怀抱明妃的二人合体形象出现。除了佛,你还会看到藏传佛教中有突出贡献的人物。作为格鲁派的祖师爷,**宗喀巴**必然出现在该派寺庙中,头戴黄帽的那一尊便是。**莲花生**虽为宁玛派创始人,但因被视为藏传佛教的开山

最高领导,每5年一次换届,全凭学识和道德赢取堪布职位。

该寺在"文革"时遭到严重破坏,如今所见皆为重新修复。寺庙由一个主殿和两个小殿组成,供奉着释迦牟尼、宗喀巴大师、阿底峡尊者、五世达赖喇嘛等。院内有一个小小的苹果林,绕过苹果林,最小的殿内供奉着该寺的镇寺之宝——12岁少女的肉身像。这是目前西藏唯一的肉身像,她是一位生活在1000多年前阿底峡尊者在藏地传法年代的女孩,被认为是吉祥天母的人间化身,她离世时12岁,死后自然收缩至仅一肘高。在"文革"时,肉身像被带到拉萨,作为奴隶主残害奴隶的"罪证",结果导致该像颈部关节被毁,因此你会看到其头部下垂。肉身像呈坐姿被安放在神龛里,皮肤呈深褐色。

聂当大佛　　　　　　　　　　　　　遗迹

(见126页地图)聂当大佛,也叫聂塘大佛,就在公路边,是西藏最大的摩崖石刻佛像,相传为元代国师八思巴所建。这里不收门票,但需强制性购香,而摩崖石刻的规模不超过你站在十米开外相机取景器所能获得的范围。

卓玛拉康　　　　　　　　　　　　　寺庙

(见126页地图;⏰8:00~18:30) 免费 卓

乡野间的残址

如果你坐朝圣大巴前往雄色寺,回程会在同属曲水县的吾乡寺(音译)停留。该寺不大,连拉萨本地人对其都知之甚少,而寺庙内也几乎找不出会说汉语的喇嘛,但别小瞧了这座历史可追溯至吐蕃末期的寺庙。寺庙最初有9层,现存为后来修复。站在寺前举目四望,会看到周围乡间屹立着4座残缺的佛塔,由此你可大致打量一下寺庙曾经的规模,寺庙背后的神山有着与内地五台山同样的名字。该寺有一块与大昭寺广场上的唐蕃会盟碑(见86页八廓街)具有同样意义的纪念碑,但因曾遭到过破坏,如今碑身保存在寺庙内,基座在距寺庙约100米处的公路边的田野里,形如乌龟,此碑代表汉藏缔结千年友好之意。ⓛⓟ

玛拉康在藏地寺院中比较特殊,它是11世纪时,由孟加拉国的阿底峡创建,阿底峡也在此圆寂,也许是因为这层"外交关系",该寺自建成以来,少有破坏。主殿外的四覆天王塑像带有明显的古印度佛教造像风格。殿外回廊右侧有两座白塔,分别供奉着阿底峡的袈裟和其徒弟仲顿巴穿过的衣服。主殿由横向排列的三座殿堂组成,从左殿进入参观,

鼻祖,几乎各派寺庙中都有他的身影,印度基因给了他令人过目不忘的面部特征——双眼炯炯有神,唇上有小胡子,通常抱着骷髅杖,左手端骷髅碗,右手持金刚杵。藏传佛教后弘期第一人**阿底峡**也头戴帽子,与宗喀巴不同的是阿底峡的帽子遮住双耳,款式有点像现代人冬天戴的绒线帽。与诸佛、宗教大师地位相当的**松赞干布**最好认,头上裹着红绫带并顶着一尊阿弥陀佛像。

地位显赫、规模庞大的格鲁派三大寺(色拉寺、哲蚌寺、甘丹寺),看起来像村庄,各建筑根据不同功能细化出不同的称谓。**措钦主殿**是寺内全体僧人集会念经的大殿,类似汉地寺庙中的大雄宝殿。**扎仓**是指教学机构,例如哲蚌寺初设七个扎仓,后并为四个;色拉寺原有五个扎仓,后并为三个。**康村**是扎仓下的居住单位,也叫康参,每个扎仓下有若干康村,按籍贯划分,即同一地区的僧人住在同一个康村中,类似同乡会,例如嘉绒康村的僧人就都来自四川阿坝州。ⓛⓟ

此殿供奉着噶当派祖师的灵塔。中间的殿堂供奉着释迦牟尼像，佛像后面被双层锁住的佛龛内藏宝众多，有曾显灵说话的"喊疼弥勒"和阿底峡从印度带来的白螺、小度母像、小塔，你很难看清这些宝物，试着找寺内的喇嘛，或许会给你一张凳子，让你站上去贴近看。右边的殿内中央供奉着一尊阿底峡生前其弟子为他造的像，围绕该像外的"U"字型走道供奉着三尊最大的佛像：过去佛燃灯佛、未来佛弥勒佛、无量寿佛，并有八大菩萨站立其间。

在卓玛拉康马路对面有条乡间小道，走进去约1公里处有座黄色的寺庙，据说是阿底峡当年的圆寂地，里面有一座重建的纪念塔。

❶ 到达和离开

你可以在拉萨西郊客运站坐公交19路到堆龙德庆区的东嘎桥头站下，这里有很多私车，可以将聂当大佛、卓玛拉康和热堆寺达隆寺。

连起来走，包车费用约150元，半天时间就能看完。

夏珠林寺虽然也在此沿线，但已属山南境内，从卓玛拉康过去还有40多公里，而且路不好走，司机大多不愿意前往。它离贡嘎机场才十几公里，可以在到达或离开拉萨时顺道前往参观，可在机场外的路口找到本地面包车，包车往返费用约70元。

热振寺

（见126页地图）免费 热振寺由阿底峡的大弟子仲顿巴建于1057年，并以此寺为根基逐渐创立了噶当派，因此该寺也是噶当派的祖庭。14世纪末，宗喀巴大师到热振寺修行，这座寺后改宗格鲁派，清朝时热振活佛任西藏摄政王的职位。虽然历史地位非常重要，但如今该寺非常冷清，大殿刚于2014年重修过。

大殿中央有一尊小小的**文殊金刚手**，是镇寺之宝，千年前来自印度，据说这尊佛像

曾显灵说话至少3次。殿内还有一个第五世热振活佛5岁时的脚印。如果留意观察，会发现热振寺周围有很多古柏树，而在护法殿中就有一尊用柏树做的仲顿巴像，这在西藏各寺庙中非常少见。寺庙不大，很快能走完，结束后你可以上后山沿着转经筒的路线走一圈。

热振寺山下的草地上有一些巨石，其中有一块挂满经幡、哈达，相传是空行母桑瓦益西的宫殿。藏历羊年转纳木错如今已从藏地习俗变为人人皆参与的旅游活动，但极少有旅行者知道羊年转完湖后，还得来热振寺转石。每逢羊年藏历七月十五日左右该寺会举办为期7天的帕邦唐郭节，西藏各地的信众和僧人都会涌来，草原上搭满帐篷，僧人集体诵经，有转巨石、赛马、跳神等活动，非常热闹。

每天早上6点拉萨东郊客运站有车发往热振寺，但需提前一天（下午5点）购票（☎187 0800 8833），车程7~8小时，路况很差。如果你习惯"上车睡觉"，那就抓紧前半程睡，后半程依山傍水，风景不错。大巴通常停在山脚，距山上的寺庙还有2公里路需自己走上去。如果你只是到此一游，兴许能赶上当天傍晚从热振寺返回拉萨的班车，但车次不定。通常而言，你需要在热振寺住一晚，第二天早上8点半有车返回拉萨，无论寺里还是山脚都有卫生欠佳的招待所（30~50元）。

达隆寺

免费 达隆寺位于林周县以北的恰拉山麓中，是达隆噶举派的祖寺，于1180年由该派创始人塘巴扎西拜始建，后不断扩建。历史上不但规模庞大，寺内藏宝也多，鼎盛时有3000余僧人。达隆意为"老虎出没的山沟"，据传塘巴扎西拜建寺时在这里看见了老虎。寺庙曾遭到非常严重的毁坏，后经大规模修缮。寺庙虽然很新，但非常漂亮，被群山包围，主基调是红色，夏天时镶嵌于绿色的山谷中，静谧而秀丽。

达隆寺很冷清，拉萨东郊客运站开往这里的朝圣大巴也取消了，如非自驾，前往不易。

纳木错，一日游还是两日游？

没有班车前往纳木错，这片圣境几乎被拉萨的旅行社垄断了，而旅行社能让你停留的时间实在有限。天亮前从拉萨出发、天黑前已回到拉萨的一日游不过是让你在正午时分欣赏2个小时的纳木错。扎西半岛虽不大，但看点不少，快步游览不现实，你若本着"一步一景一留念"的原则，都不够将扎西半岛环绕一圈，可能连漂亮的合掌石都无缘走到。

旅行社和宣传广告上的纳木错日出、日落美景，参加一日游的你更是欣赏不到，而晴晴变幻莫测的纳木错还可能在雨后下雪，那你视线也许根本到达不了念青唐古拉山的白雪山尖，甚至连纳木错有多广阔都无法领略。

那么，两日游的情况是否会好一点？虽然你会住上一晚，但严格算起来，你能与天亮时的纳木错相伴的时间也不过3小时，这是一趟"日出日落睡一觉"的旅程。午后从拉萨出发，若天气、路况都给力，你能在日落前一个多小时的时候到达扎西半岛，抓紧时间找住宿，别磨蹭纠结，每家条件都差不多。到了湖边你可以先朝着念青唐古拉山的方向走走，神山与圣湖的景色在这一段搭配得最好。然后开始顺时针绕扎西半岛，若不想错过落日最美那一刻的光线，走到合掌石附近就不必再向前了，因为再走，西边的日落就在你身后远去了。若执着于宗教意义，可在日落后继续顺时针绕完湖。日出时间通常在7点半左右，日出的最佳观赏点是食宿区旁边的山上，等日出时，帽子手套为必备之物。 ⓛⓟ

纳木错

（见126页地图；门票120元）纳木错位于当雄县，藏语意为"天湖"，总面积达1900多平方公里，海拔4718米，曾是西藏最大的咸水湖和中国第二大咸水湖，直到近几年才被面积逐年增加的色林错赶超。但纳木错在藏族

人心中的精神意义是永远不会被超越的,它是西藏三大圣湖之一(其他两大圣湖是羊卓雍错和玛旁雍错)。它依偎在藏地神山念青唐古拉山脉下,这一对"伉俪"是苯教和佛教共同敬奉的神山圣湖。传说纳木错是胜乐金刚的道场,12世纪时,达隆噶举派创始人在此修习密法,开创了羊年转湖的先河,12年一轮回,每逢羊年来临,无数信徒不远万里来此绕湖匍匐而行。不过,因近年绕湖公路已修好,加上近300公里的路程远而艰辛,如今本地人都很少徒步转湖,而代之以"四驱"转湖,开车转一圈10个小时就能完成。

因有了这些傲人的数据和迷人的传说,即使纳木错的海拔很高,对于普通旅行者来说高反很难避免,但一年又一年,越来越多的人为它而来,用轻微的头痛和可能的失眠换取面对美景时的失语,建议你将纳木错之行放在行程的后半段,让自己适应了高原后再来,以减轻高反的可能性。4718米的高度注定了这里在任何时候都不温暖,相对来说7、8月最适宜,冲锋衣加羽绒服基本可以御寒,

夜晚赏星空和清晨守日出都不至于冻得打哆嗦,11月至次年4月中旬是冰封期,不怕冷的话会看到与众不同的美景。

如果你不是自驾,也不想再深入藏北草原,扎西半岛便是你欣赏纳木错的终点。你可以在此遥望念青唐古拉山,赏日出、日落,绕行一圈,欣赏壮观的经幡群和玛尼堆。

◉ 景点

那根拉山口　　　　　　　　　　观景点

它是你接触纳木错的第一眼,在被震撼到的同时,它也用5190米的高度挑战着你的身体。这里经幡飘扬,也狂风肆虐,请控制激动的情绪,其实它并不算出色的摄影点,不必太过流连。

念青唐古拉山　　　　　　　　　　　山

从拉萨前往纳木错,车行1.5小时,念青唐古拉山脉便在你的左侧出现了,而当你来到扎西半岛,你与这座神山只相隔一片湖的距离。气势磅礴的念青唐古拉山脉常年积雪,主峰海拔7117米,传说中念青唐古拉山是

(左起)纳木错扎西半岛;山上俯瞰纳木错;纳木错的星空。

藏地著名的护法神,也是藏北草原众山神的主神,神山与纳木错是一对恋人,山与水共同承载着藏地民族的精神信仰。

迎宾石 观景点

挂满经幡和哈达的迎宾石矗立在扎西半岛纳木错湖边,离湖边住宿点很近,这一大一小两块石头被称为纳木错的门神,是朝拜者的第一站。你可以将此作为参观扎西半岛的起点,跟上朝圣者的队伍,开启绕行扎西半岛的徒步之旅。

扎西岛寺 寺庙

扎西岛上最大的寺庙,始建于15世纪末,现存的建筑已重新修缮过。该寺属宁玛教派,寺内主供莲花生大士等。扎西岛寺就在迎宾石旁边,一排令人瞩目的白色房子便是。

扎西半岛洞穴 洞穴

历史上很多藏传佛教的高僧来纳木错修行密宗要法,扎西半岛上散布着很多修行洞,现在依然有喇嘛、尼姑在此潜心修行。洞内供奉有宁玛派莲花生或噶举派大师的佛像等。这些洞穴遍布在绕岛一圈的湖边岩壁,**药师佛洞**外有块哈达垂悬如雪的巨石,据说是药师佛的住所,当地人都会绕拜此石头;合掌石过去一点是**一线天洞**,两块高约20米的巨石之间形成了一条仅0.5米的裂隙;你还可以壮着胆子去钻一下**善恶洞**,据说善人能过,恶人过不了;**噶玛巴手印洞**里有一个噶玛巴三世的掌印,此洞上方常有鸽子盘旋。

合掌石 观景点

合掌石又称父母石,传说是念青唐古拉山和纳木错的化身,象征忠贞不渝的爱情,此掌也是莲花生修行时合掌祈福的显像。合掌石离扎西半岛下车地点不算近,团队游不会走到这里,但其实这里附近的看点颇多,一线天、善恶洞都离此不远。合掌石旁边的经幡非常漂亮,夕阳西下时格外上镜。

青藏铁路。

圣象天门　　　　　　　　观景点

纳木错跨越当雄和那曲的班戈两县,若非自驾或环湖,很少有人会前往班戈县境内的纳木错。托了被冷落的福,这里不会游人如织,没有令人皱眉的商业行为,而风景美得简直不真实,甚至更胜扎西半岛一筹,真正恍若遗世独立的仙境。圣象天门是耸立在纳木错湖边的一座石山,因形如大象在湖中饮水而得名。

❌ 食宿

扎西半岛上所有旅馆都不带洗手间,价格和条件都类似,有双床房或多人间,旺季约50元/铺,淡季约30元/铺。相对于便宜的住宿,岛上吃的可不便宜,餐馆以川菜为主,荤菜50元起,素菜35元左右,盖浇饭30元左右。

❶ 到达和离开

长途汽车

拉萨没有直达纳木错的班车,最近的下车地点在当雄,但到了当雄你还得包车,最方便还是在拉萨找车前往,单程需4~5小时。除了包车,旅行社最方便,每家旅行社的报价相差不大,一日游(6:00出发,在纳木错停留2小时后返回)和两日游(13:00出发,次日7:30~8:00返回)的价格是一样的,旺季最高峰(7~8月)时为380元,含来回车程和门票,其余时间根据客流量价格有很大弹性。8月底、9月初为300元,到了10月至次年4月时,约160~180元(不含门票)。

火车

如果你打算回程走青藏铁路,有一班火车(车次Z6802,当雄进站时间为10:39)会途经当雄车站,你可以选择游完纳木错直接从当雄坐火车离开,车次时间完全够你在纳木错看完日出、享受完早餐后出来(若非遇到下大雪等恶劣天气,从纳木错到当雄的车程为1小时)。我们不建议你坐火车进藏时先在当雄下车前往纳木错,高反会非常厉害。

噶举派的大家族

噶举派历史上分支众多，它最先分为两大支系：一支是14世纪和15世纪便已衰落的香巴噶举，西藏历史上的传奇人物唐东杰布就出自该派，格鲁派的创始人宗喀巴师徒也曾向该派学法；另一支是由玛尔巴开创、经米拉日巴等继承和达布拉杰发展的达布噶举，一直流传至今。该派创立后又发展出四个支派：噶玛噶举、蔡巴噶举、拔戎噶举和帕竹噶举，其中帕竹噶举又分出八个支派，包括直贡噶举、达隆噶举等。

达布拉杰的弟子都松钦巴创立了噶玛噶举派，该系在藏传佛教中最早采用活佛转世制度。都松钦巴在圆寂前，预言了自己的下一世，当噶玛拔希出生后并被认定为都松钦巴的转世时，就此产生活佛转世制度。在该派活佛转世系统中最著名的是黑帽系和红帽系。黑帽系的主寺是楚布寺，元朝时蒙哥汗赐予噶玛拔希镶有金丝边的黑色僧帽，始有"黑帽系"，自此该派传承领袖噶玛巴便持此黑宝冠。明永乐年间，第五世黑帽系活佛得银协巴，获明成祖赐予的一块刻有"万行具足十方最胜圆觉妙智慧善普应佑国演教如来大宝法王西天善自在佛领天下释教"的金匾，此后黑帽系历辈转世活佛也称"大宝法王"。当今十七世大宝法王离开中国多年，他在国际上有很大的影响力，也特别受中国演艺明星的追捧。你若是坐朝圣大巴前往楚布寺，回程途中会停留**乃朗寺**，是红帽系创立之初的主寺，由黑帽系第三世活佛让琼多吉（即噶玛拔希的转世）的弟子扎巴僧格创建于1333年，因被元朝帝室封为国师并被赐予的红色宝冠而称红帽系。

羊八井

羊八井在拉萨和当雄之间，位于念青唐古拉山脉的断裂地带，地热资源丰富，有温泉、热泉、沸泉、热水沼泽和罕见的爆炸泉、间歇温泉等。1975年，这里打出了中国第一口湿蒸汽井，1976年，中国第一台地热发电机在此成功发电。依托地热资源优势，温泉几乎成了整个羊八井的"代言人"，而它又恰巧在前往纳木错的途中，适合自驾者结束纳木错的旅程后顺道泡个温泉放松一下。如果你在羊八井住上一晚，可能会欣赏到它仙境般的清晨，地热田产生的蒸汽团氤氲升起，整个大地笼罩在一片白色的雾气中。

◉ 景点

羊八井寺　　　　　　　　　　　寺庙

羊八井寺历史悠久，它于15世纪末、16世纪初由噶玛噶举派红帽系的第四世佛曲扎益西创建，建成后取代乃朗寺成为红帽系的主寺。初建时寺庙规模非常大，有近200间僧舍，据传该寺屋顶的宝瓶和法幢来自于印度同名寺庙。直到格鲁派崛起后，在教派之争

邂逅"高原神鸟"

如果你冬天来林周县,将很有可能看到黑颈鹤。黑颈鹤是世界上唯一在高原生长、繁殖的鹤,其身长约120厘米,全身灰白色,栖息在海拔2500~5000米的草甸、沼泽中。在前往热振寺、达隆寺的途中有一片澎波河谷地,这里是中国黑颈鹤越冬地自然保护区。每年10月底的"年度迁徙大戏"上,约有1800只黑颈鹤会从羌塘草原飞来这里越冬栖息,次年4月或5月再度北迁。保护区内有一片青稞麦草地,是专供黑颈鹤觅食之用。除了黑颈鹤,这里也是斑头雁、赤麻鸭、绿翅鸭等的栖息地。

中渐趋没落,最后所有僧人改宗了格鲁派。

羊八井寺在"文革"时被毁,如今所见是20世纪80年代在原址重建的。大殿中供奉着高大的释迦牟尼像,二楼有介绍噶举派历史的41幅唐卡。

🎯 活动

此地丰富的地热资源孕育了**羊八井温泉**(见126页地图;中尼路179号;门票128元;🕘 9:00~17:00),在4000米海拔泡温泉既是它的亮点,也是它危险的地方。除非你一心想体验猛烈的高反,否则初上高原不宜来此。如果你计划与纳木错连线玩,也要结束纳木错行程后再泡温泉。但这里的温泉形式并不令人惊喜,你泡的是一个游泳池,分室内和室外两种,其中包括8个藏药浴池。羊八井温泉的水温较高,切忌太过"沉浸",小心变成在高原的高温中高反的"三高"人群。羊八井温泉名气大,但人气并不旺,门票可以砍价,通常可以砍到100元。

🍴 食宿

羊八井温泉本身就是一个度假村,里面有酒店可供住宿,价格约200元起,吃饭可一并解决。你也可以在镇上找普通的旅馆住,比较便宜,30~50元可以获得一个床位。

ℹ️ 到达和离开

拉萨东郊客运站每天13:00~13:30(视坐满率)有班车分别发往羊八井和羊八寺,车票都是25元,车程2.5~3小时。前往温泉的话,坐车到羊八井后,还得再拼车(10元/人)。这两个地方当天都无班车返回,需在当地住一晚,第二天早上9点左右有班车返回。如果你想当天来回,可以早上在东郊客运站坐发往当雄的班车,在羊八井路口下,但进去还有近10公里。沿途若有摩托车或其他当地车辆可以捎上一程,但据本书作者调研时发现,过路车非常少,结束后同样得走回这个路口继续拦当雄至拉萨的班车,下午5点前都能拦到车,当然前提是车里还有空位。

CFP 提供

甘丹寺。

冬日的纳木错。

GETTY IMAGES 提供

大昭寺门前的朝圣者。

GETTY IMAGES 提供

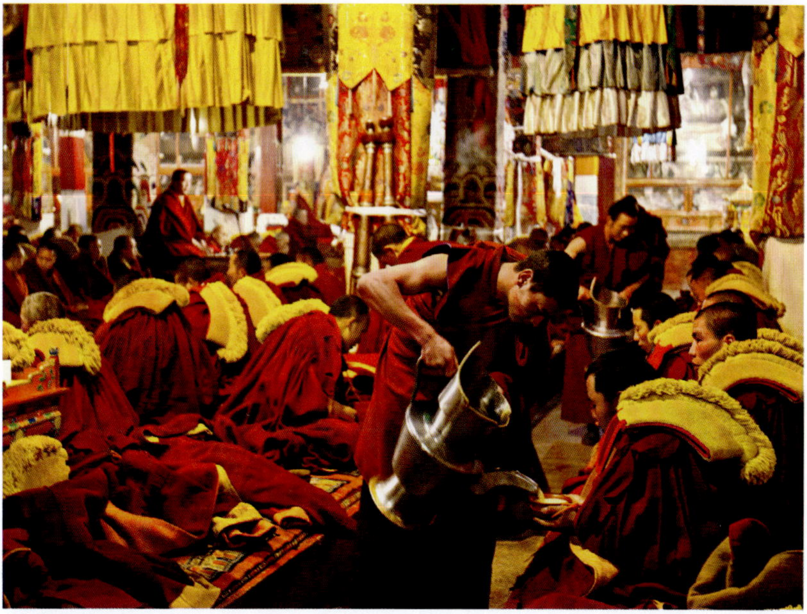

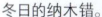

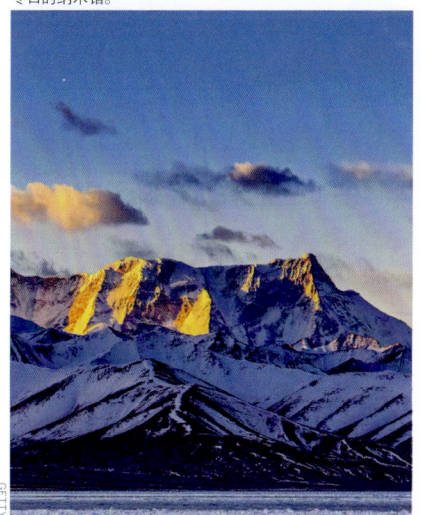

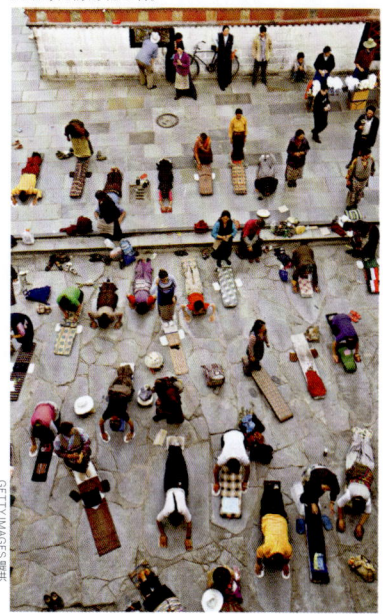

念经祈求的藏族人。

拉萨城区

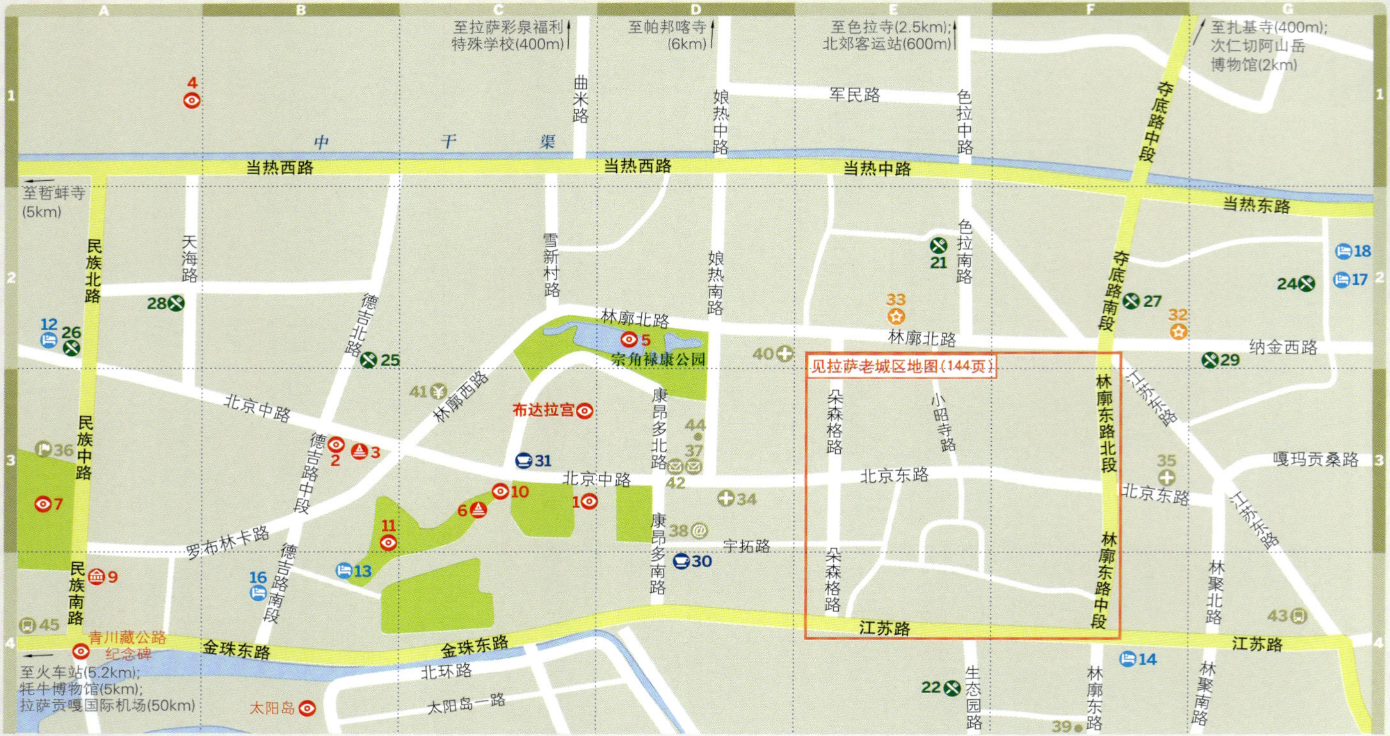

0 400 m
至拉萨彩泉福利特殊学校(400m)
至帕邦喀寺(6km)
至色拉寺(2.5km);北郊客运站(600m)
至扎基寺(400m);次仁切阿山岳博物馆(2km)
至哲蚌寺(5km)
至火车站(5.2km);牦牛博物馆(5km);拉萨贡嘎国际机场(50km)
中干渠
当热西路
当热中路
当热东路
曲米路
娘热中路
军民路
色拉中路
夺底路中段
夺底路南段
民族北路
民族中路
民族南路
天海路
雪新村路
娘热南路
色拉南路
德吉北路
林廓北路
纳金西路
宗角禄康公园
林廓西路
布达拉宫
北京中路
北京东路
德吉路中段
德吉路南段
康昂多北路
康昂多南路
见拉萨老城区地图(144页)
朵森格路
小昭寺路
林廓东路北段
林廓东路中段
林廓东路
江苏东路
嘎玛贡桑路
宇拓路
罗布林卡路
林聚北路
林聚南路
江苏路
金珠东路
北环路
太阳岛一路
太阳岛
生态园路
青川藏公路纪念碑
1 2 3 4 5 6 7 9 10 11 12 13 14 16 17 18 21 22 24 25 26 27 28 29 30 31 32 33 34 35 36 37 38 39 40 41 42 43 44 45

拉萨城区

◎ 重要景点 (见80页)
布达拉宫 C3

◎ 景点 (见90页)
1 布达拉宫广场 C3
2 功德林 B3
3 关帝庙 B3
4 拉鲁湿地国家级自然保护区 B1
5 龙王潭 D2
6 鲁普岩寺 C3
7 罗布林卡 A3
8 醍醐艺术中心 E5
9 西藏博物馆 A4
10 药王山观景台 C3
11 药王山千佛崖 B3

◎ 住宿 (见109页)
12 达兰客栈 A2
13 甲热布通酒店 B4
14 拉萨瑞吉度假酒店 F4
15 蒙拉里 F5
16 娑娜姆国际青年旅舍 B4
17 溏心客栈 G2
18 夏院 G2
19 星巴拉太空氧舱酒店 E5

◎ 就餐 (见114页)
20 阿可丁藏式面包坊 D5
21 藏家宴 E2
22 措姆凉粉 E4
23 河畔牛腩面 D5
24 拉木民间藏餐屋 G2
25 老友萨粥坊 B2
26 老名健康凉粉店 A2
27 马家手抓 F2
28 天海夜市 A2
29 新疆喀什柯罗兰餐厅 G2

◎ 饮品 (见118页)
30 TheFunk D4
31 山洞甜茶馆 C3

◎ 娱乐 (见118页)
32 金马四号演艺中心 F2
33 尼威 E2

◎ 实用信息 (见121页)
34 拉萨大药房 D3
35 拉萨市人民医院 F3
36 尼泊尔驻拉萨总领事馆 A3
37 天上西藏邮局 D3
38 威客网咖 D3
39 西藏风马旗单车俱乐部 F4
40 西藏自治区人民医院 D2
41 中国银行西藏自治区分行 C3
42 中国邮政 D3

◎ 交通 (见122页)
43 东郊客运站 G4
44 民航班车站 D3
45 西郊客运站 A4

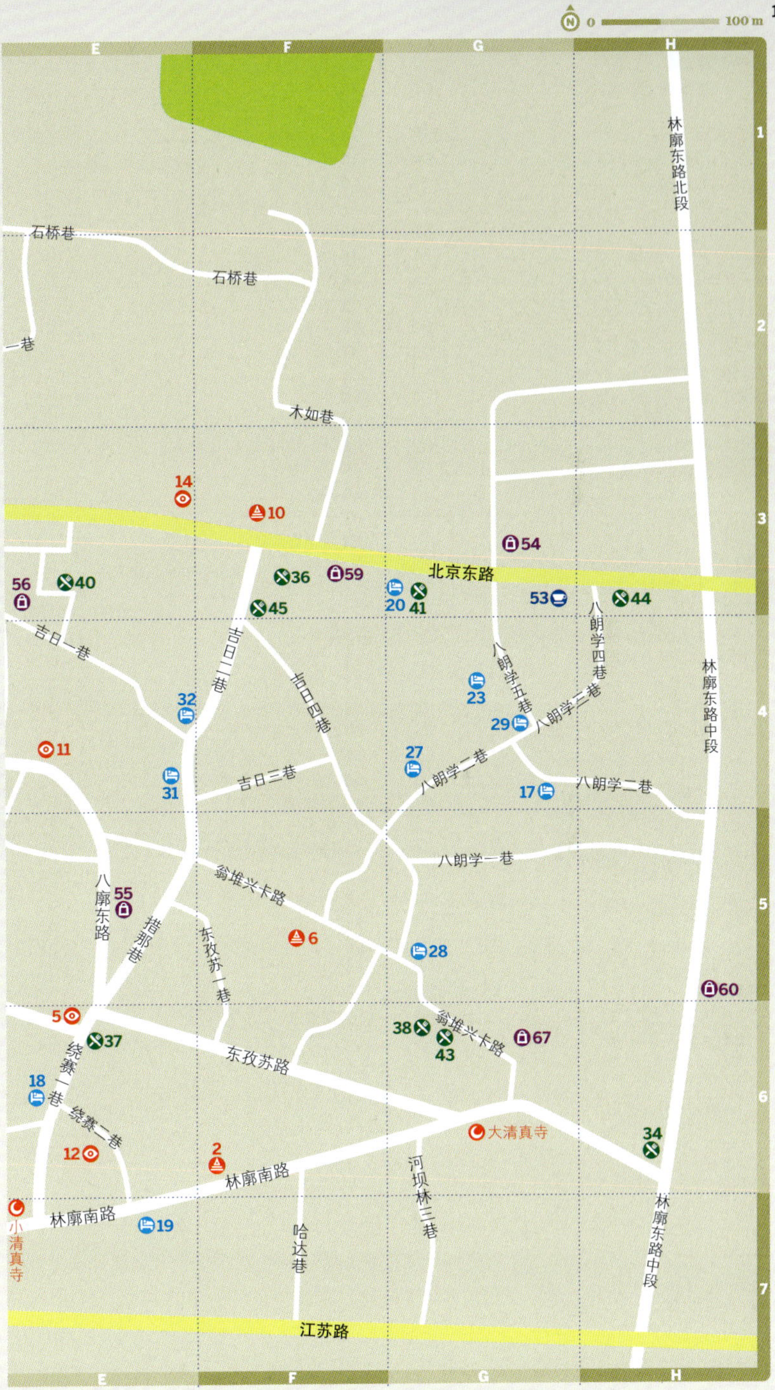

0
100 m
E
F
G
H
1
2
3
4
5
6
7
石桥巷
石桥巷
一巷
木如巷
林廓东路北段
14
10
54
56
40
36
59
北京东路
20
41
53
44
45
吉日一巷
吉日二巷
吉日四巷
八朗学五巷
八朗学四巷
八朗学三巷
23
32
29
林廓东路中段
11
27
31
吉日三巷
八朗学二巷
17
八朗学二巷
八朗学一巷
翁堆兴卡路
八廓东路
55
措那巷
东孜苏一巷
6
28
60
5
38
43
翁堆兴卡路
67
37
东孜苏路
绕赛一巷
18
绕赛二巷
大清真寺
34
12
2
林廓南路
河坝林三巷
林廓南路
19
小清真寺
哈达巷
林廓东路中段
江苏路

拉萨老城区 地图见144页

◎ 重要景点 （见82页）
大昭寺...D5

◎ 景点 （见86页）
1 八廓大经轮...D4
2 仓姑寺..F6
3 策门林..C2
4 丹杰林寺..B4
5 东苏拉姆墙...E6
6 嘎玛夏寺..F5
7 根敦群培纪念馆..D5
8 弥勒殿..D5
9 木如宁巴寺...D5
10 木如寺...F3
11 清政府驻藏大臣衙门.....................................E4
12 绕赛赞康庙...E6
13 锡德扎仓...B2
14 下密院..E3
15 小昭寺...C1
16 长寿寺...D1

🛏 住宿 （见107页）
17 白云藏式家庭旅馆..G5
18 邦达仓大院...E6
19 慈渡酒店...E7
20 东措国际青年旅舍..G3
21 风马飞扬...D2
22 吉曲饭店...B3
23 咖则苍宾馆...G4
24 廓尔喀饭店...D7
25 林仓...C5
26 平措康桑青年旅舍..B2
27 圣承书苑..G4
28 香巴拉宫..G5
29 雄卡精品酒店...G4
30 尧西平康..C3
31 扎西曲塔..E4
32 卓玛拉宫..E4

✗ 就餐 （见112页）
33 居家茶馆..B3
34 兰州马记牛肉面..H6
35 老鱼饭局..A2
36 驴窝餐厅..F3
37 玛吉阿米..E6
38 玛禄藏膳..G6
39 娜玛瑟德..A5
40 耐宫藏餐..E3
41 尼泊尔雪莲餐厅..G3
42 蒲巴仓...C3
43 热玛嘎布餐厅...G6
44 陕西风味小吃...H3
45 意式餐厅...F3
46 原名小吃...C5
47 宗莲素食...C5

☕ 饮品 （见116页）
仓姑茶馆...（见2）
48 大门酒吧..A5
49 顶峰咖啡..C4
50 风转咖啡馆..C3
51 光明港琼甜茶馆..C4
52 光明商店餐馆..B4
53 念吧
伊兰朵冰激凌餐厅..（见64）

🛍 购物 （见119页）
54 八廓商城..G3
55 八廓唐卡艺术专画部....................................E5
56 冲赛康市场..E3
57 古修哪书坊..C3
58 极乐善业经桶商店..D7
59 拉丹曼贝藏文化中心....................................F3
60 罗林超市..H5
61 麦子..B4
62 敏珠林寺藏香直销店....................................C5
63 尼桑辰波商场..D6
64 旁观书社...C4
65 山野户外...A3
66 乡村手工业商店...D6
67 卓番林...G6

ℹ 实用信息 （见121页）
68 工商银行24小时ATM...................................C4

大昭寺一楼布局

大昭寺一楼布局

◎ 景点 （见83页）

- 1 度母殿..................................B1
- 2 甘丹拉康..............................C2
- 3 白色佛塔..............................C2
- 4 药师殿..................................C2
- 5 天成五尊观音殿..................C2
- 6 米拉日巴像..........................C2
- 7 唐东杰布..............................C2
- 8 强巴佛殿..............................C2
- 9 至尊宗喀巴大师殿..............D2
- 10 无量光佛殿..........................D2
- 11 等身佛殿..............................D2
- 12 智智弥勒殿..........................D2
- 13 狮子吼观音殿......................D3
- 14 药师琉璃佛龛......................D3
- 15 九尊双身长寿殿..................D3
- 16 强巴佛殿..............................C3
- 17 萨迦五祖师像......................C3
- 18 藏佛殿..................................C3
- 19 七胜佛殿..............................C3
- 20 无量寿佛殿..........................C3
- 21 法王松赞干布殿..................C3

在路上
本书作者 尼佬

从然乌湖到察隅的途中,碧水渐变成被雪山围绕的草原,当我以为已经要抵达冰川脚下时,突如其来的垭口却又将我送到湿润的亚热带森林中。

进一步了解我们的作者,见 422 页。

南迦巴瓦峰和桃花。

GETTY IMAGES 提供

318国道

318国道

　　毫无疑问，318国道应该是中国最有名的旅行公路。自从被杂志评为"中国人的景观大道"以来，它似乎就落入了那种充斥于社交网络的"人生必须要做的某件事"的俗套，另一方面却也意味着它已经成为经典。

　　经典当然可能会被庸常的惯性去千篇一律地解读，更可能让人意犹未尽地一读再读，每次都有新鲜的意义和暗号出现。非常幸福，318国道就是这样的经典，你隔半个月进来，换一个投宿的山谷，就会是另一场绮丽而又旖旎的公路旅行。

　　尽管318国道的起点是上海，终点是樟木，但人们已经习惯把它当成一条从汉地走向拉萨的康庄大道。一旦开始了318国道之旅，你就不想停下来了。拉萨是如此耀眼，但你终究会发现，你更喜欢那种有了确定的远方，然后一路奔驰的感觉。工布森林的古树根下，野菌沐浴着雨露成长；波密晶莹的冰川下，桃花顶着蓝天和冰雪盛放；康巴草原万马奔腾，横断山区朝圣者的身影总是忽然就消失于峡谷中。种种壮阔，理所当然地会在你心里久久萦绕，奔腾不息。

☑ 精彩呈现

墨脱徒步 158
巴松错 160
八一镇（林芝）....................... 162
雅鲁藏布大峡谷 170
鲁朗 176
波密 177
然乌 184

何时去

➡ 在318国道裁弯取直、修桥打洞之后，全年通行已经没什么大问题。但你最好还是避开冬天，那时积雪成冰，会给很多山口路段带来威胁。过去，夏天经常遭遇暴雨路断的窘境，现在有所改善但断路情况仍可能发生。最方便驾驶的季节是雨季前后，即5月至6月和10月至11月上旬。不过，如果你想看冬天的雪域、春天的桃花和夏天的草原，那还是做好宽松的时间预算和应急方案，上路吧。

318国道

★318国道亮点（见154页）

① 南迦巴瓦雪山　② 墨脱徒步　③ 林芝桃花节
④ 骑行318　⑤ 雅鲁藏布大峡谷的松茸季
⑥ "丙察察"公路

交通

➡ 318国道（拉萨至成都段）的路况可谓日新月异，2016年的好消息是迫龙沟特大桥全面完工，曾经困扰着无数旅行者的"通麦天险"也将不复存在。加上拉萨至墨竹工卡、工布江达至八一的高速公路通车，从拉萨一直到邦达，都称得上一路坦途，只有邦达到左贡的一小段路还经常处于施工修复状态。非自驾的旅行者，通过搭乘班车、拦过路班车和私车的方式完成旅行是没有问题的。

食宿

➡ 如果你已经去过拉萨以外的其他藏地，就很难挑出318国道附近住宿条件的毛病。沿线的每一个县城和重要城镇都有热水和网络齐备的酒店，有些地方甚至已经出现了五星级酒店。另外，每个沿路村庄几乎都有客栈和民宿。

➡ 从拉萨出发的318之旅可以分别通往成都和丽江，一路上的饮食以川菜为主，丽江大理风味为辅。每个城镇都能吃到抄手和回锅肉，也几乎都能吃到丽江腊排骨火锅，反而真正的藏餐比拉萨少了很多。

当地人推荐
用脚步丈量318

墨小妖,资深西藏户外领队。

你觉得318国道沿线和林芝哪里最美?有什么私房美景推荐吗?

我个人比较喜欢新都桥、尼洋河风光和然乌湖。然乌湖要过了雨季才美,湖水湛蓝、清澈,青稞垛上也挂满青稞,与周围的雪山融入到一起,简直无与伦比。私房地点我愿意推荐大峡谷里面的索松村,通常大家都会去直白村,所以就忽略了一江之隔的索松村。找一户藏式小院的客栈,坐在露台上,从不同角度看南迦巴瓦峰,发呆、晒太阳就是一整天。

除了传统的派镇至背崩墨脱徒步,林芝或者318国道周边还有什么徒步是你最推荐的?

我要推荐大峡谷内的一条小环线。从派镇的索松村出发,途经达林村,再到加拉村、直白村,然后从直白出发到南迦巴瓦大本营,再到那拉错。目前走的人不多,但那拉错很漂亮。还有从墨脱县城出发,从113大桥前往旁辛乡(墨脱唯一出石锅的地方)至加拉萨乡,再翻过隧拉山至波密,进入真正的雅鲁藏布江腹地。这是一条经典的"U"形环线,走的人也不多。

林芝和墨脱地区最好玩的节日是什么?去哪里参与呢?

比较特别的是6~7月的门巴转山节。门巴族认为,神山是升天之路,为了死后让灵魂升索松村。

天,生前就必须得熟悉这条路。这是由崇拜神山而产生的一种转山宗教活动。还有藏历三月十五日举办的松宗赛马节等。

318国道有什么特别的特产和手工艺品可以带走呢?

波密和八一出产各种土特产,有野生松茸、天麻、灵芝、当归、木耳、手掌参等。墨脱最出名的就是纯天然打造的石锅。还有就是竹编手工艺品,有笔筒、篓子,有纯色的也有彩色的,手艺很不错。

除了318国道之外,你最喜爱的进藏路线是哪一条?它最吸引你的点在哪里?

"丙察察"。吸引我的地方就是这条线走的人很少,路也很险峻,原始才是真正的美。

☑ 不要错过

◉ 最佳赏花点

➡ **索松村** 脚下是雅鲁藏布江,眼前是南迦巴瓦雪山、桃花、田野和森林,桃花源莫过于此。(见169页)

➡ **松宗镇** 波密的桃花总是会比林芝的要盛开得早一些,周围的雪山还未融雪,大片的桃花和无尽的雪山是只有在318国道才能见到的风景。(见169页)

➡ **巴松错** 巴松错的桃花虽然不是最多的,但是湖心岛上却有一棵桃松合体的古树。松叶上的桃花,大概你平生也见不到第二个。(见160页)

➡ **德木寺** 站在古老的苯教信仰的最中心向东望,从未见过的宽阔的雅鲁藏布江河谷就像一张巨型毯子,桃花仿佛绣在这地毯上。(见169页)

◉ 最佳森林

➡ **墨脱** 当你翻越了雪山垭口,随着溪流走进海拔越来越低的墨脱时,会发现自己来到了一个奇幻世界。两天之内,你就能从高大俊朗的高山针叶林走到遮天蔽日的热带森林,湿润的空气里热气升腾。(见180页)

➡ **岗乡云杉林** 高大的云杉隐约可见的巨伞林冠几乎将外面的世界全部遮掩,在枝叶婆娑的原始森林中行走,你会觉得自己就是《绿野仙踪》的主人公。(见178页)

➡ **南伊沟** 尽管门票比起其他林区着实不便宜,但是秋天的南伊沟,水流边的原始森林五彩斑斓如同锦绣,更能在此拜访到珞巴人。(见178页)

318国道亮点

❶ 南迦巴瓦雪山

也许很多人对它"中国最美雪山"的称号有异议,但它的确是你在整个318国道的旅行中,所能见到的海拔最高(7782米)的雪山,如"长矛直刺苍穹"。多少人来往318国道无数次,都未曾见到它的完整身影,那多半是季节选的不对。国庆以后到桃花盛开的春天才是静观它的最好时光,那时,所有的山头都已白茫茫一片,而南迦巴瓦以其直插云端的雄奇之势在群峰间卓然而立。

❷ 墨脱徒步

抓紧时间吧,曾经只能徒步进出的墨脱,在有了第一条公路之后,又开山劈水,筹划将派镇到背崩的传统驿道建成公路。尽管隧道的公路和翻雪山的徒步路径可以共存,但那种齐心协力、跋山涉水的体验将不复存在。一旦你踏上这3天的旅程,四季幻化的风景和天上人间的裂变,会让你觉得"中国第一徒步"的称号也不完全是个噱头。

❸ 林芝桃花节

是桃花改变了西藏的旅行季节。最早发现这雪域灿烂春景的人,一定都是反其道而行的旅行家,才会在冰雪覆盖的3月踏上318国道的旅程。林芝桃花节是个遵从自然的节日,每年的日期都不一样,看山看水,看到春芽发出才确定日程。幸运的是,波密的桃花总是比林芝早一步,让从内地进藏的你,几乎能拥有20天的花季。

❹ 骑行318

"318如果塞车的话,大概是塞自行车

（左图）南迦巴瓦峰。
（上图）墨脱徒步。

吧",玩笑段子说出了318国道在骑行界的梦幻地位。但还有什么地方比在318骑行更完美的呢？你能看到世间类型最多的高原和峡谷风光，还能一路呼朋引伴，与他们相聚又分开。最棒的是，318国道可能是全中国对骑行者最友好的公路，几乎只要是有人的地方，就有骑友的安歇和相聚之地。

❺ 雅鲁藏布大峡谷的松茸季

谁能想到，藏地竟然会是一个生物多样、庞杂且丰富的地方呢？南迦巴瓦雪峰下的雅鲁藏布大峡谷就是这样一个神奇的地方。尽管你没有办法进入奇诡艰险、生命繁茂的大拐弯无人区，峡谷里那些迷人的村庄已经足够让你开启对自然的崭新认识。雨季里，各种各样的野生菌漫山遍野，切片后简单烤烤已是香气迷人，足够让你忽略雪山的云雾缭绕。

❻ "丙察察"公路

厌倦了重复成都或丽江的风格？还有怒江在等着你。这是西藏通往云南的第二条通道，你将穿越重重裂谷，一路看尽康巴草原的鲜花、干燥戈壁上的仙人掌和峡谷水边的古老芒果树。几天之内，餐桌上的美食就从风干牦牛肉变成了柠檬鱼。只是要想看到这样新鲜的景象，你得比走传统路线付出更大的耐心。这条路线的路况很差，且正在修路，一定要请你平生认识的最好的司机来驾驶。

林芝桃花节。

骑行318国道。

5

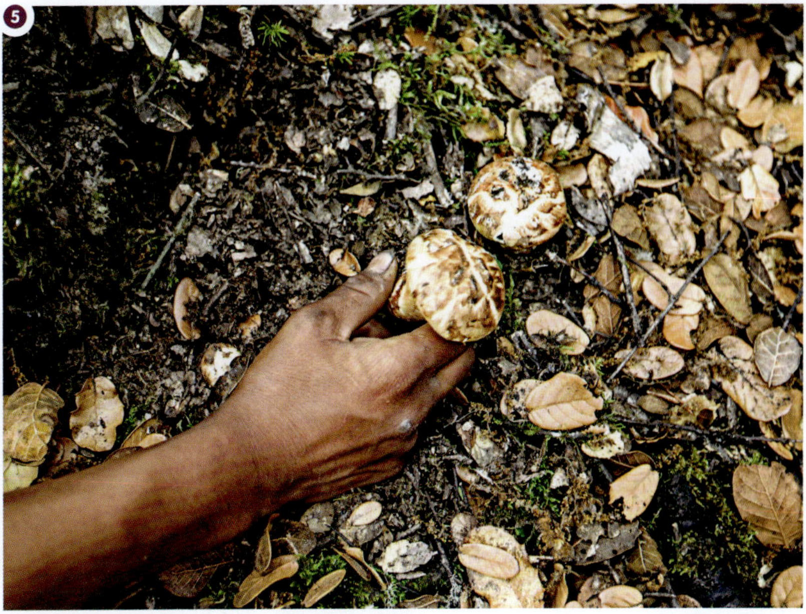

刘翔摄

雅鲁藏布大峡谷采摘松茸。

进入察瓦龙前的森林。

6

苏钝摄

察瓦龙。

6

苏钝摄

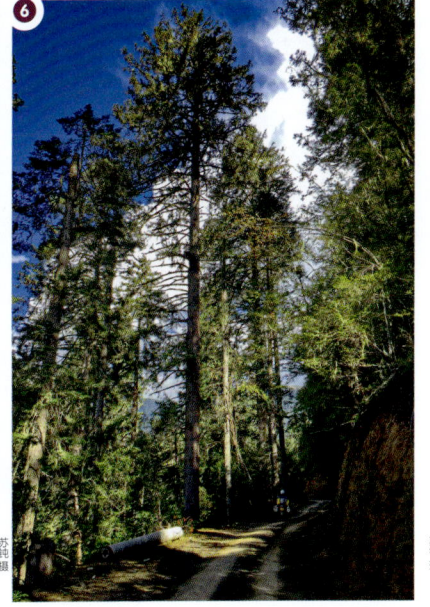

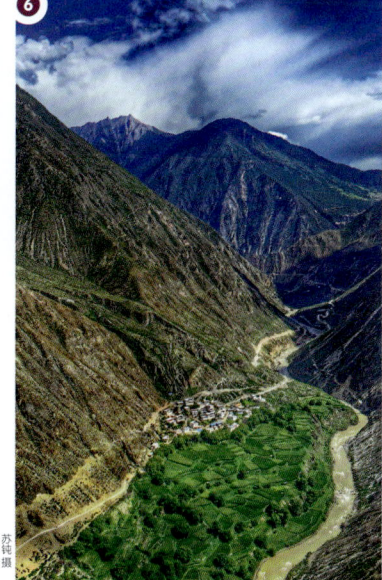

★ 最佳景点
墨脱徒步

墨脱的派镇—背崩徒步更像是一种重温历史的行为。一直到2013年10月31日扎墨公路正式通车为止,它几乎是喜马拉雅南方与世隔绝的白玛岗地区与外界唯一的物质运输通道。背崩的解放大桥的每一根钢筋都是当年人和马辛苦背进去的。这个3天行程的徒步,最高海拔为4250米,最低海拔则不过650米,你将从飞雪覆盖的山顶,经过云杉林、杜鹃林和红豆杉林,最后来到长着柠檬和香蕉的湿热地带,村落里的人也从戴着帽子的工布藏族变成了穿着短袖的门巴人。

📞0894-549 0187;门票160元;交通:派镇有车可到松林口,50元/人,通常早上7:30出发,可让旅馆帮忙联系;从八一包车到松林口需500元,3小时可到。从背崩可拼车去墨脱,100元/人;从墨脱到波密的吉普车200元/人。徒步向导费400元/天,需算返程,3天的徒步需2400元。

第一天:翻越雪山

这一天的行程是派镇(2950米)—松林口(3880米)—多雄拉(4250米)—拉格(3240米);18公里,通常至少要6个小时以上。

松林口已经有一间崭新的客栈和游客中心,但是你很少能碰到它营业的时候。从那里持续爬升近400米的高差,你就能来到4250米的全程最高点,身后是林芝典型的高山针叶林,眼前是开阔峡谷和一层又一层的山峦。必须要注意,一定得在中午12点前翻越多雄拉山口,12点之后,山口风云变幻,下雨下雪的可能性大,很容易因为受寒冻而发生事故。

奔下垭口以后,所有的手机信号就消失了,森林和谷地映入眼底,甚至能看到营地客栈,好像咫尺之遥、唾手可得。其实这段下山路弯弯曲曲,比上山更难。流沙后是瀑布,瀑布后是森林,森林后是草甸,草甸后又是无尽的森林。

墨脱徒步。

袁亮摄

亮点速览

➡ **观景点** 过了多雄拉山口大约几百米处,山上有一个小平台和一个小水潭,在那里可以居高临下地眺望到极远南方的森林和群山。

➡ **沿途食宿** 汗密"曾眼镜"开的客栈有全程最好吃的川菜,甚至还能洗热水澡。

➡ **终点墨脱石锅鸡** 距离背崩大约1个多小时路程的地方已经可以收到中国电信的手机信号,你可以预约客栈的人来大桥检查站旁接你,还能让他们先炖上真正的墨脱石锅鸡。

第一个营地拉格已经在平坦的峡谷里,高大的树木和开着花儿的灌木四处都是。墨脱县会在这里收160元的徒步门票。万一遇到床位不够的情况,继续徒步半小时到大岩洞,那里也有客栈提供食宿,价格在拉格和汗密之间,150元/人。具体食宿信息见183页。

第二天: 森林漫步

这一天的行程是拉格(3240米)—汗密(2130米);22公里,通常要走7个小时以上。

这一天是最轻松的一天,没有太大的起伏,基本是顺着水流往下的平坦森林道路。一路如云似雾的重重密林,望不到天的古树的红色树影打在脚上。没有第一天雪路垭口上的灼热阳光,不过从路途半程开始,墨脱徒步的小敌人蚂蟥将开始出现。所以尽量避免喝这一段的生水,可以在拉格和大岩洞买好路上所需的水。

汗密的住宿平均条件比拉格好很多,可以好好休息。不过蚂蟥不少。

第三天: 穿越雨林

这一天的行程是汗密(2130米)—背崩(650米);32公里,起码要耗费10小时以上。

这是最艰苦的一天,起起伏伏、高高低低的路上有望不穿的峡谷。悬崖泥石流路段不少,在雨季时尤其要小心,潮湿地段自然也少不了蚂蟥。不过,你会见到真正的门巴村落(前两天都没有定居家庭的驿站)。当你最终走到奔腾江河上的解放大桥时,会感谢自己的毅力,完成3天从雪域到湿热地带的穿越。

作为边塞重镇的背崩已经有了不错的住宿条件,网络也不错。你可以根据自己的时间,决定是马上前往墨脱,还是享受这清爽的边地一晚。

工布江达

欢迎开始你的318国道旅程。离开拉萨后，东方迎接你的第一个考验将是5000米海拔的米拉山口。它是雅鲁藏布江的两个支流拉萨河和尼洋河的分水岭，同时也是西藏传统腹心卫藏地区与工布地区的分界线，戴着可爱帽子的工布人就开始出现在你的视线里。

下了米拉山口后，在山谷里碰上的第一个城镇是松多镇，这里饭店林立，你可能会在此处歇息吃饭。继续往前走一段时间，海拔逐渐降低，青山绿水的工布地区就开始向你展现它西藏江南的本色了。

景点

从松多经过工布江达县城到达八一这一段公路原本称得上如诗如画，尼洋河两岸好像永远闪着金光，可是拉林高速公路修建以后，田园风光受到了一定破坏。现在走高速公路，1小时就能从工布江达飙到八一，但作为旅行者的你，不妨慢一点，享受一下高原难得的绿色氧气之旅。

这段路段上有两个小景点。离县城还有20公里时，你会先看到**太昭古城**（门票60元），这是西藏历史上著名的八大商贸名镇之一，古城内有经过修复的清朝公堂、监狱等。古镇旁还保留有清军墓地，以及一小段传说中文成公主进藏所走过的"唐蕃古道"遗迹。

过了县城之后大约8公里，会来到**阿沛新村**，这是个崭新的村寨。真正的阿沛庄园建筑主体大部分已于2001年毁于泥石流，现保存较为完好的主体建筑其实是阿沛家族的管家庄园。

巴松错 湖泊

[见168页地图；工布江达县错高乡（318

国王宝座山峰。

如果你有

➡ **3天** 第1天飞到林芝，从机场直接去大峡谷，看雅鲁藏布江和南迦巴瓦雪山；第2天下午去八一转车到巴松错；第3天从巴松错回拉萨。

➡ **5天** 第1天从拉萨抵达巴松错，宿巴松错；第2天游尼洋河风景，宿鲁朗；第3天从鲁朗至波密岗乡，游云杉林；第4天从岗乡至八宿，中途游览然乌湖与冰川；第5天从邦达机场返回拉萨或成都。

➡ **7天** 第1天从拉萨抵达巴松错，宿巴松错；第2天抵达大峡谷，宿大峡谷看雅鲁藏布江和南迦巴瓦峰；第3天至第5天徒步墨脱，第5天下午包车抵达墨脱县城；第6天先后抵达波密和八宿；第7天从邦达机场返回拉萨或成都。

➡ **10天以上** 第1天从拉萨抵达巴松错，宿巴松错；第2天游鲁朗，宿鲁朗或八一；第3天抵达大峡谷，看雅鲁藏布江和南迦巴瓦峰；第4天至第6天徒步墨脱，宿背崩；第7天经墨脱抵达波密；第8天从波密至然乌湖，宿然乌，游冰川；第9天从然乌至芒康；第10天离开西藏，前往云南或四川继续行程。Ⓛ Ⓟ

国道巴河镇路口进去40公里）；门票120元，观光车50元]工布江达最值得停留的地方，就是浓缩了藏东南几乎所有风景类型的巴松错地区了。它又叫作错高湖，长约18公里，平均宽度1.5公里，周围点缀着几十座雪山。不用走到深处就可以看到雄壮的国王宝座峰、燃烧的火焰峰和阿玛觉姆达增峰。丰茂的森林，春天有桃花和杜鹃花，夏天有松茸，秋天有红叶，冬天还有无上的雪景。

巴松错湖心有一座小岛，上面的错宗寺据说始建于吐蕃时期，是宁玛派寺庙，距今已有1500多年的历史。庙内主供莲花生大士像，在一尊大威德金刚塑像脚下有两块天然鹅卵石，上有一凹进的圆窝，传说是格萨尔王征战此地时战马留下的蹄印。而湖边的错高村、扎拉村和结巴三村虽然身处"景区"，却依然故我地按照传统的生活方式行事。尤其是湖尾深处的错高村，基本完好地保留着古村落民居形态，甚至还有一座阿沛家族管理时代的税官府邸。

但是，如果你只是跟随景区观光车来湖心岛和错高村到此一游，实在有些太浪费了。巴松错周边已经成了一个新兴的户外活动基地，值得你停留数日徒步深入探访。此外，巴松错每年"五一"都会举行自行车环湖赛，骑行者不妨考虑参加。

从县城到巴松错，可以坐去八一的车在巴河乡下车（15元），再转车进去（30元）。拉萨到八一的车到了工布江达就开始上高速，所以只能在县城换车。

🍴 食宿

没有理由在工布江达住宿。如果拉萨和八一之间要在某个地方停留，那最好是巴松错。巴松错的住宿集中在错高乡风景区大门口和结巴村两处，基本为藏式家庭旅馆，每个床位100元左右，含早餐。结巴村的家庭旅馆更有地利之便，这里是通往新措沟、错高村仲措沟和扎拉沟的必经之路，有些房间还

巴松错湖心岛与错宗寺。

像骑行者一样感受318

来318旅行通常有几种方式:自驾(包括摩托车)、搭乘公共交通、搭车、骑车和徒步。骑车或许是最能代表318特征的一种超越旅行本身的通关行为,骑友们不仅改变了318沿途野狗对人类的倦怠程度,也改变了沿线的经济生态。

我们书里的结构和信息更为普通旅行者考虑,这意味着我们要考虑很多乘车对你宿营地的影响,没有办法像骑友一样随心所欲地在喜欢的房屋、树木和日光的倒影下停留。骑友们改变了318的一个特征就是,如今几乎每一个路旁有居民的地方,都有客栈或接受投宿了。

如果你想尝试骑行318(哪怕只是一段),除了通过我们这本书了解什么是真正吸引人的风景和人文外,最好不要忘记在你的手机里下载一份骑行318的路书。在运动力量的号召下,现在的骑行路书基本已经详细到按部就班就能完成目标。像川藏骑行网(517318.com)事无巨细不断更新的波尔骑行攻略就已经够你用的了。

即使你没有打算骑车,也可以学一点骑友的风范,会使你更喜欢这种公路旅行,那就是:想在哪里停留就在哪里下车。不要忘记,318国道上的汽车终究是比自行车要多的。(LP)

有雪山风景。最具原始风情的错高村也有几家家庭旅馆。在我们调研期间,接近湖心岛的位置正在修建五星级的喜马拉雅大酒店,不过尚未有完工日期表。

住在村里的一个好处是距离新鲜食材非常近,且不说猪肉,本地的"巴河鱼"一直享有盛誉;虽然6月底至9月的雨季观景效果不佳,却有松茸等野生菌山珍,在村里买野生菌要比在拉萨划算得多。

ℹ 到达和离开

工布江达县城到拉萨和八一的车都是在城里尼洋河大桥边乘坐,去八一(45元;3小时)的车在桥的北头,去拉萨(150元;5~6小时)的车在桥的南头。从巴松错去八一则可以在错高乡直接坐车(45元;3小时)。

八一镇(林芝)

电话区号 0894 海拔 3000米

林芝市政府驻地的官方名称叫巴宜区,从"八一镇"谐音而来。你从"八一"这个俗称就可以看出,这是座没有太多历史传承的军垦新城,崭新热闹却难免乏味。森林和尼洋河的包围使得它拥有藏地其他城市所没有的清新和湿润,相对较低的海拔(2930米)也是你减缓高原反应的最好选择。

尽管城市本身没有看点,方便的公共交通还是可以让你以它为基地去探索林芝的好山好水。这些年来,八一成为西藏和318国道旅行热的最大受益者。整座城市充斥着各式各样的酒店,餐饮选择也相对多样,也能找到户外用品和旅行用品店。如果你是从内地一路走到这里,八一可以让你舒服地休息一下。

虽然整个城市都是崭新的,但已经分为新城、老城了,客运站所在的北部是老城,相对热闹;会展中心以南,尤其是和谐路以南被称为新城,更像是一个内地城市的新社区,酒店和餐厅倒也很多。

◉ 景点

城里没有什么看点,新城南边靠近公路的尼洋阁是个崭新的仿工布风格的现代建筑。里边有一个藏东南文化博览园,主要是旅行团景点,不值得你专门去看。

喇嘛岭寺   寺庙
(见168页地图;巴宜区布久乡简切村)

亮点 喇嘛岭寺虽然历史不长,却是目前整个林芝地区最为殊胜的佛门朝拜圣地。这座藏在山腰森林中的殿堂,金顶与翠绿的松柏交相辉映,花草满目。寺庙喇嘛从小"收养"的两只灰色盘羊,脖颈戴着小铃铛,在寺院草坝上觅食。

它又被称为"桑多白日寺",意为"铜色吉祥山"或"铜顶莲花圣寺"。铜色山是莲花生所居净土之名。寺庙由宁玛派活佛顿迥扎益西多吉在20世纪30年代末创建。1950年,该寺毁于地震。1987年,曲尼(顿迥扎益西多吉的女婿)及妻子德庆率领当地群众重建了喇嘛岭寺。寺庙主供宁玛派创始人莲花生大士塑像,经堂供释迦牟尼塑像。寺内还有莲花生的践石遗迹,精美的壁画也堪称藏东一绝。

与其他寺院颇为不同的是,喇嘛岭寺门口的两个石狮旁边竖立着男女生殖器的木质模型。有学者认为这是受到了苯教自然崇拜的影响。而在喇嘛岭寺内,尼姑和喇嘛一同诵经的场景在其他藏传佛教寺庙中也不多见。

在八一客运站马路对面有专门的面的前往这里,票价15元;你也可以搭去米林的面的来此。

布久拉康 寺庙

(见168页地图;巴宜区布久乡多当村)

又称布久寺,是吐蕃时期松赞干布和文成公主建立的吐蕃镇女魔寺之一,布久拉康的位置是罗刹女的右肘。

布久拉康几度被毁,几度重建,我们见到的它基本是全新的,但每天仍有很多信众前来朝拜。现在寺院主供十一面观音、强巴佛、站姿莲花生。大殿外东边有一佛塔,为护法神殿,供奉四臂玛哈嘎拉。

布久拉康就在布久乡政府往八一方向走300米的公路旁,你可以搭乘前往喇嘛岭寺和米林的车一并游览。

卡定沟 自然景观

(318国道往拉萨方向20公里;门票120元)沿318国道行近八一时的一处悬崖飞瀑,森林风景很漂亮,但你应该会考虑一下票价。

大柏树(世界柏树王) 自然景观

(见168页地图;八一镇东南5公里,在318国道边;门票20元)这是一片据说有数千年树龄的柏树林,附近田园风光不错,值得一探。

从八一镇打车二三十元可以到达,也可以搭去林芝等地的车。

🎪 节日

林芝最隆重的传统节日是藏地日期最早的工布新年。桃花节则是旅游节日中最受欢迎的。

工布新年 新年

工布新年又叫工布节,是西藏米林县、巴宜区、工布江达县一带藏族和珞巴族等一年中最隆重的节日。据说吐蕃时期,工布战士要出征与霍尔人作战,工布人便把藏历年提前到十月一日来过,为战士送行。最终使藏历十月一日成为工布地区的传统新年。

新年最有意思的习俗是请狗赴宴。九月三十日夜晚,家家户户都要请狗吃饭,再赶"鬼",不让"鬼"扰乱新年的活动。初三是

从噶厦走到了北京的阿沛

工布地区长久以来游离于卫藏的主流文化。工布江达的地方贵族阿沛家族,也是在18世纪时,家主阿尔布巴随福康安大军一同征讨廓尔喀立有军功,才跻身西藏上流贵族行列,并在七世达赖时期出任西藏噶厦地方政权四大噶伦之首席噶伦。在解放军进入西藏前夕,阿沛·阿旺晋美被调任昌都的军事和行政长官,取代了拉萨权重一时的贵族高官龙夏的儿子拉鲁·次旺多吉。他亲身经历了解放军从金沙江进入昌都并挫败了藏军反抗的重大历史时刻。

1951年,昌都的行政和军事长官阿沛·阿旺晋美率代表团前往北京谈判,并签订了《中央人民政府和西藏地方政府关于和平解放西藏办法的协议》(即"十七条协议")。西藏解放之后,阿沛家族的阿沛·阿旺晋美先生曾任全国人大常委会副委员长,最终于2009年逝世。

巴松错徒步线路

比较流行的巴松错徒步主要是两条线路。一是新措沟湖尾徒步，精华是桑通牧场风光。先从结巴村或者湖尾坐车穿过原始森林区，1小时后可以抵达抵桑通草原。然后在愉悦的原始森林中徒步4公里抵达新措。这段路也可以骑马，通常100元/小时。新措面积不大，却被森林和雪山包围，令人心醉神迷。另外一条则是环湖徒步线路，全程长达41公里，最好在2天完成。湖心岛对岸到错高村一带的风光最漂亮，草场森林和飞鸟倒映在水中，如置身世外桃源。你可以在结巴村找其他旅行者一起拼车前往并雇佣向导。

更专业的路线是从巴松错穿越到鲁朗，行程一般是巴松错—新措沟桑通草场—冷布雅拉山口—江达错—港阿如牧场—东久沟巴嘎村—东久沟口—鲁朗镇，经过密集而漂亮的高山湖泊、森林和草原，无名雪山无数，需要3～4天，全负重露营。拉萨专业的户外俱乐部会组织这条路线徒步活动。

桑通草场。

最热闹的日子，妇女会穿着盛装载歌载舞来祭祀丰收女神。

林芝桃花节　　　　　　　　　　赏花

几乎每年都在3月15日至30日之间举行。官方会在风景好的地方，举行一系列歌舞民俗表演和庆祝活动，通常在八一沿318国道往东5公里处的嘎拉村，现在俗称"桃花村"。每年具体日期可关注微博账号@林芝旅游局。

住宿

我们调研期间，八一还没有真正的五星级度假酒店，不过北部的新地标"工布印象"正在修两家五星级酒店。主要为旅行团服务的三四星级酒店倒是充斥街头，有特色的精品酒店则不多。这里的青年旅舍不少，条件是西藏常见的朴素类型，好处是床位价一年四季差别小，不像星级酒店那样淡旺季差距非常大。

松林客栈　　　　　　　　　青年旅舍¥

（见198页地图；582 2201；双拥北路20号；铺30元起，标双100元起；）林芝历史最悠久的背包客旅舍，有一个大院子，正对着城区北边的森林，很是清静。价格也是最实惠的。

渡口青年旅舍　　　　　　　青年旅舍¥

（见198页地图；583 1567；八一大街中国联通对面；铺45元起，标双150元起；）位于非常热闹的老城区，吃饭逛街方便，走路到车站也不用10分钟。

悠游道青年旅舍　　　　　　青年旅舍¥

（见198页地图；582 2868；迎宾大道46号；铺40元起，标双100元起；）新城中心唯一的青年旅舍，有宽敞的院子可以停车，旁边吃饭购物也方便。

林芝桃花节期间身着传统服装的藏族女子。

奇正白玛曲秘花园酒店 酒店¥¥

（见198页地图；**☎**587 6766；德吉路2号奇正藏药厂旁；标双280元起；**P**）它面前就是人工湖和山景，有藏式韵味却舒适现代的房间。可以坐在窗户旁边的木台上，对着山水喝茶。

★平措康桑藏泊酒店 精品酒店¥¥

（见198页地图；**☎**553 3111；白马岗路新区体育馆对面；铺40元起，标双350元起；**P**）可以称得上目前八一最有特点的精品客栈，融合了舒适的私人空间和青年旅舍开阔公共空间的优点。木雕装饰的客房舒适华丽，为背包客提供的多人间，也有很不错的卫浴。酒店不仅有不错的餐厅，还有个漂亮的书店。

博泰林芝大酒店 酒店¥¥¥

（见198页地图；**☎**583 3333；广州大道南段14号近会展中心；标双528元起；**P**）中规中矩的四星级酒店，如果你要求舒适的住宿条件，那么这里是八一最好的选择。附设的餐厅川菜也很出色。

✕ 就餐

林芝以出产上好的食材而闻名，譬如大峡谷及巴松错的松茸和其他野生菌、林区各地的藏香猪和藏家鸡，以及各种江鱼。不过，在八一吃这些很可能是个陷阱。满街的石锅鸡，不少都是高压锅加洋鸡炖出来的，藏香猪你更没有办法分辨。我们建议你到食材产出地去吃，譬如在大峡谷的村落里吃野生菌，在鲁朗的农户家点一只家养的鸡，比起在城市的名不副实的菜品要更加地道和真诚许多。说到底，碰上正宗的本地特产是可遇不可求的事情。如果你一定要让餐桌多点藏味，可以点牦牛肉。黄牛肉充牦牛肉的情况也有，但出现频率不及真假难辨的藏香猪。

八一是个餐厅林立的地方，几乎每个角落都有餐厅。如果你喜欢环境好一点的餐厅，可以去乐百隆超市北边人工湖旁的工布

真正的林芝在哪里？

八一是一座新城，而"林芝"这个地名却有着悠久的历史。很久以前，"林芝"这个藏语名称被汉译为"尼池"，至今林芝镇旁边的村落还被称为尼池村。林芝镇在八一沿318国道往东约10公里的路上，最为著名的是苯教寺院尼池古秀，相传苯教教祖辛饶弥沃曾在此种下一棵雅鲁藏布江巨柏并寄魂于该树，喻为苯教之灵魂将像巨柏一般常青不衰。如今，这棵巨柏虽遭雷劈，但仍枝繁叶茂。也因为这里是苯教圣地，曾经是工布藏族聚集的林芝，现在有了很多从康地来的移民，有些康巴人来转苯日神山之后，就在这里留了下来。

"工布藏族"在藏民族中相对卫藏、康巴和安多是一个较小的民系，主要居住在尼洋河流域一带，最东边的界限是鲁朗。林芝曾经被称为"塔工地区"，意为塔布和工布，塔布是指雅鲁藏布江河谷地区的朗县和加查一带。⑩

（上图）工布藏族人。
沐昀 摄

印象，那里是新建的休闲餐饮区，选择也很丰富。

明海卤业重庆万州面　　　小吃

（见198页地图；中山路广东花园之二近会展中心；人均15元；⏱8:00~22:00）这里拥有城里最好吃的豌杂面，称二两卤味要瓶啤酒就能吃得很舒服。

罗扎欢喜藏餐馆　　　茶馆 ¥

（见198页地图；📞588 8768；泉州路教育新村门口；人均15元；⏱8:00~20:00）颇受当地人欢迎的藏族茶馆，你可以喝到与拉萨无异的甜茶，吃到藏面，感受大家一起晒太阳的热闹氛围。

映象川菜　　　川菜 ¥¥

（见198页地图；平安路49号近山水宾馆；人均60元；⏱11:00~22:00）在物价高昂的林芝，这里称得上量大实惠且可口，供应的都是最家常的川菜，沸腾鱼算是不错的"大菜"。

广东顺德饭店　　　粤菜 ¥¥

（见198页地图；📞133 2254 1740；广福大道明珠大酒店；人均80元；⏱11:00~22:00）除了广府味道的清蒸鱼，这里还有用藏香猪做的叉烧。生滚粥和米粉都有十足的岭南风味。冬季会歇业。

啦·咧思藏餐　　　藏餐 ¥¥

（见198页地图；📞582 8588；平安路山水宾馆旁；人均90元；⏱11:00~22:00）装修富丽的新派藏餐厅，有一些林芝特色，譬如藏香猪肉卷饼，夏秋之际也供应新鲜上市的野生菌。

牦牛鲜肉火锅馆　　　火锅 ¥¥

（见198页地图；📞566 1388；广福大道近广东广场；人均80元；⏱11:00~22:00）这间餐厅用潮汕的方式来处理藏地的牦牛肉，牛肉鲜甜，牛肉丸也很弹牙。

ℹ 实用信息

医疗服务

林芝市人民医院（见198页地图；📞582 2842；八一大街北段）

银行

自动取款机在八一随处可见，银行主要集中在八一大街。

中国银行（见198页地图；八一大街近会展中心）

中国建设银行（见198页地图；八一大街58号）

中国农业银行（见198页地图；八一大街399号）

邮局

中国邮政（见198页地图；八一大街北段70号）

❶ 到达和离开

飞机

林芝米林机场（见198页地图；✈581 0192）地处雅鲁藏布河谷中，降落难度很大，中午以后气候条件不适合起降，所以航班基本都集中在上午。因为天气条件取消航班的事情时有发生，需要做好调整行程的准备。

目前林芝可以直飞拉萨、成都、重庆和深圳，去往成都和深圳基本没有折扣机票，淡季时飞拉萨和重庆常常会有特价票。在冬春季节搭乘往来拉萨的航班很值得，你能从高空看到雪山中无数个无法抵达的高山湖泊。

长途汽车

八一到拉萨的班车班次频繁，到区内各县和昌都、山南也有班车，不过墨脱是个例外，你得在波密找拼车（200元/人）前往。

最主要的发车站点是**林芝客运中心**（✈582 4714；广东路近福建路口），位于八一镇西侧广东路上。站内只售来往拉萨、成都、山南、昌都、朗县等地的长途汽车票。车站门口和对面有去往波密（人满发车；130元；5小时）、米林县（人满发车；40元；2小时）、大峡谷（8:30和14:00；60元；4小时）、喇嘛岭寺（人满发车；15元；半小时）和察隅（✈138 8904 3330；320元（到然乌200元）；凌晨5点发车；12小时]的班车，建议提前一天买票，确

烤藏香猪肉。

林芝周边

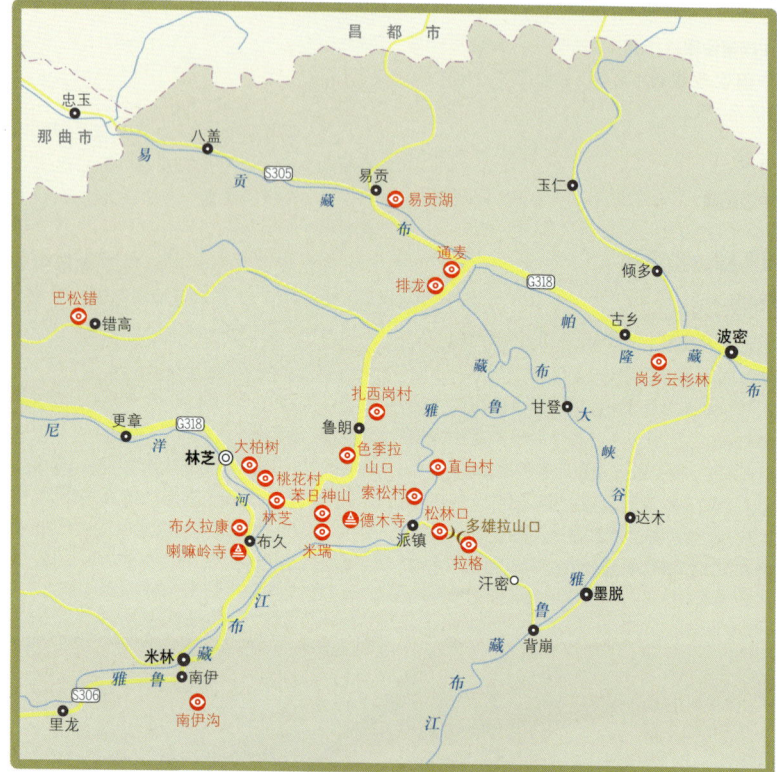

定发车时间,当天买可能买不到当日车票。

去工布江达(人满发车;60元;3小时)和巴松错(人满发车;45元;3小时)的车在八一菜市大门马路对面。去林芝镇(人满发车;20元;30分钟)和米瑞(人满发车;45元;2小时)的车在乐百隆超市外面。去鲁朗的车则在八一大街与工布印象的路口、百益超市对面发车。

只有去波密、米林和工布江达这些县城的车次才频密,一般早上8点前第一班车发出,下午5点还有班车。去往其他乡镇或景点的车次都不算多,尽量早起早去。

自驾

318国道林芝段路况很好,并且你还可以利用工布江达—八——米林机场的高速公

林芝客运中心车次时刻表

目的地	发车时间/班次	票价(元/人)	行程
拉萨	7:00~18:00坐满即走,滚动发车	大巴150,小车180	6~8小时
山南	8:00(逢周一、三、五)	190,加查142	10小时
朗县	8:00, 12:00, 16:00	96	4小时
昌都	两天一班	302	2天
成都	两天一班	735	4~5天

路,更快地把巴松错和大峡谷这些景点串联起来。唯一的危险是冬春的色季拉山极易结冰,需要小心驾驶。

八一的加油站在镇两端的318国道旁。

火车

从拉萨到林芝的铁路已于2015年开工,计划2021年通车。

❶ 当地交通

抵离机场

机场大巴往返于机场与八一新城区青年公寓对面的民航局,通常只有早上7点一班(25元)。如果没赶上,可在客运中心搭乘开往米林县或雅鲁藏布大峡谷的班车,在机场下即可,需时约80分钟,同样是25元。

公交车

八一有两路公交车,基本走环城路线,票价2元,然而班次极少,无法依赖。

出租车

老城内10元,老城与新城来往15元,出城议价。

包车

去周边景点,直接找客栈老板预订最方便,通常都有拼车和包车服务。

自行车

青年旅舍都提供自行车租赁。**951车行**(📞582 6693;广州大道48号)的车会专业很多,并且提供地图。无论沿巴松错、米林、米瑞还是大峡谷方向骑行,林芝河谷处处都赏心悦目。

苯日神山

(巴宜区米瑞乡;门票70元)苯日神山是苯教信仰里最重要的道场之一。它不像其他神山一样独秀于峰,而是由山峦攒聚在一起,总是云雾笼罩,即使身在山中也难识苯日真面目。

苯日神山位于尼洋河口附近,所以对内地

桃花何处开

一般公认的林芝市附近桃花最盛的3个地点是嘎拉"桃花村"、卡斯木村和达则村。嘎拉"桃花村"通常会有官办活动,花多人也多;卡斯木村坐落于苯日神山山腰,距林芝镇3公里,居高临下的位置很有优势;达则村在八一去往米瑞乡的路上,同样有居高临下的效果。

米瑞乡原本的田园风光就很迷人,它以及所辖的麦娘麦村、泽勒村和吉丁村桃花开得都很旺盛,在德木寺旁远眺最美。喇嘛岭寺旁边的布久乡中,桃花最盛的村是结麦村和朵当村,其中结麦村靠近八一,朵当村靠近布久乡。

波密的花期比八一早10天左右,不要只在帕隆藏布峡谷里停留,不妨进去倾多沟。它在318国道的北边的倾多镇,去倾多镇需要经过如纳村。那里长满了各种野桃树,千姿百态,每年三四月份桃花绽放,漫山遍野,煞是好看,故被称为"桃花岛"。走到倾多镇之后,在高处拍桃花和倾多寺也很妙,尤其是倾多沟有非常壮观的冰川群来映衬。如果从倾多镇继续向前翻山到玉许乡,路上的冻油村和白玉村都是一般游客不会来到的桃花胜境。

返回波密县城之后,再从县城出发经过318国道到达松宗镇,那里也是一片桃花和雪山的海洋。因为规模实在太大,即使在318国道边也没有人来跟你争抢拍摄位。

大峡谷也是拍桃花的好地方,入口处和索松村一直都是热门机位。你不妨慢慢徒步去江北,找一片属于自己的桃花源。⑩

游客收的门票也叫"尼洋河风光带",离色季拉山口直线距离不过十数公里。山本身很难看出名堂,但尼洋河汇入雅鲁藏布江的壮阔风景仍然非常美。如果跟随苯教信徒常走的路线转一圈,你不仅会对苯教文化有所体验,还能欣赏到鲁朗林海、南迦巴瓦峰和雅鲁藏布江

曲觉拉康供奉的释迦牟尼。

工布藏族村落的美景与风俗。如果你乘坐雅鲁藏布江的快艇前往大峡谷,也能在水上欣赏到这座神山的风貌。由于距离远,山上的转经道即便是在阴天依然能看得十分清楚。

这个道场据说是由苯教教祖辛饶弥沃于2600年前从阿里前来开创的。至今神山上依然存有大石崇拜、神鸟崇拜和"天梯"——这棵被视为天梯的树上挂着各色经幡和祭品。阻止莲花生大士把苯日神山推入雅鲁藏布江的阿穷杰博也被苯教信徒视为保护神山的英雄。

苯日神山沿线的村落包括尼池、康泽、卡斯木、帮纳、曲古、娘欧、玉荣增、广久、苯中(米瑞乡政府所在地)等,多属信仰苯教的村落。米瑞乡以德木寺为中心的周边地区如曲尼贡嘎村、朗乃村、泽让村则多信仰藏传佛教格鲁派,所以多种宗教文化你都能看得到。米瑞乡政府往八一方向走大约1公里,还有宁玛派的曲觉拉康。它位于广久村附近的江边,传说其主供佛是从拉萨河顺流漂来的。这附近在冬春能看到很清晰的南迦巴瓦峰的景色。

米瑞乡有简单的食宿。林芝镇因靠近318国道,选择要多一些,也有自动取款机。

八一到米瑞乡的车在乐百隆超市后院发车,全程2小时,票价45元,会经过从林芝镇到米瑞乡的传统转山路线。从米瑞也可以沿江直下,最后过桥抵达派镇。

雅鲁藏布大峡谷

电话区号 0894

[雅鲁藏布大峡谷旅游区门票 旺季4月1日至10月底150元,观光车票90元,餐费50元,套票(全包)290元,其余时间半价]如果你的旅程必须要临时离开318国道一会儿的话,那必然是去林芝南方的雅鲁藏布大峡谷。尽管作为"手无寸铁"的旅行者,你只能在大峡谷的入口眺望,但那奔腾万丈却被自然束缚的洪流、那永远莫测的冰川和雪山,以及极其迷人、开满鲜花的峡谷村寨,都会

苯日神山的通天梯。

让你念念不忘。

一般团队游的玩法,只是乘坐景区观光大巴车往返于景区大门和直白村,浪费了大峡谷的景色。途经大渡卡遗址、千年古桑、情比石坚、观山台、亲水台等景点,运气好的时候能看到南迦巴瓦峰,运气差的时候(很常见,尤其是夏天)在云里雾里只看得见水流。这样的旅行很容易让人对高昂的门票大呼不值。

我们建议你至少在大峡谷内住上一两天,一早一晚间,峡谷和雪山风云变幻的美景才容易看到。想看日照金山的话,尽量国庆后至4月间来;3月下旬,雪山映衬桃花也是人间绝景之一。但雨季也不是没有好处,大峡谷出产的松茸和其他野生菌是西藏最优质的,9月更是丰收季,菌子还在,苹果和核桃也熟了。如果愿意在峡谷内徒步,你能感受到更好的风景和韵味。

需要注意的是:徒步墨脱,须出示边防证才可购买150元的门票。

☑ 不要错过

徒步苯日神山简单版

徒步是近距离接触苯教文化和神山的最佳方式。你可以拜访环山七寺,即林芝镇周围的尼池古秀、吉日、达卓莎、色迦更庆、达则等苯教古寺,经由318国道、乡村道路以及古转山道均可到达,一路都有美丽的田园风光。

事实上,在转山沿线的雅鲁藏布江北岸,也有著名的藏传佛教寺院。从米瑞乡政府继续前行大约1公里,曲尼贡嘎村的一座小土山上的德木寺就是这一带最重要的格鲁派寺庙,这一地区以前就属于德木宗管辖。原德木寺已毁于1960年的墨脱大地震,如今的德木寺虽只有乡村小寺的规模,但从这里西望雅鲁藏布江的田园风光非常震撼。

苯日神山徒步最好的时间是每年深秋,藏区各地的信众会来朝圣,和他们一起既能收获别样的体验又能多一个向导。转山线路全长70余公里,简单的线路是从米瑞乡至宗琼丹寺翻越苯日神山至318国道4200公里路桩处的那一段,上下海拔落差1600余米,最高点海拔4500米左右。如果是经验丰富的徒步者,早点出发的话就可以在一天之内完成。注意,苯教转山与藏传佛教相反,是逆时针的。

在米瑞乡就能远远地仰望到苯日神山山顶,以及由经幡点缀而成的转山道。从宗琼丹寺出发,你会经过空行母跳舞之地、琼隆神泉、天梯神木(树葬风俗)、修行洞、天梯石栈道、大鹏神石、煨桑铁炉等景点,下山途中会穿越杜鹃林带和高山花卉带,春夏之交时是一大亮点。

最好天不亮就从八一搭车到米瑞乡,返程可以在318国道4200公里处搭车,转山时节会有车在那儿等待拉客。

🎯 景点

从派镇出发，峡谷北岸的路线是岗派大桥—吞白村—索松村—魔鬼头—达林村—洞不隆—赤白村—老虎嘴—加拉神瀑—阎罗宫，南岸的路线则是派镇—格嘎村—直白村—加拉村。最远的加拉村过江就是阎罗宫。想看雪山的话，走北岸更佳。

南迦巴瓦峰　　　　　　　　　　山

南迦巴瓦在藏语中是"直刺天空的长矛"的意思。这个名字来源于藏族长篇史诗《格萨尔王传》中的"门岭一战"，在史诗中将南迦巴瓦峰描绘成状若"长矛直刺苍穹"。这座海拔7782米的雪山在世界高峰中排名第15位，被认为是喜马拉雅山脉东方的一个终点。它常年云遮雾绕，天气和地质状况复杂，自1992年中日联合登山队成功登顶后再无登顶纪录。

早在它被《中国国家地理》杂志评为中国最美的山峰前，南迦巴瓦峰就成了318国道的象征之一。能看到南迦巴瓦是大峡谷景区内各客栈酒店的卖点，人们通常也把能否看见它当成对景区的满意度评价标准之一。

你可以从格嘎村亲水台朝南迦巴瓦峰大本营进行短程徒步，2.5小时就可以完成。大本营是普通游客能抵达的近距离观看南迦巴瓦峰的最佳位置。

加拉白垒峰　　　　　　　　　　山

海拔7294米的加拉白垒峰与南迦巴瓦峰隔江相望，终日云雾缭绕，比南迦巴瓦还不容易看到。在藏族传说里，它们是上天派驻人间镇守东南方向的两兄弟。1986年10月30日，日本喜马拉登山队的三名队员首次成功登上加拉白垒峰。

加拉白垒在派镇的不少地方都能看见，也是这里客栈的一个卖点。

洞不隆奇礁区　　　　　　　自然景观

靠近赤白村的洞不隆奇礁区在一座木桥下，有无数形态各异的礁石，也是以前工布与白马岗（即墨脱）的传统分界线。

📖 衣襟上的藏地

杜冬

大众传媒漫不经心地塑造了藏族服饰的刻板印象：脸颊上有高原红、随时一嗓子就能飚到High C的牧羊人穿着长袍大褂，有夸张的长袖，着筒靴，戴厚羊皮帽或狐皮帽，挎着腰刀。其实这样的服饰只是那曲牧民的服装，远不能代表藏地的服饰。

藏地服饰种类众多，风格也随着地理环境的不同而变化极大。卫藏地区是河谷与农田，这里的农人传统上服饰较朴素、精干，男女均着黑氆氇，扎辫子，穿绣花硬底布靴，除冬天戴厚羊皮毡帽外不戴帽子，但重视头饰和发辫的典雅整洁。拉萨的女人们更发展出身着无袖坎肩加长袖薄衬衫、脚穿小皮靴的风格，适合城市生活，也衬托出她们苗条的腰身。

从拉萨向西进入阿里地区，气候寒冷干燥，服饰厚重、古老，显出历史的沧桑。其

(左图)身着林芝传统服饰的小孩;(上图)藏族妇人交流邦典的制作。(左图)王郢摄;(上图)CFP提供

中,普兰科迦人身披羊毛长袍,头戴类似于斧形的头饰,面前垂下珠帘,佩戴着数量及重量惊人的珍宝串,被称为服饰中的化石,展现了亚洲腹地荒原的苍茫与传奇。

从拉萨向东进入林芝森林地区,服饰强调朴素、坚固,色彩清冷,能够在潮湿、多刺的灌木丛中行走。配上猎人的兽皮坎肩和女人俏皮的圆顶小帽,独具风格。近年来,大气简约的林芝服饰备受追捧,甚至隐隐一脚踏入时装的行列。

再向东是三江并流地区、红土千里的康巴地区,康巴服饰随地域的不同有很大的区别,集中体现于女人复杂的头饰——玉树的牧人满头玛瑙;德格的少女风情万种地斜垂着绿松石的发带;道孚的女人头顶金盘;理塘的牧女则把金盘一化为二,佩戴在左右两侧;嘉绒藏族头顶彩帕;乡城歪戴狐皮帽,服饰大胆,被称作"疯装";云南迪庆的藏族则有标志性的红色发带,衣服则类似于纳西族和汉族,采用绣花斜襟大褂。男人的发式比较一致,或是随意披散,或是编成粗大的发辫缠着红黑色的头绳,以金簪、砗磲装饰,垂在一侧。康巴汉子这样勇武的形象早已深入人心。

和鲜艳热烈的康巴服装相比,安多地区的服装显得沉稳大气。这里有广阔的牧区,牧民的服装较为相似,奶钩、深色藏装、厚实的皮袍、西部帽等,似乎更符合美式牛仔沉默硬朗、线条鲜明的形象。

此外,藏族妇女普遍会系彩色条纹状的"邦典"围裙,传统上以手工纺织,彩色羊毛线织成,是藏族女性服饰的典型特征。

索松村桃花谷。

阎罗宫 寺庙

自从2003年保护区成立之后,搬迁就开始了,很多居住在大峡谷偏僻地方的人家都搬了出来,目前,最深处的村庄是只有8户人家的加拉村,而江对岸的达巴且贡(俗称阎罗宫)则是大峡谷居民的精神维系所在。这里和周围一些修行者留下的圣迹,每年都会被其他村的村民朝拜。

阎罗宫内供有黑帽噶玛巴法王、莲花生大士和阎罗王三尊神像。小庙被加拉白垒和南迦巴瓦等重重雪峰围住,附近还有一个挂满经幡的神瀑,据说可观未来。

从加拉村出发,走吊桥过江可以到达。

格嘎温泉 温泉

位于神山西壁之下,有4个不同功能的泉眼被小规模开发利用,泉水水温在40~50℃之间,相当舒适。

从格嘎村往东有小路可以抵达,需要半小时。

❂ 活动

徒步是游览大峡谷最好的方式。其中最佳路段是江水北岸的索松村到达林村。索松村本来就以桃花雪山景观而著称,而达林村位于直白大拐弯之上,正对南迦巴瓦峰,一路上都能体会到大峡谷的险峻,中间的魔鬼头一带是拍摄日照金山的好位置。

从达林村到峡谷最深处的加拉村是传统的宗教朝圣路线,基本得花1天时间。过江以后可以坐车回来。达林和索松都可以住宿。现在还有一条徒步到南迦巴瓦峰西南侧高山湖泊那拉错的路线,但只能负重露营。

❌ 食宿

大峡谷里每个村都有很多民宿,最受欢迎的地方是北岸的索松村。村子里大部分村屋都有非常好的雪山和峡谷景观,还可以吃到原汁原味的当地食物,是很难得的体验。

住宿价格都是统一的，吃饭包餐，大约人均150元/天。花椒和松茸、羊肚菌、青杠菌等野生菌是这里最有名的特产，你有机会买到货真价实的带回去。

住在派镇的客栈和酒店也有好处，尤其是青旅，可以方便地约到徒步的同伴，不仅仅是去大峡谷徒步，派镇也是墨脱徒步的根据地。派镇的餐厅则以常见的川菜为主。

★谷客国际青年旅舍　　　　青年旅舍¥

（☏138 8904 1890；派镇停车场旁；铺40元起，标双160元起；☎Ⓟ）有书吧、餐厅、露台、花园这些你最喜欢的青年旅舍元素，不过最重要的是经营者对当地情况尤其是户外活动多年的了解和发现，使你可以在这里找到些开发大峡谷和周边路线的灵感。餐厅的川菜还不赖。

兄弟客栈　　　　青年旅舍¥

（☏133 9804 3540；派镇停车场旁；铺

大峡谷的眼睛

大峡谷附近并不只有雪山在看着你，还有很多可爱的生物在默默注视你。因为生态保护的需要，峡谷真正的核心区禁止普通游客进入，还一直在外迁原住民，让这个世界第一大的峡谷生态乐园和宝库的称号更加名副其实。

西藏生物影像保护[TBIC；原"西藏生物影像调查（TBIS）"]，用相机和镜头获得了很多雅鲁藏布大峡谷及其周边区域的宝贵生物资料。他们的考察成果汇集成一本《雅鲁藏布的眼睛》。通过精美图片与通俗易懂的生物学介绍，全景展示了雅鲁藏布大峡谷的各种生物、物种生存状态，以及生态环境。像红斑羚、羚牛、墨脱缺翅虫、黄腰响蜜䴕等罕见珍稀物种，都是他们在大峡谷地区的研究所获。在南迦巴瓦雪峰下阅读这本书，可以让很难有机会目睹峡谷深处的你，从另外一个角度欣赏大峡谷。Ⓛ

（上图）橙腹长吻松鼠。

50元起；☎Ⓟ）二楼风景很好的木结构客栈，也集中了很多背包客。最大的亮点是老板亲手做的湘菜。

喜马拉雅·大峡谷酒店　　　　酒店¥¥¥

（☏548 3366, 548 3377；派镇江边；标双520元起；☎Ⓟ）小型的四星级酒店，紧挨大峡谷入口处的江边，从房间的落地窗能看到江景和南迦巴瓦峰。

到达和当地交通

派镇每天有2班车去八一（8:30、14:00，60元，3小时），1班车去米林（8:30，60元，3小时）。去八一的车会经过机场。

大峡谷内从派镇到达林村、加拉村，拼车都是50元/人，包车300元/车，送机场400~500元。

鲁朗

电话区号 0894 海拔 3700米

[巴宜区鲁朗镇；鲁朗林海门票90元，鲁朗花海门票90元（经常半价）]过了苯教教徒集中的林芝镇又开始上山，垭口上就是令很多人惊叹不已的色季拉山口。它高达4720米，是重要的文化和族群分界线，曾经是工布藏族和波密藏族的地界，也是河谷农作区和森林狩猎区的区分标志。山口以东的鲁朗，如今虽然在服饰和习俗上已经深受工布藏族的影响，但广袤的森林依然深深影响着他们的生活方式。

这里可以说是最受到访林芝游客欢迎的目的地。不要被门票价格吓到，事实上，当你抵达色季拉山口的时候，已经能看到右边的南迦巴瓦峰和左边7200米的加拉白垒峰，山口下层层叠叠、一年四季变换颜色的丛林，就是所谓的鲁朗林海。收门票的范围主要是3个观景台，如果你不是刚买了单反的热血家伙，实在没有理由去付门票钱。

漫长的下坡一路降到3300米海拔的鲁朗宽广的草场上，森林风景依旧迷人。下山后，最先到达的是花海景区和广东援建的旅游项目"鲁朗小镇"，主要包括3个五星级酒店（包括国际品牌喜来登），小镇将于2016年10月正式营业，届时将会是整条川藏线上平均住宿水准最高的地点。

再往前是乏善可陈的鲁朗镇。你应该继续前进几公里直奔国道旁边的扎西岗村，这个户户都开办了藏家乐的村庄是鲁朗目前最主流的食宿点，通常是100元包餐。不用找那些网络上名气很大的，事实上，在良性竞争下，提供热水和无线网络的住处已经越来越

多了。村后免费的森林和草场都非常美,你可以在森林里徒步,也可以骑马,甚至还能翻山徒步到雅鲁藏布大峡谷旁边的德木寺或是排龙的温泉。花海景区售票处入口不远处的东巴才村也有很多民宿,仅次于扎西岗。

鲁朗是石锅鸡这种菜肴的发源地,其实这是一个来自重庆的师傅根据本地食材和烹饪用具琢磨出来的菜式,后来,他免费教给了当地的村民,所以家家都学会了这道菜,不妨挑一只鸡试试味道。

八一去鲁朗的车在工布印象百益超市对面(60元;3小时),人满发车,你可以在扎西岗或鲁朗的其他酒店住一夜后继续318的旅程。路上拦去波密的和其他地方的班车和小车都很容易。

波密

电话区号 0894 海拔 2800米

仅有2800米海拔的波密是318国道中最让人舒服的一站。尤其是当连接鲁朗、令人闻风丧胆的"通麦天险"在2016年因为新隧道和新大桥的建成而彻底消失了后,那段曾经要走2个小时的14公里行程,现在10来分钟就跨过去了。

从通麦开始,一直到离开波密县境进入然乌湖区域,一路上基本都是非常迷人的森林峡谷景观。雪峰、冰川、雪线以上的裸露砾岩区、冷云杉林、河谷台地松林、冲积台地农业田园等构成了波密立体而丰富的自然景观。318国道上如果哪一段旅程有"人在画中游"般的感觉,那必然是最像水墨山水画的这一段。

波密在藏地也是文化和历史的交界地,尽管吐蕃的第一位首领聂赤赞普诞生于波密的倾多沟,但波密大部分历史时段,都相对独立于以雅砻河谷、拉萨河谷和日喀则为基地的卫藏本部。在历史上,倾多、松宗、曲宗以及墨脱县北部称上波密,属波密土王的统治区,其宫堡位于今倾多沟沟口的嘎朗村。往东走就是康巴地界,往西走是工布地界,往南走到海拔低处就到了门巴族和珞巴族居住的白玛岗。今天,不管你要去墨脱还是察隅,波

(左起)鲁朗林海;鲁朗田园风光;米堆冰川。

密都是一个很好的转车点。

⊙ 景点

整个318国道波密段可以说就是免费的漂亮景观长廊。奔腾的帕隆藏布江贯穿整个波密河谷，它起源于然乌湖附近的冰川，向西流至通麦和排龙附近，与易贡藏布汇合以后，最终流入雅鲁藏布江的大峡谷段。波密与墨脱的界山岗日嘎布山依偎着帕隆藏布，雪线下是惊人的茂密的原始森林，山上的随拉、金珠拉、日清拉等山口在以前就是与墨脱进行贸易往来的传统通道。

易贡湖　　　　　　　　　　　　　湖泊

（见168页地图；波密县易贡乡）**免费** 当你从林芝过来，通过了已经修建完好的通麦隧道。如果有勇气挑战烂路的话，可以左转进去易贡沟，这条沟在一个世纪内发生了两次惊天动地的地质灾害，地貌变化非常大，也因此成为地质爱好者眼中的宝库和乐园。

1900年，易贡藏布左岸的扎木弄沟发生了一场大型泥石流，滚滚而下的泥石流堵塞了易贡藏布，形成堰塞湖易贡湖。2000年4月9日，扎木弄沟再次发生特大山体滑坡，易贡湖水位急剧上升，62天后溃决，30多亿库容的洪水一冲而下，荡平沿岸所有的桥梁道路，造成下游印度250万人流离失所。就连墨脱宝贵的德兴藤网桥，也被这次洪水冲毁。318国道和通麦大桥一度中断了很久。

从路口开进沟里是大约24公里的土路，起起伏伏，狭窄无规则，却称得上一路水景山景无限。湖水四周有不少狭长的台地，最低处海拔仅有1900米，已经开辟成了茶园。这也是离318国道川藏段最近的茶园。四五月采茶时，雪山和湖水映衬得非常美妙。

只能自驾或包车进去，沟里有藏家乐提供食宿，茶厂也有简单的**易贡湖景宾馆**（📞138 8904 1783）可以投宿。

岗乡云杉林　　　　　　　　　　　森林

（见168页地图；波密县古乡八哈村；门票90元）波密岗乡云杉林称得上是318国道上最美丽的森林。这个保护区的山地海拔大多在2600~5000米，植被以云杉和冷杉为主。树木高大密集，个别地段每公顷的蓄积量超过2400立方米，约为东北林区的3倍；而且树龄普遍超过300年，有些云杉树干胸径达到2.5米。羚牛、豹、盘羊、黑熊、猕猴、雪鸡、麝和鹦鹉仍然生活在这片神奇的森林里。

在这片森林漫步是一件非常愉悦的事情，你可以花一个白天，从县城的卓龙沟沟口（波墨公路离开帕隆藏布进山处）慢悠悠地徒步到古乡八哈村（从古乡以东3公里处过

从大峡谷和林芝去山南

若只是看看雅鲁藏布江拐弯前的这一段，虽得其精华，但仍有点可惜。你可以另辟蹊径，选择沿江而上到雅鲁藏布江，也不走回头路，是林芝—山南—拉萨的西藏中心环线的正确玩法。

大峡谷有班车可以到米林，然后转车到朗县、加查和泽当（山南），公路基本一直在雅鲁藏布江两岸延伸。过了米林县城之后，是主要针对团队游客的景点南伊沟（门票210元，包括观光车费），你只能坐观光车进16公里的南伊沟深处看漂亮的森林，终点处天边牧场有一圈原始云杉，其中的栈道徒步路非常舒服。桃花和秋色也很漂亮。这里是珞巴族居住的地方，你可以去琼林村和沟口的才召村家访，才召村有家庭旅馆。

米林去朗县没有班车，但是你可以试试搭乘从八一开过来的班车（最后一班大概在下午6点路过南伊沟路口）。随着往雅鲁藏布江的上游走，你会发现林芝的典型森林景象慢慢变成干热河谷，这里阳光非常充足，最常见的是两岸岩山上星星点点生长的雅鲁藏布江香柏。

306省道基本由东向西横贯朗县全境。从米林县方向在金东沟以东的位置进入朗县，经洞嘎镇、工字荣沟沟口抵达朗县城，然后经过有朗顿庄园和巴尔曲德寺的朗镇，沿着江水

江),20公里的路程,一直在云杉林和帕隆藏布河边穿行。中途会经过7个村庄,海拔从2800米降到2400米,平缓舒适。尤其在3月中旬,伴着盛开的桃花和雪山冰川前行美不胜收,日照金山也很容易看见。

八哈村有很多家庭旅馆提供食宿。过桥到318国道边就可以拦车返回波密了。

米堆冰川　　　　　　　　　　冰川

（玉普乡米堆村;门票50元）沿着318国道一直往前走100公里,公路右侧就是米堆冰川大门。米堆冰川主峰海拔6800米,雪线海拔只有4600米,末端海拔2400米,是世界上海拔最低的冰川之一。冰川下段穿行于针阔混交林带,两侧大山巍峨峻峭,鬼斧神工,雪山和云雾交织在一起,如梦似幻。

从景区门口到冰川还有约7公里路程,停车场到观景台大约1公里。如果要亲近冰川脚下,还得徒步2个小时左右。

✕ 食宿

整个波密县318国道沿线的食宿都特别发达,可以说20公里内肯定有客栈投宿。波密县城、通麦和古乡都有不少选择。如果自驾,不妨随意选一个波密峡谷中最山清水秀的村落客栈人住,网络和热水现在已经普及到了这条线上。

县城到处都是川菜馆,因为物流发达的关系,和八一、拉萨的价格差不多。

可可栖里花园客栈　　　　　青年旅舍¥

（见197页地图;☎542 4689;扎墨路口旁消防大队老大门对面;铺40元起,标双120元起;🛜P）独立的庭院和自助厨房加分不少,位置也比较安静。

悠游道国际青旅　　　　　　青年旅舍¥

（见197页地图;☎181 8994 7338;扎木西路中石油加油站往前200米;铺40元起,标双138元起;🛜P）漂亮的木屋正对着南方的河谷和雪山,广东店主能做一些清淡的粤菜。

登峰大酒店　　　　　　　　酒店¥¥

（见197页地图;☎566 5556;波密友谊商业广场;标双300元起;🛜P）波密目前唯一有中央空调的酒店,在冬春非常有优势,设备算是三星的品质。

途鬻岗美庄园　　　　　　　酒店¥¥

（☎133 2254 0406;岗巴村岗乡云杉林景区前;标双398元起;🛜P）一座全云杉木建筑的乡村酒店,处在云杉林和草原江河旁

北岸进入加查县境内。

如果是自驾,可以在金东沟附近离开省道4公里处看列山古墓。如今有土堆、一些散见的碑刻和驮碑神兽,它们其实是西藏十二小邦割据时期的钦氏家族墓葬地。钦氏在吐蕃时期家世显赫,是赞普世系的舅系家族。金东沟的尽头则是去山南隆子扎日神山转山的一个起点（见242页,扎日神山方框）,注意这里必须有边防证才能通过。

到达朗县县城继续沿306省道西行,你会看到一座建在半山腰上的宏伟寺庙,那是林芝规模最大的巴尔曲德寺。该寺生产的藏香很有名气,以朗县特有的雅鲁藏布江巨柏为主料,已有800多年的历史。

继续往前走可以看到冲康庄园（门票60元）,这里是十三世达赖喇嘛出生的地方,长满了漂亮的核桃树和桃李。从这里沿江行走1个小时就会进入加查县境内。

米林和朗县都没有青年旅舍,标间倒是不缺。朗县每天早上8点有一班班车去山南(95元;8小时),会经过神湖拉姆拉错（见224页）的入口和加查县城。🅛

边。最贵的树屋别墅窗旁全是桃花和漂亮的林木。

帅哥餐厅 川菜 ¥¥

（见197页地图；542 2984；扎木中路；人均50元；10:00～23:00）当地兴旺多年的老店，川菜的品质一直很稳定，也有石锅鸡和波密鱼这类采用本地食材的特色菜。

❶ 实用信息

邮局、农行和医院都位于扎木路，即318国道上。

❶ 到达和当地交通

波密是318国道上的枢纽，景观密集而美丽，不过自驾需要注意季节因素。2月左右是然乌一带的暴雪期，多有雪崩，经常封山，而6～8月雨季时，泥石流和崩石等现象也时有发生。

没有从波密出发的大巴。在我们调研时，波密汽车站也没有建成。去八一（130元；5小时）的商务车统一在扎木中路靠近扎木大桥的桥头发车。去墨脱（200元；4小时）的吉普车在扎木大桥桥下候车，而往东去然乌、察隅，乃至昌都、芒康的话，只能在路口等待过往班车，八一去察隅的班车通常会在10点左右经过波密。你也可以去广场的面的集中地看有没有去这个方向的车。

墨脱

电话区号 0894 平均海拔 1200米

从派镇翻越多雄拉山口到墨脱，历来都是进入墨脱最重要的快速物资补给线路，同时也是中国最受欢迎的高山徒步线路之一（见158页）。不过，即使你不徒步，也能顺利进入这个曾经全国唯一不通公路的地方了。从318本线转到墨脱，就好像是在呼伦贝尔奔驰的时候，突然到了西双版纳神游一下，或许对一些高原反应严重的旅行者有醒脑作用。

在藏传佛教和民间传说中，旧称白玛岗

🌿 虎之子——珞巴族

冯帅

在喜马拉雅山麓东南方，生活着一个与西藏本部藏民族风格完全迥异的民族。他们生活在亚热带雨林中，是制作毒箭和砍刀的好手，外人觉得他们性格阴郁、骄傲、好战；他们的生活原始，衣不蔽体，崇拜自然，认为万物有灵；他们以老虎为图腾，自称为"虎之子"。

由于被高山阻隔，过去，这片区域的人很少被外界所了解，他们没有自己的文字，只能通过口耳相传的方式进行记录，包括纪年。在中国境内，藏族人称其为"珞巴"，意为"南方人"，"珞瑜"则为"珞巴人生活之土"。通常认为珞瑜地区东起察隅河谷，向西涵盖墨脱、米林，一直到隆子和洛扎的南部，并以错那以南的达旺为界。

早在吐蕃王朝时代，就有关于珞瑜的记载，但那时吐蕃人并没有深入珞瑜。曾几何

(左图)一位珞巴族人在展示他的收藏;(上图)珞巴族的"纽布"巫师。(左图和上图)冯帅 摄

时,遥远的珞瑜成为藏族人对于香巴拉或者莲花圣境的想象之一,墨脱和扎日神山都是西藏重要的朝圣地。每逢12年的扎日神山转山节,西藏噶厦政府都要向这里的珞巴部落送礼,以要求珞巴人承诺朝圣者的安全,否则闯入珞瑜的朝圣者很可能被珞巴人猎杀。数百年来,更有大批的康巴人带着对南方乐土的美好梦想络绎而来,深入珞瑜。

古代珞巴族拥有众多部落,他们彼此间以义都、民荣、阿布达尼、崩尼、米日等一系列古怪的名字相称,部落之间的仇杀不断,狩猎和战斗是他们的日常生活。从最东边开始,察隅河下游是勇猛的义都和民荣部落,19世纪末,英国派往该地区的威廉逊使团被义都人全歼。向西,在丹巴河、雅鲁藏布江流域,南部的阿迪人、迦龙人是优秀的猎手和渔夫;北部和藏族接壤的高寒地带,生活着博嘎尔人和博日人,他们穿着厚实的熊皮和藏族的氆氇,在此和藏族人进行贸易。如今中国境内的珞巴人主体就是博嘎尔人。再向西,西巴霞曲地带主要是崩尼、苏龙部落,他们身披白坎肩,头戴犀鸟帽,是珞巴族人口最密集、经济最发达的地区。

生活在密林中的珞巴人同时从事种植和狩猎,随着地理环境的不同,各个部落种植的作物包括水稻、旱稻和鸡爪谷等。由于没有铁器,珞巴族种种方式采用原始的刀耕火种,产量极低。狩猎的主要动物包括野羊、野牛、熊等。珞巴族信仰万物有灵,以米林县的博嘎尔部落为例,部落里有"纽布"和"米剂"两类身份,前者类似巫师,主要以鬼神沟通、杀死家畜用以献祭,后者类似预言师,通过杀鸡看鸡肝纹路的方式进行占卜。珞巴族没有文字,他们记录家族谱系的方式是父子联名,如果父亲叫达玛,其儿女的名字就以"玛"字开头,以此类推。珞巴服饰中有兽皮、藤编的元素,他们的藤编帽子上多镶嵌熊皮和野猪牙,绑腿则让他们更为利落。根据地域不同,每个部落的服饰也会略有差别。博嘎尔部落的服饰为头戴熊皮帽,身穿工布地 ➡

⬅ 区的氆氇，外披蓑衣。再往南走，天气更加炎热，有些珞巴人穿着凉爽的麻布和土织布坎肩，有些人甚至不穿上衣。

珞巴族可能是中国最特殊的一个民族，因为他们是唯一一个因一条至今仍存在争议的"麦克马洪线"而被迫分离的民族。珞巴族也是中国人数最少的民族，目前，中国实际控制线以内的珞巴族人口为3000人左右（不过，珞巴族的总人口仍是个谜），绝大多数生活在林芝米林县南伊沟，墨脱县达木乡、山南隆子县斗玉乡还有两个较大的聚居点。由于外界对他们所知甚少，珞巴族的传统文化仅以他们自己的方式在传承。

墨脱山间小溪。

的墨脱可是不折不扣的宗教和朝圣圣地。在神话里，这里的岩石中可舂出糌粑，溪流中可流出牛奶，曾经吸引了很多门隅地区的门巴族人不辞辛苦地搬来这里。亚热带的墨脱充满了奇幻色彩，也堪称西藏生物资源最丰富之地，一旦你进入它满目植被的森林里，就能明白这并非过誉。

"扎墨公路"（即扎木至墨脱）全长约141公里（如过嘎隆拉隧道则全程117公里）。从波密县城扎木镇乘车出发，翻越海拔4700米的嘎隆拉山口，到达海拔1117米的墨脱县城。巨大的海拔落差，让你有很多看到云海的机会。峡谷绿树中，大大小小的瀑布飞流直下，形成彩虹无数。

扎墨公路目前还是土路，得走4个小时，不过官方已经计划将其改建为油路。必须要注意的是，从公路进入墨脱也要收取160元的门票，相当于整个县境风景的通票。事实上墨脱并没有什么具体的"景点"，你只要感受到3000多米的世界级公路落差就够了。

◎ 景点

嘎龙拉冰川　　　　　　　　　　　冰川

它其实就处在现在波密—墨脱公路隧道的上方，沿老的土路上至4322米的山口，山口东西各有一条长约3公里的冰斗冰川，3个毗邻的小湖就是嘎隆天池，向墨脱方向望过去，颇有从冰雪世界看绿色世界的神奇之感。从隧道口上去大约有10公里道路是机耕路。

仁青崩寺　　　　　　　　　　　寺庙

仁青崩寺是整个墨脱地区香火最旺的寺庙，12棱角的造型很容易让人过目不忘，最早建于六世达赖喇嘛时期。1950年墨脱大地震时它也被毁（那次地震甚至毁灭了墨脱唯一的一个2平方公里的平坝），现在的寺庙是1983年照原样重建的。主殿供奉着莲花生大士，不过最特别之处在于它高高居于茂密的亚热带丛林中，在西藏其他地方见不到。

从县城开车6公里到海拔1661米的巴日村，再从石梯步行2.6公里，才能到达海拔2038米的寺庙。寺庙后面1公里外还有一个三柱洞，3座基石上架着一个大石块，大石块被

徒步墨脱沿途风光。

树包围,洞内贴满了佛像图,据说在此处修行功德会百倍。

✘ 食宿

建在高岗上的县城称得上繁荣,酒店和川菜馆都不少。因为海拔原因,当地的蔬菜相比其他地区称得上便宜,还有本地产的香蕉和柠檬出售,让人恍惚怀疑起自己是否身处西藏。

落差2000主题客栈   青年旅舍¥

(📞139 8994 4606;墨脱县帕宗二路(墨脱镇政府对面四楼);铺40元起;📶P)县城中集中了最多徒步户外爱好者的青年旅舍,旅舍有时候会组织难度很大的反穿墨脱—派镇徒步。

大峡谷宾馆   酒店¥¥

(📞566 9777;金珠路东布大厦近林业局;标双280元起;📶P)设施在当地算是不错的酒店,视野开阔,在房间就能看到层层山色美景。

ℹ 到达和当地交通

墨脱县城小到走完只需20分钟,且迄今为止没有汽车站,进出都靠拼车。去波密200元/人,去背崩100元/人。

墨脱徒步路上的食宿

派镇和背崩都有干净的住宿和网络。从松林口到背崩的3天徒步行程里,中间2天在拉格(200元)和汗密(100元)都有包晚餐和早餐的住宿点,也有简单的小卖部可以买些干粮作为第2天的午餐。背崩的两间旅馆徐老幺(📞135 4904 4767)和杨老三(📞153 2642 6660)都可以到桥头接人。

然乌

然乌乡电话区号 0895 然乌湖海拔 3800米

回到318国道本线上,从波密继续向东前行。开始时依然是美丽的森林峡谷风貌。渐渐地,随着海拔的升高,树影渐少,高原的干燥风貌开始出现,而一弯又一弯后,忽然柳暗花明,一潭碧水和着连绵雪山奔来眼底,这就是藏东最大的湖泊然乌湖。

然乌湖是个重要的路口,你可以在这里离开318国道往南方的察隅奔去,也可以继续沿318进入康巴人的世界。虽然这里的海拔已经将近4000米,但是停留一晚也不会让你后悔:此后再也没有这么好的冰川与湖泊了。

从然乌湖到川藏界的318国道已经属于昌都,电话区号是0895。

◎ 景点

 然乌湖 湖泊

然乌湖本质上是一个堰塞湖,湖畔西南有岗日嘎布雪山,南有阿扎贡拉冰川,东北方向有伯舒拉岭。周围雪山的冰雪融水构成了然乌湖主要的补给水源,湖水向西倾泻成为西藏著名河流雅鲁藏布江的重要支流帕隆藏布的源头之一。

然乌湖非常狭长,长度有20多公里,宽度只有1~5公里,在枯水季节,有些地方的湖面宽度甚至不到1公里。下然乌湖(靠近波密方向的湖段,当地藏人称其为安目错)和中然乌湖(靠近镇上)在318国道的旁边,上然乌湖则向南延伸到察隅方向的冰川,每段之间都有窄窄的小河相连,也都有迷人的乡村田园风光。最美的是上然乌湖,它被绿茵茵的草滩包围,无数冰山起起伏伏,连至天际无穷无尽。

观赏然乌湖的最佳季节在深秋,那时湖水清澈碧蓝,湖畔山岳色彩斑斓。如果想拍摄湖山镜影的画面,记得早起。午后风起就显得浑浊了。

然乌湖。

来古冰川　　　　　　　　　　冰川

（门票30元）在318国道上如果只看一次冰川的话，来古冰川毫无疑问是最好的选择。来古冰川是一组冰川的统称，包括美西、雅隆、若骄、东嘎、雄加和牛马冰川。它因为冰川下的村庄来古而得名，与然乌湖距离20多公里。村子海拔约4170米，位于雅鲁藏布大峡谷水汽通道区域，春、夏季丰沛的雨水，不仅给海洋性冰川的积累区带来充足的补给，更使得这一带的植被呈现出立体的多样性。

6条冰川中最壮观的雅隆冰川长12公里，从岗日嘎布山海拔6606米的主峰延伸至海拔4000米的岗日嘎布湖。围绕着来古村的6条冰川在村子前形成了多个冰湖，因不同冰川所在的地质和土壤成分不同，每一个冰湖都会反射出不同的颜色，有些冰湖上还漂浮着大大小小的冰山，如同北极和南极。

在来古村就可欣赏到雅隆冰川和东嘎冰川的全貌，探访他们旁边的雄山连错是经典的一日徒步。连错藏语里叫"错堤"，就是一串相连的湖。东嘎和雅隆冰川旁边的雄山终年积雪，山顶平坦，外表看起来平淡无奇，山里却藏着6个色彩各异的天湖，其中有3个还是连在一起的，美丽绝伦。从来古村小学走到雄山连错大约有近4公里的路程。探访其他冰川多半也能一日内走到漂亮的观景点，但最遥远的美西冰川则需要至少两天的扎营徒步才能看到。至于前往冰川源头，那就需要更长的时间，已近似专业科考了。

往察隅方向靠近德木拉垭口的右侧，还有一个仁龙坝冰川群，规模亦很庞大，目前很少有人探访。

来古村有70多户人家，但村民住得很分散。虽在冰川脚下，却是田园阡陌，佛塔桑烟，一派圣境之景。在售票口与来古村一半路程的土路西侧，有一大片临湖的开阔地带，亦是赏花观冰川的绝佳之地。花期最盛的六七月，雄伟的冰川与各种争奇斗艳的杜鹃花交相辉映，是一年中最漂亮的时刻。

从然乌镇沿察隅公路前行10公里左右，在路牌旁右转进入土路，走10来公里即可到来古村。然乌镇包车来回500~800元（视停留时间而定）。村民家都可以投宿，也能请到向导。

再见，通麦与排龙

通麦和排龙处于波密与林芝（巴宜区）之间，是著名的峡谷相会处，帕隆藏布和易贡藏布在此汇合，在门中村和扎曲河之间流入雅鲁藏布大峡谷。自318国道建成以来，这里就是地质灾害频发地。在雨季，丰沛的雨水常将谷地两侧的山石冲垮，造成318国道中断，有时甚至超过一星期，俗称"通麦天险"或"排龙天险"。在很多人的318旅行记忆里，都有不得不在通麦和排龙那些江边小旅馆住了几天的故事。

这样的事情很可能不会再发生了。2012年，国道318线102滑坡群（即所谓的"通麦天险"）和通麦至105道班路段整治改建工程开工建设。2015年11月1日，主体工程已经完工。过往车辆只需10分钟就能从102滑坡群2号滑坡处的隧道中通过。

这样的结果是在通麦和排龙停留的旅客会越来越少。其实这里也有它的吸引点。排龙有一个正对着江水的温泉，向来是骑行者喜欢沐浴休息的地方。而排龙的跨江桥，才是通往雅鲁藏布江的真正"捷径"。在2011年以前，这里是一个颇有吸引力的徒步点，从排龙徒步到扎曲村（单程40公里），那里可以看到帕隆藏布汇入雅鲁藏布江的盛景，再往前就是只有专业的科考队伍曾经进去过的雅鲁藏布江大拐弯无人区了。可惜的是，排龙到扎曲的居民已经全部被迁出，这条路再也没有补给点，现在只有科研人员才会被批准进入。

（上图）曾经的通麦天险路段。

沈鹏飞摄

然乌溶洞 洞穴

[免费] 然乌溶洞掩藏在318国道旁的南嘎仲山山腰上的绿荫丛中,从然乌湖往八宿方向走5公里即可到达。南嘎仲在藏语中的意思是天下神仙集中的地方。山上怪石嶙峋,经幡林立,玛尼石随处可见,是当地有名的神山。

下318国道后,左转过一座独木桥,顺着山间小道步行5分钟便来到洞口。洞口有一尊吉真向巴佛像,高7米,经过佛像右下方的一个小门才能真正进入溶洞。洞里堆满了刻着六字真言的牛头骨和擦擦(一种泥制小佛像,见91页方框)。往里行走,蜿蜒曲折,高低错落。当地信众喜欢来此朝拜。

🛏 食宿

然乌湖边现在已处处是客栈,西边的瓦村和东边的然乌镇都有不少选择,但是由于基础设施的原因,这里常常会出现停电的现象,也不用指望什么服务,只要选择风景好的地方住下即可。

平安饭店 客栈¥¥

(📞456 2606;然乌镇湖边;铺100元起,标双400元起;🅿)这间老牌客栈在2013年重新装修后巩固了它在然乌湖的地位,毕竟没有几个客栈的房间是直接架在湖上的。淡季基本是半价。

来古冰川公益客栈 客栈¥

(📞177 0895 9920, 182 8908 9070;来古村小学;普双130元起;🅿)这家条件简陋但是干净的客栈设在小学教室的楼上,其收益用来支持当地小学的教学。掌柜和志愿者能给你提供很多来古冰川的游览指导,从房间和学校观看冰川,视野很好。

ℹ 到达和当地交通

然乌镇是个三岔路口,所以很方便拦车。去八宿和波密都有频繁的营运车辆经过,去察隅要靠点运气,八一到察隅的班车通常在下午2点前抵达察隅路口。

步行可走遍然乌镇,沿湖行走需时较长。

(左起)僜人老奶奶在结绳；一户僜人家内部一角；僜人传统的手抓饭。

察隅

电话区号 0894

随着"丙察察"(丙中洛—察瓦龙—察隅)通道的广为人知，曾经是个死角的察隅开始吸引越来越多的自驾游客和骑行客。同样作为西藏低海拔的代表，然乌到察隅的公路与波密到墨脱的公路相比，几乎全方位胜出。上然乌湖到5000米的德姆拉山口这一段，集合了湖泊、湿地、田园、草原和雪山冰川的所有美丽风光，下坡之后，一路森林峡谷的美景毫不比墨脱逊色，更不用说全程柏油路的方便程度了。

县城竹瓦根镇海拔在2000米左右，秋冬要比墨脱冷不少。

◎ 景点

察隅县境内几乎都是大山和峡谷，交通不便且靠近边界。除了本身已经非常美的然乌—察隅公路之外，游人要么到下察隅探访僜人部落，要么就是从这里沿"丙察察"线自驾去往云南怒江。

僜人村 村落

僜人，又称僜巴人，是西藏地区人口最少的少数民族族群。察隅县共有1300位僜人，分布在上、下察隅镇的9个村庄里。其中，下察隅的沙琼村是僜人聚居村，也最方便到达。

僜人有自己独特的语言，属汉藏语系的藏缅语族，但没有文字，过去记事多使用结绳和刻木的方法。僜人的服饰十分独特：男子头上盘着长长的黑帕，带银耳环，穿对襟无领无扣的长坎肩，长近膝，裆部以一条褡裢遮羞，挎五六十厘米长的砍刀；妇女藏银质大耳鼓，发挽髻，前额戴银质抹额，穿遮胸但腰部袒露的无袖衣，下着横条花纹筒裙。虽然现在穿传统服饰的僜人已经很少，但你可以在沙琼村的展览馆里，看到他们过去生活中的日常物件，以及雕刻了深山猎捕生活场景的泥塑，算是还原了一个旧时代山地民族的风情。

下察隅的村落大部分坐落在河谷台地上，背靠茂密的青山，远眺察隅河谷。由于海拔只有1500米左右，气候炎热湿润，香蕉、橘子随处可见，像云南或尼泊尔的普通山村景色。

沙琼村距离下察隅乡政府4公里左右，有公路通达，不过你可以走路过去，一路看尽亚热带风光。这里的藏族也是与康巴、卫藏、工布都不太一样的南方民系。下察隅乡有三四个住宿的地方，条件较好的是**农场宾馆**（ 152 8904 5927；标双120元起；P），也有30元一位的招待所。

需要注意的是，去下察隅必须要办边防证（察隅县城则不必要）。我们调研时的政策是可以在当地办，需先到公安局开身份证明，然后去武警边防支队办证，人少的时候立等可取。公安局和边防支队都在县政府门口100米之内。

县城开往下察隅的班车每天早上10点在广场旁发车（50元；2小时），第二天相同时间返程。如果你只想一日游可以包车，大约500元。

🍴 食宿

紧凑的察隅县城称得上热闹，宾馆不少，通常160元可以拿到一个标间。**察隅青年旅舍**（ 180 0894 0898, 136 2894 4965；县城电信局对面；单人间80元起；P）其实是传统的小旅舍，但是干净整齐。**云南火塘人家**（ 136 5894 9656；县邮政局对面；人均50元；10:00~22:00）在当地颇受欢迎，菜式量足味美，米线类15元起。

ℹ️ 实用信息

农业银行在桑曲河边，邮局则在县城唯一的广场旁边。

ℹ️ 到达和离开

察隅每天有发往八一的班车（ 152 8904 7222；6:00；320元；12小时），到然乌是200元，需4个小时。在我们调研时，新汽车站还没有修起来，都在出城路口的客运招待所旁的废墟上买票。察隅还有开往成都（ 158 8904 1118）和昌都（ 136 1895

"丙察察"：从察隅直奔怒江

如果你不是越野爱好者，也没有丰富的经验和耐心，那么最好还是不要选择"丙察察"这条连通西藏东南部和云南怒江的新通道。顾名思义，它是从怒江北部的丙中洛沿怒江进入察隅县的察瓦龙镇，再翻山越岭到达察隅县城，也有人反方向行之。

这段公路绝大部分都是砂石土路，其中察瓦龙至丙中洛段大部分位于怒江两岸，可以说是在怒江旁的悬崖上生生开凿出的一段公路，沿线公路滑坡和塌方时有发生。普通轿车没法通行，城市SUV虽可通行，但也极其凶险。总之越野性能越强越好。然而光有好的硬件也不够，察隅—察瓦龙和察瓦龙—丙中洛这两条路常年出现问题，维护滞后，碰上道路中断很可能会让你困在那里，难以脱身。虽然已经传来云南段开工升级成柏油路的喜讯，但修路带来的分期通行，无疑又拉长了这段旅程的时间。

(左图)丙察察公路的骑行者；(上图)察瓦龙到察隅路上。(左图和上图)CFP 提供

如果这些都没有令你打消念头，那就上路吧。你将遭遇最烂的路面，翻越4个高山垭口，经过重重森林，穿过狭窄的怒江峡谷。当然，你也能看到极少人看到的野外风景。

"丙察察"公路全长300余公里，几乎所有走这条线路的人都会选择用2天的时间来完成行程，平均时速通常都只有十几公里，且只有察瓦龙乡能够作为合适的休整地。走这条线也有季节限制，夏天雨季容易塌方堵路，10月中旬以后垭口可能积雪无法通行，因此5月和9月是最佳季节。

从察隅县城往然乌方向开出10多公里，会看到右边察瓦龙方向的指示牌。右转上山，总共再走大约不到30公里，会抵达海拔3050米的桑久村，可以在这里住宿。离开桑久村，继续爬坡，一路都是漂亮的森林，松树和巨石在路旁悬垂，又惊险又令人惊喜。翻过垭口后，下坡到3900米处的嘎达村，然后又继续上坡下坡，翻越2个海拔分别为4500米和3900米的垭口，下了坡以后，来到目若村，可以投宿。旁边还有一个温泉。

从目若村继续上坡，攀爬抵达怒江峡谷之前的最后一个垭口，大约16公里的盘山公路后，你会翻过4640米的山口，一路植被变幻。之后就是持续的盘山下坡路了，到达锯木厂之后，继续前行15公里抵达木孔村，沿着河流下行10公里后，抵达目巴村。这时，你就和怒江很近了，跨怒江桥两次，沿江开大概近30公里，就可以抵达当天的目的地察瓦龙。

察隅到察瓦龙的全程路段是195公里，虽说中间有些村子可以投宿，但最好还是天不亮就出发，争取一天能够走完。察瓦龙虽然只有两三百米的街道，但仍有几家旅馆和餐厅可以选择，也有标间。

第二天的行程就是沿着怒江奔向云南了。怒江峡谷在西藏的最后一段变得非常干燥，

← 沿途到处是仙人掌,有的甚至比人还高。察瓦龙到秋那桶70公里,全程都是沿着怒江峡谷的狭窄砂石路。在到达省界之前,你会经过非常著名的大流沙和小流沙,众多山坡上的碎石随时可能滚落,最好迅速通过。接近滇藏界时,你会看到一块大石头悬在道路上方,得名老鹰嘴,然后就会经过怒江云南段最北部的那恰洛峡谷,大概2个小时能到秋那桶村。从这里开始,就是通畅的柏油马路,怒江边的土壤植被开始变得湿润秀丽,2个小时后,你就可以抵达"人神共居"的丙中洛,享受热水澡和大餐了。

　　从察隅骑行到丙中洛通常需时5天。在察隅到察瓦龙的道路不通行的时候,也有人走左贡—碧土—察瓦龙—丙中洛的路线进入云南,又叫作"丙察左"。两条路都没有任何班车,除非你在时间上做好了滞留的准备,否则不建议搭车前往。 ⓛⓟ

芒康的田野。

3508)的班车,但是一星期只有一两班,而且不售中途票,可以提前跟师傅联系。广场旁边停靠着等待包车游客的车辆。

芒康

电话区号 0895

　　欢迎来到西藏的东大门,这并不是你旅程的结束,但你已经到了得做一个决定的时候:继续沿着318国道前进,还是右转去朝拜梅里雪山。不管决定走哪条线路,都能让你在藏地的旅程延续下去并充满亮点。

　　作为三省流通之地,芒康已经成了拥有好几条街的繁荣小城市,聚集在城市中央的盘着发辫、脸孔通红的康巴汉子与卫藏工布大异其趣。翻过红拉山来到澜沧江边后,你又会惊奇地发现,芒康里外融合的边地文化,反而有一种淡然的乐天姿态。

◎ 景点

　　芒康景点最丰富且特别的地区就是澜沧江沿岸,值得一游的景点大多在通往云南德钦的214国道上。沿着318国道前进,最好的景点是金沙江,但马上就要进入四川的康巴地界了。

红拉山自然保护区　　　　自然保护区

　　免费 从芒康沿214国道向南60公里,继续南下,就必然会路过红拉山自然保护区。这里山高谷深,从海拔2300米至4448米的地方分布着不同的植被,还长着特别的芒康红松,可谓森林王国,无论是春天花季还是红叶秋景都十分漂亮。它是中国第二个保护滇金丝猴的国家级自然保护区,保护区内的滇金丝猴数量已由保护区建立时的2群300余只增加到现阶段的4群750余只,但要在公路上见到它们还真的需要很好的运气。

曲孜卡温泉　　　　　　　　　　温泉

　　(芒康曲孜卡乡;20元,住店免费)这个澜沧江边的温泉距盐井10公里,在曲孜卡乡

在盐井上劳作的人。

境内。各个酒店、客栈乃至澡堂都有自己的池子,很多直面波涛滚滚的澜沧江,背靠美丽的达美拥雪山,以这里来结束你的西藏之旅再好不过了。这里宾馆众多,尽管设施一般,也谈不上服务,但都有免费的江景温泉池,也有独立的池子,通常在20元以内。

盐井天主教堂　　　　　　　　　教堂

（上盐井村214国道旁）免费 这是西藏境内唯一还在使用的天主教堂,位于滇藏公路旁,但你很可能认不出它,因为从外表看,它更像一个藏族的民居。教堂内部倒是西方典型的哥特式高大拱顶和《圣经》壁画,而圣母玛丽亚像前敬献的却是洁白的哈达。

盐井教堂是1865年由法国传教士邓得亮神父创建的。1865~1949年,先后有17位外国传教士来此传教并进行宗教活动。至今,上盐井村80%以上的居民都信奉天主教,每周做礼拜,念译成藏文的《圣经》。

有意思的是,上盐井的藏族人信奉天主教,下盐井的纳西族却信奉藏传佛教,而且他们相安无事。当地天主教徒仍像其他藏民一样把藏历新年视作一年的开始,但也把圣诞节当作一大节日。在圣诞节,神父主持弥撒,讲经布道,所有教徒和被邀请者都在教堂的大院子里用餐,最后会跳藏族传统的锅庄舞、弦子舞。

盐井古盐田　　　　　　　　　自然景观

（下盐井村澜沧江旁;门票90元)澜沧江边的盐井曾经是非常有名的食盐产地,即使站在高处远远眺望大峡谷,也会惊叹这高山深水间竟会有如此大的一片传统工艺区遗存。它被称为"茶马古道"上唯一存活着的人工原始晒盐风景线。人们在汹涌澎湃的澜沧江边搭建一些土木结构的平台,盐水井就挖在江边。女人们将卤水存储在盐田边的槽沟里,再把卤水从槽内舀出倒入盐田里,经过曝晒和江风的吹拂,盐田里就会结晶出白色的盐粒了。

非常有趣的是，以澜沧江为界，用同样的盐水和同样的工艺，但江的两岸却是一边产白盐，一边产红盐。之所以出现这种情况，是因为东西两岸土的颜色不一样，东岸的土是白色的，西岸的土是红色的。红盐之所以呈红色，是因为土中含铁量高的缘故。鲜为人知的是，3月的时候，这里也有桃花美景。

红盐田归属加达村，白盐田归属上盐井村和下盐井村。从高坡上的乡政府可以直接包车（往返200元）下到澜沧江边，全程盘山公路，都是路况不错的柏油路。东岸去西岸可以步行通过旧铁索桥，也可以乘车从新铁索桥过去。

天主教堂旁边有村民使用的运盐小道，半路有几处不错的位置可以俯拍，但运盐小道比较窄，对不适应峡谷步行的外来者来说很危险。

食宿

芒康的旅店业特别繁荣，尤其是客运站那一带，不过各家区别不大。暑假之外，你很容易找到150元以内的标间和40元的驴友床位。拥有地暖的**莽措湖宾馆**（454 2005；宁静路19号；标双150元起；P）在这种寒冷的高海拔草原上特别有竞争力。食物则以川菜和丽江风味为主，价格在藏地算是普通。

盐井的宾馆普遍比芒康的要差，但收费差不多。镇口往云南去的检查站旁边有3家旅社提供便宜的床位，以骑友为主。在盐井，不能不尝的特产是当地的加加面，鲜肉的手工条面，一小碗一小碗地盛上，客人不拒绝就一直上，直到喊停为止。吃加加面气氛较好的地方是车站斜对面的**盐井正宗面**（136 5895 7318），也能吃到不少当地的山林特产。

然乌到芒康

从然乌向东前进到芒康，湿润的森林和洁白晶莹的冰川不复存在，你开始看到干燥的石山、荒蛮的草原和深不见底的峡谷。草原上干冷，河谷里又闷热，提醒你已经来到大江大河纵横跋扈的横断山脉地区了。

这一段路风景都较为类似，最让人印象深刻的是从八宿东行几十公里后，从海拔2740米的怒江直升近2000米到达海拔4618米的山口，这不是318国道上最长的上下坡，却是整条路上最陡的上下坡。

人们最早叫它"**怒江72拐**"，后来叫"怒山99道拐"，甚至也有"业拉山108拐"的说法，主要原因是山路一转又一转，转到最后你根本不可能记得它转了多少圈。从奔腾干热的怒江沿岸攀到寒凉的草原，陡峭的44公里路程你还尚在云中时，就看不清身后的来时路了。令人惊奇的是，在一个又一个大拐弯处，常常能看到方块状的梯田躺在弯道旁，伴着桃李，如同世外桃源，令人叹为观止。

过了业拉山之后就到了辽阔的邦达草原，这是江河纵横的昌都最大的草原，在万川奔腾的横断山区，找一块平地并不太容易。于是昌都的机场就建在了这里，**邦达机场**曾经是世界上海拔最高的机场（后来被稻城亚丁机场超越），如果你想在这里结束你的旅行（或是开始你的旅行），买张机票就能飞到拉萨、成都和重庆。八宿和左贡的旅馆都提供去机场的拼车，每人100元。

邦达到左贡的103公里道路较为平缓，开出40公里后，跟随路牌右转进去是20多公里的悬崖路段，一直可以开到怒江边。在怒江温暖的河谷里，可以一观漂亮的**东坝民居**。它集汉、藏、云南纳西族等风格于一身，精雕细琢，富丽堂皇，好像是丽江的民居嫁接到了拉萨

❶ 实用信息

县城和盐井有邮局和农业银行的自动取款机。

❶ 到达和当地交通

芒康汽车站有3趟车,分别去拉萨(8:00;2天1班;460元)、昌都(8:00;168元)和德钦(8:00;92元)。没有去巴塘方向的班车,你只能搭乘人满即走的面包车(100元);去盐井(14:00;50元)的车在嘎托步行街发车,上车买票。

盐井每天早上8点都有去芒康和德钦的车,票价都是50元。

县城内没有公共交通,步行即可走遍全城。

继续你的318

芒康并不是终点,你可以一直沿着318国道跨过金沙江到达四川境内的巴塘,一路玩过理塘、新都桥和康定,再回到成都。

但这样你会错过在藏地地位殊胜的卡瓦格博(梅里雪山)。所以如果时间充裕的话,你也可以从芒康南下到盐井,再到德钦,在飞来寺和雨崩观看梅里雪山的雄姿。然后乘车前往香格里拉,那里可以方便地转车到稻城,去拜访亚丁神山。稻城到理塘和康定都有非常方便的公共交通。ⓛⓟ

一般。还可以在乡里泡泡温泉。

返回到318国道继续往前走,从田妥镇开始到左贡县城,因为修路常常会堵车。大可不必着急,这段路附近有一些尚未被大众发掘的温泉和草原,譬如塔鲁温泉和美玉草原温泉,都值得去泡一泡。

左贡县城不值得停留,你可以继续前行。有越野车并且不想走寻常路的人,可以走扎玉和碧土,直下察瓦龙和云南怒江的丙中洛,你会经过梅里雪山外转山的路段,但这是一条非常考验技术、经验、耐心和车辆越野性能的路线。

左贡到芒康这段路,是318国道两个县城之间翻越山口最多的一段,能让你充分体验横断山区的蛮横。幸运的是,高高低低、起起伏伏的田园风光,转一个弯就是一片好风景。海拔最低点是澜沧江上的竹卡大桥(2640米)。老桥西岸公路侧的江边,有两块纪念碑,一块是纪念巴邦线(巴塘—邦达)建设中牺牲的50多位建设者,另一块是1968年大桥建成时的纪念碑,可见横断山区的交通之难。从澜沧江谷底上坡,过拉乌山口下坡之后,就到芒康了。

从然乌搭乘公共交通到芒康,不换车的话选择很少,譬如拦拉萨到芒康和香格里拉的班车。但如果愿意换车,可选择的余地就大多了,你可以先坐到邦达,然后在那里等待从昌都开往芒康、德钦和左贡方向的车。

这一路段是川藏南线、川藏北线和滇藏线的交会之处,人来人往,所以4个大的市镇都有充足的住宿地,尤其是背包客的客栈床位。川菜和滇西北风味皆有,相比而言,在海拔较低的八宿过夜会更舒服一些。ⓛⓟ

雪山和桃花。

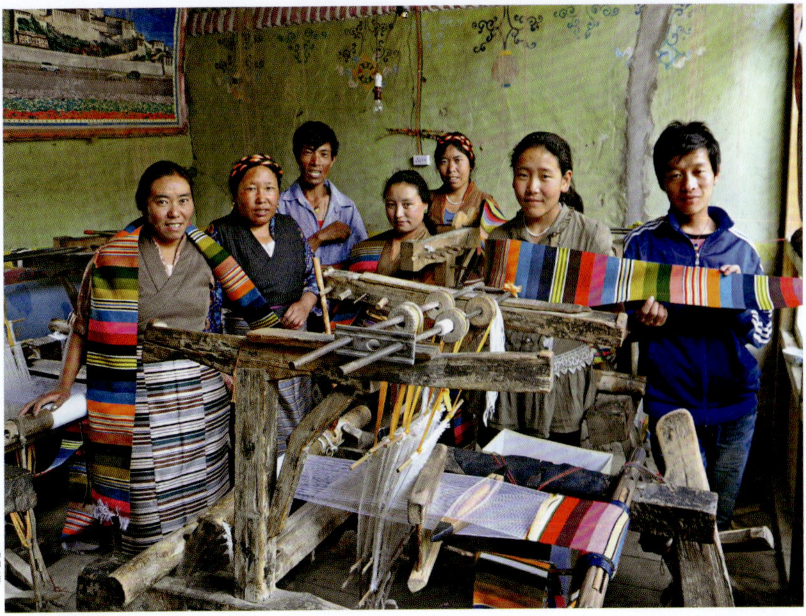

冯帅摄

制作姐德秀的当地人。

尼洋河沙洲。

沈鹏飞摄

小牦牛和金脉鸢尾。

王辰摄

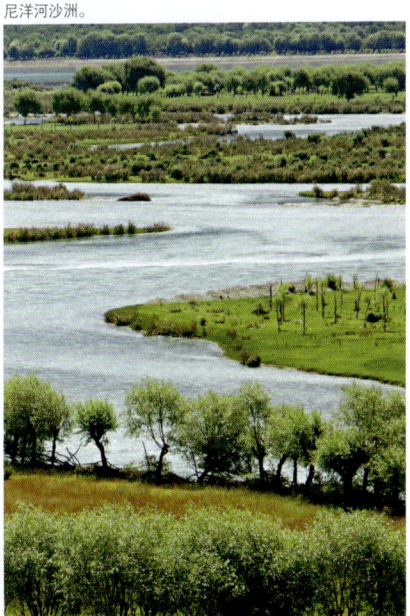

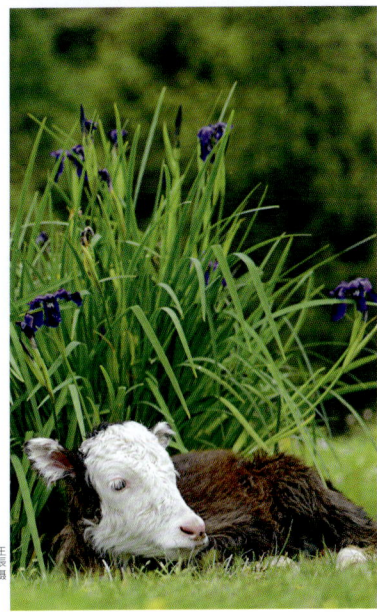

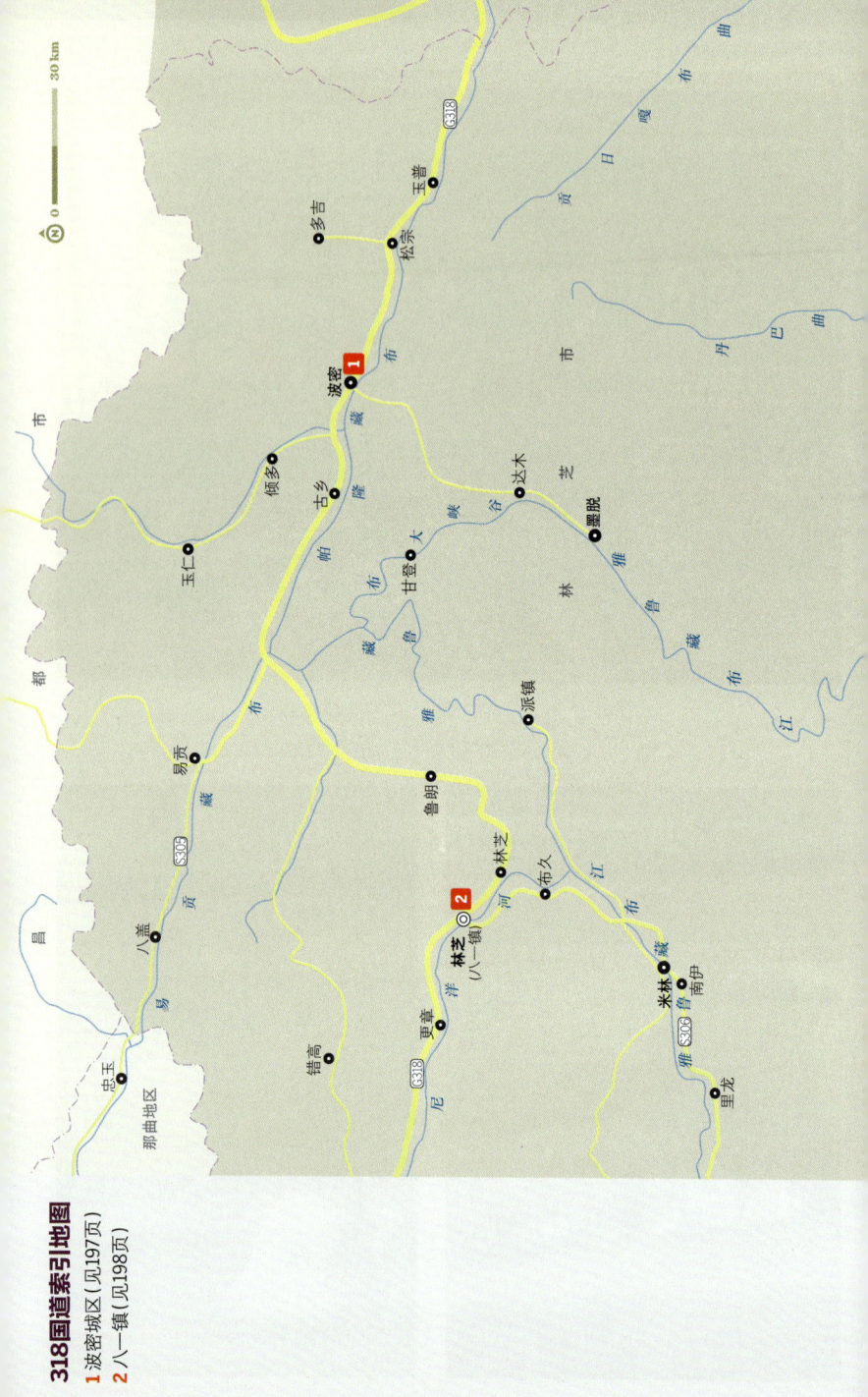

波密城区

波密城区

住宿 (见179页)
1 登峰大酒店 C3
2 可可栖里花园客栈 B3
3 悠游道国际青旅 A1

就餐 (见180页)
4 帅哥餐厅 B2

实用信息 (见180页)
5 波密县医院 D4

6 中国农业银行 C2
7 中国邮政 C3

交通 (见180页)
8 八一发车处 B2
9 墨脱发车处 B2
10 乡镇面的发车处 C3

八一镇

至拉萨(410km)
巴松错(120km)

双拥北路
广东路
滨河大道
八一大桥
育才西路
觉木路

双拥北路
双拥大道
炮滨路
福建路
福清路
广州大道
双拥南路
滨河大道
平安路
广东路
八一大街
平安路
福清路
德吉路
德吉路
福清路
双拥南路
广福大道
八一大街南段
广福大道
广州大道
双拥南路
和谐路
科技路 迎宾大道
工布民俗街
尼池中路
福州大道
滨河大道
福州大道
迎宾大道
青年路
白玛岗路
工布民俗街
巴吉西路
林拉公路
尼洋河
林拉公路
林拉公路
八一第二大桥
南峰大道

至工布江达(138km)
至林芝米林机场(55km)
大峡谷(130km)

八一镇

🛏 住宿　　　　　　　　　　（见164页）
- 1 博泰林芝大酒店 C4
- 2 渡口青年旅舍 B3
- 3 平措康桑藏泊酒店 D6
- 4 奇正白玛曲秘花园酒店 C3
- 5 松林客栈 B1
- 6 悠游道青年旅舍 C5

🍴 就餐　　　　　　　　　　（见165页）
- 7 广东顺德饭店 B4
- 8 啦·咧思藏餐 C3
- 9 罗扎欢喜藏餐馆 B3
- 10 牦牛鲜肉火锅馆 B3
- 11 明海卤熏重庆万州面 B3
- 12 映象川菜 C3

ℹ 实用信息　　　　　　　　（见166页）
- 13 林芝市人民医院 C2
- 14 中国建设银行 B2
- 15 中国农业银行 B3
- 16 中国银行 B3
- 17 中国邮政 B2

🚌 交通　　　　　　　　　　（见167页）
- 18 巴松错发车点 B2
- 19 工布江达发车点 B2
- 20 林芝客运中心 B2
- 21 林芝镇发车点 B2
- 22 鲁朗发车点 C2
- 23 米瑞乡发车点 B2

在路上
本书作者 尼佬

穿过峡谷间高耸的碉楼和城堡遗迹，在友好的措玉村居民的欢迎和指引中，我独享了雪峰下鲜花围绕的朱措白马林。

进一步了解我们的作者，见 422 页。

雍布拉康。

山南

山 南

雅鲁藏布江是藏民族的母亲河,而它最美丽、端正的那一段河谷就是孕育了藏人第一个村庄、第一个王国、第一座王宫乃至第一座佛法僧俱全的寺庙的雅砻河谷。在今天,这里被称作山南,取的是念青唐古拉山脉南方之意。

无论是农耕生态,还是宗教生活,雪域文明传统独特的仪轨伦常,可以说大部分在雅砻河谷完成建构,再散播到喜马拉雅以西、木雅贡嘎以东的广阔土地上。时至今日,雅砻河谷仍出产西藏最好的传统服装,贡献最好的藏戏艺人,拥有西藏最密集的国家级保护文物。比起喧嚣的拉萨,仅有一两个小时车程的山南河谷有更纯正的笃信宗教的传统农耕社会的气息:桃李春来,黄叶落秋,一幅永世安乐的藏乡图景。

山南不仅坐拥雅鲁藏布江,还得到喜马拉雅山的护佑。最南方的库拉岗日雪山犹如天涯孤军守卫着藏地的南大门。在那些美得惊人的裂谷、高地和草原之中,藏着人迹罕至的边关碉楼、约5000米海拔的蓝色湖泊、悬崖上的修行地和伸向南方的神秘亚热带丛林,等待你的探访。

☑ 精彩呈现

桑耶寺	210
泽当镇	212
拉姆拉错	224
错那	230
洛扎	234

何时去

➡ 对人文丰富、处处是历史遗迹的山南,尤其是雅砻河谷一线来说,只要做好保暖工作,几乎一年四季都适宜旅行。无论是夏天还是冬天,你都可能碰上热闹的节庆和夺目的传统艺术表演。雅鲁藏布江河谷的春花和秋叶也是难得一见的盛景,只是在沙化严重的江畔,春秋时节很容易扬尘,不免让徒步的你灰头土脸。冬、春去更南方的洛扎和错那,则需要注意高海拔处的冰雪路段。

★山南亮点（见206页）
① 藏传佛教第一寺桑耶寺 ② 神湖拉姆拉错 ③ 朱措白马林 ④ 卡久寺 ⑤ 勒布沟 ⑥ 雅砻河谷的四季田园风光

交通

➡ 雅砻河谷与拉萨仅有两个多小时的车程距离，甚至拉萨机场也处在山南市的西缘，加上农区的人口要比牧区更密集，使得拉萨往来山南北部的跨区交通几乎是西藏最方便的，游览大部分雅砻河谷景点当日往返拉萨是可能的。但去泽当以东和以南的地区则道路不便，车次极疏，有些县城和乡镇只有吉普车相连，得做好宽松的时间预算。如果可能的话，自驾或包车仍然是最佳选择。

食宿

➡ 由于很多游客常常一日往返，所以山南至今没有一家背包客旅馆，三四星级的酒店虽有，性价比和水准也大大低于拉萨。基本上每个县城都有能提供热水淋浴的宾馆，但在乡镇就不能保证了。

➡ 在雅砻河谷尤其是首府泽当，你能吃到的食物几乎与拉萨没有差别，藏式茶馆和川菜依然是主流，选择算得上丰富。如果深入南方边境地区，你还是可以吃到川菜，只是价格会是拉萨的两倍以上。

当地人推荐
比拉萨更古老的山南

阿旺桑培，西藏大学艺术系硕士，在雅砻河谷长大成人。

哪里是你认为山南最美的地方？

山南美好的地方实在太多了，如果一定要选一个，我会选择羊卓雍错（见267页），它是西藏的四大圣湖之一。不管哪个季节，羊卓雍错始终像一条巨龙下凡，点缀着整个地区。

去哪里可以欣赏到
山南的音乐、歌舞或戏曲表演？

西藏本来就是歌舞的海洋，山南更是拥有很多独特的歌舞种类。谐钦是山南各地广泛存在的一种歌舞类型，卓舞具有千年的历史，果谐则与原始生活方式紧密相连，另外，几乎每座寺庙都有丰富多样的诵经音乐，节日的时候在寺院欣赏到这些艺术的可能性非常大。

你觉得山南生活的风俗
与拉萨有些什么不同吗？

大致上是相同的，但有些传统节日则是独特的，比如望果节，此节日在拉萨很少见，但山南到了7月左右却是处处可见。

山南拥有无数的历史和宗教古迹，
哪些是游客容易忽略而你却觉得非
常精彩的？

因为山南的古迹太多，人们很容易忽略位于雅砻河边的很多具有历史意义的寺庙，它们都是活着的佛门圣地。譬如扎囊县内的扎唐寺，那里的壁画距今已有上千年的历史。位于望果节。

CFP提供

山南市乃东区西扎山上的西扎寺,是将佛教传来西藏的莲花生大士的修行地;桑日县内的康玛寺庙也是历史悠久的佛教圣地。

什么工艺品或特产是最具山南特色的?

有很多。有人说山南人非常聪明,一个鸡蛋能转动整个拉萨,个人觉得这是在说山南的藏鸡非常美味,浪卡子的干牛肉、措美的奶渣、加查的核桃也很好吃。山南工艺品如扎囊的黑氆氇、贡嘎的围裙也都非常有名。

如果在冬天和春天的旅游淡季前往山南,你有什么特别推荐的地方吗?

冬、春季来山南,直奔错那县的勒布沟准没错,那里四季温度适宜,你可以享受门巴的风俗文化,倾听仓央嘉措的故事。

✅ 不要错过

◎ 最佳水景

➡ **普莫雍错** 无与伦比的5000米海拔上有最澄净的蓝色,还有湖心岛上的飞鸟。(见235页)

➡ **朱措白马林** 湖边山脊就像一条安稳的探险之道,引你走到最靠近雪线的库拉岗日山下。(见241页)

➡ **桑耶寺渡口** 在秋天的雅鲁藏布江畔,渡船而去就像掉进金色的海洋。(见224页)

➡ **勒布沟** 雪水从天飞奔而下,瀑布汇入奔腾的溪流,被雨林掩盖起来,是西藏和热带地区都极为罕见的景象。(见230页)

◎ 最佳山景

➡ **库拉岗日雪山** 无论是在普莫雍错旁边的公路垭口,还是在朱措白马林旁,海拔7000多米的库拉岗日雪山都是让人屏住呼吸的最壮丽的景象。(见236页)

➡ **卡久寺** 南方大裂谷的山巅,有绿林和鲜花,以及每天与云雾霞光相辉映的卡久寺。(见241页)

➡ **扎央宗** 高耸的扶梯下是经幡掩映的溶洞,藏着圣人古老的足印和修行者千百年来的痕迹。(见228页)

◎ 最佳遗迹

➡ **壁画** 桑耶寺、卓瓦隆寺和贡嘎曲德寺都拥有历史悠久的珍贵壁画,而扎塘寺(见219页)壁画的历史更是可以追溯至11世纪。

➡ **唐卡** 各寺都有丰盛的唐卡收藏品,最吸引眼球的是昌珠寺(见213页)14世纪的文物观世音菩萨憩息图(坚期木尼额松像),全由珍珠制成。

山南亮点

❶ 藏传佛教第一寺桑耶寺

当你在雅鲁藏布江两岸的公路驰向桑耶寺时，群山环抱的无边河滩上那如锦似绣的黄叶森林已经足够让你心醉神迷，终于明白了为何莲花生大士、寂护大师和藏王赤松德赞会一致同意在这里修建吐蕃的第一座僧院。尽管经过多次破坏，这座8世纪就已建成的寺庙仍保持着它形似坛城的格局，俨然是沙滩之上的宇宙，而这宇宙中心的"三样寺"分别以吐蕃、汉地、印度的方式呈现，也体现了8世纪藏人的世界观。

❷ 神湖拉姆拉错

拉姆拉错绝对不是西藏最美丽的湖泊，但却被视为最神圣的湖泊。这座仅有1平方公里多的湖泊藏在海拔五六千米的群山中，如莲花初放时误入的雨露，被信奉者推为能预知未来、开示命运的天眼。朝圣者会在5100米的听湖处静观和祈祷。宗教人士在这里寻求得到喇嘛转世方向的提示，普通信众则寻找自我与家园的命运启迪。

❸ 朱措白马林

终年白雪覆盖的库拉岗日雪山横亘在中国与不丹的边境，守卫着南方峡谷居民们的福祉。雪山周边传说有8个"林"即8座圣湖，最方便抵达的就是朱措白马林。无论在何时抵达，水面之上5座雪峰的胜景都会让你终生难忘，你甚至可以假装是一个藏地的牧羊人，不费吹灰之力就踏过夏日鲜花的草甸抵达雪线。

❹ 卡久寺

遥远的卡久寺就像是一趟漫长旅途的尽

山南亮点

（左图）桑耶寺。
（上图）拉姆拉错。

头，也许并非终点，可是你会愿意停下来，在夜空的星轨下听溪流下山，在金色的晨光中听经诵于殿。处于3900米山崖顶上的它直面着无数恢宏深邃的裂谷，下午云起雾迷时，寺院、白塔和藏于峡谷中的修行屋都进入了幻化之境，你会觉得你正踩在人间与神界的入口，直到最后一抹晚霞从山顶的树荫后逝去。

❺ 勒布沟

如果你厌倦了雪山、草原和青稞地，那么有着层层叠叠森林的勒布沟会让你大吃一惊：它甚至不是你从318国道一路进来时所见的那些喜马拉雅冷杉林，而是如谜一般的宽大厚实、绿意充盈的亚热带雨林。在红豆和棕榈之下眺望雪山，可见到西藏其他地方难得一见的景象。这湿润的峡谷与藏南近在咫尺，仓央嘉措便从这里走向了拉萨。

❻ 雅砻河谷的四季田园风光

在风光壮丽、人文景观丰富的雅砻河谷行走，一年四季都有不同的曼妙景致。每一座不起眼的村庄或小镇，都可能拥有千年的历史和传承；废弃的庄园与王宫，珍藏着有几百年历史的壁画，都在雅鲁藏布江两岸随处可见。看多了江河和田园，你还可以随便进入一个山谷，去探索并朝拜那些修行者的隐居圣地。

朱措白马林。

4
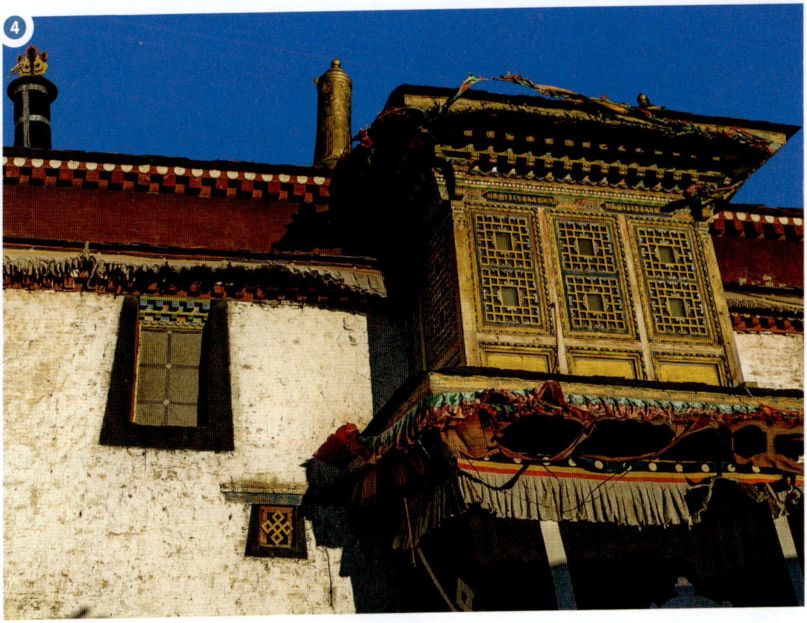
尼佬 摄

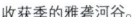

卡久寺的大殿。

勒布沟内的亚热带风景。

5
彭利君 摄

收获季的雅砻河谷。

6
CFP 提供

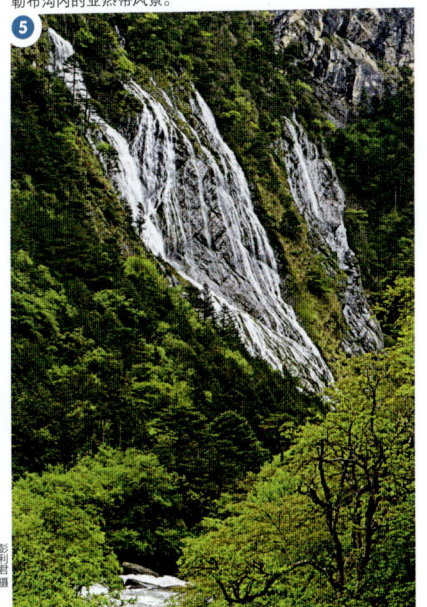

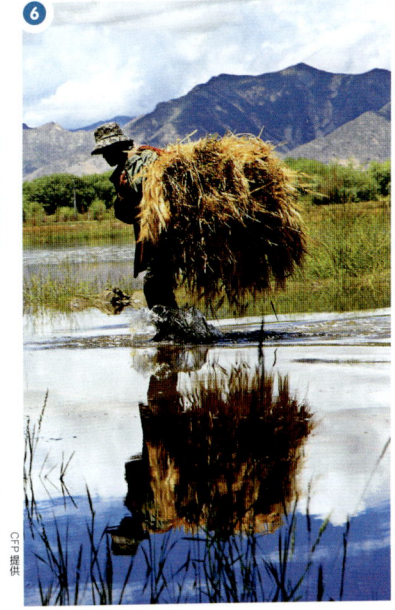

★ 最佳景点
桑耶寺

你可能见多了西藏那些巍峨山冈上的寺庙，所以沙洲之上、雅鲁藏布江之滨的桑耶寺，居然能够成为西藏的第一座佛法僧俱全的寺庙，也算是一个奇迹。在史书中，是初入吐蕃的莲花生选择了这块土地，寂护大师则将古印度佛教里的宇宙哲学全放在如沙盘一样的恢宏格局里。1300多年过去了，桑耶寺仍然维持着最初的格局，整座寺院如从天而降的坛城一般，镇守在西藏文化的最中心。

扎囊县桑耶镇；乌策大殿门票40元；⏰9:00~18:00；交通：桑耶赤尊客运公司（📞783 6665）经营桑耶寺往来拉萨、山南和周边地区的客车。拉萨到桑耶寺的车（6:00~8:00整点发车；60元；2.5~3小时）在大昭寺广场前发车，返程最晚是下午两点，班次常随季节变动；开往山南泽当的车则晚至下午4点都有（20元；1小时），在泽当月光市场发停。

"三样寺"的由来

我们通常会从桑耶寺的东大门进入，在这个按照佛教的世界观构造的浑圆的坛城中，最显眼的自然是处在象征着宇宙中心位置的乌策大殿（乌孜仁松拉康），它又被称为多吉德殿，是寺中最高大壮观的建筑。它坐西朝东，三层楼阁各有其妙，底层为藏式，中层为汉式，顶层则是传统印度风格，分别由三地的工匠设计施工，所以桑耶寺又有一个"三样寺"的诨名。

殿堂结构

既为宇宙中心，乌策大殿也就象征着佛之居所的须弥山。大殿有两重围廊，象征铁围山。四面各开一门，以东门为正门。

大殿底层分成两部分，前为经堂，后为佛殿。经堂两侧分立雕像七尊，有松赞干布、赤松德赞、寂护和宗喀巴这样的大德，也有当年第一批出家的"七觉士"。佛殿四周为千佛壁画，主供一尊用整块巨石雕出的释迦牟尼像。

桑耶寺的大殿。

CFP提供

亮点速览

➡ **桑耶兴佛证监碑** 大殿东门南侧的方柱形石碑,内容是779年赤松德赞为供养桑耶寺做出永不背弃佛法的盟誓,在历史上非常著名。

➡ **铜钟** 位于大殿正门口,是《贤者喜宴》所记载的吐蕃历史上的第一口铜钟。

➡ **桑耶寺羌姆(金刚神舞)** 藏历正月初十、十一日,以及五月十五日至十七日是非常重要的宗教日子,僧人将会表演传承千年的金刚神舞。

在上午参观寺院的话,常常能遇见桑耶寺僧人的集体诵经。

中层主殿左侧是达赖喇嘛行宫,有三间,第二间为朝拜殿,藏有一幅早期桑耶寺的全景图,第三间为卧室,墙上的壁画以佛祖、弥勒佛和度母为主题,据说绘于七世达赖喇嘛时期。主殿是所谓的汉式风格,供奉着三尊佛像。

最上层按照印度法式建筑,有双排的回字形立柱,中央供大日如来佛像,两旁是二眷属和八大菩萨,四角则供奉欢喜佛,皆为印度人样貌。

走出大殿,东大门前有一座高九层的展佛殿"格古康",每年藏历正月初五和五月十六日,巨幅的释迦牟尼绣像便悬挂于高墙上,供四面八方的信徒朝拜。

壁画与艺术

桑耶寺珍藏着自吐蕃时期以来的各种艺术遗产,主殿的壁画最为完整,尤其以二楼最为精彩。左侧以莲花生为主题,右侧一组讲述七世达赖喇嘛的功绩,全部内容则可以说是横亘了整个西藏史,从罗刹女与神猴结合繁衍藏族一直到九世达赖喇嘛治下的风土人情,画面长达92米。

大回廊的壁画最早绘自1506年。东大门内左侧的壁画就出自这一时期,描绘了桑耶寺的节庆景象,有攀杆、攀索、倒立、马技等杂技,还有摔跤比赛和牦牛舞蹈等十分罕见的题材。当然,佛教主题的壁画还是最多的,《佛本生故事》中的生死场景也在这里呈现。而回廊南面的石刻千佛像足有900尊之多,论辩、施愿或转经轮,似在守护着这千年古刹。

泽当镇

电话区号 0893 海拔 3560米

"泽当"在藏语里的意思是"猴子玩耍的坝子",这可是大有来头的猴子。在藏族传说中,是罗刹女和神猴的结合才诞生了雪域的博巴藏人,而他们结合的地方,还矗立在泽当城东边的贡布日神山上。雅砻河在这里汇入了雅鲁藏布江,河流发源地雅拉香布雪山周围古老的村庄和寺庙旁边是宽广的耕地田园,西藏的农业文明在这里起源。传说中西藏的第一个村庄、第一块田地、第一座宫殿依然维持着原来的样子。

通常西藏各地班车目的地里的"山南"便是指泽当镇,去山南腹地的一些地方也只能在这里转车。

⊙ 景点

整洁光鲜的泽当城内没有太多古迹,不过便利的交通使你探访周边景点时更方便。搭乘公共交通的话,雅鲁藏布江河谷内的县城及景点基本都可以当日往返,自驾和包车效率更高。

雍布拉康   宫殿

(泽当—错那公路南12公里处;主殿门票30元;⊙9:00~17:30)从泽当往南12公里,公路左边的山脊上,便是修建于公元前114年的吐蕃第一座宫殿雍布拉康。因为山形如母鹿的大腿,所以有了"雍布拉康"(母鹿大腿上的宫殿)这个名字。我们今天见到的宫殿并非2000多年前的原殿,"文革"时,这里被拆除得只剩一些残垣,1982年方才获得原样重建。

有趣的是,建造这座宫殿的第一代藏王,并不是吐蕃(雅砻地方)人。而是来自东方的波密。据说他生来俊美,手指间缦网相连,具有不可思议的神力,被波密人视为邪魔驱除。他往西方流亡,经过了工布地区(林

雍布拉康。

如果你有

➡ **1天** 从拉萨开车饱览雅鲁藏布江风光,游览桑耶寺、雍布拉康和昌珠寺。

➡ **2天** 从拉萨乘车游桑耶寺、雍布拉康和昌珠寺,下午搭吉普车至加查县;第2天游拉姆拉错后,返回泽当及拉萨。

➡ **5天** 从拉萨开车出发,第1天游览桑耶寺和雍布拉康;第2天往措美、拉康方向走,游览藏王墓、哲古错和卡久寺,宿卡久寺;第3天开车至色乡,游色卡古托寺、卓瓦隆寺和拉普温泉;第4天游朱措白马林,宿洛扎县城;第5天一路向北,游库拉岗日雪山、普莫雍错和羊卓雍错后返回拉萨。

➡ **7天** 从拉萨开车出发,第1天经过羊卓雍错、普莫雍错和库拉岗日雪山抵达洛扎县色乡;第2天游色卡古托寺、卓瓦隆寺和朱措白马林;第3天往拉康、措美和错那方向走,游卡久寺后直抵勒布沟;第4天游览勒布沟后北上,经雍布拉康抵达泽当住宿;第5天游览桑耶寺之后驱车前往加查;第6天游览拉姆拉错后,饱览雅鲁藏布江由谷地变为峡谷的风景,当天抵达米林或八一;第7天回到拉萨。(lp)

芝）后，与往东方寻找首领的吐蕃人相遇。众人将其架到脖子上，请去雅砻，成为吐蕃历史上第一位国王聂赤赞普。

后来，雍布拉康不断扩建，松赞干布在宫殿旁修了佛殿，有时候也把这里当成夏宫，五世达赖喇嘛为宫殿修造了镀金红铜屋顶，定型了今日雍布拉康的外貌格局。

重建之后的雍布拉康依然具有非凡的魅力，白色的宫殿矗立在拔地而起的200米高的山峦上，在金色的河谷田园的映衬中显得更为璀璨。佛殿的第一层供奉释迦牟尼，两边是松赞干布和第一代藏王聂赤赞普。第二层供奉观世音菩萨、药师佛和无量寿佛，两边则是松赞干布、尼婆罗（今尼泊尔）公主和文成公主，据说西藏第一部佛教《诸佛菩萨名称经》亦在此供奉，四周精美的壁画描述了迎请聂赤赞普初入雅砻时的场景和猴子变人的传说。宫殿东侧的山峦上，朝圣者供奉的经幡在风中哗哗作响，是拍摄雍布拉康傲立于田园中最好的角度之一。

从北面的山下上山，你可以拾级而上，也可以选择骑马而上（上去20元，下来10元）。下来的时候不要忘记马道旁边有一眼终年不涸的泉水，传说它是由松赞干布的重臣禄东赞（藏籍为"噶东赞宇松"）发现的，泉前立有他的雕像。到雍布拉康礼拜的人都会到此处饮用泉水，据说可医百病。当然你也可以从南面下山，沿着公路前行两三百米，就看到立着一块碑，它告诉你眼前的田地便是聂赤赞普教会吐蕃人耕作的第一块农田。

北面山下的村庄有停车场，茶馆和客栈都一应俱全。从泽当市区乘坐2路公交车（2元）半小时便可以抵达这里，打车单程50元起。

昌珠寺 寺庙

[乃东区昌珠镇（泽当南郊）；门票30元；⊙9:00~17:30] 昌珠寺建成的历史甚至比桑耶寺还要早，它建于松赞干布统治时期，是西藏的第一座佛堂（也有说是第一批），也是闻

吐蕃后代拉加里

吐蕃王朝开始于山南，辉煌于拉萨。王朝崩溃之后，部分王室后代被迫西迁至阿里。在12世纪左右，从上部阿里返回了以埃尊赞布为首的一支嫡系，在如今的曲松县一带建立起一个小王朝，史称雅隆觉卧王朝。后来，埃尊赞布的儿子拉•赤列朗杰，建造了一座名为"加里寺"的寺庙，其后裔便以"加里"为名，冠以"拉"（神）字，形成了象征权力与荣耀的"拉加里"这个姓氏。

由于拉加里法王是吐蕃松赞干布的后裔，所以历代地方政权和达赖喇嘛都对这个小王朝采取宽容态度。直至1959年之前，拉加里王系还统辖着拉加里、桑日、加查、隆子四宗。其王宫遗址已列为国家级保护文物，现在还矗立在曲松县城南侧的台地上，并在2010年得到部分修葺。

王宫遗址其实有不同的年份，早期建筑称"扎西群宗"，始建于13世纪，如今只有宫殿残段和南、北大门；中期建筑称"甘丹拉孜"，建于15世纪，是拉加里王宫遗址现存的主体建筑，由王宫、拉康（宫殿）、仓库、广场、马厩等组成；晚期建筑称为"夏宫"，建于18世纪，是一处具有汉地风格的四合院落。有意思的是，拉加里王宫遗址所处的曲松河谷也拥有很多土林，与雅砻河谷的普通景象不太相似，反而极似阿里的札达，又有河谷里的树木相映，拍出来的景色有山南其他地方不具备的苍凉美感。

拉加里王宫遗址已经修了大门，不过尚未正式收费，从泽当过来的班车（28元；1.5小时）在月光市场发车，频次不勤而且需要等人满发车，下午2:00以后基本就没了，所以最好早去早回。自驾或包车会更合适。 [lp]

昌珠寺。

名遐迩的《西藏镇魔图》里镇守罗刹女魔的十二神庙之一，镇守的是女魔的左肩。据说当时佛堂仅有六门六柱的建筑规模，旁边的祖拉康是松赞干布和文成公主移驾山南时常居住的地方。佛教真正在西藏稳定发展后，昌珠寺经过3次扩张修建，尤其是在14世纪，统治雅砻河谷的绛曲坚赞对昌珠寺进行了大规模的维修和扩建，形成了今日寺院的格局。昌珠寺也顺理成章地在1961年成为第一批全国重点保护文物。

今日，昌珠寺的格局与大昭寺颇为相似。外围是一个有800多经桶的回廊，廊内21个经堂，供奉着不同的神佛菩萨，在千手观音殿里，保存着据说是文成公主用过的铜锅。回廊围绕着措钦大殿（大经堂），僧人在这里日夜诵经。

几乎每个游客都不会错过的是放置于二楼后殿的两幅珍贵的唐卡。称得上是昌珠寺"镇殿之宝"的即是制作于14世纪的全珍珠的"观世音菩萨憩息图"（坚期木厄额松像），

由当时乃东王的王后出资供奉制成。整幅唐卡长2米，宽1.2米，镶嵌珍珠共计29026颗，钻石1颗，红宝石2颗，蓝宝石1颗，绿松石185颗，黄金、珊瑚若干。这幅珍珠唐卡曾经不知去向，没想到在"文革"期间被红卫兵在昌珠寺意外地翻出来，消息传遍了整个西藏。这间房屋还藏有一幅历史悠久的缂丝释迦牟尼像唐卡，传说是文成公主亲手绣制的。

昌珠寺位于山南到错那的公路上，离市区不到5公里，几乎融为一体。同样你也可以搭乘2路公交车（1元）到这儿，和雍布拉康一起打包游览。

贡布日神山与猴子洞　　洞穴

（泽当镇东侧）**免费** 不要看贡布日神山仅有4000多米的海拔，夏、秋也没有雪覆盖，却在藏族人心中有着崇高的地位。泽当是猴子戏耍的平坝，那么贡布日神山就是猴子们生活的家园，迄今为止，传说中神猴居住的山洞还被各地藏人所朝拜。

猴子洞位于神山中海拔4060米处，面向东北方，深不过15米。据说就是在这里，观世音菩萨授戒了一只猴子修习菩提心法，后来他与罗刹魔女结合，繁衍出6个后代，他们成为藏人的祖先。如今石洞香火旺盛，绘有漂亮的神猴主题的壁画。在这里眺望雅鲁藏布江和雅砻河谷别有一番风味，尤其是几乎见不到其他内地来的游客。

从泽当城区爬贡布日神山，相对海拔不过八九百米，但还是要掂量你在高原的体力。白日街一直往东走，穿过村庄便可见山脚下有一座尼姑庙，庙后有一条小路便可一直通往山顶。爬过山顶，往东北方向下行一段时间，便可看见挂满经幡的猴子洞。往返一般需要四五个小时。

藏王墓　　陵墓

（琼结县城东侧；门票50元；⏱9:00～17:30）尽管松赞干布选择了拉萨作为吐蕃的都城，但他和他的继任者们依然常常回到雅

☑ 不要错过

雅砻之源：雅拉香布雪山

距离泽当最近的雪山当属雅拉香布了，它位于附近的乃东区，海拔6647米，其方圆几百里的冰川是雅砻河的源头，所以也可以说是吐蕃文明的源头，被誉为"上部守护之神"，在"世界形成之九神山"中排列第二，仅次于神山之父沃德贡杰雪山。

在藏人神话当中，雅拉香布山神是一头白牦牛，能从口、鼻中不断喷出雪瀑，摧毁岩石，引发洪水。现实中的它是一座安静巍峨的高山。山南很多地方都可以看到雅拉香布雪山，譬如泽当到错那的公路位于雅砻河谷的路段，雪山与田园风光交相映衬，美不胜收。另一个观看雪山的好去处则是措美的哲古草原。

藏王墓。

砻故土，甚至死后也长眠于此。琼结县城南边恢宏的陵墓群，据说埋葬着吐蕃的几十位赞普和他们的王妃。

从县城往藏王墓方向走，公路的左边那座香火旺盛的陵墓就是松赞干布的陵墓。你可以走到陵墓的顶上，这里有一座祭祠，也是陵墓群唯一收门票的地方（不进入庙里也可以在顶上走走）。这里供奉着松赞干布、文成公主、尺尊公主、禄东赞大臣、藏文创造者吞米·桑布扎等人的塑像。脚下的陵墓里，据其墓志说，内分九格，主室是佛殿，立有珊瑚长明灯，四周的殿堂储藏着无数的珍宝，以及松赞干布、释迦牟尼、观音菩萨等的塑像，还有松赞干布当年所用的盔甲、兵器等。迄今为止依然完整，未被盗过。

站在松赞干布的陵墓上向东望，山边的沃野里也是层层的陵墓。基本都是方形的平顶垒石夯土高丘，千百年的风雨侵蚀，有的陵墓已变成圆形平顶，大小各不同了。不要忽略这些陵墓，往东跨过三座陵墓的顶后，山势最高处的陵墓下，尚存两个镇守陵墓的石狮，虽然已被笼子围起保护，却仍能看出其千年不变的威严。这里视野开阔，雅砻地区的田园风貌一览无余。

走下陵墓，往县城方向走，靠近公路的是赤德松赞的陵墓，旁边建有一个小庭院，用以保护和展示其墓碑。这是目前西藏遗留下来的最完整的吐蕃碑刻，专家认为它的艺术价值甚至高于大昭寺前的唐蕃会盟碑。其碑顶是一巨大的莲座宝珠，碑身两侧两条升龙，碑盖底部四角有四个漂亮的飞天浮雕，压着石刻龟座。碑身书写古藏文59行，内容是赤德松赞的统治功绩。

如果还有时间的话，走回县城时，对面山头上是**青瓦达孜宫遗址**，这是早期吐蕃王朝的遗留，如今只剩残垣。

从泽当到藏王墓，可以在格桑路与乃东路的十字路口西南口（市医院斜对面）搭乘去琼结县的班车（10元；40分钟），班车会开到藏王墓路口，这样你走到松赞干布陵墓大概需要15分钟，不过返程的时候必须走到县招待所门口候车，最后一班回泽当的车是在下午6:00。

雅砻历史博物馆　　　博物馆

（☎782 0218；乃东路69号）免费 这个规模不大的博物馆拥有一些别具一格的馆藏。不过因为新馆建设，现在乃东路的博物馆只是一个办公地点，并不对外开放，新馆预计将于2016年国庆前建成开放，地址也将迁到昌珠寺对面。届时，其陈列的主题将是雅砻地方历史，你可以看到上百件藏戏服饰、11世纪印度的梵文贝叶经、克什米尔的佛教造像和雅砻本土的木雕经版等，称得上精选了雅砻地区千年来的文化交流发展的精华。

❀ 节日和活动

山南的节庆与前藏、后藏基本一致，仍以藏历新年为最大节日。望果节则是典型的山南农区节日，通常在每年七八月间。青稞黄熟以后、开镰收割的前两三天举行，人们举行转田仪式，载歌载舞，祈祷好收成。

山南市政府每年公历7月25日举行"雅砻文化节"，相对来说这是个欣赏山南民间艺术的好时机，政府组织的各种演出让你有机会看到有着丰厚传统的山南藏戏、舞蹈和音乐表演。

✖ 食宿

由于雅砻河谷里的不少景点都可以从拉萨往返，所以泽当的住宿和拉萨、八一这样的旅游热门地相比，缺乏竞争带来的活力，不过比起山南其他县城却还称得上是选择不少。如果你对住宿要求比较高，当天返回拉萨是不错的决定。

和拉萨一样，这里除了藏式茶馆，就是川菜的天下。餐饮最集中的地方是流经城市的香曲两岸。无论是香曲东路还是西路，火锅、川菜、小吃面馆和烧烤比比皆是，茶馆点缀其间。价格也和拉萨差不多，面条通常10元起，炒个荤菜30元起。湖北大道靠近湖南路路口则是另外一处餐厅集中地。

功德宾馆　　　　　　　　　　酒店¥

（见203页地图；☎783 2999；格桑路三中斜对面；标双120元；☉）门面看起来潦草但它却有一个养满了花草的藏式庭院。比起同等价格的房间，算得上干净又方便了。

丽晶快捷酒店　　　　　　　　酒店¥

（见203页地图；☎766 8818；格桑路客运站斜对面；标双138元；☉P）客运站对面的平价选择。房间干净热水充足，适合转车。

锦砻商务酒店　　　　　　　快捷酒店¥¥

[见203页地图；☎766 8888；民族路18号（体育场对面）；标双228元起；☉P]2014年开业的酒店，一切都是内地好一点的快捷酒店的标准。服务热情，有很宽敞的停车场。

雅砻河酒店　　　　　　　　酒店¥¥¥

（见203页地图；☎780 3333；湖北大道18号；标双428元起；☉P）装修过时且维护不够好的准四星级酒店，Wi-Fi的信号也不太好。但如果你寻找的是设施齐备的大酒店，它在山南还算符合要求，服务国营感十足。淡季时前台价可能比在网上订还要便宜。

龙马餐厅　　　　　　　　　清真菜¥¥

（见203页地图；☎782 3533；萨热路5号龙马宾馆院内）川湘菜包围中，这一片集中了一些西北穆斯林餐厅，这一间设在宾馆里的环境不错，干净卫生。吃一餐经典的手抓羊肉，人均60元起，当然你也可以点一碗面或粉汤轻快地吃一顿。

ⓘ 实用信息

医疗服务

山南市人民医院（见203页地图；☎782 0289；格桑路5号）

银行

中国建设银行（见203页地图；格桑路18号）
中国农业银行（见203页地图；乃东路39号）

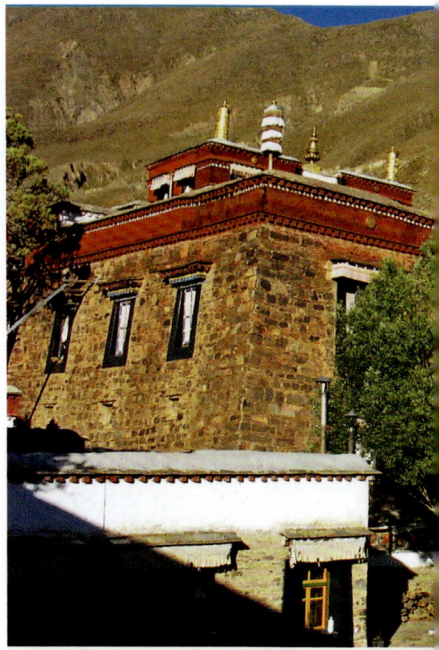

江南风景线

泽当到贡嘎机场大约100公里的泽贡公路（西藏101省道）是欣赏雅鲁藏布江风光的最好选择，路面平整，村庄、寺庙、庄园、古镇和浩瀚沙洲上的雅鲁藏布江，掩映于繁密的行道树外，随处停下都是非常亮眼的风景。

从泽当西行25公里，便可到达**朗赛林庄园**路口，左转3公里进去就到了。朗赛林在藏文的含义是"财神之地"。这个庄园由疆·扎西若丹创建，兴建于13世纪帕竹王朝时期，后来在20世纪前半叶为贵族朗赛林家（班觉晋美）所有，主楼高7层，双重围墙，还有宽约5米的护城河。在庄园围墙外南侧面，有一座风景秀丽的花果园，比庄园面积本身还大。可惜的是，"文革"时，主楼5层以上被毁，现在我们看到的是2006年的修复版。

继续沿泽贡公路前行，很快又到达**敏珠林寺**路口，同样需要左转进入谷地几公里。这是一座非常重要的红教寺院。由卢梅·楚

敏珠林寺。CFP提供

臣西绕于10世纪末修建,是后弘期宁玛派南路弘法的主寺,主殿祖拉康有三层,佛殿内绘有宁玛派历代著名喇嘛像。自七世达赖喇嘛以来,西藏宫廷一直授权敏珠林寺主持历算和编写修正《藏历年表》。而对一般大众而言,敏珠林寺最出名的则是其出色的传统藏香,你可以在这里买到,也可以在拉萨八廓街的敏珠林分寺买到。

继续西行到扎囊县城,左转进入县城大约2公里,有规模不大的**扎塘寺**。根据藏文史料《青史》记载:扎塘寺的创建者为著名掘藏师扎巴俄西,它始建于1081年,到今天仅存扎塘寺主殿一层和外围墙建筑。幸运的是,这仅剩的一层保留了11世纪到20世纪的一些珍贵壁画,主题是佛祖为弟子授法的故事,共有大小佛像约250余个。从三叶花佛冠看,专家推测壁画为阿底峡大师时期的作品,甚至还有西藏壁画罕见的穿着靴子的佛像。

离开扎囊县城往西走,下一个小镇是以手工制作"邦典"(藏族围裙)著名的姐德秀镇,这里生产藏装有几百年的历史,几乎家家都生产,你可以走进店里参观制作或购买。这里最让人愉悦的是江畔湿地上的森林。夏秋两季看柳树江影,冬天则可以看到成千上万的黑颈鹤、斑头雁、赤麻鸭等鸟类前来过冬。雅鲁藏布江河道中部的浅滩上还有一块高30余米的大石,被称为镇江石。

过了贡嘎机场之后,不要上高速,继续沿江南西行到岗堆镇左转,即可到达有着精彩壁画的**贡嘎曲德寺**。贡嘎曲德寺内大殿及多处殿堂里都有15世纪西藏著名画师岗堆·钦则钦莫的画迹,保存状态最好的还是二层一间秘密殿堂里的壁画,所绘内容均为密宗神祇。

目前这些景点游客少至,基本都没有开始收门票(朗赛林庄园可能于2016年开始收费),扎塘寺和姐德秀可以搭乘拉萨与山南拉萨之间的班车游览(泽当至扎囊县城的班车则在泽当客运站开出)。另外几个点距离101省道有不少距离,自驾和包车显然更方便。

山南市客运中心车次时刻表

目的地	发车时间/班次	票价（元/人）	行程（小时）
拉萨	7:00~18:00坐满即走，滚动发车	大巴60，小车75~100 视车型和时间而定	2.5~3
八一	8:00（逢周一、三、五）	190	10
朗县	8:30	95	6
洛扎	8:30	130	8
错那	8:00，12:00	70	4~5
加查	8:00，11:00	60	5

邮局

中国邮政（见203页地图；乃东路16号；⊙9:00~17:30）

旅游信息

山南市旅游局（☎782 0259；湖南路25号）

ⓘ 到达和离开

飞机

拉萨**贡嘎机场**地处山南境内贡嘎县，距离泽当约100公里。航线覆盖国内主要城市及尼泊尔的加德满都。

长途汽车

泽当到拉萨算是相当便捷，不过需要注意的是：从拉萨到山南的班车可以买途中票（譬如到扎囊、桑耶寺渡口），价格不同。但从泽当返回拉萨时是不能在中途下的。拉萨、林芝和边远县城需要在**山南市客运中心**坐车，去雅鲁藏布江河谷之内的县城和乡镇的班车则分散在不同的地方。去往扎囊（20元；1小时）在**泽当客运站**出发，琼结（藏王墓；

10元；40分钟）在市医院对面的十字路口出发，桑耶寺（20元；1小时）、曲松（28元；2小时）、加查（100元；4小时）等地则都在**月光市场**里的停车场发车。这些车次通常都要等到人满才会发车，其中加查是吉普车，下午6点前还有。

虽然回拉萨的班车下午6点就没有了，不过客运中心旁边还有不少小车等待拼车回拉萨，一般7点半前都还有。

火车

拉林铁路已全面动工，在扎囊、乃东和加查等地设站，不过建成将会是2020年之后的事了。

❶ 当地交通

从泽当去贡嘎机场，可以乘坐去拉萨的大巴或小车，在贡嘎机场下即可。

泽当的公交车路线不少，价格普遍为1元，远郊的一般也就2元，基本覆盖了市区的所有路段。

城内出租车一律10元，但司机会拼车。出城则需议价。

桑耶寺

在桑耶寺修建之前，西藏已经出现了供奉佛像和佛经的寺庙，譬如松赞干布时期，尺尊公主和文成公主修建的大昭寺和小昭寺。但直到赤松德赞统治时期，才决定真正修建一所佛法僧俱全的佛学中心，这就是我们今天看到的桑耶寺。

公元787年（亦有其他说法，但8世纪中后期则无争议），在藏王赤松德赞"桑耶"（不可想象）的惊呼中，这座修建了12年的佛门圣地终于落成，迎请了印度、大唐和西域等地的高僧贤哲，并培养了九位翻译大师，在这座寺庙里，陆续地把三藏经文翻译成藏语；吐蕃臣民中的七位贤智之士就地出家，成为西藏历史上的第一批僧人，史称"七觉士"，而作为吐蕃的第一个佛学研究中心，桑耶寺的僧人很快就超过了300名。

（左起）桑耶寺的法事；桑耶寺的黑塔；桑耶寺内建筑。

在9世纪朗达玛灭佛时期,桑耶寺也遭到封禁。后来它成为宁玛派的中心寺院。萨迦统治西藏时期,也派遣僧人驻寺,从此形成了宁玛派、萨迦派共处的格局,直至今日。但不论什么教派,藏传佛教的信徒千百年来都感恩桑耶寺的伟业,朝圣者始终络绎不绝。

景点

乌策大殿 　　　　　　　　　　　大殿

这是桑耶寺唯一收门票的地方,也是桑耶寺的主殿。参见210页最佳景点。

十二洲 　　　　　　　　　　　　大殿

除了大殿,参观桑耶寺的其他地方都是免费的。围绕大殿,在东西南北方向修建了四座神殿,象征四大部洲,四大殿的两边再各有一座配殿,象征八小部洲。大殿的四角外有红、绿、黑、白四座形制特殊、风格不同的舍利塔,分别象征四大天王。

四大部洲的神殿也是朝拜者转寺的地方。正东为江白林,供奉文殊菩萨像。正西为强巴林,供奉弥勒佛像。正南为阿雅八律林,供奉无量光佛像。正北为桑结林,供奉着千佛像。

四塔 　　　　　　　　　　　　　　塔

乌策大殿的四角有高大雄奇的红、绿、黑、白四塔,象征四大天王。白塔位于大殿的东南角,下方上圆,塔基的方形围墙上又立有108座小塔黑塔,十分奇特;红塔位于西南角,代表大乘菩萨,形状似方而实圆,状若覆钟;黑塔位于西北角,代表小乘独觉,塔身如三叠覆锅,上托宝剑;绿塔位于东北角,代表大乘佛,以绿色琉璃砖砌筑,如瓷器般富有光泽。

十二洲和四塔都被桑耶寺长长的围墙包围,围墙象征着世界的边缘铁围山。墙上每隔1米就有一座红陶塔,共1008座佛塔。

海不日神山 　　　　　　　　　　　山

寺院东边的海不日神山虽然相对高度不足百米,却是俯拍桑耶寺和雅鲁藏布江景色

飞旋的"仙女大姐"——藏戏

杜冬

如果你在青稞丰收的季节到卫藏旅行,你或许会赶上这样的场面——青稞田边,带着蓝面具的舞者挥舞着吉祥结,面容可怖的魔女和武士对峙,还有老汉穿着女装扮演的拉姆(仙女)故作扭捏地登场。

这就是藏戏,最常见的场合为丰收之后的欢庆。它与西藏更为常见的寺庙法舞在表演形式上的区别在于:藏戏是边唱边跳,而且以唱腔为主,声音高亢、波折,且有多人合唱,有明确的剧情。对于藏戏的起源说法众多,最常见的是唐东杰布为了修建铁桥,组织了七姐妹来表演募捐修桥之资,因此藏戏在藏语中被称为"仙女大姐"。藏族百姓坚信这个说法,这也让藏戏带有了神圣性,甚至有人说藏戏中戴面具蓄长须的舞者(翁巴)就是唐东杰布。其实,藏戏的来历很可能更为多样,是多种曲艺形式的大杂烩。即

(左图和上图)雪顿节期间哲蚌寺的藏戏。(左图和上图)CFP提供

便是今日所见的成熟形式,历史也不会晚于京剧的形成。

藏戏有众多流派,时至今日,蓝面具(觉木隆)和黄面具(扎西雪巴)两支最有影响力,更以觉木隆为其代表,起源于拉萨近郊。表演内容有经典的八大藏戏,每年雪顿节期间轮番上演,各戏团都拼尽全力,仿佛一次民间藏戏团的大阅兵,让看藏戏、看哲蚌寺展佛以及喝酸奶成为雪顿节的三大重头戏。

藏戏剧本的内容大多为宗教故事,带有古典浪漫主义及藏族、印度宗教美学的因素,例如《智美更登》说的是施舍了一切包括双眼的王子;《白玛文巴》讲幼年莲花生大士如何挫败罗刹;《诺桑王子》说王子如何进入天神的宫殿,找回自己的原配仙女。最接地气、也最受欢迎的可能是《仙女朗萨》,说一位江孜的纺织女如何惨遭自己公爹的不信任和大姑子的暗算,最后被打死又还魂成尼姑的故事,简直是西藏版本的《渴望》或者韩剧,藏族的大姑娘小媳妇们看这出戏也常泪雨滂沱,以至于出演大反角大姑子的演员有被人攻击的危险。

除了这类悲情戏份,热闹的剧情也很不少,甚至不乏恐怖的:魔妃哈江登场,垂头散发、张牙舞爪时,会让看戏的孩子们吓得魂飞魄散。如今看藏戏并不容易,你可能要联系自治区藏戏团搞清他们每年下乡演出的时间和地点(一般在七八月份)。此外,在雪顿节期间的罗布林卡,你可以一饱眼福。

最好的地方，摄影爱好者早晚时分会来这里寻找角度。传说修建桑耶寺时，群魔作乱，莲花生大士在此做法，移来巨石才镇压下去。现在神山有寂护大师和几个著名译师的灵塔，常常有僧俗朝拜。

食宿

桑耶寺周边分布着很多藏式茶馆，藏面加甜茶10元搞定，也有很少量的川菜馆，价格与拉萨差不多。街道上有大量供给朝圣者的客栈，通常一间在100元上下，床位30元左右；不过唯一能洗澡的只是车站停车场里的**桑耶寺宾馆**（☎783 6666；标双220元起；P）。如果你想去青朴和扎央宗但只能搭班车的话就必须住一晚。

到达和离开

班车情况见210页最佳景点。桑耶寺至机场高速的江北油路及雅鲁藏布江扎囊大桥都已经在2015年完工，自驾从拉萨或泽当到桑耶寺都很轻松，分别不过2小时和1小时。

另外一个抵达桑耶寺的有趣路线是轮渡，前提是你已经做好了在渡口等几个小时的准备。拉萨西郊客运站乘山南班车可以买到桑耶渡口（45元）下，或者在泽当坐扎囊班车在渡口下。再乘轮渡过江（10元；1小时），换车抵达寺院（10元）。由于两岸公路大桥都已打通，很少人选择轮渡，等不到的时候甚至要包船。

拉姆拉错

藏在雅鲁藏布江北岸加查县深山里的拉姆拉错面积虽然不大，却在藏族人心中有着崇高的地位。藏语里"拉姆拉错"的意思是"吉祥天母湖"，而这个"拉姆"指"班达拉姆"，即"吉祥天母"，这汪湖水便是吉祥天母女神的寄魂湖。在藏传佛教的活佛转世系统里，它有着非同凡响的地位。人们寻访达赖喇嘛、班禅喇嘛以及四大呼图克图的转世灵童时，都会来此观湖示，求得转世方向的神启。这个仪轨自达赖喇嘛二世开始，一直延续到现在。藏地信徒们也将拉姆拉

释迦牟尼

观世音菩萨

藏传佛教的重要形象

沈鹏飞

在西藏，藏传佛教是无处不在的风景——五色经幡、白色和红色的佛塔和从各地前来的朝圣者。无论你是参观寺庙，或是与导游、僧人交谈，了解一些藏传佛教的造像会让你不再走马观花。

下面是在藏地佛教寺庙中主要人物造像的简要介绍。这些文字既非详尽无遗，也非学术意义上的专业，其目的是让你在旅途中能够认出供奉的和寺庙壁画中的主要人物。

佛

释迦牟尼 佛祖释迦牟尼又称现世佛，其教义构成了佛教的根基。他的典型造像通常为盘膝端坐于莲花宝座之上，黑色卷曲头发，头顶背光环绕，右手向下呈"见证"（降魔印）手印，左手落于腿上，掌心持钵盂。他的身体上有32种悟道的标记，包括顶髻、脖子

藏传佛教的主要形象。

上皮肤的三道褶皱以及拉长的耳垂。他通常作为三世佛（即过去、现在、未来三世）之一出现。

阿弥陀佛 阿弥陀佛（无量光佛）是五方佛之一，居于西方极乐世界。他与无量寿佛和观音菩萨通常一起出现，代表了欲望转化为智慧。他的形象通常被描绘为盘膝端坐于莲花宝座之上，双手以禅定姿势置于腿上，手捧一个钵盂，钵内有甘露。他的身体呈红色。

无量寿佛 与阿弥陀佛类似，无量寿佛身体呈红色，双手呈禅定之姿，但是手持装有不朽花蜜的净瓶。他经常和其他八尊佛像一起出现。

强巴佛（弥勒佛） 传说未来佛以菩萨之身居于兜率净土，这是一处天堂胜地，菩萨在这里等待完全得道和重生，直至在世间的化身成佛。强巴佛像通常较为巨大，常呈坐姿，双足触地，双手置于胸前摆出"说法印"。在西藏，强巴佛是佛殿中被供奉的主要佛像之一。西藏日喀则扎什伦布寺的强巴佛像是世界上最高的铜坐佛，有26.7米高。

药师佛 佛教将医药视为减轻痛苦、延长生命的一种方式，从而有更多机会来获得顿悟。深蓝色的佛像，散发着柔和的佛光，向人们传授"医药学"，他盘腿端坐于莲花宝座之上，手捧装有三种药用水果的钵盂。药师佛有八大变身像，往往并列供放。

菩萨

菩萨（大觉之人）是信佛、学佛之后发愿自度度人乃至舍己救人者，而不是为自己寻求轮回解脱的人。与佛不同，菩萨通常都头戴王冠，身佩贵重珠宝。不妨在佛寺和拉康留意三错视为可观来世的神圣地方，至今仍是朝拜圣地。

拉姆拉错景区管理比较严格。在加查—朗县公路上的崔久沟入口检查站需要留下身份证，开限速条，门票站则在崔久乡政府驻地靠近琼果杰寺的地方。

⊙ 景点

拉姆拉错 湖泊

（见203页地图；加查县崔久乡；门票50元；⏱9:00~17:30）通往神湖的公路已经修到了距离观景台仅有300米高差的地方。不要小看这300米阶梯，这意味着你要从5000米海拔徒步到超过5300米海拔的地方，一般人需要半个小时才能爬上。

观景台大约有百米长，密密麻麻地被经幡覆盖，千万小心不能踩踏经幡，只能举起从下面过去。你会看到远处盆地里的一潭湖水，湖面海拔约5000米，被四周高山和云彩包围。由于海拔高、地形曲折，这里的天气变化可谓奇诡，光影变幻很快，常常出现一些异象。观湖者不能发声，只能默默祈祷等待启示。

有很少部分朝圣者和游人会去转湖。但你必须得掂量自己在5000多米海拔上的山地徒步能力和应对高山恶劣天气的装备与能力，更别忘了与包车司机谈好的等待时间。湖岸两侧几乎是没有所谓"路"的，转湖一圈保守需要半天时间，最好事先请一个向导或跟随藏人一起转湖。

每年藏历四月十五日（通常在公历6月初）是圣湖的开光时期，这时也是崔久乡的虫草旺季，一直到公历10月都是人们朝圣的旺季。

琼果杰寺 寺庙

（加查县崔久乡）**免费** 从拉姆拉错下山，十余公里山路后便下到崔久乡旁边的琼果杰寺，此地叫杰梅多塘，是三条河、四座山的交会之地。传说中四座山都是吉祥天母的头发化身，杰梅多塘也因此被认为是莲花殊胜之地，二世达赖喇嘛便在这里建起了琼果杰寺。

← 怙主——观音菩萨（仙乃日）、文殊菩萨（蒋边央）和金刚手菩萨（恰纳多吉）的合称。

观世音菩萨（仙乃日） 白色的大慈大悲观世音菩萨是西藏最受崇拜的菩萨之一。观音菩萨有许多化身，在西藏我们常见的是端坐莲台之上的四臂观世音（四只手臂中，较低的两只手合十呈祈祷手势）。

此外，观音菩萨还有一种法力强大的十一面和千手形象，据说这是因为观音菩萨为怜悯生苦，大发慈悲，发愿度尽众生，若愿不能偿，自己的头便裂成十份，身体分解为千份。千眼千手观音其中一面为忿怒面，意为金刚手菩萨（恰纳多吉），顶上一面为阿弥陀佛。其每臂手掌皆具一眼。

文殊师利菩萨（蒋边央） 司理智慧与知识的文殊菩萨，通常右手执火焰金刚剑斩烦恼结。作为学习和艺术之神，他左手当胸臂抱梵箧。左臂后起莲花，其形象通常为黄色。

金刚手菩萨（恰纳多吉） 金刚手即"手持金刚杵"，象征着无上法力和所向披靡。他的金刚杵代表大神通，是密宗信仰的根本标志。他通常是忿怒的蓝色形象，表情愤怒，一腿伸出。在寺庙大殿前，你会看到他和红色的地藏王菩萨一同拱卫入口两侧。

度母（多罗菩萨） 佛教中有21位度母。最常见到的两位度母分别是绿度母和白度母。绿度母——一位端坐于莲花月轮上、右足呈踮踏状的女菩萨。据说观音救度众生无量劫后流下眼泪，度母即从眼泪而生。另一种形象是白度母，她双脚盘坐在盛开的莲座上，身生七眼，其中额上一目，双手双足各生一眼。度母被奉为"长寿三尊"之一，另外两尊是无量寿佛和尊胜佛母。

胜乐金刚（登巧多吉） 胜乐金刚又称上乐金刚，也是藏密无上瑜伽修法中尊奉的五大本尊之一，通常描绘的形象本尊是蓝色的身体，站立姿势，足下是莲花座，表示出离尘世。莲花上有太阳,象征光明普照、遍知一切。四面,颜色各异,居中蓝色,左边白色,右边红色,后面黄色,每面三只眼,表示能观照过去、现在和未来三世。戴五人头骨冠,十二手臂。前面的两只手交叉拥抱他的明妃(金刚亥母),明妃的两腿姿势很特别,左腿伸,与主尊右腿并齐,右腿盘在主尊腰间。在西藏的绝大多数格鲁派寺庙都有供奉。

护法神灵

大黑天 大黑天是梵语"玛哈嘎拉"的意译,又译为"救怙主",藏语称"贡保"。大黑天有多重化身,是印度教湿婆神在佛教密宗中的形象,也是最凶猛的护法神之一。古格王国高僧仁钦桑布最早宣扬大黑天神法,西藏大黑天信仰从此开始。

大黑天通常为黑色身体,赤发上冲。他三目圆睁,身着虎皮,周身火雾缭绕;其身佩各种骷髅骨装饰,头饰五骷髅;右手执月形刀,左手托骷髅碗。根据形象不同,他可以是双臂、四臂、六臂或更多。

吉祥天母(班典拉姆) 吉祥天母是一位性情暴烈的护法神,与大黑天密切相关。在人们遇到各种困难时,会举行特殊法会来迎请吉祥天母驱邪避凶,例如遭遇自然灾害或爆发战争之际。她外相凶猛,与众不同,体呈蓝黑,手掌脚底皆为红色,一般以红布遮面。其发藏明月,腹纳红日,口咬尸身,头戴五骷髅,耳坠毒蛇,左手托骷髅碗,右手持三叉天杖,侧身跨坐黄毛驴之背,以人皮为鞍。吉祥天母像一般塑在寺院的左侧偏殿中。白居寺大护法殿中的此像比较有名。

历史人物

莲花生大士(古鲁仁波切) 莲花生大士是一位印度佛教尊者、圣人和密宗大师。人们俗称他为古鲁仁波切(尊敬的上师)。他出生于邬金国(今巴基斯坦北部的斯瓦特峡谷)。在西藏的各藏传佛教寺庙都供奉着莲花生大士的塑像或是唐卡。

他被描绘为端坐在莲座之上,身着蓝色内袍,外罩金色大氅,肩披红色斗篷。他头戴"莲冠",并饰以一弯新月、炽烈红日以及象征日月之力交融的火焰般的结节。莲冠上有一根象征上师无上法力的帽翎,帽翎下为"半五钴杵"。其双臂外伸,右手持金刚杵,左掌托嘎巴拉(人头盖骨),内盛诸佛红白菩提甘露。莲师左臂倚放着一把三叉杖,串着代表过去、现在、未来三世智的干、腐、鲜三颗人头。其腰带上挂一柄三刃匕首(一种用来降妖伏魔的祭祀匕首)。

宗喀巴大师 宗教改革家宗喀巴(1357~1419年),七岁出家,十六岁入藏,先后师从噶当派、萨迦派仁达哇等学习显论,每有心得,便立宗答辩,并屡辩屡胜,声誉渐起,成为藏传佛教格鲁派的创始人。宗喀巴大师形象多为头戴黄色法冠,双目有神,大耳垂下,大鼻突前,面相饱满而略带微笑;身披三法衣,双手当胸结"说法印"并捏青莲花茎。在格鲁派寺庙,比如日喀则的扎什伦布寺、江孜的白居寺、昌都的强巴林寺等,都供奉着宗喀巴大师。

萨迦五祖 萨迦派一直是以"昆"氏家族为中心而发展起来的藏传佛教派别。连续出现了五位对该教派贡献巨大的人物,被称为"萨迦五祖",他们是贡噶宁波(贡却杰布之子)、贡噶宁波的次子和第三子,贡噶宁波第四子的儿子萨迦班智达和八思巴(萨迦班智达的侄子)。如今的萨迦寺、江孜白居寺和其他较大的萨迦派寺院中均供有他们的塑像。

萨迦五祖中的前三祖被称为白衣三祖,因为他们都没有正式出家受比丘戒,而是身着俗衣以居士身份自居,故称白衣三祖;后二祖称为红衣二祖,因为二人正式出家为僧,受过比丘戒,身着红色袈裟,故称红衣二祖。ⓛⓟ

徒步探访真正的修行地

在山南的山谷里，拥有不少充满灵气的修行地，最有名的是雅鲁藏布江北岸的青朴修行地和扎央宗。

由桑耶寺东北方向行10余公里便可到达**青朴修行地**，山谷树木青葱，山门处是温扎寺（温扎拉康），有简单的招待所。从寺庙中间一扇小门穿过，一路经过无数修行者的居所，大约2小时便可抵达将近山顶的扎玛格仓（莲师洞），传说中莲花生大士在这里修行过。据说青朴修行地曾有108座修行山洞、108座天葬台和108处神泉。赤松德赞和桑耶寺那7位吐蕃最早的僧人，也都在这里静修过。

扎央宗则是传说中莲花生修行过的另一处溶洞神迹。全名叫"扎央宗新结瑞贝颇章"，意即扎央宗阎罗王游戏宫殿。洞内尚存一些流传数百年的古老壁画，内容有莲花生、释迦佛和一组桑耶寺建造图。

这也是需要你全力以赴向上攀爬的一个圣地。山门入口是尼姑庙查色寺，有招待所和简单的餐厅。之后沿着红色箭头标志一路上行2.5小时。从只能容一人的木梯爬进洞里，拜谒莲花生大士的手臂印迹、手指印和其他圣贤的遗留。从溶洞下山则只需1小时。

除此之外，桑耶寺周边最有名的徒步大概就是从拉萨河谷的**甘丹寺徒步到桑耶寺**了。这是一条传统的僧侣及朝圣者路线，沿途风景并不算特别出色，行程需要三四天，全免重露营，经过的最高海拔点是5284米的舒卡拉垭口。你可以在甘丹寺附近请到向导。

桑耶寺每天早上8点左右都有去青朴修行地和扎央宗的班车（见210页桑耶寺），可以当天来回，过了点就只能拼车。从拉萨开车过来很方便，下高速后到桑耶寺的北岸公路是不错的柏油路。 ⓛⓟ

去往拉姆拉错。

这座创建于1509年的寺庙以前的规模很大，曾经是达赖喇嘛的夏季行宫之一。寺内供奉着吉祥天母（噶厦甘丹颇章的保护神），每一世达赖喇嘛亲政之前，都要到该寺朝拜这尊神像。如今大部分只剩残垣，高大的围墙依然矗立在山水之间，倒有不凡的废墟带来的时空隧道感。

在班禅喇嘛的支持下，琼果杰寺恢复重建了一小部分。在寺庙遗址的西侧，二层楼的主殿有驻寺僧人，也有当地信徒在每天转经和供奉。

崔久沟　　　　峡谷

（加查县崔久乡）免费 从琼果杰寺往雅鲁藏布江的方向走，便是风光秀丽的崔久沟，沟内的河流叫作**色布荣曲**。从常常被雪覆盖的拉姆拉错到花果飘香的雅鲁藏布江畔的加查镇（距离县城安绕镇有几十公里），将近2000米的落差，集合了藏地草原、森林、瀑布和溪流的种种景观，秋天红叶映溪尤其迷

人,还有机会看到金雕、棕熊、马鹿、藏雪鸡、岩羊等38种珍稀动物。公路旁还会遇见被当地藏人奉为神泉的**拉姆羌仓**,不妨跟随当地朝圣者接一瓶神泉水饮用。

公路终点的加查镇有一大片紧紧依偎雅鲁藏布江的农田,种满了核桃树和桃李,是雅鲁藏布江河谷最迷人的田园风光之一。

🛏 食宿

去拉姆拉错的游人和朝圣者通常都会在加查县城住宿。因为神湖的存在,加查县城的住宿处也很多。平价的旅店聚集在汽车站附近,通常100元就可以拿到一个标间,但你也不要指望这个价格能有稳定的热水。和其他藏地县城一样,这里满街都是价格和品质差别不大的川菜馆,吃早餐、吃大餐都不成问题,也有两三家湖南餐馆和清真餐馆。

除了县城之外,崔久乡(拉姆拉错门票站)和加查镇路口(拉姆拉错检查站)都有当地藏人和寺院经营的招待所,当天回不去县城的话可以在这儿解决食宿。

拉姆拉措大酒店 酒店 ¥¥

(📞732 8888;仲巴街8号县医院对面;标双368元起;📶 🅿)加查设施最好的酒店,拥有中央空调和电梯。不要选择它188元的特价房,那是在附楼,网络很不稳定。

众信国际大酒店 酒店 ¥¥

(📞732 2299;仲巴街17号三新饭店斜对面;标双220元起;📶 🅿)另一间称得上体面的酒店,三星标准的房间干净卫生,附设的餐厅口味还不错。

ℹ 实用信息

加查县城很小,医院、邮局和主要的酒店都集中在仲巴街上,车站则在与之相交的拉姆拉错路上,两条路相连,走完不超过1公里。

❶ 到达和离开

在我们调研时,加查到拉姆拉错的大巴已经停开。汽车站旁边云集着各种私家车,每人100元来回,需坐满4人。你可以在车站旁边找游人和朝圣者拼车。包车则视车型300~500元,如果比一般游客停留时间长则另外议价。

加查和泽当之间的公共交通,除了早上的2班客车(8:00、11:00;60元;5小时)之外,还有朗县和八一去泽当的班车会经过,但很难有位置。最方便的方法是乘坐吉普车(100元),满6人即走,通常至下午6点都有车,这样可以保证你看完拉姆拉错之后当天回到泽当甚至拉萨。

从加查到朗县和八一没有班车,你只能试一试拦从泽当到朗县和八一的过路车(通常在下午1点左右路过县城),或者包车到朗县要300元,需要提醒的是,朗县去八一的最后一班车在下午4点发车。

错那

电话区号 0893 海拔 4380米

某种程度上,错那可以称得上是仓央嘉措的故乡。虽然这个男孩出生在更靠南的属于门隅的达旺,但自从他被认定为达赖喇嘛的转世灵童后,他和家人就翻过山谷,穿越森林,来到4000米海拔、与门隅森林风土完全不一样的错那宗,在这寒风吹拂的地方学习佛法。今天的旅行者,则更倾向于反其道而行,从雪域色彩十足的吐蕃故土,下到无边森林的门隅故地去。

◉ 景点

勒布沟 峡谷

(错那县勒布管理区;门票80元)仅有2000多米海拔的勒布沟与寒冷的错那县城有着截然不同的气象。这里山林茂密,流水淙淙,高大的红豆杉旁,瀑布从天而降。继续往南走,棕树和芭蕉的身影也慢慢出现。它也是距离拉萨最近的亚热带森林,如果你在拉萨被高原反应折磨得死去活来,花一个白天驱车500多公里来到这里,马上就会毫无倦意。

实际上,勒布沟距离海拔4300米的错那县城仅有几十公里。从错那县城往南开十几公里,翻过波拉山垭口后就如断崖般进入漫长的下坡路,最开始会看到三个高山湖泊,这

从山南到林芝

对那些不愿意走回头路的旅行者来说,从泽当东去拉姆拉错后,直奔林芝是个更理想的选择。唯一的缺点是,泽当到加查的公路,过了桑日大桥转到雅鲁藏布江北岸以后,是一段狭窄的烂路,而且由于水电工程和铁路工程的持续施工,这一段路在近两年改善的可能性会比较小。还好到了加查县城之后,往东去就是一路柏油路了。

如果是自驾游且有充裕的时间,泽当到加查之间有两个景点颇值得一游,到了桑日县城后,往东北去沃卡走70公里山路,有藏地著名的**沃卡温泉**。泉水处在沃卡河谷草原上,共7眼,以专供达赖喇嘛使用的卓罗喀温泉最为著名。卓罗喀北面的觉琼邦隆温泉据说是宗喀巴当年经常沐浴的地方。温泉旁边有简陋的招待所也有相对更舒适的藏家民居可以投宿。

需要注意的是,沃卡乡方向跟去拉姆拉错、朗县和米林的雅鲁藏布江沿江公路是两个方向,泡完温泉还得回到主道上。但如果你没有打算去拉姆拉错,去沃卡的这条土路却可以一直通到拉萨市墨竹工卡县的日多,距离米拉山口已经非常近了,所以也是一条山南通往林芝,尤其是八一的可行通道。目前路况全是砂石土路,耗时甚多,不过当地政府已经筹备把这条所谓西藏旅游南环线(桑日—墨竹工卡日多乡)改建为柏油路。

回到桑日县城后,沿江继续向东走,宽阔的雅鲁藏布江河谷在这里变成了极其狭窄的峡谷,风光险峻,但是被大车摧残得坑坑洼洼的土路,非常考验你的汽车和耐心。桑日县城

是所谓的**门隅三圣湖**,意味着你已经来到了门隅地区,绕湖而下,森林峡谷的美景奔来眼底。

勒布沟里一共有四个门巴民族乡,公路下坡之后就有了东西两个分岔,游人通常会去到西南方向的麻玛乡和勒乡。

麻玛乡

距离麻玛乡大约5公里的路边,你会看到**张国华将军前线指挥部旧址**,这便是当年中印战争时中方的指挥部,如今只剩一个小屋。继续往前走,山势越来越低,最后到了一个海拔仅有2000多米的河谷,巍峨的群山中间,有漂亮的门巴村落和农田,这就是麻玛乡。勒布沟条件最好的旅店和餐厅都在这里,所以大部分游客会选择在这里住宿。除了那些统一新修的仿门巴式民居,乡上最值得看的是一间建筑在石头上的古屋,它位于勒布办事处南侧,据说是仓央嘉措当年的故居,一直有人供奉香火。

从麻玛乡到勒乡总共13公里,已经修好了路况很好的柏油路。一路过去,海拔越来越低,原始森林的植被也越发茂密,峡谷间的娘母江河水分外清澈。你会先看到画笔简单的所谓的唐僧壁画,大约是一种美好附会。一路弯曲下坡到一个小水电站旁,有"贤村"的标志,其身后是当地人尊崇的神山金刚山。继续往前走,公路左边是一个宽阔的观景台,右边则是飞流直下的**"岗亭瀑布"**,旁边已经修好部分栈道,可以上去观景。不要小看这个瀑布,它实际是分成三叠,从极高的山上几乎垂直而下570米,最小的一叠高差也有70米。

这里也是西藏少数适宜种植茶叶的地方之一,如果时机碰巧,也许你还能买到当年的新茶。再往前走就会遇见边防岗亭,检查身份证和边境通行证,过了之后就是勒乡了。如果你是搭乘班车到勒布沟,也不介意简单的住宿,那么可以考虑从麻玛乡徒步到勒乡(13公里),脚力好的话,还能完成勒乡往返森木扎。

除此之外,麻玛乡过河往北爬山可进入的**野狼谷**,也是风光相差无几的亚热带森林溪流风貌。

勒乡

勒乡的街道不过短短几十米,在街上你向东约37公里、公路左边靠山处有**"达古峡谷"**的招牌。这是一个隐藏的秘境,江边的山体有一个开口,你必须爬上阶梯,才能进入从外观上藏于雅鲁藏布江北岸山中的达古峡谷。当地政府已经在峡谷中修好了起伏的栈道,在有如天梯的栈道上,你会上到群山对峙的高山中,瀑布和溪流就在巨大的山崖间奔腾,晚春的杜鹃和秋天的红叶蔚为壮观,像是被赋予了色彩的水墨画。

由于道路困难,这个修好了栈道的"景区"平时并无工作人员,也暂未收费。如果不考虑江边烂路上麻烦的停车问题,徒步2小时后的栈道尽头有十几户人家的达古村,可以提供简单的食宿。

从达古峡谷到加查县城仍然是坑洼的土路,峡谷也非常窄,有的地方甚至只有十几米。过了县城之后,基本就是平整的油路了,雅鲁藏布江也逐渐又变得开阔起来。果树越来越多,许多都是几百年的老树,其中核桃是当地名产。

从拉姆拉错和崔久沟出来以后也是这样的开阔景象,在距离朗县县城还有20多公里的时候,道路左边的**冲康庄园**(门票50元),是十三世达赖喇嘛土登嘉措的出生地,庄园右侧保留着当年的林卡,古木参天,花果宜人。而到了朗县就已顺利到达林芝的地盘了。

门隅与蕃隅

"门隅"这个词几乎与"蕃域"出现得一样早。它是吐蕃人对喜马拉雅山东南面那片森林地带的称呼,面积约1万平方公里。今天的勒布沟,就是这一区域与曾经的吐蕃相连的北缘,而"门巴"就是指门隅的居民。

在古代藏语中,门隅被赞美为"别隅吉莫炯",意思是"隐秘乐园"。它与吐蕃的发源地雅砻河谷并不遥远,在今天甚至同属于山南市。两个地方的人们交往非常密切,门巴人长久以来通用藏文,出了很多杰出人才,众所周知的是来自门隅地区的六世达赖喇嘛仓央嘉措,他的出生地达旺,在历史上很长的一段时间里都被吐蕃的赞普后裔们统治着,后来更是先后归入了元朝萨迦政府和后世拉萨噶厦政府的管辖范畴。五世达赖喇嘛派他的弟子和密友、出生于门隅梅惹萨顶地方的门巴族高僧梅惹·洛珠嘉措到门隅传教和执政。改宁玛派寺院达旺寺为格鲁派寺院,并进行了大规模扩建,使达旺寺成为门隅的第一大寺,1680年,五世达赖喇嘛亲自给梅惹喇嘛颁了封文。

大约从18世纪开始,部分门隅地区的门巴人不堪领主与寺院的重重负担,翻山越岭,向东迁徙到雅鲁藏布江沿岸的白玛岗地区,即今天的墨脱。所以今天门巴人的分布,也就有了东墨脱,西勒布沟(门隅)的格局了。

就可以远远地眺望到藏南,由于边防管制,禁止过河。沿右边的道路上去,大约需要徒步4公里才能抵达神秘的**森木扎**(又称斯木扎、色木扎)。山上有一道飞瀑,瀑布后的山洞据称是莲花生大士降服森木扎魔女的地方。还有自然形成的石蛇,当地人认为它是森木扎的护卫者。相传仓央嘉措曾在这里给广大门巴族群众讲经,也有人认为仓央嘉措幼时学习佛学的第一座寺庙巴桑寺当年就在这里。在我们调研期间,勒乡上森木扎的路正在修建当中。

每天早上勒布沟到错那县城都有一班中巴(30元;2小时),7点半从勒乡出发,大约8点半前抵达麻玛乡,10点钟以后抵达县城,这样可以赶上12点回去泽当的班车。从县城回去通常在下午3点多,也刚好能衔接上从泽当过来的早班车,有时候这趟班车会在电信宾馆门前等客。

贡巴孜寺 寺庙

(错那县城东1公里夏日村)**免费** 在乏善可陈的县城里,这是个值得你一探的古老遗迹。贡巴孜寺也叫夏日寺,位于错那东边1公里外夏日村的山上。这座建于1402年的寺庙规模不大,绝大部分是改革开放后修复的,但其最大的亮点是仓央嘉措14岁时,曾在此学经,可谓是他人生中的第二个学校。他似乎也给这里带来了灵迹:在几乎没有树木的错那,贡巴孜寺附近却长了几株杜鹃,寺里还有一株几百年历史的古松。

从县城广场往东直走约1公里,过桥后从村里上去即可到达。

曲卓木沙棘林 自然景观

(错那县曲卓木乡;门票80元)县城西北的曲卓木乡拥有全世界年代最久远、面积最大、海拔最高的沙棘林。沿着乡政府附近的河谷,大约有2000多亩沙棘林,沙棘高约15米,郁郁葱葱,已有至少700年以上的历史。它们属于柳叶沙棘,每逢金秋黄果累累,成为河谷的天然盆景。当地人把沙棘称作"拉辛",藏语意为"神魂树",相传是魂魄依附的树。旧时噶厦政府就曾派出看护员专门照看这片沙棘林,这里也曾经是贵族避暑玩耍的地方。除此之外,曲卓木村9组的温泉也蜚声藏地,此处共有5个泉眼,拍摄沙棘时可以顺带一游。

没有班车抵达,从县城包车往返的话需要200~300元。

拿日雍错 湖泊

(错那县城北20公里)**免费** 错那之所以

名字中有一个错(湖),就是因为其北边的拿日雍错,这个蓝色宁静的高原湖泊是你进入错那的必经关卡,看起来荒芜美丽,却与财神联系在一起。"拿日"藏语意为很多财富,拿日雍错就是"财富非常多的湖"。

拿日雍错总面积约58平方公里,海拔在4900米以上,湖心有一处小岛,岛上有一处较深的洞,岛的东面通常有候鸟聚集。进入冬季后,湖面会结起厚达十几厘米的冰,人们可以步行抵达小岛,一直到四五月,湖面的冰才会逐渐融化,这时也是湖中的鱼成群结队游到了湖补水口小溪上游产卵的时候,蔚为壮观。

开往泽当的班车必经此湖,湖面东侧还有道路连接措美和洛扎。

浪坡林海   森林

(错那县浪坡乡)除了勒布沟,距离县城只有18公里的浪坡乡也是在山南与森林相遇的另外一个好选择。它也有漫长的边境线。到乡政府以后继续沿着浪坡乡的山谷溪流一路欢快下行,沿途到处都是争奇斗艳的高山杜鹃,五六月份时分外迷人。和勒布沟一样的是,这里也有很多漂亮的红豆杉,巨大的飞瀑下,生活着小熊猫和金钱豹等珍稀动物。

但是,浪坡乡的食宿条件远逊色于勒布沟,仅乡政府有一个简单的招待所。县城包车往返游览大约需要300~400元。

食宿

如果只是去勒布沟,你并没有必要在县城住宿。县城的住宿条件也很差,只有**合肥温泉宾馆**(☎730 2828;标双200元起;P)提供简单的标间,其他所谓宾馆大多是招待所,大多百元一个房间。县城餐馆的价格水平则与山南其他地方差不多。

勒布沟,尤其是麻玛乡拥有大量的住处,主要是2015年新迁入的统一盖的门巴新村,这些家庭旅馆通常50元一个床位,由于

门巴族人庆祝新年。

☑ 不要错过

错那的仓央嘉措旧居

1685年至1697年,年幼时期的六世达赖喇嘛仓央嘉措被安排在错那宗(今错那县)生活学习,不过其身份未被公开,而是以另一个活佛灵童的名义,将其一家老少安置在错那宗城居民闹市区的一处"八柱间房里"。

这间屋子仍然处在错那老居民区里,南面是农业银行,北侧是居民新区。但不幸的是,它已经被2008年的一场大雪压垮。两层楼上层屋顶全部垮塌,底层房顶也多半坍塌。

仓央嘉措在这栋屋子里度过了幼年,1688年,他被安置到更大的新居,这个新居在如今县城西南5公里外的亚玛荣村的西北头,基本上没有坍塌。主楼之外还有不少附属建筑废墟,雕梁画栋的残片随处可见,正是在这个房间里,仓央嘉措按佛教法规开始了高级活佛的学习训练生活。⑨

普莫雍错。

是新房,卫生条件还不错。乡里只有两间旅馆提供标间。老牌的**江淮宾馆**(☏730 7117;标双260元起;☏℗)靠近江边,环境不错,附设的餐厅为住客打8折。**勒布办事处机关宾馆**(☏189 8903 2632;标双200元起;☏℗)就在办事处院内,安静安全。勒乡则有几家农家乐性质的家庭旅馆,收费50元/人。

勒布沟内有几家川菜馆,甚至还有湖南菜馆,但是价格都很贵,几乎没有低于50元的荤菜。煮碗面条15元起。

❶ 实用信息

勒布沟有邮局,但只有县城才有农业银行的取款机。县医院规模很小,身体不舒服的话尽量赶到泽当和拉萨。

❶ 到达和离开

错那每天有2班发往泽当(8:00、12:00;70元;4~5小时)的班车。

洛扎

电话区号 0893 海拔 3800米

"南方的悬崖"是"洛扎"在藏语中的意义。它处在喜马拉雅那些复杂的山峦和纵谷之间,传统上是蕃域文明的南大门。喜马拉雅山东缘的库拉岗日雪山矗立其间,护佑着纵横的山谷和居民。在冰川和森林的间隙,西藏与不丹往来的传统通道已经渐渐被淹没。

因为与喜马拉雅山东侧的门隅地区接近,从吐蕃王朝开始,这里就是拉萨的宫廷发配流放敌人的地方。其中最有名的一次发生在9世纪:一心向佛的藏玛王子被他的兄弟赞普赤热巴巾(公元817年即位)流放去门隅,在经过洛扎的峡谷河流时,被拉萨宫廷的奸臣遣人下毒害死。可悲的是,那个远在拉萨、他放弃王位的受益者赤热巴巾在醉酒时,也被这些叛逆的大臣扭断脖子而亡。这

一事件象征着五代赞普的"非常幸福明君时代"结束,吐蕃从此走向衰亡。

直到今天,洛扎仍然是西藏最容易让人忽视的边地之一,然而它的峡谷、森林、雪山和湖泊,在整个山南都相当出类拔萃。路途遥远使得它游人稀少,却也更被那些希望看到不一样风景的旅行者所喜爱。

◎ 景点

原本按照藏人的转山习俗,从山南到洛扎,走措美—拉康—洛扎—羊卓雍错的环线会比较合适。然而不幸的是,从措美县城到洛扎县城的道路是非常险要的砂石土路,一般的游人会直接从拉萨出发经过羊卓雍错和浪卡子县城后,左拐进入浪洛公路抵达洛扎,这一段已经修成全程柏油路,一路风光无限。

普莫雍错　　　　　　　　　　湖泊

（浪卡子县与洛扎县交界）即使你已经经过了羊卓雍错的洗礼,普莫雍错的美丽仍会让你大吃一惊。这座5000米海拔上的湖泊拥有无与伦比的蓝色,更重要的是,站在湖的北岸,你能清晰地看到南岸的喜马拉雅山十余座雪峰倒映在如梦如幻的水中。

这是一个荒凉而又极其纯净的湖泊。湖的北岸有一个小小的半岛,上有丘陵,聚居着一些牧民,叫堆村。村子尽头靠近湖边也有一座寺庙,对着湖中间的小岛。冬春时节,这里万里冰封,牧民的羊群常常会踏冰走上岛去。

站在村头从东往西看,映入眼前的先后是蒙达岗日雪山、库拉岗日雪山群和普南雪山群(又称鲁那拉雪山,Lunala Himal),正常情况下,还能看到这些雪山身后的冈嘎本孙雪山群和安比康雄雪山。雪域绵绵不绝,仿佛已经走到了世界尽头。

沿湖往洛扎方向继续开,右边会有一条岔向湖南岸的土路,可以开到湖的南岸。经过下索村后有分岔路,右行是亚日村,往左翻过

与库拉岗日亲密接触

在普莫雍错湖边你就会看到库拉岗日雪山,它地处洛扎与不丹的交界地带,大部分在中国境内,最高峰海拔7538米,另外还有六座7000米以上的山峰。它的东面是海拔7418米的库拉岗日Ⅱ峰和海拔7381米的库拉岗日Ⅲ峰;东北面是海拔7221米的卡热疆Ⅰ峰、海拔7216米的卡热疆Ⅱ峰和海拔7018米的卡热疆Ⅲ峰。据当地藏人说,围绕着雪峰,一共有八林,即八神湖。

离开普莫雍错继续往洛扎前进,过了蒙达岗垭口后,库拉岗日7座山峰这回才真正地向你展露它的雄姿。山口往南有十来公里的下坡蜿蜒山路,一直到达洛扎沟沟口的扎日乡(与隆子县扎日乡同名),一路都能看到库拉岗日雪山。

下到扎日乡,山谷里的青稞地一派田园风光,抬头仍然能看到库拉岗日的雪峰,有些强悍的户外徒步者会以此为基地徒步。从这里上山近观库拉岗日,主要有两条路线。第一条是从扎日乡检查站右手边的路上山,经过一个小寺庙后沿着河谷一路爬升,前进大概十公里后到达河谷的开阔地,即库拉岗日北坡的登山大本营,继续前进五公里,还可以接近卡日疆冰川的末端,但这里的海拔已经是5700米了。

第二条线路要连续多日全负重穿越。你得继续坐车前行到格朵村,这里有一条大约十公里的机耕路可以上山,然后继续徒步到雪峰群最西侧的过拉卡日雪山下的营地露营。第二天翻越5200米的卓木拉山口,抵达库拉岗日山脚下的三个高山湖泊后,再翻山抵达朱措白马林露营。第三天还可以继续穿越到白马林南边的另外一个湖泊介久错。之后回到措玉村和色乡返回。

如果你没有那么强的户外能力,那么从措玉村去**朱措白马林**(见241页)将是你近距离接触库拉岗日的最好机会。

尼玛 摄

库拉岗日雪山。

郑索拉山口,下山后是查布村。在湖的南岸向北回望,你能看到宁金抗沙峰和卡鲁雄峰。

查布村之后又有分岔路,右行(北)是去普玛江塘,这里有位于5373米海拔的全中国海拔最高的小学;左行(南)则是去普南雪山,开车抵达雪山下的增措湖之后,你就可以看到规模宏大、千姿百态的冰塔组成的冰川。沿边防公路往西走,会依次经过康普岗雪山和色略岗雪山,都是普南雪山的一部分。措嘎布错旁的色略冰川(近来被户外爱好者昵称为"四零冰川")的规模也非常惊人。这条路可以通往康马县,一路海拔基本都在5000米以上,算是发烧级的边境雪山路线。

普莫雍错附近没有旅馆和餐厅,只有堆村村委会可以投宿(30元/人)。卫生情况不理想,最好带上睡袋和食物,村子里有小卖部。

拉萨和泽当往来洛扎的班车都会经过这里,但不会停留。班车在湖边行驰大约15

分钟,如果想看更长时间只能自驾或搭车。

拉隆寺   寺庙

(洛扎县扎日乡拉隆村) 免费 到了扎日乡,距离县城还有20公里处,位于河流北岸、两座雪山之间的拉隆寺颇值得一看。它在雪域名气很大,主要原因是西藏非常有名的历史典籍《贤者喜宴》就是在这里印刷成书的。作者巴俄·祖拉成瓦在书里讲述了吐蕃王室的传承及佛教在蕃域发展的历史,同时涉及汉地、突厥、南诏、西夏、蒙古、天竺、克什米尔、大食等地的历史文化演进。由于观点尖锐,在当时被视为异端,堪称西藏奇书之一。

拉隆寺始建于12世纪,最早属于噶举派,五世达赖时(17世纪)被改宗格鲁派。现在则是同时有格鲁派、宁玛派和噶举派的教法传承,各派均有不同的活佛系统,管理不同地区的教法。

由于其丰厚的历史,至今你还能在拉隆寺看到非常精彩的古迹。大殿二楼的壁画从17世纪保留至今,有一幅拉隆寺全景图壁画,用色清淡,全景式描绘了拉隆寺鼎盛时期各个殿堂和僧人修行处。

不要忽略了大殿西侧的喜珠拉康,它是由不丹王室专门拨出资金修建的,专供不丹王国的僧人来此做法事。壁面用大批石刻贴在墙上,形成了"立体壁画",而独树一帜的花岗石骷髅饰带是别处很难见到的。可惜的是,后世僧人给这些古老的石刻涂绘了彩色。

拉隆寺至今仍在不丹信众心中声名卓著,每年藏历五月,在拉隆寺举办跳神活动时,都会有从不丹专程赶来的商人云集。

乘洛扎班车在路口下车,过桥步行一会儿即可到达拉隆寺。

朵宗遗址   遗址

(洛扎县城东南口) 免费 在帕竹时期,洛扎地方分属朵宗、生格宗和拉康3个宗,直到1960年4月,3个宗才合并成现在的洛

色卡古托寺。

扎县。

古老的朵宗遗址就兀立在县城东南侧的悬崖上，山顶上残败的古堡里曾经设有70余米深的地牢，里面还有羊羔般大的蝎子，是噶厦政府流放犯人的重要场地之一，号称"蝎子洞"。今天只剩残骸和极目无边的峡谷风光。

如果你在县城需要打发时间，可以在加油站路口走右边上头那一条路，往色乡方向走200米，右转就可以上山。

色卡古托寺　　　　　　　　　　寺庙

（洛扎县色乡乡政府旁）免费 色乡峡谷最醒目的地标，就是色卡古托寺（又译赛卡古托寺）那高耸的塔楼，在藏语中，色卡古托就是"为公子修建的九层碉堡"的意思。

这座古老的寺院很早就被列入了国家级重点文物保护单位。1080年前后，由西藏著名佛学大师玛尔巴出资，命弟子米拉日巴修建碉楼。米拉日巴千辛万苦修筑了金顶的色卡古托和碉楼下的噶哇久尼殿（意为"十二柱殿"），完成了夙愿。

这是一个跟忏悔和救赎有关的故事。米拉日巴大师幼年丧父，财富被亲戚霸占，家人被奴役。他长大后学成法术，报仇杀死了35人。后来他对自己的恶行起了忏悔之心，拜在玛尔巴门下学习佛法。玛尔巴为了消除米拉日巴的罪恶，便要求他独自修碉堡，稍有懈怠，拳脚相加。米拉日巴知道自己罪恶深重，毫无怨言，反反复复地修和拆。后来进山修行，终于悟道。

16世纪上半叶，噶举派大学者巴俄·祖拉成瓦对该寺进行了大规模的维修扩建，现在大殿的壁画大部分就出自那个时期，有说法是祖拉陈哇亲手所绘，当然也有据说是11世纪的遗存。除了精妙的壁画，其西有一间两柱的密宗殿，各种密宗神像雕刻技艺也很高妙。杜康大殿三楼小经堂内的壁画历史比较晚近，约绘于清末民初。有大红寿桃、小孩的小红马褂等元素，有人认为工匠可能来自

洛扎 239

尼佬 摄

从拉康到泽当

从海拔仅3100米、植物丰茂的温暖峡谷里的拉康镇往东北方向走到泽当，是一趟艰难的旅程。拉康至措美段完全没有任何班车往来，私家车和大车也很少，如果你打算搭车，请做好耗时几天的准备。

也正是因为人迹罕至，你也将有机会看到人迹罕至的风景。事实上，从洛扎县城到拉康，再从拉康到边巴乡，峡谷越来越险峻，几乎可以称为大裂谷，堪比横断山区的江河割裂地带，糟糕的是，从洛扎县城到拉康再到措美，仍然是非常颠簸的烂土路，如果没有很好的越野车和很好的驾驶技术，请不要尝试这条路线。

拉康到边巴乡这一路段是**洛扎碉楼**最集中的地段，据说大部分是清代准噶尔入侵西藏时，为防卫敌侵和防盗而修建的。不少碉楼高达9层20多米，形态各异，依山势排列。道路往往修筑在半山腰中，曲曲折折，弯一个接着一个，很多路段非常狭窄，两旁就是悬崖，很难会车。

但在悬崖上的行走也经常会给你眼前一亮的景观。村庄、梯田和碉楼常常忽然出现在视野里，森林和高山草甸也时常出现。到了边巴乡的拐弯以后，森林逐渐消失，空气开始变得干燥。离开边巴往措美方向走，上坡到乃西乡，便进入了措美县境内，这里是山南常见的宽阔河谷农地景象。

到了措美县城（海拔4100米）之后，高山峡谷和农田都被草原替代，措美是山南唯一一个以牧区为主的县。县城北边**哲古镇**（海拔4600米）旁的**哲古草原**和**哲古错**有万里无垠的草原和湿地湖泊风景。每年7月25日，措美会在哲古草原举办牧人节，届时将有赛马、歌舞，还能畅饮。

从措美县城开始到泽当就全是柏油路了。边巴乡和哲古镇的招待所都非常简陋，措美县城有两家勉强可住，不过这里离泽当已经只有160公里，不到3个小时就能开到山南首府住宿了。⑬

汉地。

"公子的九层碉堡"里，除一、二层外，各层均供有佛像，还有米拉日巴修塔时留下的手印。第三层的壁画颇为精彩，西面绘有五方佛，正对面是主尊玛尔巴大师以及底洛巴、那若巴、米拉日巴等上师像，也是早期壁画的遗存。九层金顶楼外有极窄的回廊，四周贴着高浮雕铜皮佛像。外回廊上面有根钢筋，常常有信徒毫不畏惧地绕一圈，视为消除恶业的举动。

从色乡乡政府往南走几十米就可到色卡古托寺。寺院不收门票但需要登记。

洛卓沃龙寺　　　　　　　　　　　寺庙

（洛扎县色乡乡政府东侧山顶5公里处）

免费 山顶上的洛卓沃龙寺与山脚下的色卡古托寺有着十分亲密的历史关系，这座寺庙的创办人就是西藏佛学界著名译师玛尔巴，也正是那个命令米拉日巴修建色卡古托寺的人，而这座寺庙，也是噶举派开山立户的第

远望卡久寺。

一间寺庙。

玛尔巴大译师于1012年诞生于洛扎秋切的卓龙村,从小聪慧异常,从13岁到52岁,历经无尽苦难与生命的危难,3次往返印度、4次往返尼泊尔求法,学法历时40年之久而获得无上成就,成为西藏佛法后弘时期的一代教主。当他第一次返回西藏的时候,便在色曲峡谷的高山上建起了洛卓沃龙寺,开始了噶举派的传承。藏文史书记载,当时的洛卓沃龙寺的山洞闭关者、树荫下禅修者超过500人,讲修和实修的教风非常兴盛。

一直到今天,隐藏在山巅,与神秘山谷连为一体的洛卓沃龙寺依然是修行的重地。你可以参观白殿、红殿和玛尔巴宝塔,看当年大师留下的脚印和用具。寺庙右侧的山涧里则有闭关中心、天葬台、顺缘田等,是不能打扰修行者的。

从色卡古托寺开车绕盘山路上去大概需要10分钟,走路上去则要至少1小时,不过在山间能看到色曲峡谷的风景,也很不错。

拉普温泉　　　　　　　　　温泉

（洛扎县色乡曲吉麦玉若村东北5公里处;5元卫生费)从色乡继续往边境方向的峡谷深入进去约20公里,在奔腾的色曲峡谷畔,十几潭温泉依次排开,这便是著名的拉普温泉。

传说中这里有108个泉眼,不过目前做好的浴池大约近20个,有些池子冠以治疗某种疾病之名,有些池子则被视为有加持的神泉。水温适宜,峡谷险峻,很适合游览之后前来消闲。可惜没有住宿的地方,食物也只能买些方便面之类的。

这里离不丹边境更近了,需要登记身份证和边防证。以前与不丹国贾卡尔宗的边贸市场就在此处。不过现在已经迁到色乡政府所在地了。每年藏历七月十五日,边贸活动会在边贸市场里如期举行,色乡色卡古托寺附近也有一些不丹商品商店,可以一看。

色乡乡政府往洛扎方向大约1公里处也有一个温泉,叫谢翁温泉,目前已经简单地

卡久寺殿内供奉的佛像。

开发成室内大池,5元1位,比起拉普温泉更像澡堂。

假期的时候,拉普温泉来客甚众,搭车机会颇多。否则就只能包车了,来回200元足矣。

朱措白马林

湖泊

〔洛扎县色乡措玉村〕 免费 朱措白马林是洛扎最让人惊喜的风景之一,当你攀上高岗,直面这三色光泽的湖面和巍峨的库拉岗日雪山时,就会明白为何它会被视为莲花生的寄魂湖,拥有启示众生的力量。

从色乡去往朱措白马林,先要去到色乡的措玉村,途中要翻越却拉岗,进入一个新的峡谷。峡谷里溪水清冽,树影摇曳,青稞地旁边点缀着不少早已废弃的碉楼。将要到达措玉村的时候,如果天气好的话,你可以看到库拉岗日雪山的山尖。循着圣人的足迹前行,一路上可见玛尔巴大师的公子达玛多德在石头上留下的头印、米拉日巴躲雨歇息的体印和石头上的骑印,以及玛尔巴大师揉糌粑所用的石盆等。

措玉村距离朱措白马林还有1个多小时的步行路程,在我们调研时,通往湖边的公路已经在修建中,路基已经成型,所以基本不会迷路。

朱措白马林的湖面狭长,中间略收,像是一块花生状的碧玉放置于雪山下。湖边险峻难走,但其实道路在右边的山脊上。从经幡处向右看,有一道木头做的围墙和一扇门,推开门便是上山的道路,沿着山峦上的路一直走,湖面全景奔来眼底。漂亮的牧场在春夏时鲜花盛开,与常年冰封的雪山和碧水相依,如同天人交界。顺着山脊的路一直往前走还可以走到雪山脚下湖边最里边,那里有一座小庙,曾经是高僧大德修行过的地方。湖边据说还有莲花生修行过的伏藏地。

如果你是富有经验的高山户外徒步者,在白马林的左边山脊外,还有另外一个高山湖泊**介久错**,它左边的山脊有很大一块平整的草原,除了冬天,一般会有牧民在此放牧。这里也是观赏库拉岗日雪山群的绝佳位置,但来回可能需要一天时间,如果想去,最好在措玉村找一名向导。

色乡到措玉村接近20公里,摩托车来回200元以上,包车则在300~400元。

卡久寺

寺庙

〔洛扎县拉康镇〕 免费 岩石上的卡久寺(又译卡曲寺),拔地而起800米,架在3100米海拔的怒贡峡谷和霞曲峡谷之上,掩映于雪山、森林和草甸中,一年四季,云雾缭绕,气象万千,一直被视为绝佳的休闲地。

卡久寺属宁玛派,迄今已有1240多年的历史,是莲花生著名弟子南喀宁波传承教法的道场。它所处的山头名为"佳富坚",雪山环绕,林木葱郁,入夏时漫山遍野的山花烂漫。因得地形地利,这里常常会出现云海涌波的胜景,如仙阁楼台。鸟类之多也引起了鸟类爱好者的注意,行走山间,常常会碰见漂亮的棕尾虹雉。

千百年来,无数高僧在这里修行,留下了100多座修行洞。1682年,五世达赖创建了该寺的主殿部分，拥有莲花生大士和南喀宁波的修行地、脚印、掘藏法器等神奇而无价的文物。有意思的是，12年一轮的猴年转扎日神山（见本页），不少朝圣者也会来卡久寺巡礼，在他们看来，有了这段行程，才算是转山的结束。

卡久寺的主殿并不大，殿内供奉着莲花生大士、无量寿佛、四臂观音、寂护大师、赤松德赞和朗开宁布活佛的塑像。信众除了在此参拜，更多人会走在寺下方的深谷中巡礼，攀爬梯子行走在森林悬崖上，这里有八个著名的修行洞，其中一个据说莲花生大士曾在此修行七年七月七日，还有益西措加空行母的参悟地，这里可以透过密林环看整个山谷。一路都是沿着峭壁开出的道路，很多路段近乎垂直，大部分边上已经加固了护栏，仍要非常小心。峡谷最深处的河滩是森林里面的唯一空地，溪流中不停转动的水力经筒和寺院旁凭借山风不停转动的经筒相映成趣。

卡久寺的后山是拍摄寺庙的好地方，但其实翻越后山还有更大的胜境：卡久三神湖。这三个高山湖泊海拔在4400米左右，都是卡久寺的护法神。三湖湖水呈现黑、白、蓝三色，沿上山顺序依次是多追拉姆拉错、雍杰拉错、多吉玉珍拉错。寺院所有僧众每年都有一次转神湖朝拜的仪式。从寺院步行来回需要半天时间。

洛扎到拉康的公路在进镇时有一个左边的土路岔道直通卡久寺，开上去约20分钟，如果走小路上山则大概需要2小时。

枯廷拉康　　　　　　　　　　　　寺庙

〔洛扎县拉康镇〕枯廷拉康位于拉康镇上郙局旁边。虽然它今天看起来并不起眼，当年却是松赞干布和文成公主为"镇压罗刹魔女"建起的十二神庙之一，与大昭寺、小昭寺有同等的加持，殿里供奉着释迦牟尼像和其他神祇。

🍴 食宿

洛扎县城有一堆提供普通间的宾馆和招待所，大部分在百元左右。可以洗澡的选择是**中粮宾馆**（☎139 8903 3077；标双220元起，标单280元起；📶 🅿）。街上有普通面馆也有川菜馆、云南腊排骨，价格与拉萨差别不大。

色乡目前还没有带标间的旅店。**达派招待所**（☎136 5893 0618；色乡乡政府；普

扎日神山：猴年转山的第一选择

与冈仁波齐不同，位于山南隆子县境内，同样在藏人心中非常神圣的扎日神山，在旅行者中的知名度却远远低于前者，甚至还不如多康等地的神山。一个原因是扎日神山的遥远，另一个原因是若要朝拜神山上的所有殊胜之地，可能会陷入麻烦：神山的一些地方正处于所谓的"麦克马洪线"上。

扎日被认为是佛陀所授记的胜乐轮本尊二十四刹土之一，它与冈仁波齐（今阿里地区普兰县境内）、拉孜雪山（今日喀则定日县境内）并称为胜乐金刚的"身、语、意"三刹土。其中心的达巴西山是胜乐金刚的宫殿，具有大加持。米拉日巴的大弟子达布拉吉在照见了圣地的各种景象后，派遣弟子益西多吉前往圣地，从此开启了扎日神山。后来藏巴甲热・益西多吉沿着雅鲁藏布江南岸，一直来到了朗县地界，经由登木峡谷，前往扎日神山，开创了转扎日神山的宗教习俗。人们通常认为，猴年是朝拜扎日神山的最好年份，可以获得更好的福分。

20世纪50年代以后，因为边境问题，朝拜扎日神山的活动一度停止，改革开放后又重新兴盛起来。直到今天，仍然有大量的朝圣者会选择从朗县进入扎日圣境来朝拜。他们从金东乡康马村进入，花五六天甚至十来天徒步进行一次较为完整的朝圣，不过也仅限于山顶巡礼和山腰巡礼，山麓大转则涉及边境问题不被允许。通常认为最好的时间是藏历三月十五到八月十五之间，据说这期间便是圣地打开的时间。

双100元起；P）和**圣地旅馆**（☏136 5893 0626；色乡乡政府；普双120元起；P）的房间都算得上干净，并且都带有价格合理的川菜馆。色卡古托寺周边有几家藏式茶馆提供面条和甜茶。

拉康镇唯一能洗澡的宾馆是**卡久寺宾馆**（☏136 4893 3555；拉康镇邮局旁；标双160元起；P）位于邮局和四川饭店之间，没有招牌，有个院子，客房都在二楼。其他招待所床位在30~50元。镇上3间汉餐馆子，四川饭店、重庆饭店和云南饭店都有炒菜和面条米线，价格正常，一碗10元起。

卡久寺旁也建有一个**卡久寺宾馆**（☏139 8903 8891；卡久寺；标双200元起；P），寺庙入口右侧有一个藏式饭堂，有面条、包子和甜茶，也能供应炒菜。

❶ 实用信息

洛扎县城和拉康镇都有农业银行的取款机，色乡没有。拉康镇和色乡的邮局都只在周一、周三、周五开门。

进入洛扎各地都要查边防证，请与身份证一起随身携带。

❶ 到达和离开

拉萨开往洛扎的班车在嘎玛曲米宾馆（曲米路南段23号；近公交站"二巷"售票（☏135 4900 0148）发车，需要提前买票。洛扎县城每天各有一班车开往拉萨（8:00；110元；8小时）和泽当（8:00；130元；9小时），在雪域宾馆楼下售票；每天下午5点左右有一班中巴开往色乡（40元；2~3小时），在粮食局桑珠宾馆前面的三岔路口发车，从色乡返回县城的时间是早上8点。

洛扎到拉康曾经有3天一班的班车，在我们调研时已经因为修路客流稀少停止运营了。

较为简便的朝圣则是从泽当沿错那公路南下，在俗坡边境检查站左转，经过三林乡再去扎日乡，乡政府叫马吉墩。从马吉墩出发去转山，最主流的路线是去措嘎湖朝圣，行程需要两三天，要翻越纳拉（森林之山）、帮拉（草地之山）、扎拉（石头之山）三座垭口，转山时还可朝拜白布佛塔、强巴佛塔、药王山、天然十二度母像等。第二天，顺着湖走一个多小时就到帕姆圣湖，接着沿森林走到一个修行洞，内有噶玛巴等活佛的法座。这里附近有措嘎圣泉，传说这里洗浴能消除百病。从此处经过措嘎湖、扎拉、帮拉、纳拉返回马吉墩。

另外一条路线是以乡政府西侧的机甲寺为起点，转扎日神山的主峰达瓜西日山，全程需要3~4天时间，路程艰险，也需要扎营和携带食物。还有时间的话，可以从马吉墩到桑多白日山的邬金扎普朝圣，这是莲花生大士的修行洞，往返3小时足矣。

你可以在扎日乡找到向导，通常每天不会少于500元。扎日乡政府对面的**扎日圣地宾馆**（☏152 8913 6678；标双200元起；P）提供干净的标间，乡上其他宾馆和藏人家里都能提供30~50元的床位。没有公共交通抵达这里，如果你没有车，可以在泽当的山南市客运中心搭乘到三林乡的班车（8:00；70元；6小时），然后三林到扎日乡100公里的土路你只能搭车了，三林乡有招待所和餐厅。

在路上
本书作者 董驰迪

秋季的江孜有着比寺院更灿烂的金光。你有望搭上拖拉机和藏民们欢快地颠簸一程,或一同在青稞地旁喝酒歌唱。
进一步了解我们的作者,见422页。

吉隆沟。

日喀则及周边

日喀则及周边

"要么成为骨灰,要么成为骨灰级玩家。"珠穆朗玛就是如此吸引着向往雪域高原的旅行者,然而日喀则并非只能给你极限的视觉冲击,深入它的细枝末节,这片厚重和独特的藏南高原不会辜负你的远道而来。

中国景观大道在这里走到了终点,曾经每年有无数旅行者从这条友谊公路去往尼泊尔。219省道横穿日喀则,直直通向神秘的阿里。在这条漫长的道路上,你将寻找到雅鲁藏布江以及孕育了西藏文明的源头。喜马拉雅山脉横亘边境,亚东沟、吉隆沟、樟木沟、陈塘沟和嘎玛沟,这五条切开它的裂谷构成了玩转日喀则最"深刻"的旅行地图,它们惊艳的自然风光和与藏地迥异的风土人情,将为你展现一个鲜为人知的喜马拉雅。卡若拉冰川的融水流成了年楚河,灌溉了西藏最丰饶的"米粮仓";肥美的青稞田上,宗山古堡诉说着"红河谷"的抗英史;白居寺炫耀着佛教壁画巅峰时期的出神入化。最后,当你来到日喀则的心脏,在气势恢宏的扎什伦布寺面前,即便不是信徒,也足以感受到后藏圣地的强大磁场。

☑ 精彩呈现

扎什伦布寺	254
羊卓雍错	267
江孜	271
亚东县	276
萨迦寺	281
珠穆朗玛峰	289
吉隆镇	298

何时去

➡ **4月至6月** 喜马拉雅山脉5条山沟绿树满眼、山花烂漫;江孜的青稞田最为茁壮。更不要错过扎什伦布寺最热闹的展会节。

➡ **7月至11月** 毋庸置疑的旅行旺季,但也不会使日喀则显得太拥挤。羊卓雍错自行车赛、望果节、达马节也都集中在这个时段。若为看雪山而来,10月的空气能见度最高。

➡ **12月至次年3月** 冬季来临,即便能抵抗高寒,此时的雨雪也会给出行带来不少麻烦,常会遭遇大雪封山。

★ 日喀则及周边亮点（见250页）
① 扎什伦布寺　② 江孜古城　③ 珠穆朗玛峰　④ 羊卓雍错　⑤ 萨迦寺　⑥ 吉隆沟

在日喀则，请注意

➡ 日喀则有前往各县的班车，其余地区或景点基本需要包车或跟团前往。

➡ 即便坐班车依然要赶早为妙，在人数过少的情况下可能会取消或合并班次。

➡ 亚东、吉隆、定日（珠峰）、定结、聂拉木（樟木）为边境地带，最好提前在常住地办理边防通行证。

➡ 200元上下能住到差不多的房间，淡旺季相差10%，可还价。你以为必备的空调在这里是硬件上乘的标志，冬天多以电热毯伺候，偏远地区有热水洗澡已经值得夸耀。

危险和麻烦

➡ 严格来说，藏民不吃鱼，并在初一、十五不杀生，去藏民家用餐时还需注意。

➡ 经过检查站，尤其是边境检查站时，切记不可拍照。

➡ 自驾车需格外小心在公路上散步的牲畜，万一发生擦碰，索赔的金额可能相当惊人。

➡ 不要轻易讨价还价，尤其在景区，可能会招致纠缠不休地强买强卖。

➡ 高海拔地区切忌剧烈运动，如有头疼、呕吐等症状，请尽快下撤到低海拔地区。

○ 当地人推荐
不可错过的萨迦寺

普布旦增，日喀则萨迦人，致力于萨迦音乐的研究，现任教于萨迦中学。

在你看来，日喀则最具代表性的是什么？

对于大部分人来说，珠穆朗玛峰可能是最引人注目的，除此之外我觉得去寻找一下雅鲁藏布江的源头也不错。另外，当然是我的家乡萨迦，它是700多年前西藏的政教首府，历史、宗教和文化都很值得推敲。

对于游览萨迦寺你有什么建议？

如果要好好欣赏萨迦寺需要足够的时间，匆匆浏览是很令人惋惜的事情。萨迦寺南寺不仅是佛教圣地，也是个历史文物宝库，可以从中窥见西藏乃至中国的历史点滴；北寺有大拉章以及高级佛学院，可以去听听辩经或者堪布讲经，感受下学院生活。寺院往东南5公里处还有个萨迦卡吾温泉。

解读萨迦需要了解一些什么知识？

萨迦最著名的两位杰出人物——萨迦班智达和大元帝师八思巴，他们不但是藏传佛教中重要的佛学家，也是影响萨迦历史的政治家。班智达所作的《萨迦格言》，是萨迦派流传最广的代表作。它收录了许多简短有趣又富有哲理的藏族格言诗。既有佛经掌故，又有民俗民谚，可以让你大致了解萨迦派区分善恶智愚的主张，以及藏族人的一些生活哲学。

当地人推荐 249

萨迦法会。

王郢 摄

什么时候来萨迦最好？

萨迦寺夏天藏历七月举行金刚法会，藏历九月十四日举行萨迦派创始人贡嘎宁波诞辰日法会。冬天藏历十一月底举行冬季大黑天护法会。如果对宗教舞蹈音乐和乐器等有兴趣，这是很好的时间。

有哪些一般游人不知道却有意思的地方吗？

如果对民俗感兴趣的话，拉孜或萨迦老百姓家的婚礼是很特别的，也比较原生态。如果有机会加入，您可以见到从求婚到结婚的每一个环节，同时可以了解后藏的酒歌酒舞、民俗服装，以及藏族人的性格。如果喜欢藏戏，萨迦县麻布迦乡有种吐蕃赞普赤松德赞时期的夏尔巴贡戏剧，历史非常悠久。

✔ 不要错过

◎ 最佳观景点

➡ **加吾拉山垭口** 4座8000米以上的世界级雪山在你眼前一字排开。（见289页）

➡ **珠峰公路** 搓板路化身"秋名山"。（见289页）

➡ **江孜紫金寺** 寺院、古城、麦田、湿地和河流景色，尽收眼底。（见273页）

✪ 最佳节日

➡ **扎什伦布寺展佛节** 在日喀则最气派的寺院里看最盛大的佛教节日。（见255页）

➡ **萨迦寺金刚神舞法会** 看不懂神舞没关系，和藏民们欢聚饮茶，这样的体验更有趣。（见283页）

◎ 最佳寺院

➡ **夏鲁寺** 别具一格的古朴雅致，壁画荟萃云集。（见263页）

➡ **白居寺** 三派一寺的罕见格局，不可错过的"十万佛塔"。（见271页）

➡ **萨迦寺** 萨迦王朝的中心，一座寺堪比一座城。（见281页）

✈ 最佳户外

➡ **珠峰东坡环线徒步** 挑战世界级的经典徒步线路，与海拔7000米以上的雪山高峰终日为伴。（见294页）

➡ **希夏邦马环线徒步** 短短3天，便能近距离欣赏希夏邦马的英姿。（见298页）

➡ **羊卓雍错环湖游** 摆脱常规路线，见识羊卓雍错鲜为人知的全貌。（见268页）

日喀则及周边亮点

❶扎什伦布寺

与拉萨的大昭寺遥相呼应,扎什伦布寺是日喀则的精神高地。从五世至十世班禅的灵塔,到"世界上最大的镀金铜佛像",大量珍贵文物简直媲美布达拉宫。即便你弄不清楚它在藏传佛教中的地位,也会被它的建筑和虔诚的信徒所感染。

❷江孜古城

位于年楚河谷中心的江孜是后藏最富庶的沃土,早在吐蕃王朝时期,这个"西藏粮仓"就是王公贵族们的封地,各路兵家也无一不垂涎它的富饶。拥有"十万佛塔"的白居寺,让你陶醉在宗教精美绝伦的壁画中满目疮痍的宗山古堡里,清晰可见的弹痕在向你讲述一段悲壮的抗英历史。如今,经过洗礼的"红河谷"里,每逢秋收时节,无边无际的青稞田、缓缓流淌的年楚河和农民们朴实的面孔,构成了最打动人心的画面。

❸珠穆朗玛峰

这才是名副其实的顶级体验,它足以写进你的遗愿清单。无论你是登山爱好者,还是只想近距离瞻仰世界第一高峰,你都该走进这个空气稀薄的地带,留下你此生最"巅峰"的纪念照。到达大本营之前的加吾拉山垭口、最新建成的珠峰公路,都是绝佳的观景点,不论是连绵的世界级雪山,还是极速蜿蜒的盘山公路,都让珠峰之行更值得挑战。

❹羊卓雍错

西藏三大圣湖之一的羊卓雍错,面积最大,离拉萨最近。当这一泓碧蓝清澈、妖娆无

（左图）后山俯瞰扎什伦布寺。
（上图）宗山古堡。

比的湖泊毫无保留地展现在你面前时,你也会和藏民一样坚信如此美丽的事物必定是神之所赐。若不甘心只和它擦肩而过,你还可以自驾、骑行,甚至是用双脚徒步的方式来感受它的浩瀚和庞大。人迹罕至的岛屿、自然淳朴的村落将让你看到羊卓雍错和蔼又超脱的另一面。

❺ 萨迦寺

这个700多年前西藏的政教中心拥有厚重且灿烂的文化历史,需要你多花点时间推敲和解读。在结构森严的南寺,记得寻找一件件让人叹为观止的宝物,在荒废的北寺感受如圆明园般的残破之美,俯瞰仲曲河缓缓穿过萨迦城,想象曾经辉煌的萨迦王朝。还能去佛学院听堪布讲经,或者去神奇的卡吾法王温泉,和当地人真正地"泡"在一起。

❻ 吉隆沟

90公里之内3000米的海拔落差,从冰雪皑皑的世界屋脊到四季如春的亚热带山谷,给你这个峰回路转体验的就是喜马拉雅山脉五条沟中最深的一道——吉隆沟。架构在印度洋暖湿气流和青藏高原的高寒地带之间,打通了南北纵向的裂谷,也开辟了青藏高原与南亚的交通要道。逗留吉隆镇,便可同时享受环绕四周的雪山美景和满眼绿树的潮湿空气;徒步山间,你可能不经意地发现藏在这里的斑驳历史,也可能会邂逅漂亮的混血姑娘。

珠穆朗玛峰。

4

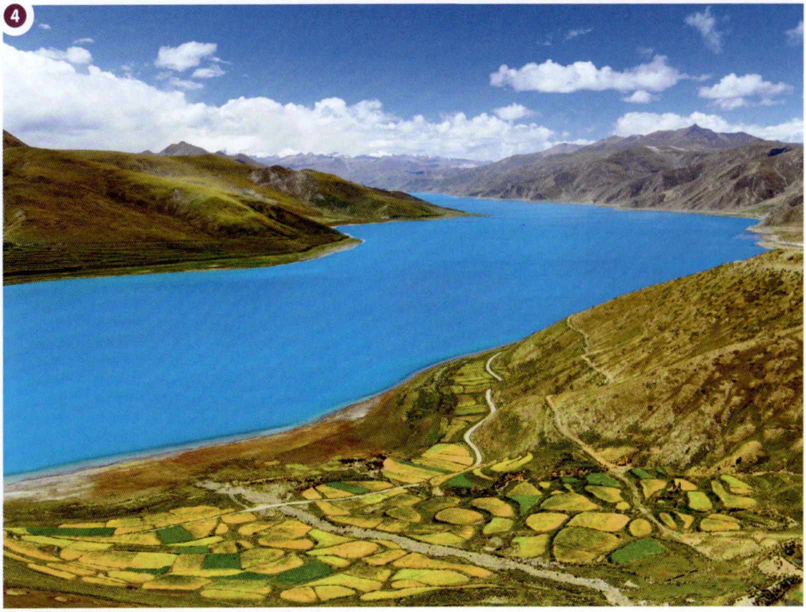

GETTY IMAGES 提供

羊卓雍错。

萨迦寺金刚舞法会。

5

董驰迪 摄

吉隆沟内的亚热带山谷。

6

GETTY IMAGES 提供

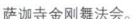

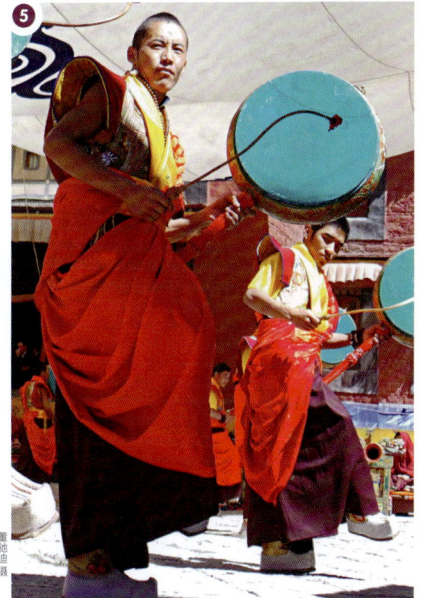

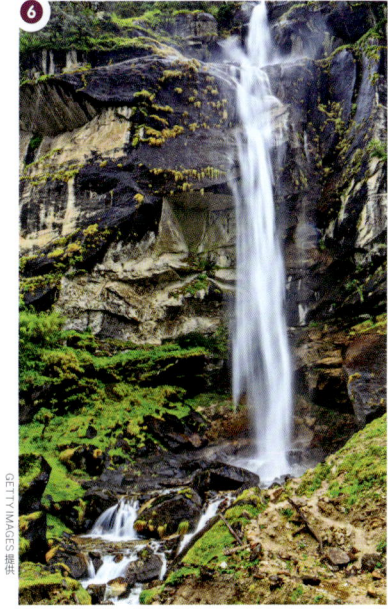

★ 最佳景点
扎什伦布寺

作为日喀则市最大的寺院,拥有5个多世纪历史的扎什伦布寺是来日喀则的必游景点。不过,想要看所有佛殿必须赶早,12:00~14:00部分佛殿不开放,每个殿还会单独收取75~150元的拍摄费用。在结束对寺院内的参观之后不妨选择一个下午花1~2个小时跟着当地人一起去转寺——沿扎什伦布寺西侧的白墙笔直向上,之后循着"吉祥须弥山"上一路的转经筒绕行寺院一周,最高处还可俯瞰整个日喀则。

> 见308页地图;门票 旺季(5月1日至10月31日)100元,淡季55元,讲解100元;⏰9:00~19:30;交通:出喜格孜步行街西南口继续直行200米即到,路两侧有小商品出售。先看到扎什伦布寺的外转经道,扎什伦布寺也就不远了。

强巴佛殿

按顺时针游览寺院,西边的强巴佛殿(也称弥勒殿,强巴佛就是汉地佛教中的弥勒佛),是寺内三座金顶大殿的第一座,它建于九世班禅时期(1914年)。在这里你将迎接第一场视觉冲击——世界上最大的镀金坐佛像。为了装下佛像,近30米高的大殿居然是中空的,根据佛像分为莲花宝座殿、腰部殿、胸部殿、面部殿和冠部殿五层,但是目前开放的只有最下面一层,在你奋力抬头时,会听见讲解大声地说:"佛像鼻孔可容一个成年人!"强巴佛像由110名工匠花了四年多的时间才建成,全身共用去6700多两黄金,仅眉间白毫就用了30多颗大钻石,浑身上下的珍珠、珊瑚、琥珀、松耳石等不下2000颗。

历代班禅灵塔

继续往东就是十世班禅灵塔殿,也称**释颂南捷**。这是寺里最豪华的一座,当时国家拨出了6424万元,动用了614公斤黄金和275公扎什伦布寺。

亮点速览

➔ **强巴佛像** 佛像的鼻孔可容纳一个成年人!眉间白毫用了30多颗大钻石。

➔ **四世班禅灵塔** 最古老华丽的一座灵塔,镶嵌有7000多颗宝石。

➔ **藏历四月十五日展佛节** 连续三天在展佛台展出现在、未来、过去佛。

斤白银打造。镀金的灵塔分为三层,底层存放青稞、茶叶,二层放着经书和十世班禅使用过的物品,顶层存放着1989年圆寂的班禅真身。塔前立有十世班禅大师的塑像,而大殿右侧你可以找到他25岁时的照片。下一个殿是四世班禅灵塔所在的**曲康夏**,四世班禅对扎什伦布寺的贡献和影响最大,寺院最大的一次扩建就是在他主持之下完成的。因此,他的灵塔也是寺中最古老华丽的一座,灵塔虽为银质,但镶嵌的宝石却有7000颗之多。最后一个大殿供奉着五至九世班禅的合葬灵塔,因为他们各自的灵塔皆在"文革"中被毁,所以1985年,十世班禅大师为他们重新修建了一座,将他们合葬,取名**扎什南捷**,意为"吉祥的天国"。因此,唯独在这个大殿里你会发现十世班禅的照片放在了历代班禅中的第一位。

措钦大殿

措钦大殿是扎什伦布寺最早、最大的建筑,这里是班禅大师讲经和举行佛事活动的大经堂。经堂中央是班禅的宝座,殿内正中为释迦牟尼佛殿,据说铜像内还藏着八思巴的舍利、宗喀巴的头发,以及喜饶僧格的头盖骨。东侧和西侧分别是度母殿和强巴殿,其中的佛像都是扎什伦布寺中最古老的。除此之外,措钦大殿还有好几个小殿值得探索。环绕二层的回廊,不起眼的小门内你会发现他们的藏经阁,满屋的经版皆已有厚厚的包浆。藏民们相信,用头触碰那些古老的经版会给你带来智慧。在这里同时也能祈请各种作用的护身符以及一些纪念品。而在大殿中央庭院的东墙上,嵌着一个极小的佛龛,经常能看到藏民们将其团团围住轮流叩拜,并将耳朵贴近佛像倾听片刻,之后每个人都会露出一副"天机不可泄露"的神情。

日喀则市

电话区号 0892 海拔 3836米

只一座扎什伦布寺,就足以让你在日喀则停留。作为去往珠峰的最大中转站,每年5月开始,旅行团和重装背包客往来日喀则,在这里补给或是短暂休整。也因此,日喀则有适合旅行者口味的住宿和餐饮。这里也是西去阿里的必经之路,从这里出发后,你将暂别大城市。

◎ 景点

德庆格桑颇章　　　　　　　　　宫殿

(见308页地图;普彰路扎德西路;门票50元;⊙10:00~17:00)"颇章"就是宫殿的意思,德庆格桑颇章是班禅的宫殿。原宫殿为贡觉林卡,是由七世班禅在1844年仿造罗布林卡兴建的。但因贡觉林卡在1954年被毁,国家又专门拨款在此重建,所以也被直接称作班禅新宫。作为顶级宫殿,这里的确富丽堂皇,细密的藏式壁画布满四壁,金光闪闪,让人眼花缭乱。

沿着扎什伦布寺广场西边的普彰路向南步行2公里就能看到它宽阔的大门,专程来此的旅行者不多,门前的几棵老柳树粗壮无比。

桑珠孜宗堡　　　　　　　　　古建筑

(见308页地图;雪强路) 房费 这个耸立于山头的建筑看起来颇为眼熟,当地人会故意说:"是布达拉!"

600多年前,元顺帝钦封的"大司徒"强曲坚赞掌管全藏,将藏区划分为13个大宗,每个宗修建了一座宫堡式建筑,集寺庙与政府的功能于一体。日喀则的桑珠孜宗堡就是其中之一,且是最后一个完工的,落成于1363年,所以不仅建筑技巧纯熟,规模也最大、最漂亮。330年后,五世达赖喇嘛在重修布达拉宫时,就拿它作样板进行了扩大和增高。于是就有了"布达拉宫模仿桑珠孜宗堡"这一说法。不过在2004年之前,宗堡因长年失修几乎是一片废墟。上海同济大学的工程

桑珠孜古堡。

师为了"修旧如旧",只能反过来参照布达拉宫才完成了这项工程。可惜的是,号称要成为"日喀则博物馆"的"小布达拉宫"却一直没有正式对外开放。倒是雪白的高墙连同它背后的山头一齐成为了日喀则的最佳取景点和瞭望点,在扎什伦布寺的转经途中可以顺道来此。

宗山脚下的雪强路上可以看到一块写着"**江洛康萨**"的石碑,在大半个世纪前,这里曾是日喀则有名的扎冲(商业街)。如今,这里是老城区的交易市场,依然热闹非凡,和日喀则主街上的宽阔空荡不同,藏式茶馆、古董摊位、日用品商店,家家紧挨,游客、市民、农牧民聚集在这里,散发着浓郁的生活气息,也可算是"日喀则的八廓街"。

❂ 节日

日喀则新年　　　　　　　　　　新年

同是藏区,日喀则的新年和拉萨却并不相同。日喀则的传统农家新年在藏历十二月初一。据说,这个"后藏粮仓"为了能够安心地过年又不耽误春耕播种,才干脆把新年提前了一个月。所以,日喀则新年也叫作"索呐"新年,意思就是"开始干活之前的新年"。不过,你要是以为那段日子和汉族新年一样处处张灯结彩就错了。届时人人放假在家,大街冷冷清清,即便是打车,费用也会高出平常。

但是,并不是日喀则所有地方都过后藏新年,江孜县、康马县和亚东县这三个地方过的依然是拉萨新年,也就是传统意义上的藏历新年。

珠峰文化旅游节　　　　　　　　文化节

每年9月的第一周是日喀则的珠峰文化旅游节,主会场设在日喀则市区以及定日县城。作为一个较为官方的旅游节,最大的看点只是每次的开幕式,日喀则市区会在扎德西路、体育南路的上海体育场举行,定日则在珠穆朗玛上海大酒店对面的广场上进行。如果对拉孜堆谐、定日洛谐等后藏的歌舞感兴趣,这时是能够集中观看的好时机。

如果你有

➥ **3天** 好好享受拉萨到日喀则(见256页)一路的超值景观,在到达日喀则后留一天游览最著名的扎什伦布寺(见254页),次日去往班车可达的夏鲁寺(见263页)感受一下截然不同的寺院氛围。

➥ **5天** 游览完日喀则市区之后,前往江孜古城,将最多的时间留给白居寺(见271页)的精美壁画,也不要错过宗山古堡(见272页)和紫金寺(见273页)。之后继续南下亚东沟,在夏日村(见278页)或下亚东原始森林(见278页)来一场丛林徒步。

➥ **7天** 如果冲着珠峰而来,将前3天安排后日喀则市区,在前往大本营的中途可停留萨迦两天。将庞大的萨迦寺(见281页)里外看遍,再体验下神奇的卡吾法王温泉(见282页)。最后迎来此行的重头戏——珠峰大本营(见289页)。之后可继续深入阿里地区或顺道造访一下风格迥异的吉隆(见292页)。

🛏 住宿

珠峰路和上海路是日喀则市区最主要的两条街,选择靠近扎什伦布寺所在的西北边会是比较便利的选择,寺前的喜格孜步行街和山东路都是热闹的路段。不过这个区域的青旅过于陈旧,不如去到稍远的两家。而在当地酒店条件平平的日喀则,入住诸如汉庭、7天等统一标准的连锁酒店也不失为一种高性价比的选择。

平措康桑青年旅舍　　　　　青年旅舍¥

(见308页地图;📞853 1999;普彰路,医药公司旁;铺30元,太空舱60元,标双220元;📶🅿)这里最值得推荐的是"太空舱"床位,每个舱位的隔间里硬件齐全:壁灯、插座、挂钩、镜子,甚至还有个活动的小桌板,并且还配有竹帘,私人空间相当舒适。整个旅舍空间宽敞,公共区域设施齐全,多人间够整洁，标间也舒适温馨，还有榻榻米房间（240元）。

美旅宾馆　　　　　　　　　酒店¥¥

（见308页地图；☎882 4111；喜格孜步行街中段；标双220元，四人间280元，铺30元；❄☎P）2015年新开的，卫生条件令人满意。宾馆分主楼和副楼，主楼的浴室水压会好一些；副楼一层设有卫生间公用的低价单间（120元）以及多人间（每间4~6人），选择多人间你很可能会遇上几个藏族室友。除此之外，还有带磨砂玻璃的独立卫浴的三人间或四人间，不过不单独出售床位，如果多人同行会是很经济的选择。

次央青年旅舍　　　　　　青年旅舍¥

（见308页地图；☎180 8997 0169；普彰路，班禅新宫北行50米；铺45元，标双140元；☎P）较为简易的青旅，没有热闹的公共空间，也没有彻夜不眠的青年，甚至它要求你尽可能放低分贝，因为院子里除了一层被改建成旅舍，楼上还依然是居民住户。房间是青旅一贯的朴素，如果你喜欢安静，这里倒是不错的选择。

乔穆朗宗酒店　　　　　　　酒店¥¥¥

（见308页地图；☎866 6333；上海中路，近珠峰西路；标双788元，套房1280元；❄☎P）目前来说是日喀则最让人满意的酒店了，挂牌五星，中心地段，位置绝佳，门面就够气派，走藏式和现代结合的风格。房间温馨宽敞，五星标准配备齐全，卫浴干湿分开，采用中央空调，入住包含自助早餐。网上的促销活动往往可以拿到近8折的价格，可以说是超值了。

❌ 就餐

日喀则市区已经有了长年接待游客的经验，即便是藏餐也都基本做了改良，除了出现许多藏族都没见过的创意菜，口味也变得相对容易接受。如果依然偏爱汉餐的话，这里的川菜和西北菜还是能做出较为地道的口

📖 汇集八风的高原

杜冬

单看海拔高度和气候，人们很容易将西藏等同于不可逾越的障碍或者"八风吹不动"的堡垒。其实，西藏自古以来就是一条高海拔的通道，甚至有研究者说，藏文化的最大特征并不在于独创，而在于其闭塞、善于学习和自成体系，能最大限度地保鲜外来的文化。

在西藏文明的早期，宗教、藏文、艺术以及医药都是在流入的外来文化和本土文化结合的基础上形成的。至今，藏医药中依然能见到与中医相似的切脉术，也不乏印度天文历算和人体经脉学说的影响，其外科手术方面甚至能见到波斯和阿拉伯手术器械的影子。宗教同样如此，古老的苯教源起并壮大于邻近中亚的阿里地区，其与中亚、波斯祆教的密切联系已经为学界所公认。就佛教而言，印度和中国内地的神灵不断地进入看似铁板一块的藏传佛教神灵体系中，南来的密集金刚、时

照相的喇嘛们。CFP 提供

轮金刚,以及东来的关公(有时会与格萨尔王相提并论)都是在后弘期甚至明清时代才进入藏传佛教体系。唐卡的画风中,有印度、尼泊尔风格明显且汉风浓郁、秀美俊逸的噶玛嘎赤派,也有雄浑有力的钦孜画派,还有糅合了两派风格之所长、流行于拉萨等核心区域的勉唐派。

在更接地气的方面,外来的影响无处不在。安多地近西北,口音类似西北腔,吃饭则"无面不欢"。四川省甘孜州康巴藏族的汉语则一口生猛的四川腔,喜食辣椒和火锅。卫藏地区保留着南亚乃至英国生活方式的影响。英式奶茶演变为藏甜茶,至今计量单位还保留了英式的"一磅",辣椒的藏文发音是"斯班",来源于"Spice",打克朗棋的小茶馆依然按照19世纪的办法用英文单词计分(这一风俗在拉萨已经基本消失)。许多藏歌里有明显的印度节奏,小酒馆里贴满了印度明星照片,就连英语口语也曾奉印度口音为正宗。

西藏的风俗还受到另一种强大力量的推动,那就是旅游业。拉萨城的西郊和四川的城市并无两样,麻将和茶园遍地开花,朝佛者和酒窖老板并行。拉萨人和全国各城市的老百姓并无太大区别,盼着涨工资,烦恼于拉萨的叫车软件太少,或者电商不包邮等问题。这座城市的生活成本相当高,甚至超过北京、上海,让外地打工者不住摇头,但他们虽然号称要回老家,却终究很少离开西藏,原因是在这片竞争并不激烈的高原市场上,挣钱似乎也比外面容易一些。

在当代,西藏正以前所未有的规模接收着信息。西藏的嘻哈青年们下载国外最新的嘻哈比赛录像,刻苦模仿,以备在大赛上脱颖而出。他们的父母和哥哥姐姐忙着用手机下单——在2015年的"双十一"一天中,西藏人大买特买,人均消费名列前茅,移动支付所占比例更是全国最高,虽然有人戏称西藏一个多亿的消费里有一半是邮费。如今,即便是不识汉语的牧民小哥,也会潇洒地手持最新款的苹果手机——苹果系统可以装藏文。(LP)

何谓"后藏"？

通常我们说的"藏区"，并非单指西藏自治区，而是指沿袭了藏族文化、习俗的藏族聚集区，所以甘肃、青海、四川和云南的部分地区皆可包含在内。在元代，藏区被划分为"卫藏、康巴和安多"，其中以拉萨为中心辐射的西部高原叫作"卫藏"，即拉萨、山南、日喀则和阿里，也就是现在西藏自治区的核心区域。而整个卫藏又分为"卫、藏和阿里"，"卫"和"藏"实际上分指两个区域——"卫"是中心的意思，指的是岗巴拉山以东的拉萨、山南、林芝，又称为前藏；其西部的日喀则才是"藏"，相应地被叫作"后藏"。在清政府的册封下，达赖掌管前藏，班禅掌管后藏地区，所以你应该能明白为何"历代班禅驻锡地"的扎什伦布寺在日喀则的地位如此举足轻重了。⑰

味。乔穆朗宗酒店旁的无名巷内集中了不少时新的加盟餐厅，如滋滋烤鱼、风华楼牛肉面等，除了口味如出一辙，其中几家还是24小时营业。

丰盛藏餐 藏餐、中餐 ¥¥

（见308页地图；📞182 8912 8333；喜格孜步行街62号，近扎什伦布寺；人均55元；⏰9:00~23:30）最接地气的藏式餐厅，因为临近扎什伦布寺常常人满为患，好在门口有很多露天加座，在有阳光的下午点壶甜茶会十分惬意。菜式以藏餐为主，主打的藏式火锅（150元）会送一些炒素菜作为配菜，两人足够。想要环境更好，菜式更多的话，建议去他家的第二分店（📞882 0999；珠峰西路，近什伦布寺广场）。和刚坚宾馆共用厨房，除藏餐之外也有更多的中餐选择，还提供丰富的早餐，可以尝试下糌粑。

吾尔朵藏餐 藏餐 ¥¥

（见308页地图；📞882 3994；扎德东路8号；人均75元；⏰10:30~23:00）餐厅的环境让人非常享受，有浓郁藏族风情结合现代的时尚元素，大堂和包间都各具特色。晚间还有藏族乐队演出，可以见识到各种传统乐曲和热闹的藏式歌舞。藏餐的口味也很容易接受，藏包子（20元）、酸奶（20元）、手抓羊肉（45元）、自酿的青稞酒（35元）、藏香猪排（55元）都是很受欢迎的菜式。二楼还有个吾尔朵民俗博物馆，陈列着不少藏族生活用品，不过还需要另收10元门票。

颂赞餐厅 藏餐、尼泊尔菜、西餐 ¥¥

（见308页地图；喜格孜步行街19号；人均50元；⏰10:30~23:00）既本土又非常国际化的藏餐店，会让你联想到尼泊尔的氛围。菜单也有英语版，综合多种菜系，西餐、印度菜、藏餐皆有。一桌可以同时出现酥油茶和汉堡、意面、咖喱饭。牛舌（35元）、炸酸奶（30元）味道都不错。

小胖子川菜 川菜 ¥¥

（见308页地图；📞882 1768；珠峰路中段；人均55元；⏰10:30~23:30）"小胖子"的名号在日喀则遍地开花，包括川菜、烧烤，甚至宾馆。这里的川菜虽不能和四川比，但能在藏区吃到这个口味已经让人泪流满面。菜式品种齐全，除了传统的川菜，还加入了以当地食材制作的菜式，亚东木耳、岗巴羊肉等在这里也能吃到。特殊食材另当别论，基本荤菜38~45元，素菜18~28元，菜量不算少，不论人多人少都能吃得舒舒服服。因此这里也成了不少过路司机和旅行团的"定点食堂"。

老陕饭庄 小吃 ¥

（见308页地图；📞882 7508；山东路，珠峰电影城隔壁；人均25元；⏰8:30~22:00）刀削面是这里的主打，即便在高原的烹饪环境依然做到面身筋道，以"私房牛肉"为浇头的最值得尝试，当然也有传统的多合一。除了面食，还有盖浇饭、炒饭、米线，凉拌菜也有不少选择，价格均在20元左右。如果希望点炒菜，可以前往珠峰东路到底的总店。

❶ 实用信息

山东路和珠峰路上都能找到几个**农业银行**的ATM机，珠峰东路43号和上海中路10号都有**中国银行**的网点，喜格孜步行街口有一个中国银行的ATM机。

日喀则市人民医院（见308页地图；☎882 3033，883 1892；上海中路28号）

铭医楼综合门诊部（见308页地图；☎882 5511；珠峰路22号；24小时营业）诊所干净卫生，能配到各种常用药品，如果只是轻度高反可以在此吸氧（40元/小时），还有舒适的床位和空调。步行街上还有一家挂着**市人民医院第一诊所**的小药店，也提供吸氧服务，但环境和服务要差一些。

日喀则市邮政局（见308页地图；珠峰路山东路口；⏰10:00~12:30，15:00~18:30）

日喀则边防支队便民签证点（见308页地图；☎135 1892 6658；珠峰西路近体育南路；⏰10:00~12:30，15:00~18:00；周末至16:00）可办理前往珠峰地区的边境通行证。旅行者需先持居民二代身份证前往**日喀则旅游局游客服务中心**（☎882 2221；吉林路3号）填写《通行证申请表》之后携带身份证原件及复印件一份，以及表格到签证点办理通行证。两处填表及办理皆不收取任何费用。

❶ 到达和离开

飞机

日喀则和平机场位于日喀则江当乡的318国道旁，距离日喀则市区43公里。目前开通的航线只有日喀则至成都，每天上午9:30有1班，航程约2小时20分钟。

长途汽车

拉萨西郊汽车站有发往日喀则的班车（8:00~19:00，约每30分钟1班；6小时），价格分为3种：大巴90元，中客（6人小巴）125元/人，小车（4人轿车）145元/人。在同样限

日喀则汽车总站。

日喀则汽车总站车次时刻表

目的地	发车时间/班次	票价(元)	行程(小时)	备注
拉萨	7:00~18:30, 30分钟一班	140	6	
阿里	12:00	545	22	次日10:00到达终点狮泉河,中途不停靠过夜。
定日	8:00, 14:30	76	5.5	
萨迦	8:00, 11:30, 13:30, 16:00	50	3.5	
亚东	8:00, 10:30, 13:00	95	6	
吉隆	8:00	170	13	
定结	8:00, 14:00	80	5.5	
聂拉木	8:00	185	14.5	停发

速的情况下,小车会快一些。

日喀则汽车总站(见308页地图;☎882 5792, 152 0809 5333;迎宾路;◐8:00~18:00),在城东,距离市中心约2.5公里,市区5路公交车可达。来往拉萨、阿里的班车皆从总站发车,但下到各县的班车有些分散在市内:

江孜(8:30~18:30,坐满发车;35元;2.5小时),上海路乔穆朗宗酒店斜对面。

拉孜(9:00, 15:00, 16:00;50元;3.5小时),发车点临近班禅新宫,位于扎德西路的拉孜农民旅馆旁,购票在旅馆旁的德吉商店(☎138 8902 3399)。

谢通门(8:30~18:30,坐满发车;30元;1.5小时),沿步行街前的雪强路直到宗堡脚下,神猴日喀则藏医院门口沿街停靠着无数面的,挑人多的上车即可。也可乘坐2路公交车到小寺庙站。

昂仁(9:00, 14:00;71元;4.5小时;经过拉孜),发车点在雪强路25号,腾飞电器城对面的粮食公司大院内(☎139 8992 1293)。同时这里也是去往彭措林寺(见286页)的发车点。

岗巴(12:00, 14:00;90元;3小时)、**仁布**(12:00, 14:00, 15:30;35元;2.5小时)、**南木林**(坐满发车;30元;2小时)的班车,集中在青岛东路近仁布南路口,购票在同位置的仓决超市。

班次较少的班车建议提前一天购票,在市区内有**汽车总站售票中心**(见308页地图;上海中路;◐8:30~13:00, 15:30~18:30),就在火车票代售点的对面,新大地超市旁的巷内。一个简易的小票亭,可以买到汽车站发车的各路车票。

火车

拉日铁路(拉萨—日喀则)于2014年8月15日正式运营,来往日喀则和拉萨只需3个小时,但只有一趟对开列车,每天上午9:00从拉萨发车,下午17:30再从日喀则返回。日喀则火车站位于甲措雄乡的占堆村,离市区约6公里,4路公交车可达,打车约30元。日喀则市内有**火车票代售处**(☎866 7117;上海路,乔穆朗宗酒店南侧;◐8:00~17:30)。

自驾车

从拉萨到日喀则有两条路线:一条是沿雅鲁藏布江西行,经过尼木、仁布到达日喀则;另一条是沿雅鲁藏布江,翻越南岸的岗巴拉山,经过浪卡子、江孜、白朗到日喀则。班车一般会走前一条路线,自驾则必然推荐后者,沿途经过羊卓雍错、卡若拉冰川等经典景观。

从拉萨机场高速曲水出口驶出,至曲水大桥处有两条分岔路。过桥为第一种路线,到岗堆,从卡热乡开始进入山谷,限速40公里/时,沿途有测速仪。尼木的吞卡检查站有休息点,途中会经过吞巴景区。仁布检查站往前10分钟有加油站。第二种走法,不过桥继续沿山路前行则是去往羊卓雍错的路线,也是老中尼公路的一段。

当地交通

抵离机场

日喀则和平机场目前没有机场大巴，乘坐出租车去往机场，费用约150元，也有不少黑车司机，价格随淡旺季变化较大。

公交车

日喀则的市内公交多为投币式，2元/人。5路公交车（8:40~19:20，每20分钟1班）循环来往于市区和汽车总站，可以到达步行街；4路公交车去往火车站，在上海中路近青岛东路，有停靠站；3路公交车去往西郊，起点在雪强路，扎西曲塔酒店附近，途经山东路，可沿途搭乘。但公交车效率并不高，间隔时间也很随意，若赶时间建议选择其他交通方式。

出租车

市区内出租车皆10元，不设夜机费。到火车站30元，机场约150元。

寺院门票Tips

➡ 参观寺院以上午为佳，所谓的"开放时间"对僧人们并不起作用。

➡ 寺院门票少有优惠政策，但一些冷清的景点也会同意在人多的情况下少买几张票。

日喀则周边

夏鲁寺

（见本页地图；甲措雄乡夏鲁村；门票60元，殿内拍摄30元；⏰ 8:00~19:00）即便你已经看厌了大同小异的寺院，夏鲁寺仍然值得你前来膜拜一回。并且最好不要尝试逃票，进入各殿时，喇嘛会抽查票根。

这座沉着内敛的寺院有着近千年的历史和极高的欣赏价值。但你若是单冲着它著名的壁画而来，可能多少会有些失望。长年的香薰火燎让大多数壁画已经黑化，而且有些黑化得相当严重，只有在少数可辨的线

日喀则周边

什么是《甘珠尔》《丹珠尔》和"贝叶经"?

在了解《甘珠尔》《丹珠尔》之前有必要先知道下"贝叶经"。贝叶经源于古印度,在纸还没有诞生的年代,佛教徒用铁笔在"贝多罗"树叶(即贝叶)上记录梵文经典,这是经文最早的存在形式,据说,唐僧当年取回的就是"贝叶经"。而这种被称为"佛教熊猫"的经文已十分罕见,西藏因为气候优势保存了较多部分。

当7世纪初佛教传入西藏地区后,为便于传播和留存,需要将佛教经典翻译成藏语。"珠尔"就是翻译的意思。"甘"意为教,是佛语部,内容为佛教的原始经典;"丹"意为论,为论疏部,是释迦牟尼弟子对佛语的阐释和论述。粗略地理解,一本是原文,一本是注释,这就是《甘珠尔》和《丹珠尔》的由来。两者合称,即藏文《大藏经》。

而在13世纪以前,藏文《大藏经》都以手抄本流传,它的第一次正式结集编订就是在纳塘寺完成的。纳塘寺自第四任堪布起,就搜求各地经、律、密咒校勘整理,直至第十一任堪布扎巴喜饶时,终于完成了史上第一部最为完整的藏文《大藏经》木刻版,其中的《甘珠尔》被格鲁派认定为唯一的正统译文,后来众多藏文史籍也认为纳塘古版《大藏经》为最权威的范本。1730年,颇罗鼐重新整理大藏经时,也是以此为底本,但可惜的是,纳塘古版《大藏经》的经版和印本,包括颇罗鼐主持印刻的经版皆已毁于"文化大革命"。

条中,才能依稀窥见当时最高水准的技法。不过除此之外,夏鲁寺仍有不少耐人寻味的看点。

夏鲁寺始建于1087年,寺院中你会发现墙体和庭院都是传统的西藏风格,而中间的大殿却是配以琉璃砖瓦房顶的汉式宫殿楼阁。会出现这样的汉藏混搭是因为寺院在1329年的地震中被毁坏后,当时的修复工程中元朝皇帝给予了大量支援,钱财、物资,以及大批的汉族工匠,他们同当地工匠一起合作,才让汉藏两种风格在夏鲁寺融合得如此得体,成为了它的特色之一。

措钦大殿中央最高大的塑像是夏鲁派的创始人布顿·仁钦珠。后方的观音殿藏着夏鲁寺的三件镇寺之宝——自生经文观音像、发声海螺,以及圣水坛。旁边的**天王殿**,四周的墙壁布满擦擦,其实夏鲁寺的佛殿大多以擦擦装饰四壁,只是在被破坏之后,只有天王殿内保存的最多。主殿有一条殿内的转经道,借着昏暗的灯光,你可以慢慢欣赏满布四壁的壁画。二楼最需要留意的是**无量寿佛殿**,泥塑的立体群佛像铺满整面墙,据说有1000尊之多,中间的空行母像满面红光,僧侣会告诉你,这是用空行母的鼻血涂抹的。若你表示出虔诚,他还会用盛有圣水的宝瓶敲打你的头和肩。

寺院的另一件宝贝——拼经版就收藏在售票处,通常不会主动示人,当然你要求膜拜的话,喇嘛会向你展示这块建寺时期就保存在此的宝贝,它由108块小木板拼成,每块都刻有经文。

最后一件神器,存放在距离夏鲁寺1公里之外的**杰鲁寺**(音),据说是建寺人吉尊·西绕琼乃当年苦行时的洗脸盆。现在存放在寺院二层的中央,你可见证它传说中"雨水积满后不外溢"的神奇。不少藏民沾水以湿额头,并手捧啜上一口。下楼时,不妨留意一下立体镜框,里面供着一个从柱子上长出来的蘑菇。

日喀则市区有专门去夏鲁寺的班车,发车点位于上海南路近扎西江苍路的夏鲁茶馆门口(1路公交可达),每天8:30~14:00,约30分钟1班,6元,约45分钟车程。班车会按照朝圣的次序先到达夏鲁寺,在回程的路上停留杰鲁寺片刻。自驾的话可以安排在去江孜的途中,根据公路指示牌,在夏鲁村右转向内2.5公里即可到达。

夏鲁寺壁画局部。

纳塘寺

（见263页地图；纳当村）德格印经院的大名如雷贯耳，然而作为西藏最早的印经院，纳塘寺却少有人知，哪怕其在印经事业上的贡献和地位相较德格有过之而无不及。噶当派的高僧洛佳扎在1033年创建了寺院。这里曾诞生过最早的木刻大藏经（见264页方框）。1730年，颇罗鼐接管了后藏事务，为了抢救西藏的古籍及经书，调集了全藏的书法家、刻工和画师，整理印刻了大量藏文巨著，尤其是大藏经《甘珠尔》和《丹珠尔》，都是完整的精刻，经版上除文字外，还有套色版画。这两部经书历经数年才缮写装帧完成，在当时被誉为"西藏地区最完整、最正确的标准经文"。可惜在"文革"期间，印经院，包括珍贵的全部经版，均已被毁。好在印经技术依然流传了下来，20世纪80年代初，政府对寺院进行了修复重建，现在寺院每天又晒满了经文，在此你将有机会看到制作一本经书的考究工序，还会发现不少藏民特意远道而来只为求一本出自纳塘寺的经书。

纳塘寺在日喀则城西15公里处，可以尝试在市区的扎西德路或几吉朗卡路上搭车，出城的车辆大多都会从这里走，途中会路过纳塘寺。如果包车，约100元往返。

热拉雍仲林寺

（见263页地图；南木林县奴玛乡热拉村）热拉雍仲林寺的历史可以追溯到7世纪松赞干布执政时期，在朗达玛执政时期被毁。直到1834年，由苯教怙主达瓦坚赞重建，成为藏区最重要的苯教寺院之一。寺院背靠维拉尔杰桑山，雅鲁藏布江从寺前蜿蜒而过，它在宽阔的谷地上独占一座山头。虽然地处日喀则南木林县，但拉萨来往日喀则的路上就能看见。

对于热拉雍仲林寺来说，最重要的并不是金顶的佛堂，而是位于最下方的大经堂。宁静的大院只有一棵古树和一个白色煨桑炉。因为来访者不多，大多数时候大门上锁。

☑ 不要错过

谢通门卡嘎温泉

如果你热爱温泉,又不适应藏区的条件,谢通门的环境会让人欣喜若狂,并且它是如此便利,距离日喀则仅1个小时的路程。

日喀则到谢通门的班车(见262页)会停靠在县城的解放路口,沿着大道穿过县城,在末端的石桥左转。沿着公路穿过大片的青稞田,走上2.5公里就能看见醒目的黄色尖顶房子,即**卡嘎温泉酒店**(☏8333333;谢通门县卡嘎镇;标双200元;❄@✉P)。酒店分为两个部分:温泉中心和酒店。温泉中心(⏰11:30~23:30;80元/人,不限时)并非包间泡澡,而是个大泳池,同时有宽敞干净的淋浴和更衣室,甚至备好了拖鞋。泳池水温在38℃左右,分浅水和深水区,售票处还有游泳圈(租借10元)。酒店住宿有两种价格,标间200元,纯住宿,另加100元,两人可享受一次泳池温泉。而其实,更经济实惠的是村民自营的家庭温泉。**卡嘎方土家庭温泉旅馆**(☏152 0800 3344)就在酒店边的小村里,整齐的小院,四间独立的包房,其中较大的一间为70元/次,其他均为50元/次。只要没人排队,皆可畅泡。房间铺设地砖,下沉式的温泉池,水一客一换,池子也干净得不留水垢,还有一张供休息的小床。店里可以购买到可乐、啤酒和泡面,还有毛巾和肥皂等用品。可惜的是,虽叫旅馆却不提供住宿。谢通门县城只有两家条件一般的招待所。如果想当天返回日喀则也十分可行,赶在19:00前,车站依然有不少回程班车。如果打算去彭措林寺(见286页),从这里包车比拉孜县城更近,往返约300元。可以在通门商城旁的停车场找车。⓵

询问僧人,他们会很愿意打开门并带领你一一参观。这里藏历每月初八及十四日,会开

诵经大会。而大殿的玄机则在它的回廊,通过侧面的小门,里面别有洞天,《甘珠尔》和《丹珠尔》就收藏于此。正后方是舍利塔和苯教始祖丹巴辛饶。参观时不妨留心下"卍"万字符,这就是苯教的特征标志,藏语叫作"雍仲"。

热拉雍仲林寺距离拉萨185公里,距日喀则78公里,临近大竹卡桥的雅鲁藏布江北岸,从318国道向北约2公里,旱季有望直接跨河到达,夏季就必须绕路了,需要走8公里。

刚坚寺

(见263页地图;萨迦县扯休乡康坚村)
免费 在西出日喀则的公路,一马平川的牧场上一眼就能望见巨大的展佛台和一行八座雪白的金顶佛塔。刚坚寺,也称康坚寺或岗钦寺,始建于1442年,由扎什伦布寺的第二代寺主班钦桑布扎西创建,2002年,十一世班禅曾来这里朝拜。寺院不大,方正端庄,作为格鲁派寺院,这里主供的也是强巴佛,现任活佛对整个寺庙进行了翻新,参观也花不了多少时间,但不同于景点的寺院,来这里朝拜的都是周围居民,因而总是格外清净,只有一个时间除外——藏历六月初四。届时,近20米高的晒佛台上会展开巨幅的释迦牟尼佛像唐卡,周边的信徒皆会聚集于此,在离山坡佛像不远的地方安营扎寨,吃吃喝喝过林卡,最后还要一个个接受刚坚寺老堪布的摩顶礼,再来到距寺50米处的"观相湖"游玩。来这里看晒佛不需要去景点和游客挤破头,还能和他们一起半懂不懂地说说笑笑。

刚坚寺位于318国道旁边,距离日喀则市35公里,日喀则往西方向(萨迦、拉孜、阿里)的班车会路过康坚村口,之后还需向村里行2公里,非自驾的旅行者需确认好班车间隔和空座情况,或者后面半程尝试搭车。

雍则绿错

这个新鲜的地方是目前仁布主推的景点,据说此湖是藏传佛教的"观相神湖",能显示今生来世的祸福。传说中,这里是扎什

伦布寺护法神的居住地,寻找班禅转世灵童以及后藏各大寺庙的转世活佛,必到此湖祈祷神湖显影。雍则绿错居于山顶,和山南的拉姆拉错(见224页)一样,需要爬上很高的垭口去俯瞰很小的湖面。目前景区正在修天梯,预计修到山顶约需500级。

神湖位于日喀则仁布县德吉镇艾玛乡,距县城约50公里。从日喀则有到仁布的班车(见262页),之后需要包车前往,往返约200元。车辆能行至山脚,其余的路需要自己攀爬。相传,雍则绿错原本地势平坦,人们不用走曲折的山路便可到达神湖朝圣,但这样就无法洗涤自身的罪孽。

拉萨到江孜

羊卓雍错

电话区号 0893 海拔 4441米

在西藏的三大圣湖中,羊卓雍错是最容易到达的一个,所以"羊湖一日游"是拉萨每家旅行社必推的项目,定点往返一天足矣,要是自驾则通常都会安排在拉萨去日喀则的途中。

但在地理范畴上,羊卓雍错其实属于山南。

◎ 景点

羊卓雍错　　　　　　　　　　　湖泊

(见263页地图;门票40元)作为喜马拉雅山北麓最大的内陆湖泊,羊卓雍错的面积足以抵上70个杭州西湖。有趣的是,巨大的羊卓雍错并非圆形,在地图上你会发现它分叉繁多,如同珊瑚一般四向伸展。它属于高原堰塞湖,是由于冰川泥石流堵塞河道而成的,因而造成了它毫无规则的形状和深浅不同的湖水,也因此当阳光从不同角度照射时,羊卓雍错便会显现出层次极其丰富的蓝色。羊卓雍错的水曾向外流入雅鲁藏布江,但因为湖水退缩而变成了内流湖。同时,湖的中间形成

羊卓雍错。

了多个小岛,独立于湖面,岛上依然生活着当地藏民,如果你正准备进行一次环湖游,可以考虑上岛一访。

羊卓雍错大到无法划定景区,通常车到达岗巴拉山口就可以俯瞰到羊卓雍错了,这里能获得最佳的欣赏视角,自然地,你需要为此次停留支付门票。岗巴拉山口海拔接近5000米,这里也总是毫无悬念地挤满了三脚架和试图兜售饰品的藏民。注意!拍摄刻有湖名的石碑,收费10元,拍摄藏民、牦牛或与其合影,收费10元——当然,他们都是事后索费的。如果不想额外支出,就管好你的镜头,更不要试图偷拍。

如果你不是激动得非在这里下车不可,那么即便离开岗巴拉山口,你依然还有1个多小时的时间可以免费欣赏羊卓雍错的风光,且公路一直沿着湖畔蜿蜒,直到接近浪卡子县的时候,这片蓝色才会在你的视线之中消失。如果是自驾,大可以选择在一个接近湖边的位置停靠,与羊卓雍错近距离接触。不过还得注意,圣湖的水是不可以侵犯的。

从拉萨往南行110公里,约2.5小时的行程便可到达岗巴拉山口。拉萨到浪卡子的班车会经过羊卓雍错,但去日喀则的班车改走新路,不再经过。专程前往羊卓雍错可以包车,一般越野车为1000~1200元/天,也可以直接找出租车,为700~800元/天。当然也可以考虑参加拉萨的一日游旅行团,根据淡旺季,价格在130~250元/人。

桑丁寺   寺庙

(门票30元)桑丁寺的特殊之处在于它是西藏目前唯一的女活佛桑丁·多吉帕姆活佛的驻锡地。在羊卓雍错的传说中,桑丁·多吉帕姆就是施法把羊卓雍错连在一起的空行母多吉帕姆在人世间的化身。从修建寺院算起,多吉帕姆活佛已经传了十二代活佛,当地人会给你介绍许多寺院周边与女活佛有关的圣迹。但现任女活佛同时还是自治区政协及佛协委员,大多数时间不在寺中。寺院在每年藏历三月及十一月底各举行一次跳神活动,每次两天,或许是拜见她的好时机。

🚗 自驾游
羊卓雍错环湖游

起点:加若拉山
终点:学庆村
全长:310公里

羊卓雍错的湖岸线总长250公里,常规路线只能让你看到从岗巴拉山口到浪卡子的一段,而其实羊卓雍错还有空母错、沉错和巴久错三个卫星湖,以及零星的岛屿。现在羊卓雍错外圈都已铺设柏油路,你可以用自驾、骑行,甚至徒步的方式来环湖游了。以下是自驾环湖的路线(见269页地图)。

第一天,❶加若拉山—❷贡嘎村—❸东拉乡—❹章达乡,60公里。和转寺一样,转湖也需要顺时针进行。从拉萨出发向南沿

101省道在岗堆镇向南驶向加若拉山(约90公里),这个垭口可以俯瞰羊卓雍错,也是环湖的正式起点。到达章达乡前有一道别致的景观,伸向湖中的小岛上立着一座黄色的小寺庙,有人叫它湖心寺,它正式的名字叫作日托寺。寺内还藏有一幅千年唐卡,不过不允许女性进入。

第二天,❹章达乡—❺工布学乡—❻多却乡—❼打隆镇—❽浪卡子,120公里。这一天在经过尼马龙村后,左手边就能看到巴久错,你不妨对比一下它和羊卓雍错的颜色。章达乡或工布学(也叫伦布雪)乡可以包船上到色多岛和鸟岛。岛上人烟稀少,景色天然,但费用较高,往返1000元/船,单程1小时。打隆镇上有座打隆寺,寺中的木雕十分出色,值得一看。在寺院的斜对面有一间茶馆,可提供住宿,当然回到浪卡子县城条件更好。

第三天,❽浪卡子—❾桑丁寺—❿阿扎乡—⓫亚龙村—⓬果巴村—⓭学庆村,130公里。在浪卡子县城向阿扎乡方向行驶约7公里,就能看见著名的桑丁寺。寺院北边是空母错,继续向前就是沉错。至此,你已经从羊卓雍错的外围进入它的内圈了。不过也进入了土路地段,要是想放弃,可直接从浪卡子打道回府。在阿扎乡可向村民打听去拥不多岛(也称雍布朵或鹿母子岛)的船,岛上有座500多年历史的宁玛派寺院,整个小岛1个小时就能转完。但渡船时间不定,你至少需要多停留一天。之后到达学庆村后就又回到了307省道上了。

这条路线也同样适合骑行,章达和多却相对比较适合下榻,有几家茶馆和招待所。藏民们也会同意你留宿,但最好自备睡袋,当然扎营是更棒的选择。如果选择徒步,则至少需要7天,最好自行携带路餐,湖水不可饮用,需备足饮用水。没有向导可找,你必须确定自己拥有令人放心的方向感和徒步经验。如果自驾,除了春、夏,秋、冬也是不错的季节,雨水较少,同时也有机会遇上大量候鸟。ⓛⓟ

(左图)自驾游羊卓雍错。

CFP 提供

桑丁寺不在羊卓雍错的常规线路上,如果自驾环湖,它则是必经的一站。打算专程拜访,可从浪卡子县城往阿扎乡的方向步行7公里,约1.5小时就能到达。这段路你也很容易搭上顺风车。

✈ 活动

羊卓雍错环湖自行车赛　　　　　　　　**体育节**

2013年起,山南市旅游局和浪卡子县人民政府每年8月18日至8月20日都举办"环羊卓雍错自行车体验游"活动。赛程3天,全程148公里,行程是沿羊卓雍错内环线骑行。第1天,道布龙至果巴,约38公里;第2天,果巴至念巴,约47公里;第3天,念巴至果林,约63公里。不过活动并不以角逐名次为主,其间还会穿插一些游览活动,比如上岛、拜寺等,普通游客较难到达的地方。截至2015年,3届活动皆为免费,你只需带上自行车,从食宿到保险皆由活动方安排提供。心动的话,可在每年的5~6月关注山南旅游政务网(www.xzsn.gov.cn)发出的活动报名通知,也可以致电(0893-783 3190)咨询。

卡若拉冰川

(见263页地图;门票50元)卡若拉是整个西藏离公路最近的冰川,也是从拉萨去往日喀则沿途中不容错过的一站。解说里会描述它"背靠乃钦康桑",但其实应该反过来说,卡若拉冰川是乃钦康桑峰发育出的冰川。**乃钦康桑峰**(也称宁金抗沙峰)是拉轨岗日山的主峰,海拔7191米,在藏语里意为"夜叉神住的高贵雪山"。它的坡岭沟壑间终年积雪,发育的冰川多达116条,卡若拉冰川就是其中最庞大的,也是我们最能接近的一条。它面积有9.4平方公里,雪水融化后向西边流去,形成了灌溉江孜的年楚河。不同于雪山的斑驳山体,远远望去,卡若拉冰川的巨大冰盖一片洁白无瑕,但如果你近距离拍摄它,会发现它的冰塔林上有如同海拔等高线般的纹路,这就是在它形成时雪尘相间所留下的奇异褶皱。

卡若拉的冰舌脚下立了一块"红河谷"字样的石碑,这里就是当年电影《红河谷》的取景地,但拍摄时为了制造出英国人对雪山不敬而引发雪崩的情境,剧组竟然动用了炸药,导致卡若拉冰川上被炸出了一个三角形的缺口,至今你依然能够清晰地看见这个难以恢复的伤口。

从拉萨出发约3.5小时,经过羊卓雍错到达浪卡子县后,沿307省道前行约30公里就看到悬在山麓的卡若拉冰川。和欣赏羊卓雍错一样,并不一定要在立有石碑的官方观景台停留,沿途的多个角度都能欣赏到冰川的壮观景象。

热龙寺

(见263页地图;门票15元)距乃钦康桑峰西坡不远,在热龙乡的东北方向,海拔4700米的草原上有一座寺院居高临下,它是竹巴噶举派的祖寺——热龙寺。竹巴是噶举传承的"四大派"之一,据说竹巴噶举派其中的一支还传到不丹成了不丹的国教。这座热龙寺始建于1180年,历史上曾经辉煌灿烂,但也在变革中逐渐衰败,现在寺院的面积也小得可怜,建筑半新半旧。不论游客或信徒,造访热龙寺的并不算多。平时各个殿堂常常上着锁,但有一个时间会相当热闹——每年藏历六月十三日到十五日,许多人都会赶到大草原上参加一年一度的"热龙廓钦"。头两天是寺庙的跳神大会,会整天上演不同的藏戏,民众们更是拥挤到了寺院的房顶。最后一天,僧侣和信教们则会围着热龙寺诵经。

过卡若拉冰川后沿307省道行驶约15公里,经过热龙乡附近时路边能看到指示牌——"热龙寺朝圣之路由此进入5公里",但实际上应该有8公里。

满拉水库

(见263页地图)不要因为它是水库就不屑一顾,当你翻过斯米拉山,第一眼看到它时,绝对会被它的美貌惊艳到,甚至感叹它并不输给天然湖泊。满拉水库是一个水利工程,用来控制年楚河上游的水,进行灌溉和防洪,最初也是靠它解决了日喀则的用电问题。当然这里的看点不在大坝,你得留意靠近大坝处水面中央的小山头，上面还留有一个破败的堡垒，这才是水库的亮点。靠近它的公路边甚至还修建了观景台，恰好能拍到最经典的景致。

出热龙寺后继续沿307省道行驶约25公里，就能看到这个漂亮的水库。在到达水库前约5分钟路程处，留意对面石壁上一个抽象的石纹，被称为天然狮子，不少在藏地拍摄的影片都会到这里取景。

江孜

电话区号 0892 海拔 4000米

在江孜这片开阔的谷地上，最重要的建筑白居寺、宗山古堡和紫金寺分别矗立在几个山头之上，不论你从哪个方向经过这里，它们都会远远地抓住你的视线。

◎ 景点

白居寺 寺庙

（见309页地图；⊙9:00~21:00；门票60元，讲解100元/小时）与藏地常见的"独门独院"的寺院不同，依山而建的白居寺东、北、西三面皆被山体所围，沿着山势还铸就了一道长城般的围墙，明显设有防御机制。白居寺由江孜法王热丹贡桑帕和第一世班禅克珠格列白桑布共同创建于1418年。当时，在政教合一的体制下，西藏各教派分庭抗礼，势均力敌，寺院住持除了是宗教的领袖，也兼土地领主。在早期政情尚纷扰的雪域高原上，选址在易守难攻的山腹，配合考虑对外患的防御体系势属必然。而最后，白居寺形成了一寺容三派的格局，格鲁派、萨迦派、夏鲁派（也称布顿派），每个教派在这里都拥有各自的扎仓。

白居寺修建于15世纪初，**措钦大殿**是这里最早的主体建筑。主殿供奉着释迦牟尼的佛像，右侧巨大的鎏金强巴佛铜像直通二楼，二层右手边第一间小殿里是寺院最古老也是最重要的一尊佛像——建寺时从印度请回的**能言度母**。一般来说，僧人会要求你先转完一圈的几个小殿才能朝拜能言度母，佛像

白居寺壁画。

小得非得凑上前去才能看清面目，藏民通常都会排队耐心等待，然后用对其倾诉的姿态凑上前去叩拜。在二楼的几个小殿中，左手边第一间罗汉殿最值得一看，中间镀金镂空的立体坛城精巧无比。围绕佛堂供奉着泥塑的十八罗汉像，壁画中还能找到蒙古人和酷似印度人的形象，他们都保存得相当完好，且已经有500多年的历史。大殿的第三层，只建有一座夏耶拉康。殿内墙壁绘满精美的坛城壁画，故又称"坛城殿"。

白居寺最著名的建筑当属"十万佛塔"，它正式的名字是**吉祥多门塔**，是佛教八塔之一。它的建造前后花了近10年时间，其用心、花费，以及精美的程度，都可以说是代表了江孜最强盛的时期的工艺，也代表当时西藏的最高工艺。从正门的13级阶梯上到法镂殿，塔腹共分五层，每层呈八边形，每条边上都设有佛殿。每个佛殿依供奉的主神命名，除了佛像，四周墙壁及天花板都绘有配合主神的壁画。据《江孜法王传》记载，吉祥多门塔从底层至塔幢，共绘有佛菩萨画像27529身，因此它又得了"见闻解脱十万佛塔"之名。许多资料上都显示白塔共有"108殿"，其实是"开门108间"，实际的佛殿为76间。在塔基的东南侧，还有个比较隐蔽的石阶被称为"入大解脱城门"，通过它可以直通塔顶。"十万佛塔"是江孜塔寺的代表之作，它更古老的雏形可以追溯到昂仁县的**日吾其金塔**（见284页）和拉孜县的**觉囊佛塔**（见287页），它们被认为是最早期的佛塔式寺院建筑。

另一个引人注目的是高居山头的**凯居殿**，沿着白塔后山路可以攀上殿去，从这里俯瞰整个白居寺的景象不会辜负你的脚力。与其平行的山墙一角，可以见到挺立的展佛台，每年藏历五月十五日将会在这里展开巨大的丝缎唐卡。

从县城宗山抗英纪念碑旁的白居路步行1公里便可到达白居寺，想要细细端详76间佛殿记得留出足够的时间。寺院前的加日郊街区还保留着老城的味道，出寺之后也不妨在此小逛一下。另外，白居寺背后的一个小山坡上，还有一座**拉孜尼姑寺**。在此修行的几十名觉姆，除了佛事活动外，最重要的事情就是植树造林，她们从1985年开始的绿化荒山活动一直延续到现在。

宗山古堡　　　　　　　　　　　　古迹

（见309页地图；门票50元）宗山古堡屹立在古城中央、白居寺对面的悬崖峭壁上，虽然山体不高，但在平坦的江孜足以显得鹤立

解读白居寺壁画

白居寺的壁画是一大亮点，和哲蚌寺、色拉寺的金碧辉煌不同，白居寺壁画通常运用浅蓝或灰褐色作底色，除偶尔用绿色外，一般为冷色调，同时还融汇了印度、尼泊尔和中原的多种绘画风格。壁画中的密教修行者赤身裸体绘于优美花卉中，同类的绘画题材，只有在年代较早的托林寺、萨迦寺、夏鲁寺中出现。

壁画的题材分为显宗、密宗和历史人物。主要集中在措钦大殿一层经堂、二层的回廊与东西配殿中。佛塔中更是有不少经典之作：

一层：北侧的**增禄佛母殿**，增禄佛母是藏传佛教里的女财神，戴花环者为她的修行眷属。画里眷属坐在其腿上，这种双身像历史悠久，在吐蕃时代的敦煌壁画中就曾经出现。且画中女大男小，一慈眉善目，一瞪圆双目，形成了强烈的对比。

正西面的**净上殿**，"西方净土变"壁画各占一方墙面，构图宏大且独特。你会发现它们既能独幅成章，又能相互连成一片。

东北面的**大力明王殿**，护法神身体上的晕染和线描的处理堪称白居寺壁画中的佳作。传统绘画中很少表现出骨骼和肌肉，被晕染描绘得健劲有力，将护法神的气场表现得淋漓尽致。

鸡群。1904年，一场腥风血雨的保卫战在这里发生，江孜百姓同入侵西藏的英军对抗三天三夜直至弹尽粮绝，电影《红河谷》便是对这段历史的再现。虽然历经战火硝烟，600多年历史的古堡却是西藏唯一保存得比较完整的原地方政府所在地。

现在的古堡不再是地方政府，也没有寺庙，只在半山腰有个还原江孜宗政府议事厅的藏式小院（其实是检票处）。大多数人只会在广场的英雄纪念碑边仰望残破的古堡拍照即走，但这座废墟中不乏一些值得探索的地方。你可以寻着标志找到一些遗留的残骸：**法王殿**，据说是白居寺的前身，这里还残存一些剥落的壁画，墙体上清晰可见当初战火留下的弹孔；继续向上的**斯觉拉康**，曾经是原地方政府进行佛事活动的地方，墙体布满了漂亮的坛城壁画；最上方的悬崖上，你能找到抗英炮台，以及不愿被俘的将士跳崖的峭壁；如果有勇气，还可以进入几个阴森的**地下监狱**一探。

登上古堡的最高处是俯瞰江孜城的最佳角度，整个游览过程约需2个小时。假如你在高原上爬不动这100多米，也可以参观一下东北边的**江孜历史文化陈列馆**（门票50元，含宗山古堡，单独参观30元；⏱9:00～17:00)，翔实的资料和图文重现了"红河谷"的这段历史。

紫金寺　　　　　　　　　　古迹

免费 当车行过江孜时，最惹眼的其实是这个规模庞大的紫金寺，但真正游览时却常常被忽略，可能因为它远在县城5公里之外，又没有车到达。但在我们看来，没有爬上过紫金山头，就不算真正见识过江孜之美。

事实上，紫金寺的历史比白居寺更古老，700多年前，这里也曾是能容1000多名僧人的大寺。格鲁派创始人宗喀巴大师曾在此学习。同样地，它也毁于当年那场战争。在进攻江孜城区之前，英军为切断江孜同日喀则之间的联系，首先血洗了紫金山。曾经的寺院建筑毁于密集的炮火之下，现在的紫金寺只有过去的五分之一大，僧人也所剩无几，但探访紫金山的行程却充满野趣，尤其在日落时。山顶建成了一小片观景台，爬上它约需要1小时，透过那些残垣断壁回望江孜，山脚下是一片桑烟犬吠的民居，近处的湿地草场上满是肆意奔跑的马匹，隔开大片的青稞田，远处的江孜古堡沧桑安详，清波蜿蜒的年楚河与你擦肩南去……你会笼罩在360°全美景中，而不得不放弃相机里的四条边。

二层：西南侧**度母殿**的"胜施度母"（绿度母），面部、身体上可见高光亮线，面部造型也更为圆润，整个人物的南亚特征大为减少，服饰受汉族影响的特征明显增加，各类装饰中也可见西藏化的审美趣味。

正南往右第一间**观音菩萨殿**，北壁为按照龙树大师样子绘就的"十一面四十二臂观音菩萨"，两侧的异兽狮象变成了从宝瓶中生出的花卉，两个摩羯鱼的位置变化成人首鸟。虽然观音在藏传佛教中始终是男性神，但此幅显出女性化的阴柔与清秀。

三层：正南向左第三间**焰火金刚细微相殿**，壁画中印度及尼泊尔的影响全部消失，天王的形象更接近汉地，五短身材，着汉族武将的盔甲和汉地的靴子，完全采用中原明代民间年画中的门神造型。

1539年成书的《江孜法王传》是介绍白居寺修建、布局、佛殿、壁画最权威的文献，如果有兴趣，可以寻找由熊文彬参考对比各种文献、实地考察后所著的《西藏中世纪佛教艺术——白居寺壁画艺术研究》一书，对白居寺内所有的壁画都有极其详尽的解释。

紫金寺。

紫金寺在江孜县城西北方向5公里处,从英雄路出城,桥头就能看到右转的指示牌,但我们建议你继续向前走上204省道,这样才有搭车的机会。除了来往的汽车,沿途的拖拉机都十分友好,会"突突突"地搭上你一段,别有一番风味。也可以从县城包出租车过来,单程40元。

帕拉庄园　　　　　　　　　　历史建筑

(门票60元;⏱5月1日至9月30日9:30~18:00,10月1日至次年4月31日10:00~17:30)帕拉庄园是西藏保留得最完整、最豪华的贵族庄园,它的主人"帕拉家族"是有着400多年历史的古老家族。他们原籍不丹,于17世纪初受封到江孜,成为江孜的地方贵族。可是,原本那幢繁华富丽的帕拉老宅并不在此,且早已焚毁于英国人入侵西藏的战事之中,现在这幢是1937年帕拉家族的后人在班久伦布村重盖的新宅。

帕拉庄园的内部是四合院格局,底层四周是最低阶级"朗生"(家奴)生活的地方,内部的陈设仍维持着旧时的模样。主人家的风流富贵全藏在北边的主楼,尤其是第三层的起居室。这里有家族经堂、日光会客室、酿酒室,以及种种古董和珠宝,甚至还有人皮鼓和嘎巴碗,像是一个家庭博物馆。

帕拉庄园位于县城西南边约3公里处,步行30分钟可达。出租车25元。

金嘎溶洞　　　　　　　　　　　　溶洞

(金嘎乡)金嘎溶洞是一个天然形成的溶洞,规模不大,内部约40米深,若不是挂满经幡甚至连入口都很不起眼。溶洞旁有一座寺庙,通常会有喇嘛带领你进洞,并且向你解释洞中的各种"神迹"。和中国西南部其他地方的溶洞类似,这里各种形态的岩石被赋予了动人的故事,有莲花生大士、米拉日巴、罗汉、大象等。

江孜有去往金嘎乡的班车,但是每天下午3点左右发车,次日上午10点左右返回,必须留宿一夜,而金嘎乡却没有接待游客的住宿点。相对来说,比较适合自驾者在来往江孜时顺道一看。

🎭 节日和活动

达玛节 传统节日

达玛节是江孜独有的传统节日。据说第一个达玛节是为了庆祝白居寺落成而举行的跑马射箭比赛,也就是"达玛"的意思。沿袭至今,每年的藏历四月十日至二十八日,江孜的农牧民都要身着盛装聚集在宗山脚下,节日内容也从当初仅有的赛马射箭丰富为今天的赛牦牛、足球、篮球、拔河等比赛,以及各种文艺演出。一般庆祝活动要持续一周的时间。

望果节 传统节日

望果节是藏族农民欢庆丰收的节日,但没有固定的日子,一般在每年藏历七八月间,青稞黄熟以后、开镰收割的前两三天,由每个乡自行选定吉日举行。作为"后藏粮仓",江孜的望果节特别热闹。如果在这个时间段到达,可以向当地人打听下举行日期,尤其要随着他们下到乡村,才能见识到载歌载舞的热闹场面。

🛏 住宿

江孜住宿的选择不算多,主要集中在汽车站前的英雄路上,没有青旅,**建藏饭店**(📞817 3720;英雄中路14号;🅿)和**格伟鲁康家庭旅馆**(📞132 9892 3981;英雄路,临近国防路;🅿)可以提供50~60元/人的床位,但条件一般。白居寺前的加日郊街内也有些民宿,但出行稍有不便。

阳光商务宾馆 酒店 ¥

(见309页地图;📞152 8912 6168;英雄南路17号,金塔商场旁;标双160元;📶🅿)在江孜同等价位中属于性价比最高的一家,房间整洁,卫生条件也能够安心入住,只是淋浴水太小,部分房间配有空调。宾馆就在江孜汽车站对面,沿街也能找到较多的小餐馆。和拉孜的阳光商务宾馆是同一家人所开,表示是老住客,或许老板娘愿意给些折扣。

雅迪花园酒店 酒店 ¥¥

(见309页地图;📞817 5555;卫национ路11号,利民商城旁;标双260元;❄📶🅿)酒店邻近宗山古堡,算是当地比较像样的酒店,房间配有加湿器,但设施还是较陈旧,电视也依然是老式显像管,频道也较少,不过服务态度和清洁工作都还令人满意。一层自营餐厅,能提供中餐、西餐和藏餐。也可以提供《江孜印迹》演出的订票服务。

明湖饭店 酒店 ¥¥

(见309页地图;📞139 8902 5221;上海路18号,县人民医院斜对面;标双220元;📶🅿)和雅迪的水准类似,电视换了液晶的,床品稍微单薄了些,不过这家的洗澡水够大,晚间酒店的大院子有点冷清。酒店的位置折中,上海路上餐馆的选择也较多。

🍴 就餐

餐馆大多集中在英雄路和上海路,以针对当地人日常的川菜馆子居多,营业时间也不会到很晚。上海路口的**如玉包子店**是最早开始营业的餐馆,早上约7点,如果赶早出发可以在此解决早饭。

江孜厨房 汉餐、藏餐、西餐 ¥¥

(见309页地图;📞135 1893 3782;上海路,江孜饭店斜对面;人均55元;⏰9:30~22:00)既充满藏区风格,又相当国际化的餐厅,菜单分为汉餐、藏餐、西餐三本,提供的内容也够丰富。这里还能吃到西式早餐和各种改良的藏餐。

东乡手抓 清真 ¥

(见309页地图;📞152 0800 6004;英雄南路中段;人均25元;⏰9:30~22:30)离汽车站不远,以清真为主,店面十净卫生,各种汤粉和面食味道不错且量也够足,算是整条街上最晚关门的饭馆。

🎭 娱乐

《江孜印迹》 实景演出

(📞850 5552, 817 2289;江孜达玛

☑ 不要错过

免费的风景——多庆错和卓木拉日峰

从日喀则一路南下亚东，沿着204省道你可以感受从荒芜高原到湿润河谷的变化过程。起初是年楚河谷大片的青稞田，车行至少岗乡开始进入年楚河的中游地带，视线中的农田开始减少，临近检查站可以留意河对岸巨石上的一小片**少岗摩崖石刻**。车行至嘎拉乡，你的右手边会先出现一片**嘎拉错**，之后左手边浩瀚的**多庆错**便会渐渐在你眼前展现，因为它的婀娜迷人，也被译作"多情错"。它的身后雪山连绵，其中最高那座就是"七仙女"之一**卓木拉日**（海拔7326米）。陶醉之余不要忘了关注湖边，多庆错也是国家湿地公园，周边人烟稀少，沿岸很容易见到各种珍稀动物，传说中的黑颈鹤在这里现身的概率极大。沿湖行驶约20分钟后，卓木拉日雪山垭口的观景台是拍摄的最佳位置，如果你是乘坐班车又想好好欣赏一下，观景台边正好有个公厕，这会是个司机无法拒绝的理由。

在临近堆纳乡时，留意荒滩上矗立着的一座**曲美雄谷抗英英雄纪念碑**。它的位置上原来是一座雄伟的土堡，但在1904年的"曲美雄谷大屠杀"中被毁。这座纪念碑通体暗红，酷似某行远古时代的祭祀图腾，但可惜被装进了玻璃房。之后，你将经过海拔4370米的**帕里镇**，以镇子为分界，你能观察到两边草原的明显差异，刚路过荒芜的草滩，就会迎来帕里草原上的油菜花和薰衣草。最后，亚东的绿色便会扑面而来，直至完全沉浸在山谷的青山绿水之中。Ⓖ

场；票价180~380元；⏱6月至10月，每晚20:00~22:30）以宗山古堡、白居寺、祭祀山为背景，配以光、声、电等高科技手段，这场大型实景剧将带领你穿越江孜1200多年的历史。

❶ 实用信息

英雄路，近汽车站的**吉康诊所**可以购买到各种药物，也提供吸氧服务。近卫国路上有**农业银行ATM**。
江孜县旅游局（☎850 5552）

❶ 到达和当地交通

江孜汽车站（见309页地图；☎153 4892 3845；英雄路，近国防路；⏱8:30~13:00, 15:00~18:30）到拉萨的班车（9:00；120元；6小时），可提前一天购票，但因为票务紧张基本不给予退票。日喀则（9:00~19:00；30元；2.5小时）人满发车。

江孜有出租车，但是不打表，一般县城之内为10元，三轮车亦然。去帕拉庄园25元，紫金寺40元，皆为单程价格。

亚东

亚东县

电话区号 0892 海拔 3400米

从地图上看，亚东像是一个楔子，伸向不丹和印度。喜马拉雅山脉中的溪流汇集在此，形成水流湍急的亚东河，同时造就了这里繁盛的植被。夏季，满眼的绿色和相对舒适的海拔都让人舒心不少。除了原始森林，境内重修的东嘎寺和噶居寺也是历史的见证。若是对边境赶集有兴趣，不妨去仁青冈边贸市场走上一遭。

◎ 景点

东嘎寺　　　　　　　　　　　寺庙

（上亚东乡汝丙岗村）**免费** 东嘎寺最初是由德瓦尔西大师在16世纪创建的，但这座有500多年历史的寺院已经在2011年的亚东地震中毁于一旦。调研期间，寺院的重建工程依然在进行中，目前能看到留存下来的只有二代活佛阿旺格桑的灵塔、一块清末刺绣的唐卡和光绪二十七年（1901年）清朝副将李正春所立的木匾额"世界光明"。不过，东嘎寺的重要性更在于它曾是西藏现代史的见证者。1951年7月16日，中央人民政府代表张经武在这里会见了十四世达赖喇嘛，面交了毛泽东给达赖的亲笔信和"十七条协议"抄本。当时的一些照片和信件还保留在寺院二层的小阁楼里。

"东嘎"之名在藏语里是海螺的意思，它的由来有两种说法：一种说法是寺庙所在的山头形似海螺，另一种说法是寺庙旁的大岩石上出现过天然的海螺。前者或许要你发挥想象了，但后者的确有迹可寻，穿过寺门前挂满经幡的山包，在顶端一块光滑的巨石上你果然能找到一个海螺形状的凹陷，内部甚至还是白色的。

东嘎寺距离县城下司马镇约13公里，包车返往100元，单程约30分钟。上山的公路沿途风景也相当宜人。

噶居寺　　　　　　　　　　　　　寺庙

（下亚东乡仁青冈村）免费 和东嘎寺一样，噶居寺也已经完全翻新，崭新的寺院里唯一留存的是一块残匾——"大放光明"。四个大字中，"大"也只剩下一半，为当年驻藏大臣升泰所立。这块匾额和东嘎寺的"世界光明"匾额都有一段讽刺的历史，1890年，升泰签署了《藏印条约》，不但使哲孟雄（锡金）完全沦为英国的保护国，也为英印进一步入侵西藏埋下了隐患。他却认为自己调停战争有功，题写了"大放光明"，之后李正春也仿照升泰在东嘎寺题写了"世界光明"那块匾额，其实那个时候，英国正在策划第二次侵略西藏，而且不久就采取了军事行动。

噶居寺大可不必特意前来，寺院就位于乃堆拉山北侧半山上，距县城10公里，可以在前往山口的途中顺道游览。

乃堆拉山口和仁青冈边贸市场　　山、市场

亚东像个半岛夹在印度和不丹中间，从县城南边的仁青冈再往上6公里，便到了中国和印度的边界——乃堆拉山口。乃堆拉，藏语的意思是"风雪最大的地方"，这里海拔4318

亚东沟。

☑ 不要错过
夏日村森林徒步

在下亚东向南的夏日村是个非常有意思的地方，它被一大片原始山林和大片的草场包围，天然静谧的环境连当地人都会选择来此过个林卡，夏日村也因此被打造成了一个不为外人所知的度假村。如果你有兴趣可以在当地找一个向导（200元）带你深入森林进行一次半天的徒步，途中会经过两个神秘的溶洞，当地人相信这里是莲花生大士曾经修行的地方，并且他能够在两个洞之间穿梭。他们甚至还会告诉你，其中一个洞壁上渗出的细泥有护肤功效。亚东沟的湿润空气使森林里成为菌菇植物的天然温床。你将有机会见到各种形态、颜色奇特的蘑菇，当然大部分不能食用，但亚东盛产松茸和黑木耳，山林里也经常可见。春季来此，还有机会采到嫩笋，自己的收获也可以让村民代为加工。

夏日村徒步，6月漫山遍野野花盛开时最美，7~8月的雨季会让山间徒步有些恼人。从县城到夏日村，约10公里，包车单程80元，30分钟。⑩

米，比30公里外的亚东县城要高出1000多米，站在垭口能清晰地俯瞰整条亚东沟的形态。这里是连接中印陆路贸易最短的通道，也是世界上海拔最高的陆路贸易通道。不过也同样是涉及边境的军事禁区，特殊时期需要在亚东县城额外办理边境通行证件才能进入。不过，你可以来这里逛逛边贸市场。按照约定印度边民可以到**仁青冈边贸市场**进行商品交易，每年的5月1日到10月30日，周一至周四的10:30~16:30，你都可以来这里赶集。但这个集市不用赶太早，因为一般来说印度商人都要在中午的12:30~13:30才陆续抵达这里。市场全是蓝顶简易房，出售的商品以一些日用品和工艺品为主，要是你和他们攀谈起来，他们会强调自己是"锡金人"。

仁青冈边贸市场离县城约36公里，包车100元单程，和噶居寺同一方向，可以一同游览。但若逢特殊时期，建议放弃此行程。

下亚东原始森林　　　　森林

亚东沟是印度洋暖湿气流"走"得最远的一条，一直延伸到江孜县，方才造就了年楚河流域的"粮仓"。雪山的溪流汇集到此，形成了湍急的亚东河，沿着河水，在最接近边境的下亚东是亚东沟森林最原始的区域，在当地人的口中称这里为"巴夏"（音）。因为亚东尚未开通成旅行通行口岸，这里的青山绿水常年无人打扰，从低矮的灌木丛、阔叶林到高耸的乔木林，参天大树比比皆是，有红豆杉、冷杉、铁杉、乔松、桦树、杜鹃、柏树、藏青杨等，它们皆自顾自地野蛮生长。即便你无法辨认它们，让司机或当地人带你前去找一个两三人合抱不过来的千年古树和飞流直下的瀑布，也不虚此行。

游玩巴夏森林最好预留一天时间，包车约350元往返，单程2小时。

康布温泉　　　　温泉

（康布乡上康布村）"康布"汉语意思为"药王沟"，且在经书中被称为"天下第二隐修地"。康布温泉一共有14个泉眼，每眼泉水的水温和药效皆不相同。因此当地人将它开发为12间单独隔离的浴室。在告示牌上你会读到诸如神女池、老鹰池、雅玛池、查吉池等有趣的名字，以及每个池子对应的功效说明，甚至还有地图示意每个池子的位置。这里约定俗成的规矩是一天泡完这12池不同疗效的温泉，并且要按照说明牌上的池子顺序。因为地处边界，康布的名声甚至吸引了不少不丹、锡金人来此沐浴，尤其在春秋两季，慕名而来的人络绎不绝。至于疗效如何，当地人会自豪地带你去神女泉旁，挂满经幡和风马旗的大石头边堆满了各式各样的拐杖——"都是痊愈的病人扔在这里的"。尽管康布温泉如此神奇，但我们不得不说，它的卫生条件很可能让你在真正面对它时望而却步。

上康布村距离亚东县城40公里，距离帕里镇27公里。不论从哪边来，都可以看到拐入温泉区域的指示牌。从亚东县城包车往返600元。

🍽 食宿

亚东的县城叫作下司马镇，挤在山谷里的镇子只有两条交错的主路，中间横向的城西路就是中心，镇子虽小，却也能找到性价比不错的下榻之处。下司马前街以小商店为主，下司马后街上有几家馆子，城中路近城西路的恒香斋是当地最受欢迎的早餐店。整条沿河的步行街已经建成，不少针对游客的店面也已初见雏形。

吉祥宾馆 酒店¥

（见310页地图；📞181 8908 4323；下司马镇城中路桥头；标双180元；❄ P）这家宾馆是原本当地检察院的接待处，虽算不上精致华丽，但环境干净整洁得无可挑剔，也因为非个体经营，价格也相当实惠。唯一遗憾的是没有无线网络。若是入住天数多可以适当还价。如果不想让水声隆隆的亚东河吵你睡觉，建议选择楼层高一些的房间为好。

亚东印象大酒店 酒店¥¥

（见310页地图；📞822 6060；下司马镇定亚路1号，亚东大桥桥头；标双260元；❄ 🛜 P）不论从位置还是住房条件来看，这家酒店在小小的下司马都属于上乘。虽然位置靠近河边，但这里的水流不再没日没夜地吵闹。装修一新的房间选用清新的浅色，窗户几乎落地，格外明亮宽敞。楼下配有餐厅和沐浴中心，50元/人可享用木桶浴。

红程宾馆 招待所¥

（见310页地图；📞189 0892 2823；下司马镇下司马后街19号；标双180元；🛜）民居改建的小宾馆，没有正式的前台，连门都让人摸不着头脑，老板通常就在招牌下的杂货店。顺着右手边的小楼梯通往二楼才是房间。虽然逼仄却打扫得干干净净，临街的房间还自带迷你阳台。有一间不带独立卫浴的小单间（100元），性价比很高。

> 📍 **另辟蹊径**
>
> ### 后藏"莫高窟"——乃甲切木石窟寺
>
> 乃甲切木在藏语中的意思为"朝拜完100个神山圣地后才能朝拜的地方"。这个石窟位于岗巴县昌龙乡纳加村一座砾岩小山的断壁上，经考证，这里建筑的年代为吐蕃时期，石窟的山体构造不是石头，而是土和碎石。顺着山体上的铁梯可以进入窄小的石窟洞口。五个石窟中目前开放的只有三个。位于中间的主窟保存得最为完好，为复式结构。一层为佛堂，四面墙壁上布满了塑像和鸟兽图案。在常年的烟熏火燎之后，佛像表面覆盖了一层黑灰的烟尘，但塑像的形态线条清晰，甚至还能辨别出当时使用的红彩和绿彩。
>
> 乃甲切木石窟寺位于岗巴县昌龙乡纳加村，自驾者走岗巴至定结的路线可以顺道一访。虽然在西藏文化研究上价值极高，但对于面积不到20平方米的石窟，普通旅行者就不用大费周折了。🅖

隆鑫宾馆 招待所¥

（见310页地图；📞152 0809 7317；下司马镇下司马后街16号；铺40元，标双180元；🛜）与前几家相比，条件稍显逊色，但好在有床位可住，四人间，且床还不小，背包客们可以将此当作青旅。

巴蜀风饭店 川菜¥

（见310页地图；下司马镇邮局斜对面；人均50元；⏰11:30～14:00, 17:30～22:00）这家的口味、菜品，包括卫生条件都是镇上最好的了，荤菜35～45元，素菜15～28元。各种家常川菜都是厨师的拿手菜，分量也丝毫不差，在镇上很受欢迎，但小小的店堂内只有4张桌子，饭点还经常需要等位，如果人多，还是得提早和老板约好留个包间。

实用信息

亚东的海拔已经让你的呼吸格外顺畅,如有不适,城中路和城西路交界处有个药品齐全的药房;城东路26号是**中国银行(亚东支行)**(⊙10:00~12:30,15:00~17:00),有24小时的ATM取款机;城中路中段还有一个**农业银行ATM机**。**亚东县邮政局**(⊙10:00~12:30,15:00~18:30)就在最中心的城西路口。

亚东县旅游局(✆822 4999)

到达和离开

长途汽车

亚东县汽车站 有来往日喀则(8:00;100元;6小时)、江孜(8:00;80元;4小时)的班车,建议提前一天买票。注意:虽然去日喀则的班车路过江孜,但并不进城。从下司马镇中心的城西路步行到汽车站约20分钟。班车到达时常有当地小巴拼车到镇中,15元/人。

包车

亚东到岗巴,皮卡车850元单程。

自驾车

进入亚东途中,嘎拉检查站、少岗检查站都要多次检查限速单、身份证和边防通行证。沿途风光不错(见276页方框)。

萨迦

萨迦县

电话区号 0892 海拔 4400米

当你看到车窗外的民居开始呈现统一的灰、白、红,萨迦就到了——这三色的组合是藏传佛教萨迦派的代表色。这是一座以萨迦寺为核心的城,南寺与北寺以仲曲河隔开,每年的金刚舞法会是萨迦最热闹的时刻,也是各地来的藏民们聚在一起过林卡的时候。

从萨迦北寺俯瞰萨迦城。

景点

萨迦寺 寺庙

（见311页地图；9:00~21:00；门票60元；讲解100元）萨迦寺正是萨迦派的主寺，也是其发源地。"萨迦"一词在藏语中就是灰白色土地的意思。完整的萨迦寺包含南寺和北寺，通常首先参观的部分为南寺，也是萨迦寺最为完整和精华的部分。

南寺

南寺建于1268年，由八思巴委托萨迦本钦释迦桑布所建，它更像是一座异常规整的四方形城池，高耸坚固的城墙将寺院保护在内。大门隐藏在东边，你会发现庭院内的香炉、石狮子、壁画上出现的汉族人形象都带有浓郁的中原色彩。顺着左手边悠长的经廊即可到达主殿**大经堂**。这里主供着巨大的释迦牟尼佛像，但更有看头的是几大镇殿之宝。首先，是进门处的**四大名柱**。正对的右手边第一根开始，从右至左，分别为黑流

萨迦寺金刚舞法会。

八思巴与忽必烈

来到萨迦，你会反复听到两个名字——八思巴和忽必烈，因为这两位传奇人物的相遇，缔造了萨迦的辉煌，也左右了整个西藏史。

八思巴是"萨迦五祖"中的第五位。《西藏王臣记》中记载他"幼而颖悟，长博闻思，学富五明，淹贯三藏"。八思巴十多岁时，正逢蒙古大军攻入西藏，当忽必烈欲在西藏寻找一个能够帮助他的宗教首领时，刚继任萨迦派教主的八思巴被选中了。他的学识和德行为忽必烈所器重，成为了他宗教上的老师。1258年，在平息佛道两教争端的辩论中，作为观摩者的八思巴驳斥了《老子化胡经》的真实性，动摇了道教自成吉思汗以来在蒙古的地位，从此蒙古倾向以佛教作为其正统思想（《至元辩伪录》）。当1264年忽必烈正式成为大元皇帝时，立即封八思巴为"帝师"，并兼管总制院院务，也就是代表中央统领西藏一切事务。自此西藏第一个世袭的政教合一地方政权——萨迦王朝正式建立。这也是在吐蕃王朝灭亡后，经历近400年分裂割据后，出现的第一个地方政权。八思巴回到萨迦，奉忽必烈之命，依照藏文字母创制出了一种"蒙古新字"。这种"八思巴文"，成为了之后蒙古全境流通使用的官方文字。

当八思巴1280年在萨迦寺圆寂时，忽必烈悼其为"西天佛子，化身佛陀"。此后，元代人就开始称西藏高僧为"活佛"，这也被认为是"活佛"的来源之一。

之后，元朝的帝师制始终没有改变，一直由萨迦派的高僧继任。尽管在元朝灭亡后，八思巴文被逐渐废弃，但我们今天仍能在各种寺庙碑文中、门楣上见到这种类似篆体的方形文字。

血柱——据说伐树时留出黑血，被一块石头堵住，留意柱体上嵌着一块已经被磨光的石头；忽必烈柱——据传是忽必烈所赐；野牦牛柱——相传是牦牛顶倒的，留意柱体上有一个牛角的形状；猛虎柱——相传是一猛虎负载而来。其次，是**辽远白海螺**，据说是元代忽必烈赠予八思巴的，且是释迦牟尼使用过的。它被收藏在大殿中央右侧的神龛中，当朝圣者请求为亲人超度时，僧人会正襟危坐，取出海螺吹响它。最后，不要忘了走进佛像左下方的小门，你将看到最令人惊叹的一幕——直通殿顶的墙上及目之处皆是经书，布满了整个大殿后方，据说总共有84,000部，这里被称为"**慧海经山**"。用金汁书写的甲龙玛（铁环经书，一部重达70来斤）就位于长廊的尽头，来者皆以额头触碰。绕出长廊，传说八思巴用过的**灵湖大缸**已经埋没在佛像和成堆的哈达之中。

回到大殿前的庭院，北侧是**欧东拉康**，内供历代萨迦法王的灵塔，殿内墙上绘有八思巴的早期画像和修建萨迦寺的场面的壁画。**东典拉康**内供萨迦第一祖贡嘎宁波（又译作贡嘎宁布，创始人贡觉杰布之子）像及灵塔。东南角的**珍宝馆**，需另收取20元门票。十几平米的房间，陈列着用金银粉书写的贝叶经、八思巴使用过的榴木象牙马鞍，还有12世纪的盔甲。

回到外大院，顺**解脱梯**能到达大殿的顶层。平台南壁上的萨迦祖师的画像和西壁上的139个坛城壁画，皆出自元代。从北边的小门进入**护法殿**，里面存放着一个鹿标本和不少生锈的冷兵器，据僧人说，这些是猎人们立誓放下屠刀不再杀生时留在这里的。

除了主殿，更有意思的是上到寺院的城墙上，围城绕转一周，在四个角楼里也会有特别的发现。

北寺

更古老的是仲曲河对岸的北寺，它由贡觉杰布创建于1073年，这里才是萨迦派的真正始端。和其他藏传佛教教派不同，萨迦派是以家族为核心的教派——吐蕃贵族昆氏家族的贡觉杰布（也译作贡却杰布）创立萨迦派后，萨迦法王便由昆氏家族世袭传承。不过北寺在"文革"期间已经被毁得只剩残骸，唯一留存的是佛学院和萨迦尼姑寺。和南寺的规整集中不同，北寺原建筑的修建时间先后不一，布局也比较分散，现在新建了一条将遗迹串联起来的环山小路。你可以根据指示牌的路线环游一圈（约1个小时），最高处是俯瞰南寺以及整个萨迦的最佳角度。

萨迦寺值得花一天时间好好琢磨，不论是沿着寺内的转经道还是城墙上的环线，都能从不同角度欣赏这座精妙庄重的寺院。如果希望再深挖其内涵，中国藏学出版社2006年出版的《雪域名刹萨迦寺》能让你全方位地了解萨迦的故事，或者和售票处的洛桑聊聊，他已经在这里工作了18年。

乌坚拉康寺　　　　　　　　寺庙

（扎西岗检查站右转约2公里）免费 与萨迦南寺同时期建造，目前它更像是一个萨迦派造像艺术和宗教活动的展示馆。这里同时能看到不少萨迦王朝时期的艺术品和萨迦派风格的造像——释迦牟尼的塑像、鎏金铜质21尊度母像、无量寿佛等。如果你想对萨迦王朝以及萨迦文化有所了解，可以来此一游。

沿着县城主道向西步行约5公里，在扎西岗检查站便可以看到西边山头上的乌坚拉康寺。

卡吾法王温泉　　　　　　　　温泉

卡吾法王温泉在萨迦的土地上历史悠久，据说，萨迦寺700多年前的《八思巴画传》中就有一幅《八思巴听经布施图》的唐卡，绘有八思巴在卡吾温泉讲经的画面。不过，卡吾温泉的确一直笼罩着萨迦历代法王和高僧的光环，是当地人"沐浴佛光"的圣地。时至今日，温泉已经不只是"御用"，在全是石头房子的卡吾村里，温泉池也用原始石头砌成。挂满经幡的藏式小屋里，阳光可以从木条的屋顶透进来。池边有一排藏床，供休憩使用。只需交10元就可以畅泡一番，不过最好自己准备好毛巾等用品。

卡吾法王温泉位于萨迦县城以东18公里的卡吾村，包车约300元来回。在去温泉的路上，出萨迦县城5公里左右，还可以顺道拜访历代萨迦法王的修行地**吉列寺**。寺内存放着法王们用过的法器，壁画也值得一看。

节日

金刚神舞法会 宗教节日

萨迦寺每年有两次法会，秋季法会在每年藏历七月，冬季法会在藏历十一月。最盛大的金刚舞法会在藏历七月七日至七月十七日，前后可能相差一天，法会的首尾两天在南寺有盛大的演出。

庆典法会会持续一天，从上午11点左右到下午4点，中午还有午休。不算精彩的舞蹈和诵经难免让人觉得冗长，不妨就和远道而来的藏民们一样，将此作为一次"林卡"，带上一天的食物盛装出席，在广场边铺上地垫，众人围坐聊天喝着酥油茶，直至散场。

萨迦新年 新年

萨迦的藏历新年和拉萨、日喀则的都不同，是藏历十一月一日。不过在严格的传统习俗中，这一天是不能把外边的客人叫到家里去的，也不要到别人家做客。

八思巴文化节 文化节

八思巴文化节定于每年的8月8日至12日举办，届时在萨迦寺门前的八思巴广场的开幕式，你将有机会一睹萨迦人引以为傲的萨迦索舞。这种舞蹈已有700多年历史，是当地人庆祝盛典、迎接法王时用的最高礼节的舞蹈。男士们戴着宽大厚重的圆顶红帽，不用任何乐器，边唱边跳。现在这个以促进旅游为目的的节日，也成了当地人纷纷来县城"赶集"的节日。

食宿

尽管萨迦名声在外，但因远离中尼公路，生活条件相对较差，不过这里的物价丝毫不低。萨迦镇有两条相交的主路——德吉路和

☑ 不要错过

免费的风景——景观大道5000公里和措拉山口

从日喀则到拉孜沿着318国道，出发约1.5小时之后，会经过一个大理石路标——**5000公里**，从这个位置到上海人民广场的318国道恰好5000公里。在它的上方山坡上有一座精致的**强公寺**，若是自驾，可以停留一访。

在过了热萨乡之后，需要翻过海拔4540米的措拉山口，不要错过当车辆越过垭口弯道时突如其来的美景——山脉豁然开朗，展现出一片宽阔的谷地，318国道直直地穿过草原牧场，河流蜿蜒而过，若是日落时分更是令人心神荡漾。要知道，这个瞬间很短，且只在最高的两个弯道处风景才最为壮观。坐右边的位置更能看清。

宝钢路，前者是茶馆、饭店和车辆进出的主路，后者沿线分布着几家宾馆，它们相交的路口有一家当地为数不多且还算实惠的川菜馆，萨迦寺就位于十字路口的西北边。

鲁娃家庭旅馆 民宿¥¥

（见311页地图；📞189 0892 1588；宝钢北路70号；标双250元；📶 🅿️）藏式的民居改建，有个阳光明媚的大院子。房间规规整整，有着让人踏实的洁白床单，还有不带独立卫浴的单间。

神湖萨迦宾馆 酒店¥¥

（见311页地图；📞824 2747；格桑西路1号；标双240元；📶 🅿️）属于镇上老牌的二星宾馆。老式酒店的风格，没有空调，铺设电热毯，浴室还保留着浴缸，设施充满时间的味道。与它一街之隔的新店**元府宾馆**（📞824 2222；标双320元；📶 🅿️）硬件提升不少，至少都是崭新的。

另辟蹊径

古老的佛塔和铁索桥

在日喀则的版图上,昂仁并没有什么重头戏,但在其县城西边的雅鲁藏布江畔,名叫日吾其的村里却保留了两样古老的建筑——比吉祥多门塔(见272页)更老的佛塔:日吾其金塔、雅鲁藏布江上游最早的铁索桥:日吾其铁索桥。**日吾其金塔**位于村子西侧雅鲁藏布江边上,塔高五层,内部中空,塔中壁画虽比不上"十万佛塔"的精美,但却更具有原始的神秘气息。佛塔由"铁桥活佛"唐东杰布修建,他也是**日吾其铁索桥**的设计修筑者,历经600多年的铁索桥虽然已经被下游的新桥替代,但仍然可以跟村民打听寻找它绕满经幡的铁索和桥墩。

日喀则每天有发往昂仁的班车(见262页),县城构造简单,最大的亮点是西边巨大的昂仁湖。**淄博宾馆**(☏152 0802 8430;金塔路17号,临夏商店旁;标双240元;☎Ⓟ)条件还算不错,只是厕所较小。另外还有一些家庭宾馆在金塔路沿线,标间价格在150元左右。每天早上回日喀则的车辆停靠在寺庙宾馆门口。

距县城90公里处的日吾其之行更适合自驾者,非自驾者只能等待不定时去往乡里的车,且无法当天往返。Ⓖ

善久农民家庭旅馆	民宿¥

(见311页地图;☏152 0809 9977, 187 0809 9911;宝钢北路54号;标双180元,三人间200元;☎Ⓟ)环境和鲁娃类似,但房间条件差一些,拥有三人间和床位房,没有热水洗澡,但背包客可以考虑。

❶ 实用信息

宝钢路和德吉路交叉口就是**萨迦县邮政局**(见311页地图),宝钢路中段还有家**农业银行**的24小时ATM机。除此之外,在萨迦寺北边的旅游中心广场上也能找到它们。

萨迦旭康大药房(见311页地图;☏832 3120;老中尼路)是位置便利又药品齐全的店。如有较为严重的症状,可去**萨迦县人民医院**(见311页地图;☏824 2120;德吉西路18号)

萨迦县旅游局(☏824 2046;139 0892 8528)

❶ 到达和离开

长途汽车

日喀则汽车总站每天有发往萨迦的班车(见262页)。回日喀则的班车在无人看管、貌似报废的**萨迦汽车站**(见311页地图;德吉西路,近人民医院)发车(9:00, 11:00, 13:00;50元;3小时),人多时可能加班。

自驾车

到达高海拔的萨迦之前,需要翻过4540米的措拉山口。进入萨迦县城前,又会出现一个分岔路指示牌,旅游车走左道,班车行右道,其实最终都通向萨迦镇,只是前者是直达路线。

包车

从萨迦到拉孜约50公里,但不通班车,如果折回日喀则转车,不论是时间还是车票成本都不如直接包车来得划算。萨迦的宾馆可以帮忙联系司机,一般4座轿车200元,2小时可以到达,也可以尝试联系拉孜预订的宾馆,或许也可以提供这项服务。

拉孜

拉孜县

电话区号 0892 海拔 4012米

一座并不起眼的县城,交通便利是这里的最大特色。318国道和219国道在此交会,南下珠峰和西去阿里的旅行者为这里带来人气。

⊙ 景点

锡钦温泉　　　　　　　　　　　温泉

（☎139 0892 2333，832 3888）属天然性地下泉水的锡钦温泉，同样以能治疗多种疾病而远近闻名。温泉的功效让不少藏族人特意前来，甚至居住在温泉的临时小屋内，每天泡澡治病。于是当地人开设了"度假村"，按照房间池子大小20~40元/人，不限时。大厅中还有如同泳池的公共大池，20元/人，还附带一个藏餐厅。但按照城市标准来说，这里有点让人难以下水，若决心来泡澡最好自带毛巾。

温泉位于拉孜县城东南12.5公里的锡钦乡，318国道向北1公里。

🛏 食宿

作为通往定日和阿里的中转站，拉孜的住宿条件倒是非常不错，且每年都有好几家新店开张，硬件也越发考究，只是厕所偏小是这里的通病。拉孜汽车站沿线的嘉定路上就有几家不错的宾馆可供选择。

可是，拉孜的用餐选择却十分有限，大多数餐馆集中在老中尼路的东段，但基本都是针对游客，很难有性价比可言，建议选择一些小店简餐解决即可。

阳光商务宾馆　　　　　　　　酒店¥

（☎832 2255；老中尼路32号，标双200元；❋ 🛜 Ⓟ）2014年新开的宾馆，各项设施还依然崭新。店主对卫生相当讲究，房间都整洁且温馨。宾馆旁的**老陕饭店**（🕚11:00~22:00）能吃上一顿舒服的晚餐。从汽车站过来需要走上一段路，如果司机可以通融，提前在新老中尼路的分岔口下车会相对近一些。

沐森林酒店　　　　　　　　　酒店¥¥

（☎832 2229；嘉定路，近汽车站；标双240元；🛜 Ⓟ）这家新店紧邻汽车站，门面相当引人注目，装修也花了大力气。除了厕所偏小，房间都收拾得有模有样，甚至还用上了地暖。淡季也可以尝试还价。

🔒 购物

拉孜藏刀是后藏的藏刀代表，但是要知道整个拉孜县城的藏刀其实都是拉萨生产的。想要买到真正的拉孜藏刀需要去10公里之外的老拉孜镇（包车50元，单程），但是镇上并没有商铺，你需要去藏民家询问。一把真正的拉孜藏刀价格不菲，一般来说，一把10~15厘米的小刀600~800元，最著名的藏刀技艺传承人次旦旺加、琼巴拉、普达瓦等人制作的藏刀更是上万元的珍品。

ⓘ 实用信息

拉孜县公安局（☎832 2044）
拉孜县邮政局（老中尼路24号）
拉孜县人民医院（老中尼路近闸北路）
中国农业银行（嘉定路近和谐路；10:00~17:00）

ⓘ 到达和离开

长途汽车

拉孜汽车站（☎139 8902 6863；南汇路）位于城北，靠近新中尼路，来往日喀则的班车在每天9:00~10:00时段发车，根据前日到达的车辆，发1~3班车。因此早到为好，也可以提前一天在20:00前购票。这里也可以买到去阿里的车票，不过即便是中途上车也必须购买全票（545元）。班车每天下午约13:00经过拉孜，需提前一天打电话让日喀则发出的班车留座。

自驾车

拉孜是一个分岔点，继续沿219国道是去往昂仁、仲巴和阿里方向，向南转入318国道则是去往定日、珠峰方向。如果搭车的话，最好到县城东边的拉柳路公路口，或者到两条公路分岔处的查务乡检查站，成功的概率比较大。

包车

拉孜汽车站向南200米有个大型停车场，这里的车大多都可以商量包车，一般到拉孜镇50元、定日300元、彭措林350元，皆为单程价格。

彭措林

海拔4100米

比起拉孜县城,彭措林乡稍有些看点。这里有拉孜县最大的寺庙彭措林寺,以及拥有江孜"十万佛塔"雏形的觉囊寺,若你对古寺有兴趣,不妨给这里留些时间。

◎ 景点

彭措林寺 寺庙

免费 彭措林寺远离拉孜县城,如果你愿意另辟蹊径,彭措林会是不错的选择。坐落在寂静的雅鲁藏布江畔,如今的彭措林寺只有几十位僧人,但它依然是拉孜县众多寺庙里最大的一座。寺院在1614年创建,曾经是觉囊派的主寺,1650年后改为格鲁派。巅峰时期的寺院建筑庞大,除了集会殿和16座小拉康,周围还有印经院、宗政府遗址及僧舍,结构形如坛城,从现在布满山头的废墟你可以想象它昔日的恢宏气势。翻修后,彭措林寺依然面积不小,寺里大多壁画都还保留着最初觉囊派的绘画风格。二楼的回廊里有讲述释迦牟尼从出生到圆寂全过程的壁画,以及觉囊派最典型的标志——四头十二臂的时轮金刚。它们色彩简洁,勾勒清晰,与阿里古格王国遗址(见323页)的壁画有异曲同工的技法。寺院接受外来人员住宿,简易的僧舍里有干净的多人间,床位40元/人,虽不能洗澡,但这里祥和的气氛会让你有几分心动。

觉囊寺 寺庙

(欧布琼山的山腰处) **免费** 寻找觉囊寺最大的原因应该就是"相传江孜的'十万佛塔'是依照此塔样式建造的"。它的位置比彭措林寺更为偏僻,常被河水冲毁的山路让人感觉像是进入了震后灾区。正因如此,佛塔惊现眼前时,你定会为之一震。觉囊寺的主殿和佛塔分居河的两岸,一般车会先到达寺院。这里的僧人很少,也大多不通汉语,但却热情耐心。之后,这里的觉姆会带领你到对岸,参观觉囊寺最为有名的**通卓钦摩大佛塔**

觉囊佛塔。

（也叫"觉囊佛塔"），它的构造几乎和"十万佛塔"一模一样，平日里佛塔大门紧锁，会让人误以为它已被废弃，而这让你在觉姆带领下到达顶层的过程变得充满惊喜，尽管它的壁画几乎全部毁坏，佛像也谈不上精美。据记载，觉囊寺始建于13世纪，曾有2万多名僧人，在欧布琼山上有2000多处修行洞和坐禅房，但是我们在调研时并没能找到传说中的修行洞，只看到山体间留有一些经幡。

❶ 到达和离开

彭措林乡属于拉孜县，但距离县城62公里，只能包车，单程350元，3小时。日喀则（雪强路25号，腾飞电器城对面的粮食公司大院内）也有到达彭措林的班车（☎158 8902 8198，183 0802 2288；10:00；70元；3小时），另外有一辆循环的寺院班车（☎183 0802 2288；50元；3小时），每天12:00左右在此发车，次日约11:00返回日喀则。由于班车要凑足人数，所以可能隔天或更久才发车。如果希望当日往返还是包车稳妥，从日喀则出发，800元往返，从谢通门出发，450元往返。

到达彭措林乡之后，寺院就在铁桥对面，步行可达。觉囊寺距离彭措林寺6公里，进山一路都是搓板路，因为路太难走，包车要价200元往返。如果你脚力够好，这段路也可以尝试步行，单程约2小时。

彭措林乡物资贫乏，没有像样的宾馆和餐厅，镇上桥头旁有一家茶馆可以解决用餐，也能联络包车，住宿还是寺院更好。

珠穆朗玛峰及周边

从日喀则出发到达珠峰大本营需要半天时间，而如果从拉萨出发，仅车程就需要14个小时，因此，通常来说中途会在白坝、定日，或岗嘎（老定日）停留一晚作为中转，这三处各有各的优势，可以根据自己的行程和喜好选择。

❶ 珠峰游览提示

➡ **珠峰大本营售票处**（☎135 1892 6785；珠穆朗玛峰国家公园大门旁；旺季180元/人 淡季90元/人，15岁以下及残疾证半票，自驾车（含摩托车、自行车）按轮子收费，100元/轮子；⊙8:00~21:00)就在边防检查站四五公里处，购票后可在公园大门另一侧验票之后出来开车进入，门票单次进出有效。从这里到珠峰大本营还有将近100公里。

➡ 在进入大本营之前的公路上可能出现一些沿途拦车的藏民要求你住他家的帐篷。

➡ 大本营中有不少藏民会向你兜售他的宝石，更有一些人会试图用真假不明的"好东西"来换取你的手机饰品等。

➡ 看珠峰最好的季节并不在七八月，这时正逢雨季，山头云雾浓重。若不巧此时到达，也别急着在满天乌云的下午就扫兴而归，次日上午9:00~10:00会是你希望的看见完整珠峰的最佳时间（日出就不要期待了）。

白坝

电话区号 0892

白坝就位于318国道旁，整个镇子全由宾馆、餐厅和超市组成，是过路游客最便利的选择，唯一的缺憾是没有银行。进入珠峰保护区的官方售票处设在定日县城，但你也可以试试向这里的饭店老板打听。

白坝的住宿是三者中最佳的，有几家值得推荐。**兴业宾馆**（☎152 0802 7648；白坝加油站对面；标双200元；🛜 🅿）是2015年新开的，院子宽敞，房间崭新，网络信号不错，电视频道也够多，要是淡季，老板也很好讲价。另外两家，**雪域宾馆**（☎136 389 25738；白坝318国道旁，警务站斜对面；标双250元；🛜 🅿）和**成都庄园**（☎136 2892 3570；白坝318国道旁，登峰汽修厂对面；标双250元；🛜 🅿）是自驾族们最常选择的下榻之处，传统宾馆的风格，只是稍显陈旧。

加吾拉山远望珠峰群山。

白坝的警务站门口有来往定日县城的公交车（8:00~12:00和14:00~17:00，2元，20分钟）。这里没有回日喀则的始发班车，来往日喀则至吉隆的班车约下午1点停靠白坝的潘多旅店，若是想搭上这班车可以提前致电日喀则客运站或司机（☎136 5956 3337，136 5892 5165）确认是否还有空座，再上车补票（当然也是全票）。

如果打算去珠峰东坡徒步，这里有到曲当乡的班车，需要提前联系司机普炯（☎182 8901 1101），100元/人，5小时，但如果一班车不满8人可能需要增加费用。如果从这里包小面车到曲当乡，160公里，1000元。宾馆、饭店皆可代为联系车辆。

定日

电话区号 0892

定日是正牌的县城，但反倒不如白坝那般热闹且密集，住宿总共只有三四家酒店可以选择，规模要比白坝大，但性价比算不上高。**珠穆朗玛上海大酒店**（☎188 8902 6007；学报南路1号；标双260元；☎Ⓟ）和**圣源宾馆**（☎866 2728；协格尔北路73号；标双250元；☎Ⓟ）是条件相对较好的。靠近河岸的珠峰路，稀稀拉拉有几家川菜馆子，用餐消费会比白坝略低些。

如果选择停留在县城，老城区尽头的**协格尔曲德寺**值得一游。寺院位于高耸的山头，不太有游客深入这个角落，所以20元的门票多数时候都形同虚设。在大殿门口左侧的壁画上，你可以看出寺院在14世纪时曾经占据整个山头的恢宏气势，但被摧毁后，现在比寺院更值得玩味的是无处不在的残垣断壁，这些遗迹一直延伸到山顶。信不信由你，无云的晴天攀上最高处，有机会望见珠峰，不过必须小心沿途伪装成薄荷的带刺植物。

从定日县城前往珠峰大本营同样需要包车，价格等同于白坝，但这里车辆较少，且没有固定的汽车集中点，可以向酒店或当地餐厅询问司机电话。

绒布寺（见290页）。

岗嘎

电话区号 0892

岗嘎，就是司机口中的老定日。若是去往吉隆和聂拉木，一般会停留在此，虽然这里是三处中转站中条件最艰苦的一个，却始终是最受旅行者欢迎的下榻之处——平坦开阔的岗嘎已经能够将珠峰连同周边连绵的雪山一览无遗，尤其对于不打算再花大价钱进入大本营的旅行者更是超值。

岗嘎目前的住宿仍以民宿为主，**珠峰雪豹客栈**（826 2711；中尼公路1号；标双260元； P ），是开了十几年的老店了，提供不少床位房。新开的**岗嘎宾馆**（188 8909 2896；标双360元； P ）是目前条件最好的。

镇子中段有农业银行的ATM机，镇头有一家营业时间随性的邮政局，镇尾正在修建一座为观景而设的寺庙。

☑ 不要错过

珠峰公路和加吾拉山垭口

在近距离欣赏世界第一高峰前，**加吾拉山垭口**是一个绝佳的预热。在这个海拔5198米的世界级观景台，向南望开去四座8000米以上的雪山在眼前展开——世界第五的马卡鲁峰（海拔8463米）、世界第四的洛子峰（海拔8516米）、世界第一的珠穆朗玛峰（雪面高程8848.86米），以及世界第六的卓奥友峰（海拔8201米）。如果想拍摄日照金山的壮观场面，请在早晨5点就从定日出发。不用担心站位，任何一个角度都没有遮挡。

翻过垭口可别就此匆匆下山，2015年7月1日通往珠峰大本营的柏油路已经贯通，曾经的"搓板路"终于不复存在，取而代之的，是一条优美的公路盘旋绕在加吾拉山的两侧，成为到达珠峰大本营之前的又一道经典的风景线。过垭口的一个平台就是俯瞰整条公路的最佳视点。

岗嘎同样没有始发的班车，来往聂拉木和吉隆的班车会路过此地，但并不停留。因此这里更适合自驾的旅行者。

珠穆朗玛峰

电话区号 0892

◉ 景点

珠峰大本营　　　　　　　　　**自然保护区**

你是翻目录直接跳到这页来的吧？所以，我们也跳过啰唆的介绍直接给你几点提示：首先，珠峰大本营只在每年4~10月开放，其余时间无法在此住宿，并可能遭遇冰雪封山；其次，想要看到世界之巅并非只有到达大本营一条途径，对于穷游的背包客或者无法进山的人们，还可以在中尼公路（岗嘎附近）远望它的英姿；最后，如果你不甘心只到达

✓ 不要错过

珠峰东坡穿越线

在珠峰东坡区域的徒步路线有两条，除了我们所介绍的珠峰东坡环线，还有一条举世闻名的**嘎玛沟穿越线**。穿越线需时更长，一般需要10~14天，前半程行程相同，而在卓湘营地时转去萨基塘（海拔3650米）之后到晓乌米（3100米），再穿越至定结县陈塘乡（海拔2200米）。走这条线路需提前办理好定结的边防通行证。在终点还能前往住于陈塘镇雪雄玛村夏营地附近的**九眼温泉**（海拔3073米，距陈塘镇5.8公里），温泉由9个大小不同的钙化沉积池组成，据说具有极高的医疗价值。无论疗效如何，在长途跋涉之后能泡一汤温泉实在是绝佳的享受。

同时，陈塘沟是喜马拉雅五条沟中最幽闭的一条，这里生活着一个独特的人群——夏尔巴人。据目前最确凿的说法，夏尔巴人的祖先是西夏王朝的党项族人，西夏覆灭后逃亡到喜马拉雅山深处。陈塘镇是中国境内夏尔巴人数量最多的乡镇，当地有一种自酿的鸡爪谷酒，是用一种叫"鸡爪谷"的植物和青稞面酿造而成。酒盛在一个柱形的竹筒里，用竹管吸着喝。除了要学会不让谷粒堵塞吸管，还要小心酸酸甜甜之后的强大酒劲儿。 ⓛⓟ

大本营，那就整理背包，来一场世界级的徒步吧！

进入珠峰国家保护区，经过100多公里的山路，你最终要到达的就是这个海拔5200米由59个帐篷组成的珠峰大本营。不过目前我们能到达的这个大本营，并非攀登珠峰的起点，只是供游客观光的住宿点。有点讽刺的是，从这里看珠穆朗玛峰，并不如想象中那么高高在上，甚至会产生这个地球上的最高点好像唾手可得的错觉。珠峰大本营只在每年4~10月开放，其余时间冰雪封山，不适合进入该区域。要知道看珠峰最好的季节并不在7~8月，雨季让山头的云雾浓重，如果不巧此时到达，也别急着在满天乌云的下午就扫兴而归，次日上午9~10点会是你希望看见完整珠峰的最佳时间（日出就不要期待了）。

大本营里还有个中国（或许也是世界）海拔最高的邮局，帮你从世界之巅寄去问候，可以直接将含邮资的门票寄出，也可以在这个小帐篷里购买，5元/张含邮资，款式只有一种。填完交给店主就行，这里每周会收发一次明信片。根据我们的测试，你的朋友起码得等上2个月甚至更久。

海拔5200米纪念碑位于珠峰大本营以南4公里处，每天8:00~20:00有环保车（25元/人，10分钟）往返其间，车票在大本营入口处购买，尽头等车，满18人发车。你也完全可以用步行完成这段距离，约1小时可到达。纪念碑处是旅行者能接近珠峰的极限，这里有武警看管，不再允许进入更远处的绒布冰川。

绒布寺   寺庙

（门票35元）海拔5154米的绒布寺，地势高峻寒冷，虽然"世界最高寺院"的名号响亮，但真正来参拜它的游人却很稀少，更多的时候它只是充当拍摄珠峰的最佳位置，因为这里有较少的遮挡，且恰好能将寺前的白塔收入景中。每年登山队进山之前都必须先来此祈福。绒布寺分上下两部分，深入4公里山路的上绒布寺更小，海拔也更高，准确说来那里才是真正海拔最高的寺庙。寺院只有一个简陋的院落，这里唯一的守寺人阿旺桑杰曾在《喜马拉雅天梯》出镜，他已经独自在此十多年。和影片中的登山队一样，来到这里你也将有机会让他打开屋内的地下入口，向你展示莲花生大士当年修行的地方。

✈ 活动

徒步

或许你无法登顶珠穆朗玛峰，但作为一个户外爱好者，你可以从人迹罕至的东坡大本营靠近它，享受背负行囊行走于喜马拉雅山脉的山谷，与珠峰、洛子峰、马卡鲁峰以及多座海拔7000米以上的高峰终日为伴的顶级体验。20世纪,这条山谷被美国和英国探险家赞誉为"世界上最美丽的山谷"和"世界十大经典徒步线路之一"。

整个徒步行程在7~14天,需要一定的户外经验,建议初级徒步者在专业领队或户外俱乐部的带领下开展活动。西藏蔓峰探险公司(www.mounfree.com)、寻佳高山户外运动(📞400-8844-430)每年都会组织珠峰东坡大环线和嘎玛沟穿越线的徒步活动,报价在9980~13,800元/人。

登山

截至目前,国内珠穆朗玛峰北坡的商业攀登,皆由西藏圣山登山探险服务有限公司(www.mt8848.com;📞133 2258 8848)独家经营,每年的攀登时间在4~5月,需提前半年报名,公司会有高山协作人员负责登山期间的一切后勤保障。2015年攀登珠穆朗玛峰的费用是33万元。

🍴 食宿

进入珠峰国家自然保护区,住宿有几种选择:

珠峰大本营有59个藏民自营的帐篷,60元/人,每个帐篷约可住8~10人,建议自带睡袋。无法洗澡,厕所公用,整个大本营只有两个。用餐在居住的帐篷解决,泡面15元,炒饭25元/份,酥油茶30元/壶。如有高原反应或不适,每家藏民都出售简易的氧气瓶(50元),但医疗设施不全,建议自行备些药物。有军大衣出租(30元),每个帐篷内也都会生火炉。旺季很可能爆满,但不允许自行扎营。自驾车需要收取10元/车的停车费。好消息是,这里电话和上网的信号都还不错。

绒布寺招待所(📞136 2892 1359,187 0809 8848)就在绒布寺对面,有像样的房间,床位60元/人,标间200元,但还是公用厕所,没有淋浴。自带藏式餐厅,能吃到更好的食物,价格和大本营大致相同。

珠峰宾馆(📞177 8992 8281,147 1982 0916;标间300元)绒布寺招待所后方的红房子,这里的房间相对来说最干净,有独立的蹲

请叫她Mount Chomolungma

众所周知,喜马拉雅山脉的英文名为Himalayas,而珠穆朗玛峰却被叫作Mount Everest,为什么珠峰的名字没有按照惯例使用她的音译呢?

上溯到19世纪中叶,英国人试图绘制喜马拉雅山脉的地图,但由于当地人对欧洲人十分戒备,他们只能在其殖民地印度平原上遥测。终于在1865年最先测量出珠峰的高度为29,002英尺(8839.8米)。但在没有抵达当地的情况下,他们就认定她没有名字,并决定用前测量局长George Everest的名字来命名——Mount Everest。

然而,在山脉的另一边,藏民们早已经给她起了名字——珠穆朗玛。不仅如此,她的位置和名字早在18世纪初就标在中国地图上了。1719年的铜版《皇舆全览图》最早在地图上正确地标志了她的位置和满文名称。1721年的木版图上又出现了其汉文译名"朱母郎马阿林"("阿林"为满文"山"的意思),这是她最早的中文名字。1760~1770年的《乾隆十三排地图》就有了与我们今天写法完全一致的"珠穆朗玛阿林"。

可是,Mount Everest的命名并不只是一个"美丽的误会",当英国探险队在1921年到达珠峰脚下知道她的本地名后,却断然拒绝纠正这个错误,英国皇家地理学会甚至要求探险队无视"珠穆朗玛",坚持使用"Mount Everest",并声称没有比这更美妙、更合适的名字。致使如今国际上,大多数国家还沿袭英国人的说法,在所有的"国际交流"中反复使用着"Mount Everest"的名字,即便大多数国人也并不清楚其中来由。中国多名地理学家、测绘研究员、登山协会,以及《中国国家地理》杂志都曾多次为珠峰正名——正如Mr. Everest本人曾经期望的,这座世界最高峰的确有,而且应该使用一个当地的名字——Mount Chomolungma。 ⓛ

贡塘王朝遗址(见294页)。

式厕所,但依然没有暖气和淋浴。

离开保护区,距离大本营最近的扎西宗乡也能找到一些民宿宾馆,**巴松桑吉旅馆**(☏182 8909 5391)和**珠峰牛头旅馆**(☏136 3892 5910)能提供房间和床,用餐随主人家。这里海拔只有4400米,如果担心身体承受不了高海拔可以选择这里,当然,旺季大本营爆满时也可以来。

❶ 到达和离开

长途汽车

从日喀则可以乘坐发往定日的班车(见262页),停靠在定日县城,自此没有再进入珠峰景区的班车,需要包车才能继续前往。

自驾车

从白坝到鲁鲁检查站之后便无限速。进入珠峰国家自然保护区大门后离大本营还有约100公里,从77公里处开始限速40公里/小时,此段路程信号较差。

包车

在定日和白坝到处都能找到去珠峰的车,一般往返约2000元/车,如果司机对路熟悉可以绕过门票。需要提示的是进入珠峰大本营属于景区路段,不论进出,能搭上便车的概率都相当低,从拉萨或日喀则包车前往是最为稳妥的,即便试图搭车也更建议从拉孜段开始。

选择从日喀则或者拉萨出行,参加一个珠峰旅行团也是很便利的方式,或者可以在当地青旅找人拼车更灵活。

吉隆

还记得电影《不见不散》中葛优那段异想天开的台词吗?大致是说:如果把喜马拉雅山炸开一个口子,印度洋的暖湿气流会把青藏高原变成鱼米之乡。其实大自然早就实

现了这一妙想，来自南亚次大陆的温暖气流在这里穿过喜马拉雅，浸湿了奔腾咆哮的吉隆藏布，染绿了青山不老的吉隆沟，于西藏干燥广袤的视觉印象中奉上盆景一般的亚热带风光。

地灵自然人杰，从生长于斯的米拉日巴大师和让迥多吉活佛，到入藏弘法的莲花生大士和阿底峡尊者，从尺尊公主的联姻之路到王玄策的伟大探险，一个个响亮的名字和他们留存至今的印记，让吉隆拥有傲人的文化遗产。

这里的气候和海拔足以拯救饱受高原之苦的旅人，而他们随后就会陷入选择的恐惧，品自然、访古迹，完美的路线和惬意的小镇村庄，应接不暇的精彩让离开的日程一拖再拖。

宗嘎镇

电话区号 0892

吉隆县城的所在地称为"宗嘎"，历史上曾是贡塘王朝的核心所在。土黄色依然是这里的主色调，多数人将它看作吉隆沟的入口，稍作停留便一头扎进吉隆沟的翠绿世界。建议你至少在往返途中留半天时间给这里的古迹们。

◎ 景点

大唐天竺使出铭　　　　　　　古迹

（宗嘎镇北4公里；⏱24小时）免费 你也许已经瞻仰过拉萨大昭寺前著名的《唐蕃会盟碑》，但可知道吉隆这处"使出铭"比它还要早165年？作为西藏迄今发现文字石刻中最早的一处，位于宗嘎镇以北4公里处的这块摩崖石刻一直备受史学界珍视。这块宽1.5米、高4米的石刻记载着唐代外交家、探险家王玄策于658年第三次出使印度的事迹，以及途经吉隆时对当地风物的赞美。该铭文在1990年一经发现，便引起震动，成为中国与天竺诸国交流史及唐（蕃）尼古道路径的重要实物证据。

也许正因"全国重点文物保护单位"的光环加身，普通游客接近它着实有点困难：铭文所在的崖壁被一座建筑罩住并上锁,大多数时候只能通过门窗上铁丝网的间隙向内张望。除了模糊难辨的铭文本身,还有一些背景简介和研究成果的展板可供阅读。

"使出铭"就在进入宗嘎镇前的公安检查站附近,有显眼的路标。你可以将它作为吉隆的第一个或最后一个看点顺路游览。

贡塘王朝遗址 遗址

(宗嘎村) 免费 倘若你在吉隆县城有片刻之闲,来宗嘎村走一走是不错的怀古体验,特别是晨昏之际。穿行于宁静的小巷和寺庙之间,最后走到村落边缘居高眺望宽阔的吉隆藏布河谷,昨日的皇城已变成了市井盎然的村落,只有荒颓的城垣和佛塔依稀昭示着王朝的荣耀。

10世纪前后,吐蕃王朝崩溃,王室后裔流亡之际建立了诸多"小王朝",其中最为有名的要算阿里的古格王朝以及吉隆的贡塘王朝,巧合的是它们也几乎同时于17世纪中叶灭亡。穿过残破的城墙进村不久,你就能看到高大的**曲德寺**,有700多年历史的大殿坐西朝东,由于年久失修已经坍塌,2015年的尼泊尔大地震更使其雪上加霜。好在我们调研时修缮工作正在进行,希望寺内精美的壁画和木雕能够重见天日。一墙之隔,便是**卓马拉康**,有少量僧人在此居住,优雅洁净的庭院内有一口深井,漂亮的木雕门框和屋檐也值得一观。村子的东南角,是保留最完好的**赤麦曲丹塔**,它与曲德寺同样建于11世纪。向南走到村子边缘,你会发现原来整个宗嘎镇其实坐落在一座高崖之上,断崖之下便是蜿蜒向南流去的吉隆藏布。

每逢初一、十五,不少当地信徒会前往卓马拉康朝拜。藏历十二月二十九日,曲德寺前还会举办盛大的"古突羌姆"——一种从贡塘时期流传至今的跳神佛事,如果你刚好也在,不要错过那些夸张的面具和神秘的舞步。

🍴 食宿

旅行者在吉隆县城住宿的意义不大,我们建议你继续赶往沟里的吉隆镇住下。如果

🚶 步行游览
珠穆朗玛峰东坡环线徒步

起点: 曲当(热布)
终点: 曲当(轮竹林)
需时: 7天
最高海拔: 5300米
最佳季节: 5~10月
难度等级: 高级

这是喜马拉雅山脉东边最能接近珠峰的路线,虽然路途的艰辛和物资的匮乏让人饱受折磨,但其壮美的景色以及带来的视觉震撼都会让人刻骨铭心。近年来这条线路在国内户外圈大红大紫,使得原本号称"人迹罕至"的路上,队伍满满,旺季甚至

要错开营地。我们在此特别提醒,请妥善处理徒步途中产生的垃圾,注意保护沿途的水源和生态环境。

请注意,这条路线只在每年5月中旬至10月中旬适合徒步,其余时间均大雪封山,无法进入。7~8月为雨季,常常大雾,为雪山而来可能会失望,但此时植被茂盛,杜鹃花迎着雪山肆无忌惮地开放。9月中旬至10月初,空气通透,天气晴朗,但也是徒步队伍最集中的时段。

从白坝到曲当乡有班车(见288页)。进入珠峰自然保护区,需要收取180元/人的门票、60元/人的环保费,如果包车的话还需要缴纳100元/轮的费用。徒步所雇佣的牦牛工及牦牛由乡里统一安排,旺季务必提前预约。次旦(152 8904 3752)和索朗顿珠(147 8902 1265)是曲当乡的旅游负责人,每年确切的开放时间也可向他们确认。

费用: 牦牛70元/天,牦牛工70元/天(一个牦牛工最多带3头牦牛),向导70元/天。需要算上返空费用,即7天的行程按14天计算,牦牛工和向导的食宿自理。但你需要再向他们租一个煤气罐,一般4~5人,7天行程,按每天2餐计算,租借10公斤的气罐够用,价格400元。需要注意的是,即便中途返回或行程失败也需支付全程费用。

装备: 你需要备好保暖并防湿的衣服和专业的防水徒步鞋,帐篷、-15℃温标的睡袋、防潮垫、头灯(或手电)、登山杖等。徒步的海拔落差较大,会经过高寒地带和潮湿的雨林,气候复杂,适当的预备防高原反应的药物,夏季需注意蚂蟥。整段路程几 ➡

(左图)珠峰日照金山。

GETTY IMAGES 提供

时间不允许,请参考下面的食宿推荐。县粮食局旁新装修的**粮食宾馆**(☎828 2118;幸福路与昌盛路交叉口;普/标双130/150元;❄☏P)房间面积很小,但却拥有藏地难得的精致和干净,价格也很合理。老牌的**吉隆宾馆**(☎828 2822;平安路东段;标双/三220/300元;❄☏P)房间气派,设施良好,价格也是县里最高的。

吃饭的话,除了满街的川菜,粮食宾馆旁的**食全食美食府**(☎156 1027 8881)由几个内地年轻人经营。店面简洁干净,提供各种浇头的面条(15~18元),很适合独自旅行者快速填饱肚子。

❶ 到达和离开

日喀则每天同时有两班车发往吉隆,其中一辆到达吉隆县城(宗嘎镇),另一辆会继续前往更远的吉隆沟(吉隆镇),但如果到沟里的人数太少(少于8人),则只发一辆到县城。也可从宗嘎镇乘坐当地便车(50元;2.5小时)去吉隆沟,发车时间和地点都不固定,坐满即走,可向小广场旁的公安岗亭询问。

宗嘎镇距离吉隆镇67公里,镇上的互惠互利超市门口有来往的班车。但每天只有一趟,下午4点左右发车(50元/人;2小时)。除此之外也有私人的越野车或面的跑往返,一般4人拼车,和班车价格相同。但最好在班车上就找好拼车的人,不然容易落单。

宗嘎镇返回日喀则的班车(170元/人;8:00;11小时),在粮食宾馆门口发车,记得提前一天在宾馆旁的超市购票。人多时可能增发一辆。

宗嘎镇到吉隆镇

这是一段奇妙的旅程,大约70公里的路程像是乘直梯下降。告别宗嘎镇广袤而干燥的高原风光,随吉隆藏布一起经过茂密的森林和瀑布,仰望远方的雪山,忽而就来到了吉隆镇绿意盎然的温润世界。这段公路有严格的限速管理,因此不要着急赶路,在沟里尽情玩耍吧。

←乎没有手机信号,你会失联7天,记得告知亲友自己的行踪。

曲当乡南北全长不到300米,**珠峰宾馆**(☎135 4902 6865)50元/人,只有床位。唯一一家可以洗澡的是**嘎玛沟藏家宾馆**(☎181 0892 2224, 158 8902 6768;标双140元;☏P),80元/人,也只有铺位。**成都饭店**也就有3张桌子。采购路餐可以在乡里解决。

从曲当到真正的徒步起点热布需要坐车,乡里可以安排车辆,50元/人,30分钟,小型货车可以坐5~6人,如果人数不到,你需要支付全费。所雇的牦牛队伍会直接在那里会合。

基本全程无信号,在接近轮朱林时开始恢复,电信手机信号会好一些。

第一天,❶曲当(海拔3650米)—❷热布(海拔3750米)—❸晓乌错营地(海拔4650米),5~6小时乘车前往徒步起点热布,也叫作优帕桥,从这里沿着河谷一直上升至晓乌错营地,期间大约有三个比较大的爬升。晓乌错是晓乌拉垭口下的一个高山湖泊,天气好的情况下,可以看到马卡鲁峰和珠穆郎卓峰倒影在平静的湖面,日出日落尤其动人。

第二天,❸晓乌错营地—❹晓乌拉垭口(海拔4900米)—❺卓湘(海拔4030米),6~7小时从晓乌错走1个多小时就能到达晓乌拉垭口,从垭口遥望马卡鲁峰近在咫尺。之后一路下行,沿着沟壑下山,夏天雨季的时候,这里经常起雾,注意辨别方向。雪若河谷植被茂密,7月份会有大片的高山杜鹃盛开,其尽头就是卓湘营地。

卓湘营地是这条路线上最舒服的营地,包围在森林之中,含氧量很高,不用担心高原反应。若逢旺季,也可将营地移至向上半小时路程的兰花谷营地,那里会更安静。

第三天，❺卓湘—❻错朗错（海拔4320米）—❼夏浓（海拔4400米）—❽汤湘（海拔4550米），5~6小时卓湘是嘎玛沟气候植被的一个分界点，卓湘以下海拔将越来越低，植被也越来越丰富。因为海拔落差，沟中通常云雾缭绕，宛如仙境。出发后将先穿越一片原始森林，来到嘎玛沟北侧，之后不断上下行走于喜马拉雅的高山草甸间，经过密闭牧场、错朗错、塔松牧场，在夏浓牧场后翻越一个大坡下山就到达了营地汤湘牧场。期间谷底的嘎玛藏布一路相伴，天气晴朗的话，从密闭牧场开始，珠穆朗玛峰始终位于前方。

汤湘营地缺乏水源，需要到离营地10分钟路程的一块大石头下接水，且水量极小。因此也有不少人选择在向下走半小时的**热嘎**（3900米）的河边扎营。

第四天，❽汤湘—❾巴当（4310米）—❿俄嘎（4690米）—⓫白当（4950米），7~8个小时汤湘简直是360°的无敌景观营地。从营地花10多分钟可以爬上山坡上的观景台，在此，珠穆朗玛峰、洛子峰、马卡鲁的卫峰珠穆郎卓，以及多座7000米级别的雪山会将你团团包围。早起来此有望见到珠峰东坡最壮美的云海和日照金山。

从汤湘出发一路下行至嘎玛沟沟底，巴当到俄嘎之间需要横切一段碎石坡，是行程中最需谨慎的路段。之后再沿着俄嘎牧场西边的山谷上行至白当。一路件穆朗玛峰、洛子峰、珠穆朗卓峰相伴左右。

白当营地正如其名，这里的水源全为白色，如果想要饮用更清澈的水可以当天只到俄嘎。

第五天，⓫白当—⓬珠峰东坡大本营（海拔5310米）—⓫白当—❿俄嘎，6~7小时白当营地是此行中又一个绝佳的观景点，当早上打开帐篷的时候，估计你会被眼前的景象惊呆，珠穆朗玛、洛子峰、珠穆郎卓……喜马拉雅群山，与你前所未有地接近。

这一天是一个往返的行程，可以根据体力和对景色的留恋程度决定当天的终点。从白当到珠穆朗玛东坡大本营，2~3个小时，这里当然是最接近珠峰的地方。有一汪小湖能拍摄珠峰的倒影，但因海拔太高不适合扎营。若决定返回巴当则建议早晨8点前出发。

第六天，❿俄嘎—❾巴当—⓭措学仁玛（海拔4900米），6~7小时从俄嘎到巴当的3小时路程基本全是下坡，如果留恋身后壮美的雪山和冰川，可以再次回到汤湘观景台停留。

措学仁玛营地是行程中海拔最高的营地，也是本次行程的高潮。在这里你不仅能看到珠穆朗玛、洛子峰、马卡鲁、珠穆郎卓以及托拉岗波切等雪山，在达措雪仁玛观景平台，还能看到蜿蜒而过的巨大冰川。最重要的是在措学仁玛看日照金山倒影景色最佳。

第七天，⓭措学仁玛—⓮朗玛拉垭口（海拔5344米）—⓯拉则错（海拔5050米）—⓰轮竹林（海拔4250米）—❶曲当，8小时准备好翻越全程最高的垭口——朗玛拉垭口。但之后的行程简单，只需沿河谷一直下降。也可以分2天走，在朗玛拉垭口下营地（4700米）或者拉则错营地扎营。翻过拉则错之后开始有手机信号，可提前联络车子在徒步的终点轮竹林村等候了。如果直接回到白坝，则为1500元/车，可坐5~6人。注意：下山后牦牛工或向导可能会以各种理由希望你将徒步装备赠予他们，但需提防他们所说的是否属实。⓾

出宗嘎镇约17公里，显著的路标说明左手的岔路通往**米拉日巴旧居遗址**。扎龙村是这位佛教圣者的出生地，附近一块巨大崖壁下是他首次修行的洞窟"刚布楚"。这里距离主路46公里，除了虔诚的佛教徒，很少有游客前往。沿吉隆藏布继续向南，在道路40公里处向右看，"之"字形的石阶路一直通向悬崖峭壁上的一座寺庙（步行约30分钟），这便是**查嘎尔达索寺**，米拉日巴大师在此也留下了大量的印记，包括一个修行洞，以及殿堂中展现他生平事迹的精美壁画。继续前行12公里，左手边150米高的**开热瀑布**倾斜而下，蒸腾的水汽似乎在宣告：你已进入峡谷深处。

向前不远，就能看到**招提壁垒**的路标，向左手边的密林深处走10分钟，你就能到达这处刻有佛像和六字真言的崖壁。在1788年反击廓尔喀侵略的战争中，这里曾是古战场，其中"招提壁垒"四个字据称是清军统帅福康安为纪念大获全胜而亲笔题写的。如今硝烟散尽，这里只有参天的红豆杉和悠闲的牦牛。

经过检查站，就进入了吉隆镇的范围，两处景点不妨顺道一看。帮兴村的**强准寺**拥有和吉隆镇帕巴寺类似的尼泊尔风格外观，传说是文成公主镇压"罗刹女"宏大工程的一部分，由于在地震中遭到严重损毁，目前暂时关闭。南边不远处的冲堆村，值得你下车走走。离开公路，从左手的岔口踏上小径，一块巨石的背后是**日松贡布摩崖造像**。在这座吐蕃时期的作品中，观音、文殊和金刚手三位菩萨并肩而立，带有明显的南亚造像风格。沿着土路继续向南走，石块堆垒而成的十二列**清军墓**庄严肃穆，诉说着抗击廓尔喀战争的惨烈。再走一小段，小径又会入公路上，再行1公里就到吉隆镇了。

吉隆镇

电话区号 0892

较低的海拔，怡人的气候，还有周边丰富的自然和人文资源，让这个地处边陲的宁静小镇极具"热门潜质"，然而这蓬勃发展的势头却被2015年春天突如其来的大地震打

步行游览
希夏邦马环线徒步

起点：聂拉木
终点：聂拉木
需时：3~4天
最高海拔：5300米
最佳季节：8~9月
难度等级：初、中级

从希夏邦马南坡的樟木沟一路上到南坡大本营，之后转战希夏邦马东坡，短短3天的行程就能让你近距离欣赏它的英姿。同时也有人选择将这条路线作为珠峰东坡徒步（见294页）的补充。每年5~10月上旬皆是可以进山的季节，8~9月的天气则最好。

从日喀则有到聂拉木的班车（见262

页),徒步的牦牛和向导统一由村长西热(📞133 2252 5280)安排。希夏邦马的徒步路线有两种,单向往返的路线,需时3天,全程价格:牦牛400元/头,牦牛工500元/人,向导600元/人;我们推荐的环线全程4天,但加上返空,所有人员和牦牛会按10天的费用计算,价格:牦牛120元/头/天,牦牛工150元/人/天,向导170元/人/天,食宿自理。因为牦牛禁止进城,需要包个车(100元/车,20分钟)或拖拉机到达徒步出发点。旺季时最好至少提前两三天联系,村长会热情地给你安排好一切。

神山宾馆(📞827 2488,138 8902 9567;单间100元)是大多数徒步者的选择,房间不大,公用卫生间,没法洗澡。路餐等可以在县城购买。你需要备好保暖并防湿的衣服和专业的防水徒步鞋,帐篷、-15℃温标睡袋、防潮垫等。进山之后没有手机信号,有必要提前告诉亲友自己的行踪。

第一天,❶聂拉木(海拔3788米)—❷星地营地(海拔4620米),8小时。第一天的行程是海拔上升最大的一天。一路沿着河谷左侧上行,徒步约3小时经过一座简易的小吊桥过河,约上升500米处选择横切,顺山梁继续向前,约傍晚可到达星地营地,这里有块巨大的石头,可避风扎营。

第二天,❷星地营地—❸希夏邦马南坡大本营(海拔5300米)—❷星地营地,8小时。

早起在营地背后的山冈上守候雪山日出。今天的行程是个折返路线,所以完全可以轻装上阵,沿营地所在平台前行,樟木沟一路宽阔平坦,会比第一天轻松很多。约下午可抵达希夏邦马南坡大本营,之后原路返回。

第三天,❷星地营地—❹贡错营地(海拔5200米),7小时。如果只走3天的折返路线,则从星地营地原路返回聂拉木,5~6小时。环线则沿着河谷继续向上走到贡错,这是一个巨大的高山湖泊,也是欣 ➡

(左图)希夏邦马峰。

范久辉摄

← 赏希夏邦马峰的超级观景地，巍峨壮观的雪山近在咫尺。

第四天，❹贡错营地—❺俄热（海拔4450米），5小时。出发后绕过贡错开始一路下降，期间会经过俄热村的高山牧场帕布让玛，以及扎西错，最后到达俄热村。从这里需要包车回聂拉木县城（400元/车，1小时，最多可挤7~8人），需要进山前就事先预订。聂拉木回日喀则的班车只在每天上午8:30，包车或购买车票村长都会很热情地帮你安排。LP

乱。我们调研时，包括帕巴寺在内的许多建筑因为"危楼"而暂停开放，通往边境热索村的公路也被迫中断，不少当地居民至今仍住在救灾帐篷里。好在乐观的当地人和坚韧的外来淘金者正在走出阴霾，他们重新收拾家园，再次装修宾馆。站在帕巴寺广场上，转经者低声念诵和远方环绕的雪山相得益彰，千年古镇魅力依然。

景点

帕巴寺　　　　　　　　　　　　寺庙

免费 坐落在吉隆镇中心，这座千年古刹美丽又独特的身姿让人无法忽视。帕巴寺的始建年代难以考证，大多数人相信它建于公元637年松赞干布迎娶尼婆罗（今尼泊尔）尺尊公主之时。帕巴寺带有明显的尼泊尔风格，门前广场上三根巨大的旗杆高入云天。建筑共有四层，由下至上逐层收小，屋檐四角套有由黄铜制成的火焰形装饰。除了寺外的转经道，大殿内部也有内转经道和盘旋至塔顶的阶梯，保存完好的壁画更是最大的亮点。

震后的帕巴寺谢绝入内参观，寺中僧人都搬到了广场上的帐篷里，他们有时会进入寺庙供养和祭拜，能否跟随一同进入，就看你的缘分了。

吉普大峡谷的铁索吊桥。

吉普大峡谷和吉普村　　自然景观、村落

（吉普村）一路伴你而来的吉隆藏布在经过吉隆镇帮兴村后突然疾速下坠，咆哮着奔向尼泊尔——这雷霆万钧的力量造就了全长15公里、最深处超过300米的吉普大峡谷，还有悬崖另一端与世隔绝的吉普村。吉隆镇到吉普大峡谷只有区区3公里，非常适合花上小半天时间徒步游览。

从吉隆镇南端的边防派出所继续向南进发。沿宽阔的土路，穿过种满青稞和油菜的田野，行走30分钟，听到隆隆的水声，你已经到达吉普大峡谷。2006年，由国际组织援建了一座1.5米宽、60米长的铁索吊桥，这就是对岸吉普村村民进出的主要通道。如果你恐高，过桥这60米的距离不亚于噩梦：脚下的峡谷有250米深，漆黑不见底，只能隐约听到吉隆藏布的低吼，峡谷里の狂风不时吹得吊桥摇摇晃晃。

过得桥来，迎接你的是一个安详而富庶的村庄。吉普村坐落在曲姆古日雪山脚下的一片高地上，向东南方向的低处可以望见吉隆藏布蜿蜒而去。田地、果园和菜畦之间点缀着石头堆垒而成的藏式民居。小径之间，劳作的农人络绎不绝，收获季节向他们买一些当地蔬果是皆大欢喜的选择。

藏语"吉普"有"分别"之意，当年尼婆罗尺尊公主的送亲队伍就是送到这里才依依惜别，吉普村也因此得名，而接下来你要探访的**吉普园**便是这段故事的见证。这座古老庄园相传是当年为尺尊公主短暂停留而建的，它藏在吉普村深处的密林中，如今已经失去围墙，只有三间古朴精致的房屋，上方伸出的岩壁给了它们天然的庇护。右侧偏室为储物间，左侧的偏室中供奉着松赞干布和尺尊公主的塑像，中间的主室显得空空荡荡。墙上原来的精美壁画损坏得也很严重，只能依稀辨认。院落中高高的经幡和佛塔是后人建，整个吉普园被打扫得一尘不染，并供有长明的酥油灯，本地居民对此地的尊崇可见一斑。

从这里徒步返回村口的铁索桥需要30分钟，再走30分钟就能回到吉隆镇。

☑ 不要错过

免费的风景——希夏邦马峰和佩枯错

8027米的**希夏邦马峰**是"世界上14座8000米以上级别山峰中的最后一位，也是唯一一座完全在中国境内的8000米以上的高峰"，这句标志性的介绍甚至是户外登山领队的必考题。希夏邦马属于喜马拉雅山脉的中段，拥有长达16公里的富曲冰川，它的冰川融水就形成了日喀则最大的湖泊——**佩枯错**。在数字地图上你会发现，它的湖面轮廓呈南北两瓣，有点像扭曲的葫芦。南边半截葫芦是淡水，有成群结队的高山冷水鱼，北边半截是咸水，几乎没有任何生物。而且，南北两半还分属于吉隆县和聂拉木县。所以观看佩枯错也有两条路线。

如果从定日或拉孜到吉隆，从318国道转入214县道之后，右手边就能看见一条长长的蓝色玉带，而其另一边远处连绵的雪山中最高的那座就是希夏邦马。在翻越孔塘拉姆山口的时候，能看到的湖面面积最大。离吉隆县城66公里，在卢玛克乌桥附近，山头的平地上新修建的卡门巴旅店，占据绝佳的位置好多年，却似乎从未正式开业。如果有机会入住，可不要放过它二层的360°观景台。另一条从萨嘎到**吉隆**，就能看到以希夏邦马作背景的佩枯错了。

需要注意的是，自希夏邦马建立景区之后，途经景区路段的自驾或者旅游车可能会被拦下来查门票（70/人，可以讲价），只有乘坐班车算是完全免费的风景。 LP

🍴 食宿

作为旅游目的地，吉隆镇的食宿条件要比吉隆县城好上一截。**吉隆沟宾馆**（☎ 8286222；标双/三100/150元；❄）在镇东的一条小巷里，房间简单舒适，性价比很高。

一条吉隆沟，半部西藏史

有人说，小小的吉隆沟装得下半部西藏史。松赞干布于7世纪统一诸部、建立吐蕃王朝，随后经此地迎娶尼婆罗尺尊公主。当时还叫"芒域"的吉隆，也因这次著名的联姻而见诸史书。8世纪时，莲花生大士进藏传法途中曾在此驻足，并赐予它"吉隆"（藏语意为舒适、快乐的村庄）的名字。盛唐之际，随着杰出外交家王玄策多次出使印度，连接中印两大文明的"唐尼古道"日渐繁荣，宗嘎镇北的"大唐天竺使出铭"正是这段历史的沧桑见证。10世纪，随着吐蕃王朝的崩塌，末代赞普朗达玛的后裔受邀来到吉隆建立了贡塘王朝。这个偏安一隅的小小朝廷在漫长岁月中经历了与诸强势力（甚至包括蒙古铁蹄）的艰难博弈，直至17世纪被尊奉噶玛噶举派的藏巴汗势力瓦解。18世纪末，吉隆烽烟再起，廓尔喀侵略者几度来犯，噶厦政府奏请清廷遣将驰援。其中最为著名的便是1792年大将福康安收复失地、直捣敌巢的大捷。

近代以来，喜马拉雅深处的吉隆又归于沉寂。西藏和平解放后，政府于1961年在此设立海关，并于1978年批准吉隆为国家一类陆路通商口岸，准许边民互贸。从2014年10月开始，中国公民可经由吉隆口岸出境进入尼泊尔。2015年4月25日发生在尼泊尔的8.1级大地震给吉隆带来严重的影响，许多民房倒塌，一些古迹也遭到不同程度的破坏。直到2015年10月，关闭半年的口岸才得以开放。⒧

吉隆乃村。

拐过街角便是**吉隆宾馆（一分店）**（☏8286558；标双240元；❆⚡）新装修过的房间铺有厚实的地毯，甚至还有电梯。走到镇子最西边，**吉隆牵手国际青年旅舍**（☏133 0892 1991；农业银行旁；铺50元；⚡）的招牌让背包客感到惊喜。我们调研时，这里似乎正处于百废待兴的状态，不过热情的老板对当地非常熟悉，参加她组织的周边游是很不错的选择。

地处边境的吉隆镇有几家尼泊尔餐厅集中在帕巴寺以东的街上。**Kerung Nepali Restaurant**（☏138 8902 3984；人均20元）由尼泊尔厨师掌勺，味道和上菜速度（非常慢）都很正宗。Khana（米饭套餐）、MOMO（藏饺）和Thukpa（汤面）随到随有，但要吃泥炉鸡等大菜最好预订一下。

❶ 到达和离开

吉隆镇有一班往返日喀则的班车（220元；13小时），但发车日期和时间并不固定，淡季也许会取消。

吉隆镇返回县城的班车每天10点在帕巴寺对面发车（50元/人；2小时），同时发车的还有一趟直达日喀则的班车（220元；7:00；13小时）。两趟车不论人多少都不会增发，票务紧张，务必尽早在帕巴寺对面的包子铺购票。到日喀则的班车发车时间有时比较随

吉隆乃村的佛塔和日吾班巴雪山。

机,淡季也许会取消。你可以先搭便车到宗嘎镇(50元),等待那趟相对靠谱的、发往日喀则的班车(见296页)。

吉隆周边

吉隆藏布深切出的峡谷实在太过狭窄,因此吉隆周边的村庄大多分布在高山上较为平坦的地带。从离吉隆镇最近的乃村,到最远的中尼边境热索,雪山、野花、草甸和牛羊,诸多"童话元素"在这里一样不少。若想造访这些远离尘世的梦幻之地,在崎岖和泥泞中翻山越岭在所难免,拥有一辆四驱越野车(还有技术和胆量)再好不过。如果你是意志坚定的背包客,那么准备好搭车和各种奇遇吧。

乃村

乃村就在吉隆镇北面的高山顶上,你可以用大半天的时间徒步往返。相传,阿底峡尊者受邀入藏时曾在此居住过一年,并加持了这个宛若仙境的村庄。它的藏语名字"乃诺布",即"神灵开光后的圣地"之意。

出吉隆镇沿公路向东1公里,过公路检查站后能看到显著的路标,左手的土路就通往乃村。踏上这条百转千回的盘山路,穿过云雾缭绕的山腰,中途别忘了俯瞰整个吉隆镇。大约2小时后视野豁然开朗,眼前的风景让人兴奋:木屋和悠闲的牛羊点缀在平坦的草甸上,远方的天际线上是森林和雪山,这就是乃村。这个村庄分为东西两部分,平坦得一览无余。你可以先西后东,按顺时针方向环游。不要错过这个观赏雪山的绝佳之地,较高的村委会附近是不错的观景点,西侧峡谷对面的峰群是曲姆古拉雪山;西北方向带有参差锐利峰顶的是日吾班巴雪山;如果天气足够好,你甚至可以看到东南方向拉朵拉山背后、尼泊尔著名的安

当心超速陷阱

如果你是自驾旅行者，前往吉隆的路上一定要当心。从希夏邦马景区收费处到佩枯错之间常有"移动测速"。当你快意行驶在平直宽阔的公路上，总有尽职的交警隐藏在弯道处——这里的限速是不可思议的30千米/时。一旦被抓，你将面临吊销驾照和2000元的罚款，不过最终的罚款数额按交警心情从200~500元不等。

纳普尔纳和鱼尾峰。乃村没有寺庙，村委会不远处的三座佛塔就是本地居民的信仰中心。塔前还有一片宁静的小湖，它们和远处的雪山一起构成了摄影爱好者梦寐以求的画面。

如果要领略晨昏之际的最美时刻，就需要在此住一晚。村委会下方有一家**圣地家庭旅馆**（180 8992 2253；铺50元）也可以吃饭。我们调研时，这座房子还在震后重建中，你可能要和主人一起住救灾帐篷。

除了徒步，你也可以包车来这里，费用是300元左右，吉隆镇上的宾馆饭店都能帮你找车。要注意的是，阴雨天不建议来乃村，湿滑的道路很危险，而且在雨雾中你什么风景也看不到。

对红豆杉买卖说不

在吉隆周边的村庄，你可能会遇到村民向你兜售红豆杉制作的生活器皿和工艺品。它们外观质朴，价格也颇为低廉。不管有多么心动，我们还是要提醒你：喜马拉雅红豆杉是国家一级保护植物，它们生长极其缓慢，同时也是构成喜马拉雅生态系统的重要部分。并且你的购买可能鼓励当地村民滥砍滥伐，最终走上犯罪道路。此外，吉隆县出入口的公安检查站对过往游客携带文物、珍稀动植物的检查非常严格，不要抱有侥幸心理。

扎村

站在乃村向东南方向看，峡谷对面山梁上的村落就是扎村。连接两村的隐秘小道只有少数当地人知晓，多数游客只能下到公路上，再从另一个谷口上山前往。

扎村是吉隆沟里最大的村庄，有近百户村民，500多人口。历史上还曾作为吉隆沟内的行政中心。如今，你还可以在村里的高地上看到当年的建筑遗迹，背景中巍峨的雪山更为它们镀上一层与众不同的神秘色彩。如果你为了更美的风景不惜跋涉的话，可以向村东北方向进发，经过一大片梯田后就进入了拉朵拉山最美的杜鹃谷。每年四五月，各色杜鹃花竞相开放，芬芳四溢。随着海拔的攀升，植株变矮，逐步变为牛羊漫山的草场风光，一路上远方的雪山始终是最忠实的拍照背景。如果你尚有余力，可以爬到扎村北面山梁上，俯瞰小而静谧的神湖朗吉错，关于尺尊公主的种种传说让它更显浪漫。

扎村目前没有营业性食宿点，如有需要可以请村委会帮忙联系。你可以将乃村和扎村打包成一日包车游路线，价格在700元左右。通往扎村的道路非常艰难，挑选好的车辆和司机至关重要。

热索

你上次听说热索也许是在新闻里，作为在尼泊尔大地震中受灾最严重的地区，热索村在震后一度成为"孤岛"，军方动用直升机才将被困村民送出。

从吉隆镇到热索村短短25公里，海拔却已从2800米降至1800米。吉隆藏布和东林藏布在这里交汇后流入尼泊尔。湿热的气候为热索带来了棕榈树、霸王鞭等亚热带植物，而国境线上的贸易也为这座边境小村注入了独特的魅力。走在街上，看着商店里琳琅满目的尼泊尔商品，或是边喝尼泊尔啤酒边品尝咖喱饭，你也许忘记了200多年前，清朝大将福康安正是在这里将廓尔喀侵略军驱逐出西藏。两河交汇处的48号界碑处，你还能看到对岸的战争工事遗址。如今硝烟散尽，连接两国的桥上只有边民们热情的笑脸。

经过灾后重建，热索口岸于2015年10月恢复通关，公路也已通车，平日里有不定期乡村便车往返于热索。经由陆路过境尼泊尔的游客也有了新的选择。

萨嘎

电话区号 0892

很多人将萨嘎视作阿里的大门，从这里向西，你要告别水草丰美的农区，踏上广袤苍凉的大地了。通向阿里的219国道和去往吉隆沟的214县道在此交会，不少旅行者会在这里睡上一晚，然后各奔前程。县城所在地是加加镇，与国道相交的格桑路包办一切，最东端的**萨嘎宾馆**（☎820 2888；标双280元；❄️🛜🅿️）拥有惊人的房间数量，但房间也惊人地老旧，因此有很大的议价空间。能洗澡是这里唯一的撒手锏。你也可以入住附近几家不带淋浴设备的宾馆，然后去街上的澡堂沐浴（30元/人）。

萨嘎每天早上8:30有一班车去往日喀则（161元，7小时），去往阿里方向则需要等待219国道上的过路车。

萨嘎到巴嘎

离开日喀则进入阿里，多数自驾者会用一天时间走完这515公里的路程，有些人也会在帕羊镇停留一晚。

从萨嘎向西约40公里处的**达吉岭寺**是第一个值得停留的地方。跟随路标离开国道向北2公里即可到达。这座创建于1729年的格鲁派寺庙是拉萨小昭寺的属寺，相较寺庙本身，西侧山冈上旧寺遗址和塔群更胜一筹。近看，有刻满经文的玛尼石和沧桑的建筑；向南远眺，雅鲁藏布江蜿蜒的身姿和更远的喜马拉雅山脉交相辉映。返回国道，继续向西翻越突击拉山口，天气晴好的时候向北可以看到冈底斯山脉的最高峰、金字塔形的冷布岗日峰（7095米）。下山后就进入了仲巴县境内，可以在国道旁拥有1300年历史的**扎东寺**驻足观赏一番。据说这里也是文成公主"镇压罗刹女"工程的一座寺庙，寺外的塔旁堆放着大量牦牛角。仲巴县城在国道以北

▶️ 另辟蹊径

杜鹃花之路

吉隆藏布北侧的重山之间，藏着许多令人惊艳的村庄，闭塞的交通保护了喜马拉雅腹地珍稀的动植物生态，也造就了一个个"桃花源"。聪明的旅行者以驾乘越野车和徒步的方式将它们串联起来，并称之为"杜鹃花之路"。这是一次装备、体力和毅力的多重考验，如果你刚好万事俱备，那就不要错过这次美妙的环线之旅。

探访乃村和扎村是多数旅行者的必选动作。如果你的越野车能到达扎村，说明它基本胜任之后的路况。从**扎村**向东北方向的隘口进发，大约7公里后到达山顶，别忘了向下望小小的朗佶错。公路继续向上，直至翻越拉朵拉山隘口。下降至另一侧的山腰，**卡帮村**就在眼前了。与乃村和扎村不同，这里的房屋多为石头砌筑，屋顶盖有石片。继续下山，便是**萨勒村**，这个峡谷中的小村庄是西藏第一位转世活佛让迥多吉的出生地。如果你足够幸运，不妨见识一下这里炽热的传统舞蹈。离开萨勒村，继续在峡谷隙间迂回，下方的东林藏布便是中尼界河，河对岸就是尼泊尔的村庄了。潮湿的空气为这里带来繁茂的植被，但路况也因降雨而变得糟糕。经过**色琼村**后，吉隆沟最为偏远、最难抵达的**拉比村**到了。和不少地处喜马拉雅腹地的村庄一样，"抢婚"和"下蛊"的神秘传说在这里流传着。但容易领略的是这里淳朴民风，以及清晨安纳普尔纳雪山的日出。公路到此结束，从拉比到热索的旅程只能用双脚完成。好在一路有湿润的空气和养眼的风光，不时还有长尾猴等奇异异兽带来惊喜。这段路多为下坡，多数人在5个小时以内就能完成。到达边境小村**热索**后，用尼泊尔美食犒劳一下自己吧，之后可搭车沿公路返回吉隆。

雅鲁藏布江源头。

4公里处,很少有游客在此停留。继续前行36公里,路左一片显著的沙丘是不可错过的观景点。向南远眺,可以看到雅鲁藏布江从其源头——杰玛雍忠冰川(5300米)流出,形成肥美的草场。继续前行,土地沙化的迹象越发明显。据当地人说,如今的情况已经得到改善,在几年前,公路甚至都会被黄沙覆盖。荒漠中的小镇**帕羊**是不错的午餐地点,也是进入阿里前的最后一站。驶出帕羊,很快就能到达**公路检查站**,这里是真正意义上的"阿里大门",过往车辆、人员都要经过公安、边防的严格检查,旅游旺季排队耽搁一个小时都很正常。现在,你终于踏上了阿里大地,在荒野中快意驰骋200公里,奔向神山圣湖吧。霍尔乡过后的巴嘎三岔路口,你可以选择继续前行到冈仁波齐神山的门户塔尔钦住下,次日转山;或者左拐向南,经玛旁雍错西岸,先到普兰县睡个好觉。

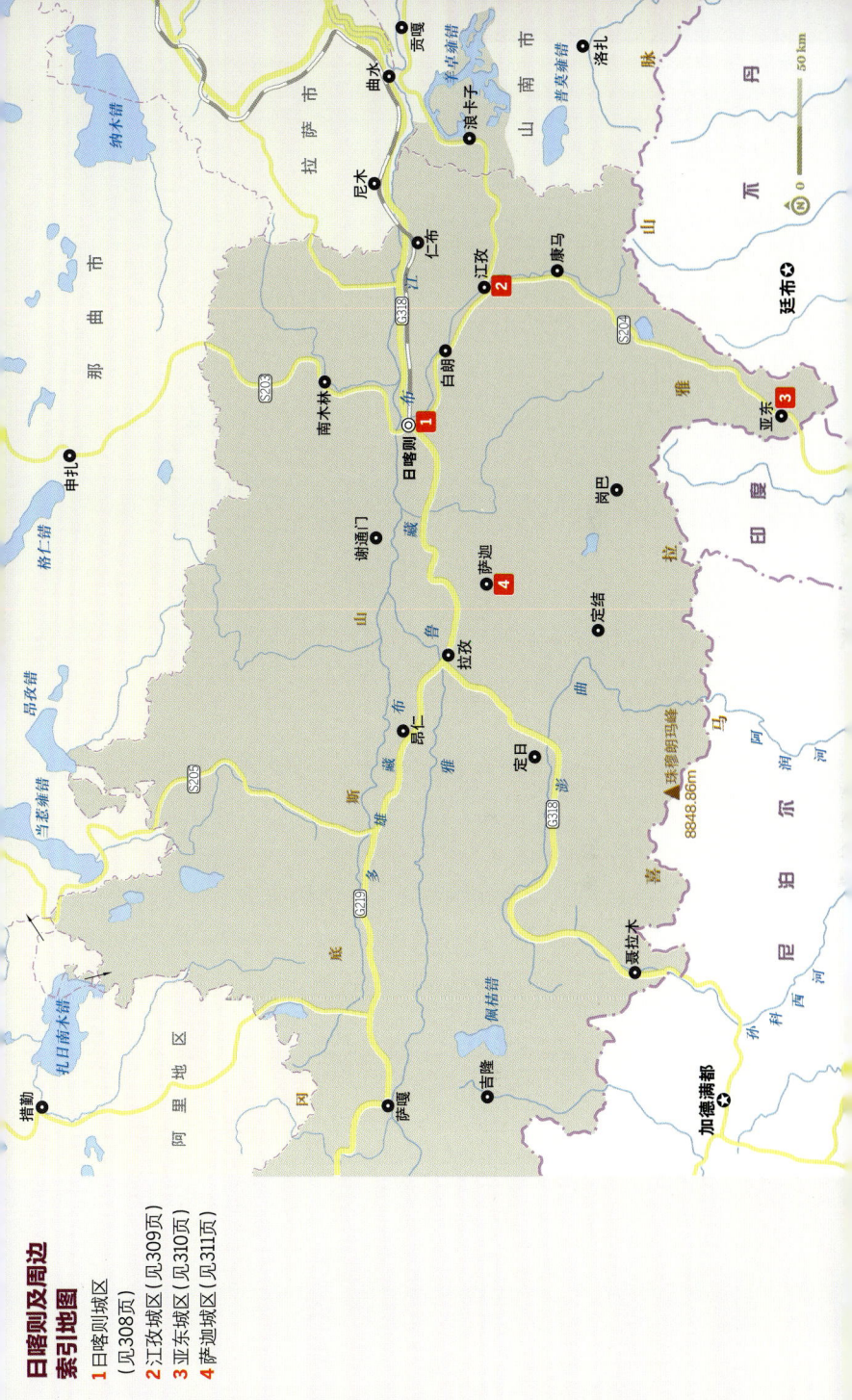

日喀则城区

◎ 重要景点
● 扎什伦布寺 .... (见254页) ... A3

◎ 景点 .... (见256页)
1 德庆格桑颇章 A4
2 桑珠孜宗堡 B1

🛏 住宿 .... (见257页)
3 次仁青年旅舍 A4
4 美旅宾馆 B2
5 平措康桑青年旅舍 A4
6 乔穆朗宗酒店 C3

❌ 就餐 .... (见258页)
7 丰盛藏餐 A2
8 老陕饭庄 B2
9 颂赞餐厅 B2
10 吾尔朵藏餐 D4
11 小胖子川菜 C2

🛈 实用信息 .... (见261页)
12 铭医楼综合门诊部 C2
13 日喀则边防支队便民签证点 B3
14 日喀则市人民医院 C2
15 日喀则市邮政局 B3

🚌 到达和离开 .... (见261页)
火车票代售处 .... (见6)
16 汽车总站售票中心 C3
17 日喀则汽车总站 E2

江孜城区

江孜城区

◎ 景点	（见271页）
1 白居寺	A1
2 宗山古堡	B3

🛏 住宿	（见275页）
3 明湖饭店	C4
4 雅迪花园酒店	B3
5 阳光商务宾馆	B5

⊗ 就餐	（见275页）
6 东乡手抓	B5
7 江孜厨房	B5
8 如玉包子店	B4

ⓘ 交通	（见276页）
9 江孜汽车站	B5

亚东城区

食宿	（见279页）
1 巴蜀风饭店	E4
2 红程宾馆	D4
3 吉祥宾馆	C1
4 隆鑫宾馆	D4
5 亚东印象大酒店	C4

实用信息	（见280页）
6 亚东县邮政局	E4
7 中国银行（亚东支行）	E4

交通	（见280页）
8 亚东县汽车站	D1

萨迦城区

◎ 景点 (见281页)
1 萨迦寺 C2

🛏 食宿 (见283页)
2 鲁娃娃家庭旅馆 E1
3 善久农民家庭旅馆 E1
4 神湖萨迦宾馆 D1

ℹ 实用信息 (见284页)
5 萨迦县人民医院 A3
6 萨迦县邮政局 D3
7 萨迦旭康大药房 E2

🚍 交通 (见284页)
8 萨迦汽车站 A3

在路上
本书作者 范佳奥

刚走出塔尔钦,一只流浪狗就加入了我们的转山队伍。我们给它取了名字,然后共同经历冈仁波齐转山路上的壮丽与辛苦。抵达终点时,它一下子就不见了,想象中的道别方式都没有用上。愿它此生圆满,来世吉祥。

进一步了解我们的作者,见422页。

在路上
本书作者 王郢

从普兰到科迦寺,5岁的卓嘎带我去收青稞、转寺院;从古格王国下的札布让村沿象泉河向西,绕过一道弯,静美的岗孜村就出现在眼前,我亦有幸走进山崖上的老洞窟。

进一步了解我们的作者,见423页。

阿里的公路、土林和雪山。

阿里及周边

阿里及周边

比大还大,当然可以用来形容阿里。曾经生活在阿里的古象雄王朝视金翅大鹏鸟为图腾,也许因为他们相信只有骑上这扶摇万里的鸟儿才能飞跃这片广袤无垠的土地。这片地区的面积相当于3个浙江、5个宁夏;从首府狮泉河到拉萨的距离直逼京杭大运河的长度。

南侧的219国道和北方的301省道形成了一个环线,多数旅者可以沿着它巡游阿里。冈仁波齐和玛旁雍错是最神圣的门户,接下来迎接你的是札达土林的地质奇观和古格王朝的恢宏宫殿。在首府狮泉河修整一番,考虑是不是途经班公错进入新疆,或是向东折返,穿越遍布湖泊的羌塘,体验迷人又危险的大北线。

在这里旅行,你要把气候的险恶、交通的不便、食宿的艰苦看作是现代化之外的另一种体验。克服了身体的障碍,才能收获一场心灵之旅。

☑ 精彩呈现

冈仁波齐	330
玛旁雍错	330
古格	342
皮央东嘎	345
狮泉河镇	346
当惹雍错	354

交通

➡ 这也许是中国公共交通最落后的地区,同时也是路费最昂贵的地方。循着南边的219国道和北线的301省道,为数不多的班车(通常没有固定班次)和当地便车可以带你到达主要城镇,但更加深入地探索就要靠自己想办法了。在阿里,自驾车或包车无论从可玩性还是经济性上来说,都是最佳选择。从拉萨出发,3~4人合乘越野车,15天的阿里大环线报价普遍在8000~10000元/人。

阿里及周边 315

★阿里及周边亮点（见318页）
① 神山圣湖　② 古格王国遗址　③ 狂野大北线　④ 穹窿银城　⑤ 皮央东嘎

食宿

➡ 近年来，阿里的住宿条件已大有改善，在塔尔钦、札达等热门旅游地，甚至能住到精品酒店。一般的县镇酒店或旅馆，也能洗澡。当惹雍错等美景之地蓬勃兴起的藏式家庭旅馆更是让人惊喜。不过，带上一条轻便的羽绒睡袋，在特殊条件下还是能让你舒服不少。

➡ 川菜几乎垄断了阿里的餐饮业，饺子等北方风味美食也在增多。需要提醒的是，这里的食物几乎都经过了长时间的运输和贮藏，因此应尽量避免吃生冷食物。

危险和麻烦

➡ 荒凉之地总是令人畏惧。在阿里，你当然需要打起精神。首先，动辄5000多米的海拔，对任何人来说都是考验，应放松心态，不要剧烈运动，出现不适请及时就医。不建议孤身搭车或从事户外活动，在手机信号无法覆盖的地区要提前向亲友汇报行踪。自驾者应具备丰富的经验，遇险无法脱困时，尽快联系110协助。夜晚不要将自己暴露在旷野中——这正是大型动物觅食的时间。

古格遗址的残垣断壁。

🔍 当地人推荐
失落的古格王国

张建林，陕西省考古研究院研究员，1985年参与古格王国遗址考察。

古格王国遗址从什么时候开始引起关注？

1912年，英国人麦克沃斯·杨到过古格，这是目前所知最早的考察。20世纪30年代，意大利藏学家G.杜齐在考察古格之后，出版的《穿越喜马拉雅》引起世界藏学界的关注。1957年，中央新闻电影制片厂拍摄了一部关于古格王国的纪录片，文物和考古专家据此上报申请，古格遗址因此在1961年成为第一批全国重点文物保护单位。

1985年的古格是什么样？

当年红殿和白殿的外墙都是土色的，顶上的女儿墙残毁，大殿的天窗进的雨水破坏了部分壁画。山坡上、石道旁比比皆是遗弃的箭杆、铠甲残片、破碎的藤编盾牌。到处都是一堆堆的卵石和大量的线刻玛尼石。洞窟式民居、宫殿、寺庙多数已成废墟，遍地都是战争留下的狼藉。

古格考古有什么大发现？

早期古格的文献资料较多，中晚期，尤其是1624~1630年的历史，汉藏文记录都很少。1985年对古格进行了细致的梳理，首次发现葡萄牙文圣经面具，确认了古格的灭亡与天主教引发的战争相关，这一发现在全世界的藏学古格王国遗址。

CFP 提供

界引起了巨大轰动。

古格曾是怎样的王国？

古格王国从10世纪至16世纪不断扩建,依山叠砌,从地面到山顶高度达300米。内有四通八达的地道,外有坚实的城墙,犹如铜墙铁壁。通过1985年的考察,古格故城第一次有了精确的统计:房屋(含殿堂)445座,窑洞879孔,碉堡遗迹58座,佛塔或残塔遗迹28座,塔墙1道,防卫墙10道,隧道或暗道4条。

请推荐与古格相关的书。

考古研究有《古格故城》考古报告,对考古随笔有兴趣的可以看《荒原古堡》,古格壁画在于小冬的《藏传佛教绘画史》中有详细的解读,文学随笔推荐两位女作家的作品:马丽华的《西行阿里》和巴荒的《阳光与荒原的诱惑》。

当地人推荐 317

✅ 不要错过

◉ 最佳体验

➡ **在直热普寺看冈仁波齐北壁** 在冈仁波齐转山途中,明亮的月夜,透过寺顶法轮仰望北壁,莫可名状的震撼让你终生难忘。(见330页)

➡ **班公错过林卡** 阿里荒野中也有惬意的时刻。打一壶酥油茶,切一斤牦牛肉,约三五知己到班公错畔的草坪上晒一下午吧。(见350页)

➡ **大北线自驾** 尘土、落日、野生动物……驰骋在无尽的天与地之间,你看过的所有公路电影、乡谣音乐一下子情景再现。(见353页)

🛏 最佳住宿

➡ **札达土林城堡酒店** 城堡的外观下,温馨舒适,抬头就能望见壮观的土林。(见339页)

➡ **班公错畔黑帐篷** 蔚蓝湖水之滨,以绿色草坪为地。卧具干净的8人黑帐篷,每人只需25元。骑者更可免费住宿。(见350页)

➡ **文布南村望湖宾馆** 藏式家庭旅馆,恰如其名,宽大的落地窗外便是景色令人窒息的当惹雍错。(见356页)

🍴 最佳餐饮

➡ **普兰凯拉斯咖啡餐吧** 极具异域风情的选择,提供阿里风味餐点和尼泊尔餐,还有突如其来的即兴歌舞。(见328页)

➡ **札达川粤饭庄** 四川夫妻的店,他们的南粤味觉让人感动。(见340页)

阿里及周边亮点

❶ 神山圣湖

单讲"颜值",它们已经足够惊艳:花瓣形的群峰簇拥着终年披雪的山巅,蔚蓝的湖水上是寺庙和雪山构成的天际线。而在信徒眼中,冈仁波齐无疑是宇宙中心;孕育多条大河的玛旁雍错更是生命之源——阿里这一山一湖连接起藏地和南亚次大陆的地缘与信仰,承载着太多的灵性意味。只要身体允许,就去转山转湖吧。迈开脚步之时,已生敬畏之心。

❷ 古格王国遗址

古格王朝用700多年的时间在阿里的西南一隅、方圆百公里内创造了一方文明,又用300多年的时光沉淀华彩,斑驳了壁画,倒掉了殿堂与佛塔,蚕食了王城和象泉河两岸洞窟里的生活痕迹。曾经的皇家寺院托林寺也早已融入托林小镇,野生动物却依然在札达土林里繁衍生息。穿越层层叠叠的土林,眺望南方的雪山,开始一次故城神游吧。

❸ 狂野大北线

南方的河谷与北方的空地组成了完整的阿里。从狮泉河向东,你就进入了中国最荒凉的地区。天地背景之下,藏野驴、藏羚羊、野牦牛、黑颈鹤……"万类霜天竞自由",你会惊讶地发现自己不过是众多生命中渺小的一员。扎日南木错、当惹雍错、色林错……接踵而至的澄明湖泊是大地上的宝石,日出日落间,幻化出这世界最本真的色彩。

❹ 穹窿银城

虽然学界对于穹窿银城的具体所在地还有争议,但这并不妨碍旅行者从门士乡一路向

(左图)冈仁波齐和拉昂错。
(上图)冈仁波齐转山的藏族人。

南,深入这片古象雄故都。象泉河畔,卡尔东遗址肃然屹立,阿里唯一的苯教寺庙古如江寺藏着太多秘密等待被揭开。如果你不想如此沉重,半路上还有天然温泉可泡呢!

❺ 皮央东嘎

千里奔赴札达再一路颠簸来到土林深处的东嘎村和皮央村,人们所期待的正是一幅幅壁画的视觉奖赏。紧锁的大门开启,四壁及至穹顶的矿物色彩呈现出优雅的蓝色调,还有华美的金丝镶边、粗放流畅的笔法、端庄的佛像、起舞的飞天,沉浸其中,你也许会感觉到一种有如醉后的微醺。

2

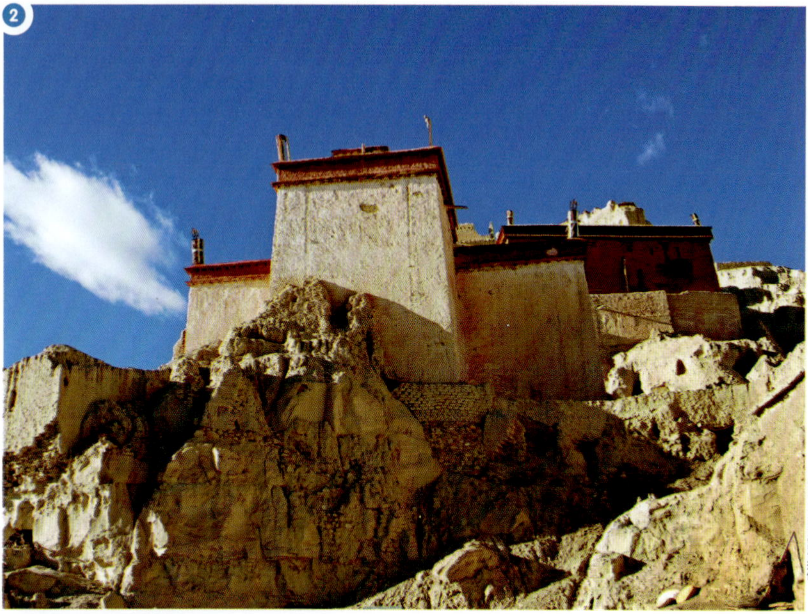

GETTY IMAGES 提供

古格遗址的红殿和白殿。

奔跑在聂尔错的藏野驴。

3

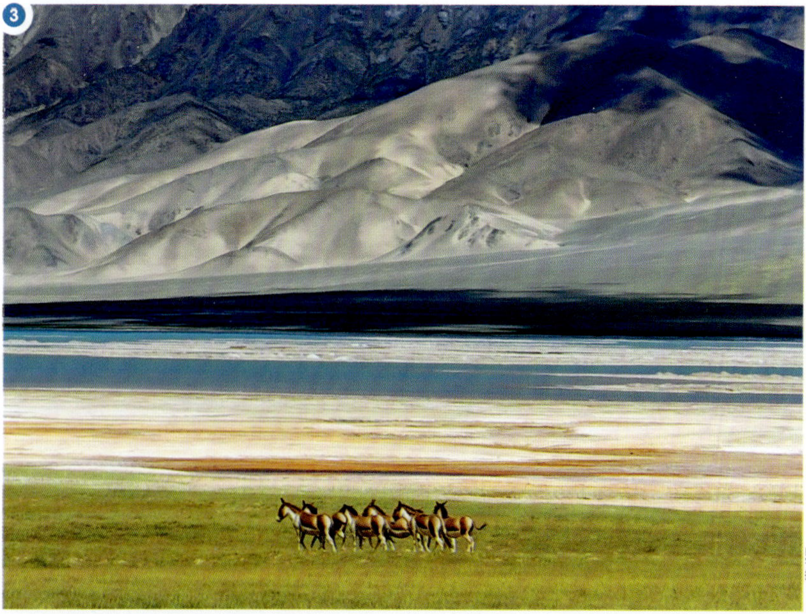

白宇 摄

穹窿银城。

东嘎壁画穹顶。

皮央壁画。

★ 最佳景点
古格王国遗址

这是考古学家最期待能有所发现的地区,古格王朝昌盛和消亡的秘密藏于断壁残垣之间。从札达县城沿着象泉河一路向西,曾经的古格王国被左右两道深深的峡谷从中间托起,虽已残缺不全,却以孤傲的姿态绝世而立。依山叠砌的故城遗址底部为民居,中部为寺庙,最高处为王宫,地面到山顶的高度达300米。彼时,内有四通八达的地道,外有坚实的城墙,犹如铜墙铁壁。如此坚固的古格却在鼎盛时期突然消逝,数万古格人不知所踪。如今的故城遗址房屋都已坍塌,寺庙佛塔多半倾圮,只有一组保存比较好的建筑,从其中的壁画中还能一窥古格往日的盛世荣光。

见336页地图;札达县向西18公里;门票65元,观光车20元往返,讲解费10人以下100元,超过10人10元/人;◎9:00-19:00;交通:从札达包车往返200元,详见342页。

古格王宫。

拉康嘎布

当完整保存着15世纪壁画的拉康嘎布(白殿)被缓缓打开,你眼前的空间变得庄严而又绚烂。泥塑的主尊替代了绘画的主尊,背景以十方诸佛、度母天神等小型佛像为主。在诸多相似的造型中,也许你能读出古格风格的典型特征:弧线眉、长眼、细腰、四肢较长、手足较小,以及尼泊尔风格的卷草背光和脸形,还有克什米尔式的莲座。内墙大门入口上的一组《四季神和五福神》,蓝色的天空主控画面明亮的冷色调,另一组夜半逾城的故事有如西方印象派大师笔下的色彩,是大师们的神来之笔。讲解员会提醒你留意大殿里的天花板和柱头的雕像,它们有着与11世纪克什米尔和巴米扬风格相似的莲花状圆形构图。曾经的三尊泥塑只剩下残件摆在基座上,虔诚的信徒还是会以叩拜表达敬意。

拉康玛布

玛布意为红色,大殿外墙亦为红色,故称

为红殿。16世纪前后的壁画以红色为主调,如古格时期的王者风范与皇家气派再现,主尊是一幅幅巨大的佛、菩萨、佛母、金刚,主尊之上有高僧大德,之下是佛传故事、供养人、诸法宝、佛塔和历史故事,这些构图与造型是你了解藏传佛教寺院壁画的直观教材。东壁的主尊为白度母,在下部的长幅礼佛图上,400多年前的国王、后妃、群臣和信众鲜活地站在你的面前。两侧的壁画绘有佛祖的故事。天花板的图案比白殿增加了单独纹样和人物。原来的两尊彩泥塑佛身已毁,两座藏经塔中的噶当塔是阿底峡尊者从印度带过来的佛塔样式。

度母殿和杰吉拉康

度母殿是古格最年轻的大殿,绘有阿底峡尊者、八大药师和宗喀巴大师等像的壁画完成于16世纪,相对简单。最后一座殿是格鲁派的杰吉拉康(大威德殿),这座小殿的建造年代在红殿与白殿之后。殿内的大威德金刚像早已无存,壁画的主尊较小,佛与众僧构成壁画

亮点速览

➡ **观景台** 位于停车场边上,是拍摄古格全景和日出最经典的角度(见342页方框)。

➡ **王宫** 位于最高处,可将土林与象泉河谷尽收眼底。

➡ **藏历六月初四烧香节** 当地百姓在大殿供酥油灯,晚上于山下的扎布村跳锅庄。

➡ **巴桑次仁** 古格最好的讲解员。

的主体,浓重的暗色调,深蓝衬托暗红与赤金搭配在一起,有如金属一般的质感。密集金刚为主尊之一,与江孜的风格接近。走出大威德殿,讲解员会为你指明去往山顶唯一的路,并且提醒你沿途需要注意之处。

普兰

即使没听过普兰,也该知道冈仁波齐和玛旁雍错的大名。当你透过车窗看到一片静谧的湖水,白色的山峰于群山之后悄然兀立,可能会有些恍惚:它们是如此远,又如此近。

9世纪,最后一代吐蕃王国的后裔从拉萨一路向西逃到阿里,他的子孙建立了普兰、古格和拉达克三个小王朝。普兰王国最终被强大的古格王国吞并,步入古格文化的轨道,古宫和科迦寺正是曾经普兰王国的见证。

多数背包客会选择转神山,然后在吉吾寺眺望一下圣湖,便西行而去。事实上,普兰小镇周边也很值得花点时间游览,神山圣湖自有灵性显得大气,而普兰的乡村、古寺与原野恰是阿里的诗意所在。

普兰县

电话区号 0897 海拔 3900米

进入普兰县城好像来到了异域之邦。早在500多年前,尼泊尔就有人翻过斜尔瓦边境口岸到普兰做生意。以前他们居住在达拉喀城堡,那里甚至被称为尼泊尔大厦,达拉喀城堡周边也是原来的老县城所在地。新县城沿孔雀河谷形成两条东西方向的主街,街边栽着在阿里难得一见的大树,两个小时之内你就能走遍全县城。有几座古寺在县城周边,著名的科迦寺在向东18公里外,雪山、山峦、孔雀河谷地和藏式村庄在这里形成了一道壮观的梯级景观。

◎ 景点

贡布日寺(古宫) 寺庙

(见325页地图;老县城遗址过东风桥;8:30~16:30)免费 寺院依山崖而建,有楼台悬空伸出,又称为悬空寺。八大藏戏中有一部《诺桑王子》,故事中仙女拉姆飞升的传说就发生在这里。攀爬笔直的木楼梯上到悬空的露台,露台有一圈彩色木栏杆,面对滚滚东流的孔雀河,背依陡崖。

普兰县城全貌。

古宫是阿里地区现存不多的直贡噶举派的寺庙，由于屡遭破坏，现在只剩下六间房子，经堂里保存有完整的壁画，记载着普兰王与古格王的故事。还有一处关于直贡梯寺全景的壁画，为全藏区所罕见。外观为1985年重修的。

在进入县城前有指向寺院的路标，驾车10分钟可到寺院门口，从县城徒步到这里约40分钟。

贤柏林寺 寺庙

（见本页地图；老县城遗址过东风桥沿路向上至山顶；⊙9:00~16:30）免费 贤柏林寺是17世纪末西藏和拉达克战争结束后，在普兰境内创建的第一座格鲁派寺庙，曾是阿里地区规模最大的寺院，可惜在"文革"时损毁。远远能看到建筑的高墙，到山顶才发现已是废墟一片，只有一座新修的大殿色彩明艳，还有四五位僧人常住于此。站在废墟上，一侧能俯瞰孔雀河谷中的普兰县城，另一侧隔着深谷，能看到对面山岩上的众多洞窟，传说那一带曾住过2500位后妃。

普兰

贤柏林寺在古宫的正上方山顶，从古宫走到这里约1.5小时。自驾车可由古宫直达贤柏林寺。从县城租车往返这两座寺院需议价，150元左右。徒步往返全程约3小时。

细德寺 寺庙

（细德村；⊙9:00~16:30）免费 在县城隔着孔雀河可以看到山顶上的细德寺和山下的典型普兰村庄，激发旅行者的观赏欲望。细德寺曾有集会殿、护法殿、僧舍、大藏经殿，多毁于"文革"，在1989年修复，旧迹几乎无存，却是俯瞰河谷和县城的佳处。距细德村1公里路边的观音碑，多数学者认为是10世纪以前的作品，碑的正面有一尊观音菩萨浮雕立像，菩萨像通高175厘米，碑的两侧阴刻乌金体古藏文。

自驾车从县城出发8公里全程柏油路到细德村。徒步单程需要1.5小时以上。

科迦寺 寺庙

（科迦村；门票30元；⊙8:30~17:00）又偏远又小巧，科迦寺能在2001年成为全国重点文物保护单位，就是因其作为古格时期的代表作之一，至今依然保存完整。

据藏文文献记载，10世纪末古格王室建

如果你有

➡ **7天** 从拉萨出发，驱车两天到达神山圣湖。之后用两天转山，一天看湖，再到普兰口岸观光休整。最后前往札达，寻访古格王朝遗址，在首府狮泉河结束旅程。

➡ **15天** 前往阿里的路上慢慢走，逛逛日喀则，再看看珠峰。花三四天时间虔诚拜谒冈仁波齐和玛旁雍错，之后到穹窿银城拜访古象雄王国的遗迹。接下来前往札达土林和古格王朝遗址，不要错过偏远而精彩的皮央东嘎壁画。到狮泉河休整两天，顺便去班公错过个林卡。踏上大北线的返程之旅，邂逅羌塘草原上的野生动物。

科迦寺。

托林寺和科迦寺。如今在科迦寺看到的觉康和嘎加拉康就是那一时期建的,觉康主供银质的文殊菩萨像、金刚持和观世音菩萨像,称为科迦寺三至尊或三觉卧。藏传佛教的信仰者相信,如果三天内能见到拉萨大昭寺的释迦牟尼佛像、吉隆帕巴寺的瓦帝桑布佛像以及科迦寺的文殊菩萨像则代表功德无量,最终脱出轮回,荣登极乐。所以也就有了到普兰没到过科迦寺朝拜三至尊等于没到过普兰的说法。现在所看到的这三尊佛像是修缮过的。

正对着门的两层大殿是**嘎加拉康**,也称为百柱殿。大殿有三重门,第三道门两侧的木雕已被玻璃罩起,这些雕刻为上千年前的原作,讲述的是佛祖释迦牟尼生前和成佛的全过程。作者调研期间,大殿还在维修中,大殿内围绕着主殿南面有**十方佛大殿**,西南面有藏传佛教前宏期翻译的《甘珠尔》,西面有弥勒大殿,西北面有护法殿,在这几个小殿内你能看到不同时期的壁画。

依照传统,每年藏历六月初四,科迦寺会举行法会,也会有尼泊尔信众参加,寺中收藏的历代唐卡此时也才得以一见。

从普兰县城向东,自驾车沿着孔雀河北岸唯一的公路,行驶18公里约30分钟到达科迦寺。租车当天往返县城要价是200元,找人拼车并不容易;徒步要走5~6小时;路上搭车的成功率很高。

节日和活动

普兰年　　　　　　　　　　　　　　　新年

每年的藏历十一月初一是普兰县城的新年,届时难得一见的普兰民族盛装与歌舞表演都会隆重出场。普兰新年的仪式、内容与藏历年的大致相同,这一天也是每家驱鬼的日子。初一只是家人互相拜年,初三才有集体活动,并举行赛马会。

藏历十二月初一是普兰霍尔乡牧区的羌塘年,当地称为牧区年。阿里地区的日土、革吉和改则等牧区也过牧区年,习俗与普兰年大致一样，只是牧区的盛装与普兰县城的又不同，按照习俗，初三这天会有赛马会。

🛏 住宿

在普兰县城，200元左右的标间很容易找到，最便宜的是60元的床位，但不容易找到。因为是边境城镇，普兰有涉外酒店。每年11月底到次年4月初，多数酒店会关门歇业。

喜玛拉雅普兰酒店　　　　　精品酒店¥¥¥

(📞260 3181, 139 0898 8355；陕西路；标双580元；❄☀P)县城最大的酒店，大堂大到有点空旷。每一间客房的窗外都是风景，铺着消声地毯的房间有独立网线。藏式风格体现在装饰的细节上，床头和卫生间的洗漱台下的藏式木柜有漂亮的彩绘，房间和走廊挂着与阿里相关的摄影作品。鉴于普兰县城的水质不佳，酒店打了深水井供日常用水。前台能免费存包。

迎宾馆　　　　　　　　　　　　酒店¥¥

(📞260 3266；迎宾路1号；标双220元；📶P)普兰县城较早、硬件设施比较好的宾馆，一进入县城就能看到。重新装修不久，干净、宽敞且实用，提供暖气的房间在高寒地区让人感觉很舒适。

金延安宾馆　　　　　　　　　　酒店¥¥

(📞260 2959, 138 0915 7405；贡嘎路2号；标双220元；📶P)在县城中心区域，大门口绿树掩映，这在高原堪称是难得的景致。大堂专设的接待室像是老单位的门卫室，隔着玻璃窗办理入住别有一番怀旧情调。二楼长长的走廊一侧是大玻璃窗，白天可眺望连绵远山，夜晚能观星空。

百兴宾馆　　　　　　　　　　　酒店¥

(📞260 2980；贡嘎路百兴超市楼上；普双120；📶)所有客房都在二楼，楼梯比较陡，房间小，也比较干净。配有电视、公用卫浴，价格和环境适合年轻的背包客。

从普兰县城徒步去科迦寺

对于背包客来说，从普兰县城到科迦寺只能拼车或搭车，找到拼车的同伴并不容易，不妨来一次18公里、单程5个小时左右的徒步。

从县城到科迦村只有一条路，途经两个村庄，你不会有走错的机会，每向前走1公里都会见到207省道的公里碑。它们给你带来鼓励的同时，也提示你控制自己的时间和节奏。

出县城半个小时之后到甲庆村，路边的小佛堂前，会有转经的老人邀请你坐一下。出村沿孔雀河向前，你能看到对岸山顶上的细德寺。约两个半小时后转过一道弯，静美的岗叔村就出现在眼前。村西边的山崖上遗留有很多老洞窟。继续向前上一段不算陡的坡，然后一路向下，河谷更加开阔。约1.5小时后站在路的转弯处，科迦村便出现在山坡下的正前方。公路继续在连片的青稞田中下行，再走约40分钟，你就可以开心地走进科迦村了。进村就能看到科迦寺的围墙，向左沿围墙顺时针就转到了科迦寺的大门。

建议你在这里住一晚，科迦寺对面有三四家小茶馆能提供简单的食宿，还能与来自不同地域的朝拜者不期而遇。第二天在寺院外，很容易搭车返回普兰县城。

科迦村孔雀饭馆　　　　　　　　客栈¥

(📞136 2897 8370；科迦寺大门正对面；铺15元；P)科迦寺周边有几家茶馆都提供住宿，孔雀饭馆在寺院的正对面，旁边是派出所。在这里，你可以和来朝拜的尼泊尔人、身着不同地区服饰的藏族人坐在一起聊聊天——当然更多的是用肢体语言。客房在二楼，房间较新，室内陈设极简单，双人间和四人间价格高点（20元）。厕所在小巷子里，

🍴 就餐

普兰的主要餐馆都在贡嘎路一带,也就是主街这条路。靠近207省道入城口的主街两侧有十几家以川菜为主的餐馆,边贸市场周边多为清真餐厅,小的藏餐馆或茶馆有藏面和甜茶,也有装修很正规的藏餐馆,藏餐也经过了适度的改良。10月底至次年3月底,很多餐厅会停业。

渝翁渔府　　　　　　　火锅¥¥

(📞136 0897 5627;德吉路武装部对面;人均60元;⊙10:30~23:30)当地人推荐的鱼火锅,鱼有多种选择,辣也分级别,地道的重庆口味,总之是辣。餐馆在二楼,空间不大还隔出了几个小包间,略嫌拥挤。老板和店员热情爽快,气氛很欢乐。饭点有时需要等位。

东北饺子城　　　　　　东北菜¥

(📞139 8997 8799;贡嘎路税务局;人均40元;⊙8:00~23:00)手工水饺主打的是韭菜鸡蛋素馅和韭菜肉馅,还有酸菜肉馅,25元一份的饺子有25个,足够一个成人吃。除了饺子,还有小鸡炖蘑菇(100元)和酱骨头(80元)。早上8点开始供应早餐,有馅饼和粥,是县城为数不多提供早餐的餐馆。

凯拉斯咖啡餐吧　　　藏餐、尼泊尔餐¥¥

(📞136 5897 0128;贡嘎路普兰宾馆四楼;人均50元;⊙9:00~24:00)海拔3700多米爬上四楼会有点晕,不大的空间却有浓郁的藏式格调。"老人耳朵"是阿里特色,用大块羊肉炖面片汤,大份360元够4人吃,2个人可点小份(268元)。除了尼泊尔咖喱套餐(25元),藏式肉包子(1元一个)配牛肉汤(30元)也很适合独自旅行的背包客。热情的藏族服务员会不时过来劝酒、劝茶,可能还会唱一首祝酒的歌。午后有咖啡和冰激凌。

🔒 购物

尼泊尔商品是普兰购物的首选,甚至可以作为到普兰县城的理由之一。普兰的包银木碗在藏地颇有盛名,木碗用纯银包边,分为女士用的小碗和男士用的大碗,还有一种节日里迎送宾客用的大碗,称为"泱子",直径在15厘米以上。根据木头的质量、用料和银饰的花纹,价格从几百元到几万元不等,普通不包银的木碗几十元。除了木碗,普兰还有另外两种出名的特产:一种是很辣的小米辣椒"籽渣嘎";还有一种是细德村出产的白色糌粑,这种糌粑为本地独有,据说有一定的药用功效,可惜产量不多不容易买到。

中国西藏普兰边贸市场　　　　市场

(贡嘎路东段近人民路;⊙9:00~18:30)大门进去是一个大院,两侧有几十家同等大小的简易店面,店铺中央堆着货,开店的尼泊尔人都能讲简单汉语。市场里的高端精品并不算多,旅游纪念品比拉萨卖得便宜。铜雕花瓶、羊毛手工大披肩、彩色小铜碗、棉布和手工织布,尼泊尔式的花毛衣和毛帽子,印度产喜马拉雅(Himalaya)牌的草本化妆品,以及便宜又好用的润唇膏(10元左右),都很适合作为回乡小礼物。

ℹ️ 实用信息

危险和麻烦

普兰海拔3900米,虽然这已经是相对舒服的海拔,但还是要提防高原反应,尤其是要预防感冒,感觉发烧或是呼吸不畅时应立即就医。在医生的建议下及早返回拉萨然后迅速下撤到平原,最快的离开方式是到达狮泉河乘飞机离开。

从普兰去周边比较麻烦,租车也很困难。在偏远的西部,遇事要随机应变,多问几个人再得出结论。普兰县城的水质据说达不到直接饮用的级别,尽量买矿泉水喝。

医疗服务

贡嘎路上有药店,有便携的氧气出售。卫生服务中心24小时有值班医生。

普兰卫生服务中心(260 3184;人民路)

邮局

普兰县邮政局(嘎路中段;夏季10:00~13:00,14:30~17:00;冬季 10:30~13:30,16:00~18:30;节假日 12:00~15:00)

银行

农业银行(贡嘎路;夏季10:00~13:00,16:00~19:00;冬季10:30~13:30,16:00~18:30)有ATM机,周末不办理业务。

❶ 到达和离开

普兰没有长途汽车站,班车均从县**交通运输局**(189 8999 8962;贡嘎路25号附4号)门口到达和离开,在这里可以买到拉萨和阿里首府狮泉河的车票。

去神山冈仁波齐下的塔尔钦镇和圣湖玛旁雍错有短途中巴,发车时间要视出行人数而定。

❶ 当地交通

普兰县城内没有公共交通,出行很不方便,正因为这样,在当地搭车相对容易一些。会有私家车在边贸市场附近揽客,普兰到科迦寺18公里,租车往返要200元。到最近的古宫约4公里,租车约150元,徒步往返不难,只是需要时间和体能。

普兰尼泊尔商店(贡嘎路25号附3号;139 9807 5559)可以预订去冈仁波齐和玛旁雍错的班车,时间要视出行人数而定,不是每天都有,行程为一天往返。

塔尔钦

电话区号 0897 海拔 4700米

站在主街向北仰望,庄严而宁静的神山仿佛近在咫尺——据守神山南大门的塔尔钦就这样责无旁贷地成了冈仁波齐转山的大本营。彩色冲锋衣、藏式华服、印度纱丽……形形色色的朝圣者汇聚于此,一年中的多数时候,小小的镇子都不寂寞。近年来,这里的交通食宿都有很大改善,因此就算身体不足以支撑你完成转山,至少也可以到塔尔钦住上一晚,近距离瞻仰神山,一并感受信仰的力量——况且,不进山者还免收门票呢。

❶ 神山圣湖门票

我们调研时,神山圣湖并无联票出售,各自价格均为150元/人,藏族信众免票。冈仁波齐神山景区的售票处位于通往塔尔钦的公路入口,新建成的接待中心里除了出售门票还经营观光车路线(60元/人),该路线只往返于接待中心和神山西南角的大经幡,实在有些隔靴搔痒。玛旁雍错圣湖景区的售票处在霍尔乡以东的湖北岸,主要限制湖东岸及相关景点的通行,经圣湖西岸去往普兰县则不需门票。 ⓒ

✖ 食宿

塔尔钦的宾馆饭店集中在正对神山的主街上,从藏家旅馆到四星酒店应有尽有。**岗钦宾馆**(139 8997 1123, 189 8997 5997;铺70元,标双240元;❄ ⓦ ⓟ)在镇南端农业银行对面。这家藏式旅馆拥有难得的青旅氛围,带有透明屋顶的院子里阳光充沛、花草繁茂,还有舒适的公共空间供旅行者休憩和交流。**三峡宾馆**(189 0897 4788, 266 0935;铺60元,标双260元;❄ ⓦ ⓟ)是干净实惠的选择,四川老板左右逢源,价格很好商量。院子里提供水管供人自助洗车。如果你吃够了川菜,这里有几家东北饺子馆帮你换换口味,饺子大约1元/个,80元左右的大骨头炖酸菜够两三个人吃了。

❶ 到达和离开

往返于普兰和塔尔钦的班车每天12:00从普兰出发,17:00从塔尔钦返回普兰,单程2小时。

往返于拉萨和狮泉河的对开班车都在塔尔钦短暂停靠，你需要致电车站（☏2828158）详询时刻以及预订座位。这里也有一些私人营运的班车，在饭店宾馆的外墙上很容易找到他们的线路和电话。

冈仁波齐

主峰海拔6656米

冈仁波齐峰——冈底斯山脉的第二高峰。金字塔式的峰顶四面对称，身披终年不化的积雪，周围环绕的小山高度相仿，如莲花宝座一般簇拥着主峰。山不在高，海拔6656米的它无疑是灵性汇聚之地，在佛教、印度教、苯教和耆那教教徒心中，这里就是神的居所和宇宙的中心。殊胜的地貌，引来无数宗教先贤来此探寻真理，他们的生平和智慧又成为滋润这片圣土的养料。如今当地依然流传着苯教大法师那若本琼和佛教大师米拉日巴斗法的故事，你也依然可以看到许多苯教徒沿逆时针方向朝拜神山，还会与迎面而来的佛教徒友好地打招呼。

即使你只是个普通的旅行者，仰望冈仁波齐也足以让你心生敬畏。千百年来，环绕神山的50余公里转经道上，虔诚的信徒络绎不绝，历史、神话、信仰、哲学早已彼此交融。对旅行者来说，神山之旅注定是一次心灵体验，光用眼睛可远远不够。

玛旁雍错

海拔4588米

（门票150元）在普兰以北、冈仁波齐峰和纳木那尼峰之间，玛旁雍错和拉昂错像是神山的一双眼睛，清澈深邃。作为马泉河、孔雀河、象泉河、狮泉河四条大河的源头，加上对称和谐的意象，人们自然对玛旁雍错和拉昂错生发出诸般玄妙的传说。"神湖"和"鬼湖"是当地人对它们的称呼。玛旁雍错是中国湖水透明度最高的淡水湖泊，而相隔3公里的拉昂错却是咸水湖；玛旁雍错常年清澈澄明、宁静安谧，而拉昂错却总是水色晦暗、恶浪迭起。在信徒心中，两座湖泊间就是生与

步行游览
冈仁波齐转山

起点：塔尔钦
终点：塔尔钦
距离：约52公里
需时：2～3天
最佳季节：5～10月
难度等级：中级

环绕神山的一周犹如一个圆满的轮回，你将有机会从各个角度瞻仰神山的容姿，造访沿途寺庙。路过的河谷山峦是野生动植物的乐园，不同信仰和地域的朝圣者更成为一路上最鲜活的风景。

在4500米以上的高海拔跋涉两到三

天,对多数人而言都不是一件轻松的事。你需要一双好鞋、一副登山杖、一些能量食品和应急药品,尽可能地轻装前进,但最重要的还是放松心态,过度紧张会影响睡眠,加剧高原反应。

步行时长参考

起始点	需时
塔尔钦—经幡区	2.5小时
经幡区—曲古寺	1.5小时
曲古寺—直热普寺	4小时
直热普寺—天葬台	2小时
天葬台—卓玛拉山口	1.5小时
卓玛拉山口—"不动地钉"	1小时
"不动地钉"—仲哲普寺	3.5小时
仲哲普寺—塔尔钦	4小时

第一天,❶塔尔钦—❷第一个朝拜点—❸经幡区—❹曲古寺—❺第二个朝拜点—❻马头明王雕像—❼印度朝圣者营地—❽直热普寺,20公里,约8小时。尽早出发,在**塔尔钦**吃好早饭。从镇北端的岔路口一路向西,在晨曦中穿过帝阔的巴嘎草原,望向南方,太阳已经为纳木那尼峰镀上了金边。大约4公里后,走上一个山脊,冈仁波齐的南坡出现在眼前,可以看到一个装饰着经幡的玛尼堆,这是线路上的**第一个朝拜点**。再走3公里左右,便到达坚立着高高旗杆的**经幡区**了,这里是萨嘎达瓦节的主要庆典场所,也是印度教徒下车开始步行的地方。试着从西侧的两腿佛塔下穿过——据说有罪的人无法通过。峡谷越➡

(左图)玛旁雍错和冈仁波齐。

沈鹏飞 摄

与冈仁波齐峰一样,玛旁雍错也是不同宗教信众"共享"的圣湖。早期的苯教徒将之命名为"玛垂错",在11世纪的一场佛苯之争后,佛教徒改称它为"玛旁雍错"(意为"不可战胜之湖");印度教徒称它为"玛纳斯湖",并认为在湖中沐浴并饮其水可以洗脱罪孽、走进天堂;而藏族佛教徒通常只步行或磕长头转湖祈福,并不下水。另外还有为数不多的苯教信徒依然按逆时针方向转湖。

对一般旅行者来说,转湖似乎没有转山那么具有吸引力。大多数人只在湖北岸的色热寺看看圣湖和纳木那尼雪峰的"合影",或是从普兰出发造访沿湖的科迦寺等寺庙。但也有意志坚定者甘愿和当地信徒一样忍受干燥、大风、尘土飞扬的公路以及较为枯燥的风景,花四天时间完成转湖。

◎ 景点

传说中,共有四大浴门环绕着玛旁雍错,朝圣者在此沐浴便能洗脱罪恶。对旅行者来说,更为直观的是湖畔的五座寺庙。它们既是当地藏传佛教信仰的寄居地,也是朝圣者和徒步旅行者休息的驿站。你可以挑一两间寺庙游览,或是驾车环湖逐个探访。

郎布纳寺　　　　　　　　　　寺庙

"朗布纳"在藏语中的意思是"大象鼻子",因为寺庙建在湖北岸的貌似大象鼻子的一个山坡上而得名。这里距湖边有一段距离,登高下望,红色的河滩、碧绿的湖水与远方的纳木那尼雪峰相映成趣,因此也成为摄影爱好者热衷造访的地方。寺庙后有一个用牛羊头骨堆砌而成的玛尼堆,壮观而狰狞。

从霍尔乡沿219国道向西15公里左右,跟随路标向南转向湖边方向,再行5公里就能到达这里。

色拉龙寺　　　　　　　　　　寺庙

兴建于18世纪的这座寺庙就在圣湖北岸,是直贡噶举派高僧贡觉久赞为纪念师父

← 走越窄,大约1小时后,就能到达一座横跨拉曲两岸的小桥,以及对岸高山上的**曲古寺**。这是一座创建于13世纪的噶举派寺庙,寺中的珍宝是一尊不到1米高、由大理石制作的曲古无量寿佛和一副象牙,它们分别来自印度和不丹。此外,当地人还相信,绕大殿行走13圈等于转山一圈。往返曲古寺大概需要1小时脚程。下山后,你会看到出售方便面和酥油茶的临时帐篷,不妨在此吃个"早午餐"再上路。沿拉曲东岸继续向北,行走在两侧红褐色的峭壁之间,海拔缓缓上升。留意右侧如莲花般的长寿三峰(分别代表着无量寿佛、白度母和尊胜佛母)。离开曲古寺6公里左右,冈仁波齐壮丽的西壁出现在眼前,挂满经幡的**第二个朝拜点**也就随之而来。再走30分钟,又一个帐篷茶馆到了,这里还有一尊**马头明王雕像**立在一块涂满酥油的石头上。之后的路转向东北,并有明显的上升坡度。好在离今天的终点直热普寺只有4公里了。如果一直行走在拉曲右岸,你会先经过**印度朝圣者营地**,然后过桥到达隔岸相望的**直热普寺**。通常人们到达这里为时尚早,有人会一鼓作气翻过卓玛拉山口,为第二天争取时间。但我们还是建议在直热普寺附近走走(见334页方框),并留宿一晚,因为这里拥有绝佳的位置,黄昏以及月光下震撼人心的冈仁波齐北壁的景色实在不容错过。直热普寺的本意为"牦牛洞",相传米拉日巴的弟子郭â巴在此修行时被一只牦牛吸引至此。我们调研时,这里正在经历大规模翻修。寺庙一层提供简陋的床铺(50元/人),下方河岸边条件稍好的旅店则要100元/人,这里还提供唯一的晚餐选择——方便面。

第二天,❽**直热普寺**—❾**雅鲁东康**—❿**卓玛拉山口**—⓫**"不动地钉"**—⓬**第三个朝拜点**—⓭**仲哲普寺**—⓮**第四个朝拜点**—❶**塔尔钦**,32公里,约12小时。如果你希望两天完成转山,那么第二天必须早起。披星

戴月走出直热普寺，再欣赏一下月光下令人屏息的北壁。接下来到卓玛拉山口的4小时路程是此行的最难点。跨过拉曲上的桥，沿着卓玛曲河谷一路上升，约1小时后**雅鲁东康**（海拔5210米）有一条向右的岔路，这里是通往空行母密道（内转经道）的小路，只有转山13圈以上的人才能走——出于安全，我们也不建议你走这条路。继续向上1小时左右，会到达**天葬台**，朝圣者们在此留下一件衣服或一缕头发，象征经历一次死亡，并在卓玛拉山口获得重生。此后的一段路平坦许多，抓紧时间休息调整，准备迎接最后1个小时陡峭的攀登。**卓玛拉山口**（海拔5630米）几乎被经幡覆盖，它的标志物**卓玛石**很难寻找。向南最后看一眼神山，抓紧下山吧。陡峭的下山路上，你能看到下方一汪小小的碧水托吉错，据说印度教徒会在冰冷的湖水中沐浴。下到平坦地带，可能会穿过一片雪地，再经过一段陡降，就下到神山东侧的峡谷中了。河边一块巨石被认为是佛的脚印，也称**"不动地钉"**。走过小桥，有一片帐篷供人休息。喝杯酥油茶，踏上平坦却有点枯燥的返程之路。40分钟后，会经过空行母密道的出口，你将有最后一次机会看到神山的东壁，**第三个朝拜点**也在这里。再走2个小时就能到达**仲哲普寺**。寺庙的名字源自其中的"神迹洞"，米拉日巴和那若本琼斗法的遗迹至今可见，参观这个昏暗小洞，最好带个手电，可以让僧人告诉你哪个是米拉日巴留下的手印。很多计划3天完成转山的旅行者会住在这座寺庙，这里条件和价格与直热普寺相同。接下来返回塔尔钦的路需要3~4小时，平直的道路好像永无尽头一样，也蚕食着你仅有的体力。随河流走出峡谷，经过**第四个朝拜点**又回到了宽阔的巴嘎草原，经过宗堆，已经可以远远看到**塔尔钦**了，但还要咬紧牙关走上1个小时才能到达。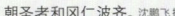

朝圣者和冈仁波齐。沈鹏飞 摄

> ### 到对岸去
>
> 如果你到达直热普寺的时间尚早，不妨到河对岸的神山脚下走走，感受不同的朝圣氛围。河畔的草地是藏族马帮的领地，通常是其乐融融的一个大家庭，带着辎重马匹转山。滴水成冰的夜里，他们就在单薄的帐篷中过夜。而印度教徒都住在希夏邦马宾馆里，如此近距离地仰望"湿婆"，让他们无比骄傲。这里出售装在纸碗里的热面条（25元）和酥油茶（60元/壶），与直热普寺那边相比，算是美味的了。
>
> 如果你体力充沛，可以朝着神山下的冰舌一直走去，那是发育于冈仁波齐峰北壁的康羌冰川，往返大约需要3小时。

赤列桑布而建的。相传，曾藏有佛舍利、莲花生大士的伏藏等无价珍宝。不过，在"文革"中这座古老的寺庙遭到严重破坏，你现在看到的都是1984年之后复建的。

楚古寺　　　　　　　　　　寺庙

位于圣湖南岸的楚古寺，是玛旁雍错周边规模最大、保存最完整的一座寺庙。从竹巴噶举派大师竹瓦的一间小僧舍逐渐发展为规模恢宏的著名寺院。除了佛教形象，你还可以在这里看到玛旁雍错湖神和龙王的形象。同时这里也是印度教徒重要的沐浴场所。每年藏历八月初八，你都能看他们浸入到冰冷湖水中进行虔诚的仪式。

> ### ❶ 开证明，再加油
>
> 包括门士乡在内的一部分阿里乡镇对汽油和柴油的管理十分严格，自驾者需要先到乡政府凭身份证开具证明，才允许到加油站加油，且每个身份证限加20升。你的凭证上将十分可爱地写着：某某村村民某某，因生产生活需要，特申请汽油20升……

果祖寺　　　　　　　　　　寺庙

这座寺庙位于圣湖西南角200米高的山崖之上，因此拥有观湖的绝佳视角。13世纪时，竹巴噶举派祖师郭仓巴曾在这里的洞穴修行，并希望这神圣之地成为噶举派的发源之地（果祖意为"发源"），而直到十世达赖喇嘛时期，格鲁派僧人才在此建起寺庙，寺院也正式隶属格鲁派。

吉吾寺　　　　　　　　　　寺庙

又作齐吾寺。这座位于圣湖西北角的寺庙就在去往普兰县的公路边，因此游客不少。传说中莲花生大士曾在一只白鸟的指引下来到这里修行，并在30天内在山上和湖底修建了两座寺庙。可以去山上的大殿中找一找莲花生大士和空行母益西措嘉的足印。循着硫黄特有的气味，你还能找到当地人的天然温泉浴场，可不要错过这个转湖路上唯一的一次洗澡机会。

❌ 食宿

多数人会选择在晨昏游览玛旁雍错，回普兰县城住宿。圣湖周边的寺庙和一些帐篷可为转湖的朝圣者提供简单食宿，其中吉吾寺和楚古寺的条件相对较好。对于普通旅行者来说，紧跟朝圣队伍就不愁吃住。

❶ 到达和离开

玛旁雍错夹在冈仁波齐景区和普兰县城之间，到塔尔钦和普兰县城分别为35公里和70公里。出入普兰的公路干道经过湖西岸，因此到达西北角的吉吾寺参观比较容易——搭乘往返塔尔钦和普兰的班车即可（见329页）。去往东岸、南岸或者环湖游览没有固定班车，但可在普兰县城或塔尔钦搭乘当地人及朝圣者的便车，在普兰报个"环湖游览团"也不失为方便之选。

玛旁雍错到噶尔

门士乡

从玛旁雍错去往日土狮泉河的路上，不

起眼的门士乡却是不可错过的一站。由此离开国道向南，深入象泉河河谷地带。造访"冈仁波齐的衣领"直达布日寺，在天然温泉中洗去转山的疲惫；沿河探寻，千沟万壑的土林地貌之间，是古象雄王朝穹窿银城的巍峨遗址，阿里唯一的苯教寺庙古如江寺也坐落于此；一条沿象泉河通往札达的曲折小径吸引着大胆好奇的自驾者。

门士乡街面上多是"楼下吃饭，楼上住宿"的配置，全都没有沐浴设施，房间价格倒颇高（标双150元左右）。如果你有车，可以到直达布日寺洗过温泉再回来睡觉。

由于就在219国道边上，这里去往狮泉河和拉萨方向的过路班车不少，只是时间不定，具体可向旅店老板询问。在这里包车，将直达布日寺、穹窿银城和古如江寺打包成一日游，车费在1000元左右。

直达布日寺和温泉

（门票15元；⏱9:00~18:00）在当地藏族同胞心中，转山而不转直达布日寺是不圆满的。人们将这里视为"冈仁波齐神山的衣领"，在朝觐神山之后（也有说之前）来此寻求圆满。

寺庙坐落在一座土丘之上，修葺一新的经堂、一尘不染的宽敞院落，还有和蔼的喇嘛都让人心生亲近。经堂之内供有莲花生大士和他的明妃益西措嘉，还有一块印有莲花生大士足印的石头。转经道则是以山下的温泉为起点，基本围绕着寺庙上升和下降，全程大约1小时。中途会经过不少有趣的地方，比如通过摸石头检测来世命运的石洞、冈仁波齐和卓玛拉山口的微缩景观等。

转经完毕，到寺庙下面的天然钙化温泉享受一番吧。看到一座带有黄色水泥房屋的院落了吗？这里提供的木桶浴和澡堂式的泡池价格，都是30元/人，别忘了自备洗浴用品。我们推荐你选择后者，就算只有一两个人，主人也会毫不吝惜地放满一大池水。如果你只想简单地泡泡脚、放松一下，到河岸边冒着热气的温泉口就好，免费。

从门士乡向南顺着744乡道沿显著的路标行驶10公里就能到达直达布日寺和温泉。

穹窿银城在哪儿？

穹窿银城——传说中象雄王国的国都。盛极一时的王朝终究归于历史的尘埃，而它的具体位置一直以来都是学界争论的焦点。2004年四川大学考古学系与西藏文物局的联合考古，在象泉河下游札达县的**曲龙村**发现了山体间的宏大建筑遗址，以砾岩和石板构成的城墙沿山势起伏，城内拥有生活、军事、祭祀场所，然而这里发掘出的文物却极其有限。这样的情况与古如江寺旁的**卡尔东遗址**刚好相反，2012年中国社科院与西藏文物局在此联合挖掘，发现了大量青铜器、微型黄金面具、织锦和动物骨骼。这些墓葬品鲜活地展示着一个王朝的生态，一种声音随即认为，一片台地之上的卡尔东，就是象雄昔日的都城，而当你沿着陡峭的台阶攀登40分钟到达顶部时，会发现这里其实空空如也。

穹窿银城在哪儿？估计"有城墙无文物"的曲龙和"有文物无城墙"的卡尔东还要争论下去，好在两地相距只有15公里左右，如果你有一台越野车，不妨沿象泉河探寻一番。Ⓛ

我们调研时，一些住宿设施正在兴建。

古如江寺

在象泉河谷苍凉的雅丹地貌中，阿里地区唯一的苯教寺庙——古如江寺依河傍山，像是在独自守望失落的文明。多观点认为，雍仲苯教创立于古老的象雄时期，在几代吐蕃国王兴佛灭苯的运动中渐渐衰弱。今天，这个古老的宗教基本远离了它曾经所在的象雄文明核心——阿里，只在藏北等地留存。

旅行者的目光首先会被寺庙后方山体上挂满经幡的洞窟所吸引。这里是苯教大师占巴南喀的修行洞——雍仲仁钦洞，距今已有2900多年的历史。1936年，另一位苯教大师琼钦活佛·晋美朗嘎多杰在该洞的基础上修建了古如江寺。

札达

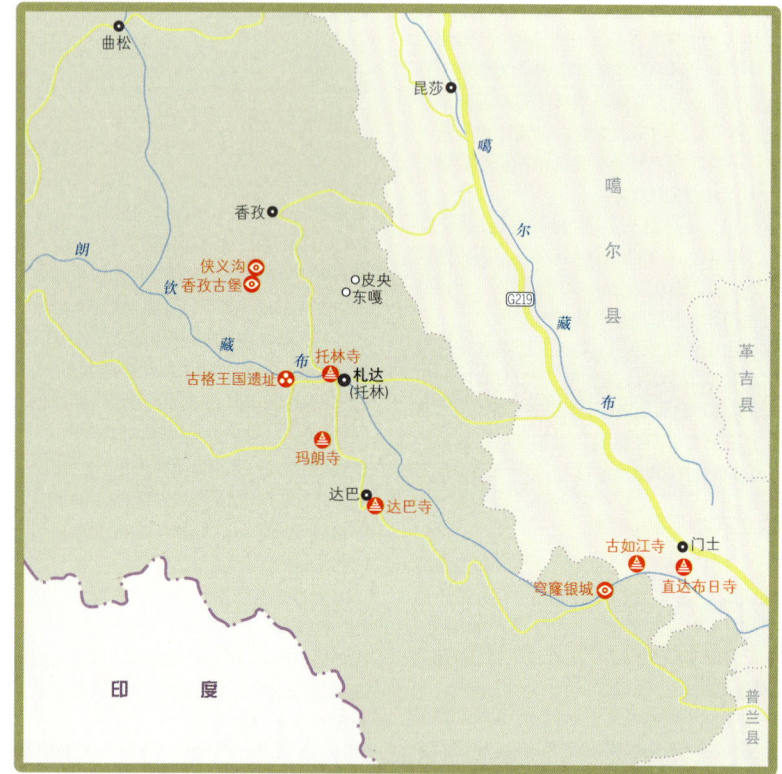

初到此地,你会发现从建筑形式到僧人服饰都与藏传佛教十分接近,细看之下,才发现寺顶的金翅大鹏、反方向的"万字符"、门楣上的古象雄文字,都透露出苯教的讯息。我们调研时,大殿正在经历大规模的修缮,不过偏殿倒是颇有看头。这里像是一座小型博物馆,陈列着出自不远处卡尔东遗址的文物,包括一尊苯教创始人辛饶弥沃的石雕(只有头部是原作),请留意他脸上残存的金箔。这座偏殿通常都上着锁,不过热情的寺管会工作人员很愿意为你开门并讲解。

藏历新年之前,古如江寺都会举行盛大的法会以及"羌姆"演出,僧侣们会头戴面具,驱鬼降魔。

从直达布日寺退回到744乡道上的岔路口,驶上崎岖的土石路,一直向西11公里就能到达坐落在象泉河边的古如江寺了。

札达

数百万年间,札达湖盆从早期的亚热带森林气候过渡到温带森林气候,再到草原气候,最终演变为一座座孤立的土柱、土塔。在札达沟和桑达沟林立着颇为壮观的土林群,路边的观景台有拍摄日出和日落最便捷的角度。随着穿越土林之间的路盘旋而下,象泉河河谷在眼前徐徐展现,札达县城突然出现在河谷对岸,托林寺的红墙和佛塔排列在最前面,格外耀眼。以札达县城(即托林镇)为中心,四周的峡谷里散落着从象雄王国到古格王国不同时期的遗址,最为重要的便是古格王国遗址。

札达土林。

作为曾经古格王国的中心,从县城到古格王国遗址周边几十公里之内,有很多古格时期的寺院和城堡遗址。只能自驾或是在札达租车前往,去每个地方都是土路,尤以"搓板路"为多,需要越野车,更需要有经验的司机。

托林镇

电话区号 0897 海拔 3700米

大多数人都是冲着托林寺和古格王国遗址而来,也有人以县城为中转站去往札达周边。

◉ 景点

托林寺 寺庙

(见336页地图;托林寺路1号;门票35元,讲解10元/人;⏱8:30~17:30)位于托林镇入口处的托林寺,虽然依旧红墙彩塔,却显得格外寂寥。除了殿内早课9位僧人的诵经和早晚转经人的朝拜,整座寺院多数时间都沉于空寂。目前只有杜康大殿(红殿)和拉康嘎波(白殿)对外开放。寺院外的大转经道上,传说中的108座古塔多已残破,转经道的外侧便是象泉河河谷。

996年,仿桑耶寺建造的托林寺,是阿里地区第一座佛教寺庙,被视为藏传佛教后宏期上路弘法的发源地。1996年被列为全国重点文物保护单位是对其价值的肯定。

托林寺是一组以萨迦殿为主体的建筑群落,周边有色康佛堂、杜康大殿(红殿)、拉康嘎波(白殿)3座大殿,以及乃举拉康、玛尼拉康两座较小的独立殿堂,萨迦殿四角有塔楼,塔楼外又有4座塔。几座曾近于凋敝的建筑在1996~1999年整理维修过,所以现在的托林寺新旧风格交相辉映。从围墙的北门走出去,开阔的台地上有长约百米的塔墙,据说塔墙上原有108座塔,每座塔内装藏着一颗大译师仁钦桑布用过的佛珠,可惜现多只残存塔的基座。

进入托林寺的大门,左侧的第一座红色

杜康大殿（红殿）的壁画

红殿的壁画是古格样式的代表。针对红殿外的十六位金刚舞女，《藏传佛教绘画史》一书的作者给出了极高的评价："如果选择西藏绘画中品位最高、画技最绝的第一号作品的话，这组金刚舞女会被首先选中，就是在古格艺术杰作迭出的全盛时代，也不曾再有这样高不可攀的作品。"现场所见的壁画色彩较淡，亦有所剥落。

进入红殿后，按顺时针方向参观，东壁南侧的主尊为一幅毗沙门天，周边围绕着几组小像。其中一组主色调为红绿色，从东壁南侧到南壁，圆圈背光的十一度母坐于圆形尖瓣莲座上，丰乳细腰是典型的克什米尔风格，身材与四肢修长，重线描不重渲染。细长的双眼，圆润柔软的双手，手掌大而手指末端尖巧，还有细密的花纹衣饰，这些特征正是古格样式的主要元素。

南壁的主尊为一幅八臂度母，一组组圆圈背光的佛、菩萨、佛母、度母等小像环绕在侧。西壁南侧是一组古格贵族礼佛图，通过这组人物的着装和面貌，可以一窥古格时期的生活。浅背景前以红黑橘色完成全部画面的色彩，色调统一又极具视觉冲击力。西壁北侧的主画是宗喀巴大师及其二弟子，下部是一组僧从礼佛图。北壁有十八度母像、伎乐天和五佛等主尊，周边围绕着文殊、金刚萨埵、度母等小佛像。

红殿中，最为震撼的壁画来自后殿的西壁，一大面墙是一幅完整的《释迦牟尼诞生图》，从佛祖生于摩耶夫人腋下，到婚配赛艺，观宫女睡相而生厌，天人护持逾城出走到削发建塔、托钵化缘，直至涅槃。周边奏乐、供水、供花和献舞的天女们也是个个风姿绰约，精妙绝伦。背景以朱红为底，与红黑构成主色调，协调而又夺目。

除了前后大殿的壁画，同样值得关注的还有门框、门楣和屋顶天花板上的飞天和花卉植物的几何纹样。大殿内的光线很暗，建议带头灯或手电。

建筑就是杜康大殿，沿着指示牌，走过一道幽暗的门廊就到红殿外。据记载，杜康大殿建于15世纪，"杜康"在藏语中是众僧集会殿之意，所以又被称为集会殿（红殿），是托林寺保存较完整的一座。其整体呈"凸"字形，由门廊、前殿和后殿组成，大殿内原来供养的佛像与器物早已遗失，现在能看到的都是20世纪80年代新供的，而壁画和彩绘的天花板历经岁月沧桑色彩鲜明依旧。除非得到文物部门的许可，否则大殿内严禁拍照。

大殿正门外的抱厦内有4尊与屋顶等高的四大天王塑像，仰望两侧墙壁可见工笔线描彩绘的十六位金刚舞女，细腰丰乳正在赤足起舞，大殿关闭时你也能看到。大殿的正门南面有一座护法神殿，供有一尊与人等高的雄丹护法神，虔诚的朝拜者会在台阶上向内叩拜。灯室在大殿的正对面，你可以请僧人代你供上酥油灯。北面有大厨房，谢绝外人入内。坐在门廊下，僧人们很愿意聊天，并给你倒上一杯酥油茶。

从红殿门廊的小院门走出来，对面就是2016年完成维修的白殿，一般认为白殿的建筑建于14~15世纪。由门廊和呈"凸"字形的殿堂组成，殿门雕刻着三重花饰，门外两侧及上部有由数道横枋和泥塑瓶状连台蜀柱组成的装饰。大殿内仅存壁画、残存的佛像基座和背光，东西两主壁是依照相似的样式绘制的壁画，有观音、大白伞盖佛母等，也有阿底峡尊者在菩萨等级中。东西墙壁靠北的地方有宗喀巴大师、大译师仁钦桑布的画像。殿内壁画虽画技精湛，却有大同小异的重复之感。

不管你从托林镇的哪个地方出发，半小时之内，你都能走到托林寺。

节日和活动

酥油花节　　　　　　　　　　　宗教节日

藏历一月十五日，是托林寺的酥油花节，这是札达县每年最为隆重的节日。寺院的僧人们制作的酥油花供在集会殿（红殿）内，月亮升起时，周边村庄的人们齐聚托林寺拜佛、供酥油灯。一月十六日拜佛友，就是佛友在托林寺结对子、交朋友。这两天晚上，大家都要在托林寺广场喝酒跳锅庄。

🛏 住宿

拥有古格王国遗址和托林寺这样顶级景点的托林镇，很早就有了能满足各种旅行者需求的住宿，总体干净实用，都有网络。每年的7月和8月是这里的旺季，最好提前预订房间。

土林城堡酒店　　精品酒店¥¥¥

(📞260 3959, 180 0897 4258; 团结路; 标双580元; 📶 P) 连绵的土林背景前黄色的城堡式两层建筑煞是显眼，而大堂原本的天幕因风沙太大已无法开启。房间里配置的加湿器格外体贴，网络快，还有舒适的床以及抬头就能看到的土林风光。酒店将象泉河水净化后用作洗澡水和日常用水，不足之处是白天偶尔会供水不足。房费包含早餐，提供洗衣服务（每件20元左右）。老板对在札达周边自驾很有心得。

托林寺旅馆和食堂　　藏式客栈¥

(📞182 8912 3133, 262 2162; 托林寺大门对面; 普双150元, 铺50元; 📶 P) 纯正的藏式风格，因为是托林寺所属客栈，所有彩绘工艺都格外精细。房间很小，公共空间却非常宽敞，走廊两端各有一个超级大水缸用以洗漱，不能洗澡，厕所为公用。楼后的小院有15个多人间排成一排。客栈内有个茶馆，小巧精致且幽静，当地人也喜欢来喝一杯。

重庆宾馆　　酒店¥¥

(📞139 8907 6951; 河北大街5号; 铺50元, 标双220元; 📶❄ P) 这家老牌宾馆有一个很大的院子，自驾能开到房门口方便装卸行李。2014年装修过，双人间和大床房宽敞整洁，开门就是大院子，房间外有一排冲天大树。多人间的空间略局促，采光也不太好，不过房间干净无异味。

平安宾馆　　酒店¥¥

(📞158 7058 8059; 老干部局斜对面; 铺70元, 标双200元; 📶 P) 在去往古格的

托林寺壁画局部。

路口,租车搭车都方便,对面就有汽车维修店,与当地人家的小院紧邻,可以满足旅行者对藏地异乡生活的好奇心。多人间宽敞干净,光线也好,标间略显拥挤。有院子方便洗晒衣服。

✘ 就餐

托林镇几乎所有的食材都从狮泉河运来,高成本造就的高价格可能会让初次到访的人大感惊讶。在河北路上看到餐馆同时贴着川菜和粤菜的招牌,基本可以判断老板是在广东做过厨师又转战到此的四川人或重庆人。冬天多数餐厅都会歇业。

川粤饭庄　　　　　　　　川菜、粤菜¥¥

(☎262 2328;河北路中段;人均50元;⊙10:30~23:30)广东人对这里的粤菜给予了较高评价。素菜20元以上,水煮肉片(45元)分量很足,肉片软嫩入味且配菜多。

土林城堡酒店餐厅　　　　　　中餐¥¥¥

(☎260 3959;团结路;人均100元;⊙10:30~21:30)有札达最好的就餐环境,除了以清淡的淮扬菜为主,川菜的酸菜鱼也很正宗,主打牦牛肉(70元/斤),可炒可炖,阿里藏鸡配以枸杞和各种藏药材(300元),足够2个人在高原滋补一下。

重庆雨田火锅城　　　　　　　火锅¥¥

(☎186 8907 0786;河北路上段;人均50元;⊙10:30~23:30)别被所谓的火锅城吓着,其实并不大,以当地羊肉为食材的羊肉汤锅很适合4~8人的小团队,老板是厨师也是服务员,想快点吃上饭的话,最好提前预订。

❶ 实用信息

危险和麻烦

札达海拔3700米,昆莎机场在160公里之外,虽已经过高原长途旅行但还是要重视高原反应,感冒和心脏不适时要及时就医,一旦出现身体状况很难快速撤离。

📖 西部曾经的辉煌——古格王国

895年,吐蕃王国分崩离析。最后一代吐蕃赞普朗达玛的后代吉德尼玛衮一路向西逃到阿里,当时作为象雄土王之一的布让土王扎西赞收留了他,并把女儿嫁给了他。吉德尼玛衮后来成为象雄土王,暮年给三个儿子分封了领地:长子贝吉衮占据芒域,次子扎西衮占据普兰,幼子德祖衮占据扎布让,分别为拉达克、普兰和古格王国,历史上称之为"阿里三围"。所谓"三围",是对三处地理环境的表述:扎布让是雪山围绕的地方,普兰是岩石围绕的地方,拉达克则是湖泊围绕的地方。

经过几代古格国王的发展,古格王国逐渐成为中世纪西藏西部最强大的王国。700多年间,佛教深刻影响着古格王国,古格王颂埃在57岁时出家为僧,法名拉喇嘛益西沃,他建造了托林寺,迎请印度大师班智达达玛巴拉,又向克什米尔派遣了21名留学生,其中仁钦桑布成为藏传佛教新译密乘

古格的白色天降塔和红色菩提塔。王郢 摄

的开山大师。1043年,阿底峡大师从印度来到古格并驻锡三年,"依尊者传规而修行者极为兴盛"(《青史》)。

1076年,为纪念圆寂的阿底峡大师,藏传佛教史上的首次盛会在托林寺召开,据说当时在去往阿里的路上,僧侣和信徒们络绎不绝。这次盛会史称"丙辰大法会"(火龙年大法会),将古格王国推向昌盛的巅峰。

繁荣的古格也吸引了印度和克什米尔的艺术家远道而来,正是他们把古格变成了艺术之都,15~17世纪初,在古格王城与遍布象泉河流域的大小寺院和洞窟中创造出独特的古格样式(见338页方框)。

然而,如此昌盛的古格王国却在突然之间消失得神秘又彻底。历史对此无明确记载,目前最被认同的推测是天主教的传入所引发的战争加速了古格的灭亡。1624年,葡萄牙籍的天主教神父安东里奥·德·安德拉德和修士玛奎斯来到古格传教,国王赤扎西查巴德试图通过支持天主教来制衡佛教强大的势力。在最后的博弈中,国王的反对派请来了拉达克的援兵围困古格,导致古格王朝的最终瓦解。

1680年,五世达赖喇嘛派军队将拉达克人驱逐,并在古格故城下设立了扎布让宗。阿里高原再次归于藏族王权之下,然而在之后的300多年里,古格并没有逃脱被荒弃的命运。直到20世纪初,古格王国遗址才重新引起关注,1985年古格王国遗址考察队第一次对古格进行了深入考察。而古格之所以逐渐为世人所知,始于20世纪80年代末画家、摄影师和作家的影响。21世纪初,因为海拔高、路程遥远且路况差,古格还属于探险旅行级别,但随着全程等级公路的畅通,古格王国遗址已成为阿里之行的首选景点。

ⓘ 古格摄影贴士

5月底到10月初是古格最适宜旅行的季节，此时日出时间在7:40～8:00，日落要到20:30左右。最常见到的古格正面的日出照片，是在停车场边上的观景台拍摄的。从日出东方土林开始，调整机位拍摄古格王国遗址，光线从顶部的王宫渐渐下移直至照亮整座遗址，这也是拍摄古格全景的经典角度。

遗址门前的摄影点早上经常挤满拍摄日出的人群。大门的右侧有红色天降塔和白色菩提塔，日出时，光影正好透过白殿和红殿形成逆光。这个位置也是拍摄河谷西侧日照土林景色的最佳机位。

为相机配一个渐变灰滤镜，能解决阿里白天的光比大反差，同时借助残缺的墙壁或是洞窟为前景，让构图有趣而多变。站在最高处的王宫俯拍，广角镜头效果很震撼。在最高处一定要注意脚下安全。

夜空下的古格必然绝美，可是出于安全考虑，古格周边3公里之内在晚上游人不能停留，会有专人巡逻。

要想拍摄古格的日出日落，我们建议你住在扎布让村，早上6:00起床（注意不要喧哗），徒步约45分钟到古格门前时，正好太阳从东方升起。傍晚拍过日落徒步20多分钟下山，天还没有黑透就能回到村里。开车从托林镇到古格需要大约40分钟。 ⓛⓟ

札达周边有数条遍布古迹的自驾路线，除了古格都是土路且有岔路口，必须提前问清路况再出发。当地比较麻烦的是交通，租车或搭车都不容易。

医疗服务

河北路下段和团结路各有一家药店，有便捷氧气出售，可以输液和简单诊治。卫生服务中心24小时有值班医生，方便及时就诊。

札达县卫生服务中心（☏262 2398；帕拉路）

县卫生服务中心第二门诊部（河北路）

邮局

札达县邮局（河北路20号；⏰夏季10:00～13:00，16:30～19:00；冬季10:30～13:30，16:00～18:30）

银行

农业银行（河北路；⏰夏季10:00～13:00，16:00～19:00；冬季10:30～13:30，16:00～18:30）有ATM机，周末不办理业务。

ⓘ 到达和离开

2015年札达长途汽车客运站已经建设完成，在我们调研期间，还没有确切的使用时间。现在的班车**发车/停车点**在团结路重庆江湖菜边的小广场。

5～10月，每天上午11:00，狮泉河到札达有一班互开班车，票价160元，如旅客太少会隔天发车。可提前到**售票点**（河北路、农业银行正对面）咨询或购票。去往拉萨的班车可以在**重庆江湖菜**（☏133 9807 8520；团结路）预订车票。

ⓘ 当地交通

札达县城很小，没有公共交通，一个半小时以内可以走完全镇。去古格王国遗址包车费用是300元，往返时间3个小时以内，在象雄路去往古格路口的小商店可以联系租车。去往皮央和东嘎等周边遗址，每天包车的费用是1000～1200元。因为在札达租车很不容易，可以试试拨打136 2897 1313租车。

古格

海拔3700米

如果要为旅行者在阿里推荐一处不容错过的人文景观，古格王国遗址毫无疑问会成为不二之选。

古格文明的消失与玛雅文明的消失惊人地相似。现在的古格王宫是370多年前血脉相连的兄弟王国之间的一场厮杀之后留下的

古格星空。

废墟——一个雄踞一方、发展了700多年的伟大文明的遗存。山下上千个被炊烟熏黑的洞窟早已没有了人间的烟火气,山坡上千门洞里敌人的骨骸尚存。红殿的庆典图,歌舞升平时代婀娜多姿的美女和四方来聚的宾客印在墙壁上;白殿残缺的彩塑佛像,是当年古格大师们集体创作的艺术作品;度母殿的壁画还在讲述着阿底峡尊者从印度远道而来的故事。

◎ 景点

古格王国遗址只有一个大门,断壁残垣处或可逃票,但我们不建议你在此演习荒野求生。详细介绍见322页。

🛏 住宿

去往古格王国遗址会先经过札布让村,再向山上行进3公里即到。如果不是当天往返,可以在扎布让村住宿。札布让村很小,村口有几户家庭客栈。

札布让组宾馆 客栈¥

(☎139 8907 9168;札布让村古同4号、正对着村入口;铺60元;ⓟ)大院原本是村中小学校园,主楼带绿墙围的教室改造成了一间间客房。院里还有12间双人间,条件简陋。院子的东南角有一个据称可能是全阿里地区唯一的室内游泳池,泳池边有男女分用的洗澡间(每人15元)。这里有札布让村中唯一提供简单食物的食堂,面条分小碗(15元)和大碗(30元)。

古格措姆家庭旅馆 藏式民宿¥

(☎138 8907 8328;札布让村古同3号;铺50元;ⓟ)女主人是村里的医生,汉语讲得不错。室内外都比较整洁,客厅宽敞,临窗摆满了鲜花。有三人间和九人间,可预约简单的早餐,酥油茶每壶12~15元。有独立洗澡间,每人15元。院子里能晒洗衣服。

☑ 不要错过
免费的风景——象泉河谷徒步

徒步的起点在距离古格王国遗址3公里处的札布让村,你需要住在这里。从村子北面围墙的一排猪圈边上打开的小门走出去,穿过青稞田向河谷走,在土围墙上找到合适的豁口翻跳过去,就是象泉河岸边的小丛林。隔河相望的一排土林有石窟古迹,从村边的小路走过去大约需要1个小时。

出札布让村向西,1公里后就到了另外一个藏式小村庄,村中的小商店里能买到水,或是喝杯甜茶。穿过村庄沿着唯一的一条路慢慢向西走约2个多小时后,路的右侧可见一座飘着经幡的铁索桥。过桥,就像进入了另一个星球,被风侵雨蚀日晒过的山体呈现着丰富的肌理。山岩上有几个洞窟,洞窟的内壁和古格的一样已被烟熏成黑色。但愿你能在这里找到残存有壁画的那一个洞窟。在坚硬的沙石上继续向东走,山崖下有凋敝的寺院遗址。

这段秘境探访之旅往返约5个小时,帽子、太阳镜和遮阳巾必备,更重要的是带上足够的水和补充能量的简单食物。⑩

古格家庭旅馆　　　　　　　藏式民宿¥

(☏13889075335;札布让村古同2号;铺50元;P)这是一个五代同堂的传统藏族家庭,女主人能讲极简单汉语,与一家人同居一院,家的味道多过客栈的感觉。洗澡收费15元,可免费使用洗衣机。

❶ 实用信息

古格王国遗址售票处边上有个小邮局,早上9:00开门,关门时间比较随意,能邮寄明信片,也可盖古格王国遗址的邮戳作为纪念,这里还出售关于古格的画册。

中国联通在古格王国遗址上面基本没有信号,其他移动运营商的信号还不错。

❶ 到达和离开

从札达到古格王国遗址有18公里,除了自驾车,只能拼车或是搭车,包车往返200元。在札达去古格的路口有小超市,门上贴着租车电话,可以直接找店主问。搭车当然是拼运气,在路口等或是在小餐馆偶遇札布让村拖拉机的概率也是有的。

达巴寺和玛朗寺

(达巴乡和玛朗乡,在札达镇西南方向) 免费 去往这两座寺庙的沿途有雪山、土林,对此有兴趣的旅行者会有意外惊喜。

达巴在藏语中意为箭头落地之处。达巴寺传说为达巴王所建,在选择建寺地点时,达巴王一箭落地之处莲花开放,便在此修建了王城。达巴遗址位于达巴寺后面的两座山脊上,有碉楼、寺庙、民居石洞和壁画。

玛朗在藏语中意为疑惑、不确定。玛朗寺寺院古老,用藏文和梵文雕刻的玛尼石的历史也非常悠久。相传古格王艾松于10世纪末创建托林寺时,为寺庙选址时向天空抛了一片经文,经文所在之处即为建寺之地。第一次,经文落在了现在玛朗寺的位置,此处虽然水草丰美可他依然内心存疑,又抛了一次经文,第二次,经文就落在了现在托林寺的所在地。

从札达县城去往古格的途中在7公里处向南转向达巴沟,进入土路16公里后,向左转,前行1公里后是土林全景观景台。回到主路不远选择转向右侧的小路,2公里后是欣赏海拔7756米的卡美特雪山的最佳位置。再次回到主路,向前约7公里到达玛朗寺,再沿路前行约25公里后就是达巴寺和达巴遗址。从札达县城到达巴寺全程约60公里,往返需要一天的时间。

香孜古堡遗址和侠义沟五彩土林

(香孜乡,在札达县城西北方向;门票10元)这条路线的重点在于古堡遗址、彩色土林和野生动物,但是必须有四驱越野车和过硬的沙土路面的越野技术。

香孜意为北方高地,海拔4400米的香孜古堡是托林寺的夏宫,古格王臣曾在此理政。遗迹主要在山腰及山顶,有寺庙、宫殿等建筑和平民居住的洞窟,在建筑内还能看到残存的壁画。

侠义沟的五彩土林不收门票,比起其他地方的土林,这里的形态更加多变,像蘑菇一样的土林造型林立,色彩更为细腻。

到达和离开

香孜古堡遗址和侠义沟在同一条线路上,从县城出发,全程约60公里,行驶两个半小时到达香孜乡。从札达县城向北出城5公里后,向左进入札达沟,先是在土林大峡谷穿行,经过二号土林观景台,见到路左侧去往香孜乡的路标后左转,穿过峡谷后翻越到高原牧场。平坦而开阔的牧场不仅能眺望远处的纳木那尼雪峰,藏野驴、藏羚羊、黄羊也很容易见到。一条路直到香孜乡,香孜古堡就在那里。

从香孜乡向北行使5公里后,向左穿过藏族村庄,在村庄的西北角有一条明显的车辙指引向山沟里,跟着路上的车辙在第一个右转的路口进入五彩土林沟,如果时间允许,从这条沟里出来继续向西行还有两条沟,只是路更难行。返回到村庄,安全的方法是从原路返回县城。

皮央东嘎

(皮央村和东嘎村,札达县城西北方向)皮央东嘎洞窟是西藏迄今发现的洞体规模最大的佛教石窟遗址,为国家重点文物保护单位,由东嘎扎西曲林寺遗址和皮央石窟群组成,遗址最大的看点在于古格时期的壁画。

先到达皮央石窟群,这是一处由寺院、城堡、石窟和塔林组成的大型遗址。遗址所在地高出村庄90米,据说有约1000个洞窟,目前能参观的只有3~4个。据考证,皮央遗

阿里札达霞义沟土林。

址的加林塘建于10世纪，属于古格王朝仁钦桑布时期所建的八大寺之一，一度是古格王国重要的文化中心。在进村入口的茶馆里打听管理的人，随他一起上山，要爬200多级台阶，每人收费15元。

向西3公里后是东嘎扎西曲林寺遗址，遗存的洞窟约200个，半山腰的萨果佛窟中保存有11~13世纪的壁画。会有管理人员带你上山，并逐一打开洞窟的大门，每人收费20元。入口处有小茶馆可以喝茶休息。

皮央东嘎距离札达县城65公里，从县城出发去往219国道方向的705县道，经过第5和第4土林观景台到检查站向左转向乡道，约10公里后，能见到一个指向皮央东嘎的路标，只有一条路直达。先到皮央村，向前3公里后到达东嘎村，之后可原路返回县城。

噶尔

狮泉河镇

电话区号 0897 海拔 4255米

对多数人而言，狮泉河是阿里之行的中转站。一路颠簸到了狮泉河，也许你会发现自己还是很喜欢城市的便捷，有大超市，有从小客栈到四星级酒店的多种住宿选择，有较多不同风味的餐馆，更重要的是这里是重要的交通枢纽：新藏线的起点、阿里南线和阿里北线的切换点。你可以选择从这里飞到新疆的喀什，也能飞回拉萨。狮泉河靠近边境线，是西藏的最西部，除了有发往阿里各县的班车，到拉萨也只需要坐26个小时的班车。想去新疆，一天之内你就有机会拼车出发，再经过两天一夜的行程，你的感观模式就自动切换到了新疆。

◎ 景点

阿里暗夜公园 公园

（☎152 2480 8000；狮泉河镇219国道边；免费；⏰21:30至次日2:00）亚洲第一家以星空为主题的暗夜公园。占地面积10亩，分为三个区域，星空体验区为摄影爱好者提供了拍摄星空的专用平台；天文望远镜观测区为天文爱好者提供了20台天文望远镜；游客服务区有黑帐篷客栈并提供简餐，可以观看天文科普宣传片。园区内安装有西藏自治区目前最大直径达5米的日晷。2014年开始免费试营业，5~10月初开放，其余时间可以电话预约。作者调研期间尚未开始收费，且有望开通从狮泉河到公园的班车。到达狮泉河镇前有一块"狮泉河大板"的大广告牌，下面有暗夜公园的路标。从狮泉河镇出发去公园，向南19公里全程柏油路，半个小时可以到达。

🛏 住宿

象雄大酒店 酒店 ¥¥¥

（☎283 0888；www.xiangxionghotel.com；滨河南路；标双380元；❄️🛜🅿️）2015年重新装修过的四星级酒店，有行李服务和电梯，无须背包负重。房间有加湿器，用电吹风要给前台打电话，房间内网络不太好。早餐从8:30开始，更早出发可提前预订路餐。除了可以试试专业厨师的粤菜和川菜手艺，也能吃到藏餐。自驾拼团的司机多安排在这里住下，作为走更为艰苦的阿里北线的休整。门口有旅游服务中心，距离民航大巴上车点有10分钟路程，前台可以帮忙叫车。

圣湖大酒店 酒店 ¥¥

（☎266 6788；狮昆路10号；标双200元；❄️🛜🅿️）2015年刚完成装修，四季营业，房间干净整洁，采光和色调都舒服。在长途汽车站对面，方便背包客乘车，沿219国道进城即到。

阿里邮政酒店 酒店 ¥¥

（☎282 8888，139 0897 5991；北京南路4号；标双220元；❄️🛜🅿️）有年份的老酒店，在2013年重新装修过，在最繁华的中心地带，楼下是大商场。三层楼有电梯，整体设施有些老化，房间基本整洁。

豪华旅馆 客栈 ¥

（☎139 8997 7952；北京南路13号附18，靠近桥头；铺40元；🛜）并不豪华的小客

阿里札达东嘎壁画。

栈,现任的中年女老板堪称狮泉河百事通。周边购物餐饮便捷,适合背包客和骑行者。门面拥挤陈旧,能同时放下三辆自行车。客房在二楼,走廊和房间都不宽敞。三人一间铺着地毯,还有电视,床上用品干净。公共洗澡单间对外每人收费15元,住店客人免费。

❌ 就餐

作为阿里地区的首府,狮泉河镇就餐可选择的范围比较多,以清真和川菜馆为主,有几家新疆风味餐厅在北京北路大十字附近,深夜很多烧烤店生意都很红火。餐馆基本都在主街北京路及其辐射的周边。

老字号手抓面食王 清真菜¥¥

(📞282 7023;狄三路青藏加油站对面;手抓羊肉80~90元/斤;⏱10:30~22:00)进门看到满屋的当地食客就知道选对了地方。食客们明显对面片(15元)和粉汤更钟情,在高原上吃汤面确实也更觉得温暖。手抓羊肉是清真餐馆的招牌,阿里的羊肉虽然不及新疆那么著名,但味道同样鲜美。坐在包间大炕上,几个人围着大炕桌,一盘新疆大盘鸡(170元)占了半张桌,再拌上几盘拉条子,不吃到肚圆都舍不得放筷子。

飞天美食城 清真菜、火锅¥¥

(📞180 0897 8800;北京南路桥头;人均60元;⏱10:00~24:00)2015年开业的清真餐馆,如果不是素食者,到阿里没吃到牦牛肉还是有点遗憾。这家店有干切牛腱(42元/斤)、清水牛排(128元/斤)和牦牛骨头炖成汤底的火锅。在偏远西部,Loft式空间、白色柱式围栏、浓郁的穆斯林装饰和整洁安静的环境也很加分。

湖南烧烤 烧烤¥

(📞139 0897 2717;北京北路大十字西北

狮泉河镇汽车客运站车次时刻表

到达站点	发车时间/班次	票价(元)	行程(小时)	备注
拉萨	11:00(同发数班)	650	26	沿途下车全价
普兰	12:00	180	5	非每日有班车
札达	12:00	160	3	非每日有班车
革吉	12:00	50	2	
日土	12:00, 18:00	50	2	旺季增加班次

角;人均40元;⊙18:00至次日2:00)深夜的烧烤通常都是吃的口碑,这家湖南人开的小店已经8年,只有6张桌子,基本只做熟客的生意。除了烤串之外,从湖南运来的臭豆腐(15元4块),在西部小城居然也很受欢迎。

❶ 实用信息

危险和麻烦

狮泉河是阿里南线和阿里北线的转折点,阿里南线的219国道一路畅通,出了狮泉河之后,阿里北线基本全程砂石路,包括狮泉河的周边地带。5~9月,泥泞难行,山区容易发生泥石流,冬天路面结冰或大雪封山,走出国道要提前咨询路况。

骑行新藏线尽量不要走夜路,阿里地区的治安隐患不大,主路边也不大可能遇到危险的野生动物,最难提防的是成群结队的野狗。

县城里都有加油站,但县城之间相隔较远,随时加油是个好习惯。

医疗服务

北京路大十字附近有好几家药店,随时可购置抗高原反应药物。

阿里地区人民医院(☏282 1462;北京北路大十字南)

邮局

狮泉河镇邮政局(北京南路大十字西南;⊙夏季9:30~19:00,冬季10:00~18:30)

旅游信息

阿里旅游服务中心(☏266 6099, 136 3890 7228;滨河南路象雄大酒店门口)

新藏线

在几条陆路进藏的公路中,新藏线(219国道)被视为最艰难危险的一条。它起于新疆叶城,止于西藏拉孜,全长2342公里。虽然公路现在已是全铺装路面,路况堪称一流,但沿途海拔高、气候恶劣、荒凉无人、补给困难,无论是从新疆沿此路进藏或反向走新藏线,都是一项需要极大勇气的挑战。当然新藏线上的壮丽景色无与伦比,穿行在昆仑山、冈底斯山之间,与皑皑白雪和茫茫大漠为伴,不时有藏羚羊、黄羊、狼、野牦牛、藏原羊等野生动物或轻盈或迅速地掠过。它绝对值得你做好准备,体验一回。

走新藏线的最佳时间是5~9月,相对来说气候温和些,遇到暴风雪的概率较小,强烈不建议冬季驾车前来。从阿里出发,除了要有阿里的边防证,你还需要办理新藏线的边防证。手续很简单,持身份证先到滨河路的派出所开证明,再拿着证明到武警边防支队办理边防证。带上充足的干粮、饮水,采购氧气瓶和红景天等抗高原反应药物,并准备一些保暖衣物(披肩极佳)。自驾车需要对车辆进行检查,携带必要的备件和修理工具也很有必要。途中加油站间隔距离都比较远,遇到了一定要把油箱加满再走。无人区的手机信号很不稳定,记得告诉家人你将会失联2~3天。

从狮泉河出发走新藏线,第一天你将经过海拔最高点,新疆和西藏的分界线——界山达

阿里地区旅游投诉（☎282 9132）
阿里地区旅游应急电话（☎282 1486）

ⓘ 到达和离开

飞机

西藏阿里昆莎机场位于狮泉河镇西南45公里处，海拔4274米，目前只有飞往拉萨和新疆喀什的航班，作为高海拔偏远地区的中转站，便于旅行者出入阿里和进入新疆。对于高原反应严重的旅行者来说，能够快速撤离高海拔地区及时得到医治。

西藏航空每天有一班往返拉萨（7:10 拉萨—阿里，9:50 阿里—拉萨），东方航空每周有两班航班飞往新疆的喀什，分别在周二（9:20 喀什—阿里，11:30 阿里—喀什）和周五（10:00 喀什—阿里，12:15 阿里—喀什）。航班少需求大，在5~10月，基本没有折扣，还经常一票难求。

阿里民航售票处（☎289 1888；滨河南路古格王朝大酒店院内）
阿里机场航班查询（☎289 1888）

长途汽车

狮泉河镇是阿里地区的中心，也是新藏线的起点，对于自助旅行者，长途汽车是最主要的交通工具。

狮泉河镇只有一个汽车客运站，**阿里地区客运站**（☎282 6593，282 8158；狮昆路5号）每天有往返拉萨的班车，根据旅客人数同时发出3~4班车，沿途下车也是全价票。班车都在上午发出，5~10月建议至少提前一天购票。发往普兰和札达等县城的班车一般是每天发车，人少也会临时停发。我们调研期间每辆长途汽车只能搭载17位旅客。

在北京北路去往日土方向的路口还有一个售票口可以购票但不发车。

ⓘ 当地交通

抵离机场

昆莎机场位于狮泉河镇西南，距市区45公里，打车需要200元。

民航大巴只有一班，7:10从滨河南路的古格王朝大酒店院内的民航售票处发车，票价25元，行程1小时左右。

出租车

狮泉河镇是全阿里地区唯一有出租车的县城，出租车在城内都是一口价，白天（6:00~21:00）8元，夜间（21:00至次日6:00）10元。出城则需要议价。

坂，这里海拔5347米，但已经在阿里适应了高海拔的你在到界山达坂时，会觉得轻松不少。接着，你会经过"死人沟"、甜水海，之后翻越奇台达坂。这一天行驶550公里后可在大红柳滩（海拔4200米）住一晚。

第二天，你会经过传说中的"九十九道弯"，不输318国道曾经的通麦天险盘山路，好在此处是平整的柏油路，但行车仍需小心谨慎，要控制车速。这一天能到达终点叶城，海拔也将降至1000多米。

狮泉河没有班车走新藏线，除了自驾和包车，只能拼车或搭车，且免费搭车的概率渺茫。拼车每人的车费是800元，坐在副驾的位置要多加100元。你可以试着通过以下途径拼车：
➡ 在客运站的两个售票处找信息
➡ 咨询出租车司机
➡ 在县城去往日土的出城方向打听
➡ 让客栈老板帮忙联系

日土岩画

古老神秘的日土岩画主要分布在班公错沿岸的二三百平方公里内,大多镌刻在偏远山沟的峭壁之上。岩画内容涉及狩猎、祭祀、农耕、舞蹈等生活场面,创作的时间更是从公元前10世纪绵延至公元7世纪。对一般旅行者来说,比较容易造访的主要有两处,一处是"任姆栋"岩画,位于日土以南30公里处,日松乡公路检查站附近的国道旁边有显著的导览标志和一个停车港,这里有一些模糊难辨的动物和人物形象,混杂在后期雕刻的佛像中;另一处位于班公错东北角的乌江河谷的"顶琼拉康",这个山洞中的壁画开始有了佛教的信息,包括精美的坛城和恐怖的地狱景象,在班公错中桥离开219国道,沿小路向西20公里即可到达乌江村。 ⓁⓅ

日土岩画。

小公共汽车招手即停,可走全城,票价1元。

班公错

海拔4242米

从狮泉河出发,沿新藏公路向北行驶130公里经过日土县后,再走12公里,就能到达班公错。它是中国版图上最偏远的一湾碧水,东西狭长,一直伸入克什米尔地区。横跨两国的班公错"味道"也不大一样。从东向西逐渐由淡水湖变为半淡水,直至变成咸水湖,原因在于班公错东段的降水量大于蒸发量,而西段极度干燥的克什米尔地区则刚好相反。在2009年印度电影《三傻大闹宝莱坞》(3 Idiots)的结尾段落,你能看到班公错另一端的风貌。

像多数高原湖泊一样,这里也是鸟类的天堂,每年5~9月是热门的观鸟季节,很容易看到天鹅、斑头雁、红嘴鸥和黑颈鹤的婀娜身姿。如果你是自驾者,最好的玩法就是在日土县城采买一些食品和饮料(别忘了带一壶酥油茶),然后寻一片明媚河岸,看着碧水和雪山,来一次漫长的野餐。

新藏公路紧贴湖岸,因此游览班公错无须门票。靠南的湖岸有一处游客中心,提供游船和食宿服务。你可以乘船往返鸟岛(200元/人,大船1小时,小船40分钟)。如果你想在这里住一晚,欣赏日出日落,相比398元的湖畔木屋和200元的标间,我们更喜欢湖畔的黑帐篷,干净的八人间草坪为地,每人只要25元,但不能洗澡。

狮泉河每天18:00有一班车(50元,2小时)去往日土,第二天12:00返回狮泉河。从日土到班公错游客中心的12公里,只能搭便车。

班车的时间有点尴尬,到达日土后是住一晚再走,还是尽快搭车前往班公错旁住宿——请根据实际情况、以安全为准则做出选择。日土县不能洗澡的宾馆标间价格在100元左右,唯一能洗澡的日土迎宾馆标间要398元。

自驾阿里大北线。

阿里大北线

这片横亘于念青唐古拉和冈底斯山之间、近三十万平方公里的广袤土地,是中国最荒芜的地带,氧气稀薄、人烟稀少,但它又是中国最富生命力的地区,40余种珍稀动物在此繁衍。雪山、草原、湖泊,亘古不变的澄净背景下,万类竞自由。还有那些最顽强的人类居民,他们遵循传统、敬畏自然,在最坚硬的土地上播种和收获。

羌塘是这片土地的名字。西起狮泉河、东接青藏线的301省道让旅行者得以亲近它,这趟旅程也被称作"阿里大北线"。即便近年来的交通状况大为改观,此行依然难说轻松。大部分时间你都将驰骋在旷野中颠簸的砂石路上,随时可能发生的车辆故障、迷路、高原反应都会让你的旅行陷入困境。但正因为如此,你才有机会邂逅近在咫尺的野生动物,领略高原湖泊令人窒息的颜色,感受当地人天人合一的生存状态。

狮泉河到措勤

这段770公里左右的路程基本驰骋在荒原之中,一般分为两天。披星戴月地从狮泉河出发,柏油路一直修到了革吉县城,刚好可以在这里吃顿热乎乎的早餐。继续出发,接下来的时间要与砂石路相伴了。大约100公里后到达**雄巴乡**,在这里你面临两个选择,或是继续沿301省道行驶,到改则县城住宿,一路看点不多;或是从这里拐向东南,驶上更加荒凉的716县道,这是一条遍布雪山湖泊、人烟稀少的道路。如果车况允许,我们推荐走后者,记得在雄巴加满油,准备些应急食品。

一开始的车辙有些模糊,容易迷路。盯紧你的GPS,向亚热乡进发。一些小小的无名湖泊会预热你的湖区之旅。大约80公里后,一个较大的碧绿湖泊出现在视野,当地人称作**茶里错**。公路紧贴湖岸而过,亚热乡到了。转上向东的711县道,行驶大约90公里,经过一个小湖不远就是仁多乡了。时值傍晚,这里是适合下榻的地点,街上有几家家庭旅馆,一

阿里大北线

个床位的价格在50元左右,没有洗浴设施。这里没有加油站,但和大多数牧区乡镇一样,可以找牧民购买他们储备的燃油,价格比官方价格要翻一番。

第二天起个大早,向措勤县进发,驶出仁多乡不远就能看到**仁青休布错**壮观的日出。驶过漫长的湖岸线,将要翻越一个垭口,路上的"炮弹坑"多了起来,最好减慢速度。下山后又回到无垠的旷野,大约80公里后,是澄明如镜的**扎布耶错**。这个235平方公里的盐湖锂矿含量位居世界第二,在盐湖西北角驻扎着一家矿业公司,因此你能看到一些机械化的劳作场面。公路环绕着盐湖到达另一侧的帕江乡,如有兴趣可以造访南边面积更大的**塔若错**。从帕江到措勤县的路况稍好一些,但这100多公里路也要耗去大半天的时间,应尽早赶路,天黑后迷路的概率会大增。

措勤

在阿里的版图上,措勤像是一块"飞地",东西都被日喀则辖区所包围。这里是大北线上重要的十字路口,向北通往301省道上的改则,向南可通往219国道上的萨嘎,东西则连接包括扎日南木错和当惹雍错在内的湖区。

广西路是县城的主干道,可以一站式解决食宿。县城西端扎堆的汽修小店,可以抚慰你历尽艰辛的爱车。

❌ 食宿

广西路两侧提供川菜、藏餐、西北面食等诸多选择。不过,它北边"副街"上的餐馆似乎性价比更高一些。

顺达宾馆 酒店¥

(☎261 2880;广西路中段;铺/标双60/200元;❄ 🛜 🅿)宽大的停车场里满是来自天南海北的越野车。标间在楼内,多人间床位在平房,条件较简陋,好在可以共享楼里的公共浴室。

旅游宾馆 酒店¥¥

(☎139 8907 9997;近旅游局;铺/标双

60/400元；❄☎Ⓟ）这座明亮的新楼拥有措勤最干净的床铺，可惜除了400元的标间，均无法洗澡。前台提供的包车、旅游信息对独自出游的旅行者很有帮助。

❶ 到达和离开

与其交通要冲的身份不相称的是，措勤县至今没有任何一班固定班车。不定期会有私人营运的班车前往阿里、日喀则、拉萨方向，可向宾馆饭店老板询问具体信息。前往219国道（萨嘎、日喀则方向）全程为柏油路，因此通行车辆较多，你可以在206省道旁尝试搭车。

扎日南木错

海拔4613米

面积超过1000平方公里的扎日南木错是西藏第三大湖，就连县城"措勤"都是因它而得名（藏语中"大湖"之意）。而它在上古时代时，面积比现在还要大许多，湖岸高度也在沧海桑田的变幻中逐渐退缩了100多米。在从措勤县城到湖边的路上，稍加留意就能看到湖盆变迁在山体上留下的遗迹，在大湖北侧还有一个孤立的漏斗形小湖。

远方的雪山、湖岸生机勃勃的草原和那一抹不可思议的蓝，藏地湖区的标准配置这里都有。旅行者大多驱车在北岸观光，如果你嫌平视不够壮观，可以驱车驶上高出湖面500米的木若峰观景平台——这里也是不少摄影爱好者钟爱的拍摄地。

❶ 阿里大北线怎么走？

用什么方式走？

包车，是大多数旅行者的选择。拉萨的旅行社或个体司机通常把219国道沿线与大北线打包成15天左右的环线行程，3~4人合包一辆丰田普拉多的价格6000~8000元/人。大半个月的朝夕相处，选个投缘的司机至关重要，出行前请和他确认路线及景点的游玩时间，避免为了赶路而走马观花。

自驾车是比包车更经济和自由的玩法，但需要有一定的经验，考虑到可能需要相互救援，最好两车以上同行。一辆四驱越野车是必要的，GPS、拖车绳、脱困板、铁锹和电瓶搭线也是必备之物。

如果你打算背包走阿里大北线，我们只能说：祝你好运。你需要大量机动时间来等待稀少又不固定的班车，而且这类班车只能带你到县城，前往偏僻的景点还需另想办法。搭过路便车会方便许多，但通常也要付费，沿途的公路检查站是不错的等车地点，注意选择不错的车和司机。

以什么路线走？

从狮泉河出发沿301省道，经革吉、改则、尼玛、班戈至当雄的线路最为成熟，也是大多数包车旅游的路线。但资深的旅行者会选择在雄巴离开省道向南深入，经亚热、帕汀至措勤，再经文布乡折回尼玛，之后在去往班戈的路上也许还会造访申扎，这种走法对车辆和驾驶的要求都高出许多，但沿途看点更多。 ⓛⓟ

> **扎日南木错到当惹雍错**
>
> 从措勤出发,经扎日南木错、205省道,沿当惹雍错西岸,傍晚到达湖边的文布南村,全程230公里。这条捷径因不必绕行平坦但无趣的301省道而成为不少自驾者的选择。但行驶在这片无人地带的风险也是存在的,我们建议你至少应该具备如下条件:两辆以上性能优良的四驱越野车结队、GPS与线路轨迹、救援装备和应急食品,以及富有经验的领队。

从措勤县城向东出发30公里左右就能看到湖面了,不过到湖边或木若峰观景平台还需要再开20公里,中途可能需要涉水,一定要审慎判断水情和车况,不可冒进。背包旅行者到达这里不太容易,除搭车外,可以试示致电**旅游宾馆**(见352页),兴许会有拼车,一日往返的价格在500元/人左右。

当惹雍错

电话区号 0896 海拔 4697米

在藏北星罗棋布的湖泊之中,当惹雍错无疑是卓尔不群的一个。它形成于洪荒之力的自然造化,又因人类文明留下的印记而丰富细腻。蜿蜒多姿的湖岸和岸边嶙峋的小山与远方的达果雪山一起构成了最上相的藏北风景。同时,作为苯教最大的圣湖,以及古象雄王朝政治军事核心之一,古老的信仰和故事依然深深植根于一个个寺庙、遗址和当地人心中。如果你没有在藏北苦寒之地漂泊半月,拥有"一错再错"的决心和毅力,那么我们强烈建议你只来当惹雍错就够了,这里浓缩了天、地、人的全部精华。

⊙ 景点

文布南村 村落

远方庄严肃立的达果雪山、沿岸古朴神秘的塔和寺庙、家家户户面朝圣湖的"观景大宅"——文布南村简直就像梦里的村庄。近年

文布南村的藏族人。

来，媒体的宣传让这个地处当惹雍错东岸的小村日渐被人熟知，旅游旺季时，停在村子里的越野车像是从另一个世界穿越而来的。

从南边桑桑镇水草丰美的农区，至北方荒凉的羌塘草原，文布南村像是一条农牧分界线。你可能难以想象，拜当惹雍错的小气候所赐，这海拔4600多米的地方竟然可以种植青稞和蔬菜，而圣湖边半农半牧的生活方式也成为这里最具特色的看点。

文布南村全体村民都信仰苯教，村中的文布寺就成了他们的信仰中心。这座寺庙由索南雍仲喇嘛创立于1890年，到今天的古如卫色喇嘛已经传袭了四代。寺中精美的佛塔和壁画在"文革"期间遭到严重损毁，但大殿因被人民公社充作粮仓而逃过一劫，你可以在那里看到仅存的几幅壁画。

在村民的"观景大宅"中住下，白天游走于寺庙和街巷之间，看以圣湖为背景的耕作场面，于晨昏之际静静欣赏最震撼人心的风景——对旅行者来说，这就是打开文布南村这幅画卷的最佳方式。

琼宗   遗址

免费 文布南村沿湖向南15公里处有一座"C"形港湾，两座小山毗邻湖岸耸立。据苯

《第三极》中的文布南村

文布南村南侧的一小片耕地比村庄大不了多少，但在荒凉的藏北，这无疑是上天的恩赐，因此村甲人对农业耕作倍加重视，每年春天，一位经验丰富的"田长"会根据古老的方法测算出开耕日期（通常是5月的某天）。接下来与水源、种子等有关的筹备陆续展开，放水开耕这天更是演变成一个文布南村特有的欢乐嘉年华。纪录片《第三极》"一方热土"一集讲述了当惹雍错独特的农耕文化。此外，片中那位独自修行的老奶奶就在琼宗，不过已离世。

前往当惹雍错前，建议"预习"一下这集纪录片。若能赶上"开耕节"前来，那就再妙不过了。 ⓛⓟ

文布北村

当惹雍错和它北方小小的当琼错从地图上看有如字母"i"的两部分。如果你从尼玛方向造访当惹雍错会首先路过袖珍的当琼错，湖边的村庄在一些地图上被标注为"当琼村"，实际上，它的另一个名字是文布北村。这里无论村庄还是农田的规模都比文布南村稍大，一样的是，它们都拥有绝佳的湖景。村后新建成的噶举派寺庙气势恢宏——仅仅一湖之隔，这里已经没有了苯教的气息。在旅游旺季，如果小小的文布南村一铺难求，不妨住到文布北村来。 ⓛⓟ

教文献记载，1000多年前，象雄王国的李弥夏国王将"东都"定在了这里——这就是琼宗。如今，盼望在此看到宫阙连宇的旅行者恐怕要失望而归了，随着末代象雄王国7世纪被吐蕃军队剿灭，这座城池也渐渐被历史彻底磨灭，你只能在琼宗山山腰找到一些用鹅卵石夯高的防御工事痕迹，山顶还有一些坍塌的战壕。

好在作为苯教神山的琼宗山香火不断，附近村落的信徒常会在来此转山，一些虔诚的修行者还会在山上的小屋中闭关。你不妨跟随当地人一起转山，饱览壮美的风光之余，还能品尝到神圣的泉水——别忘了，应该按照苯教的习惯逆时针转山。

从文布南村前往琼宗的沿湖土路非常崎岖，比起自驾车，坐当地人的摩托车前来似乎更加稳妥（但依然惊险），往返价格在200元左右。

玉本寺   寺庙

免费 相传建于7世纪之前的玉本寺不但是苯教最早的寺庙之一，而且还是末代象雄国王李弥夏的出生地。这座建筑巧妙地依附在山体上，从藏式山门进入，一座别有洞天的"洞穴寺庙"就在眼前展开。

玉本寺位于甲谷乡吉松村，尼玛县城出发有公路直通，大约需要4小时车程。一些驴友会选择从琼宗沿山间小路徒步两小时到达

曲措寺 寺庙

这座年轻的苯教寺庙建于1849年,同样坐落在湖边,虽然规模不大,但由于内藏的苯教古籍经书量多,而在信众中有较大的影响力。

从尼玛县城出发,到甲谷乡再向西行45公里就能到达曲措寺。

色西寺 寺庙

这座属于色西家族的寺庙位于当惹雍错南端、达果雪山脚下,小小的寺庙只有12名僧人,但依然严格执行一些古老的苯教仪轨。如果你刚好从南侧进入当惹雍错,就不要错过这里。

🛌 食宿

在藏北之地照例不要有太高期待。无论文布南村还是文布北村,食宿条件都差不多,旺季床位的价格在100元左右,可以与主人一起搭伙。你只需要集中精力挑选一家窗外视野好的家庭旅馆就够了。

文布南村的**宝马旅馆**(📱182 8914 7586)、**望湖宾馆**(📱187 9896 8165)、**安徽人家**(📱150 5519 8330)、**当惹如家旅馆**(📱158 8906 8452)都是干净整洁的选择。

文布北村的**热达大师培杰宾馆**拥有比较干净的藏式房间,落地窗上的铁栅栏有点煞风景。**当琼寺招待所**(📱189 8996 5090)的落地窗和窗外风景都更胜一筹。

ℹ️ 到达和离开

整个当惹雍错地区都没有固定时刻的公共交通,自驾旅行当然是最好的造访方式。不过,好在205省道纵贯而过,连接301省道上的尼玛县和219国道上的桑桑镇,一些当地车辆会经过。如果你是背包旅行者,不妨在上述两个县镇等候搭车。

申扎

电话区号 0896 海拔 4690米

严格地说,申扎并不在阿里大北线的路

🍃 藏族人的自然观和生死观

杜冬

环保和动物保护工作者来到藏地,往往会感叹藏族的宗教观和对神山圣湖的敬畏对于环保有极大的帮助。平心而论,敬重生命、守护生态的理念并不专属于藏族,这是当代工业文明出现前所有人类文明所共有的态度,其核心思想是敬重生命,认为人不过是生态界中的一环,不可倒行逆施,至于其具体的表现形式多种多样,并不局限于佛教的不杀生理念。

例如,藏南地区的珞巴人以狩猎为生,他们捕杀熊、鹿、鱼等多种动物,珞巴猎人们相信万物有灵,即便是一草一木都有自己的灵性。他们不捕杀被视为神灵的老虎,如果误杀,也会采取宗教的安魂措施来抚慰老虎的鬼魂,捕猎和尊重生命并不矛盾。

实际上,由于藏传佛教理念的推广及牧民生活水平的提高,这些年不杀生的思潮上

(左图)转经的藏族人;(上图)牦牛头和古塔遗址。(左图)冯帅 摄;(上图)GETTY IMAGES 提供

升,反而导致许多牧场的牦牛数量下降(由于风气越来越倾向不杀死且不贩卖牦牛,不能带来经济利益),对于牧场的良性发展也不利。

因此,与其一味强调藏传佛教不杀生对于环保如何有利,并推而广之,倒不如更深入地思考藏族人生活中的均衡理念,以草原为例:人、牦牛、马、秃鹰、土拨鼠、鼠兔、狐狸,乃至草、河、山丘(以神灵形象出现),还有暴风雪等,都处在一个无所不包的动态平衡之中,或许可以说"众生平等"。这一看似空洞的理念,有时反而比科学的机械指导更有效力,例如,有学者认为草场分块就能让草地恢复并提高生产率,但实践证明过犹不及,原本的游牧方式虽然效率低下,但牛群迁徙却能促进牧草发育。西藏固有的环保理念与当代思维相冲击会产生什么样的结果,应放在具体的语境下具体分析。

在这"众生平等"的理念之下,西藏人的生命体验很达观,不带有明确的"工具——目的"意义,而是将人生置于世界万物的循环之中。天葬就是极好的一例(佛教对此有自己的宗教意义解释),人们能坦然接受死亡这一命运的安排,忌讳放声大哭,忌讳频繁提起逝者的名字,认为与其用思念捆绑他,不如让他忘却此生的牵挂,自由地投入生命的轮回。

生死达观,本身就是西藏文化最具魅力的特点之一,如能放下猎奇的心态,或许能得其真意。如想了解藏人的生死观,除了诸如《西藏度亡经》之类的理论指导,作家次仁罗布的《放生羊》或许更有帮助。

线上。取道来这里的,无疑是看过色林错后依然不过瘾的狂热鸟类发烧友。6444米的甲岗雪山和476平方公里的格仁错分据县城南北,使它拥有了神山圣湖的豪华配置。

虽然位于干燥酷寒地带,但冰川融水补给造就的低矿物质湖水、湖畔丰茂的沼泽生态都为鸟类栖息繁衍创造了绝佳条件,申扎也因此成为公认的"观鸟圣地"。包括黑颈鹤在内的120多种鸟类于3月下旬抵达,经过月余恋爱,在5月和6月份诞下爱情结晶。这一时段也是申扎最热门的旅游季节,多数人会选择到格仁错南岸观鸟,从县城向南5公里拐上向西的岔路,经过荣拿多村,再行大约30公里就能到达湖畔。

❌ 食宿

县城北边的政府宾馆新楼豪华气派,但普通游客只能住到旁边的老楼,性价比不高。可以选择街对面的**羌塘招待所**(📞181 4386 3873;中信大道北端;普三240元;📶 🅿)在我们调研时,这家只提供一种房型的宾馆正处于装修的尾声。房间干净明亮,还难得地配有公共洗浴设施。想体验藏家住宿的可以到西边老城区的**恩念热德寺招待所**(📞181 4386 3873;扎西北路中段;铺50元;🅿)这里有风情浓郁的居室,卫生条件也说得过去。中信达道上有两家澡堂(25元/人)可以解决洗浴问题。

火锅是这座高寒县城人们的最爱,众多川菜馆中,**天翼鸿运餐厅**(📞133 9806 6333;中国电信营业厅旁)人气最为火爆。

ℹ 到达和离开

申扎客运站(📞189 8909 3235)在县城南端,每周一、周四8:00开行去往那曲的班车(185元,9小时)。另外,每两天还有一班车(270元,16小时)直达拉萨。不过这班车大概是私人营运的,售票点和发车点都在县城正中的顺康购物中心(📞368 2885)。

免费 色林错

我们不敢像很多人那样说色林错是西藏

📖 羌塘:不再寂静的荒野

梁旭昶

在洪荒久远的年代,经过多次南北交加的板块运动,今天青藏高原的中北部区域逐渐形成现在的模样。藏语里,人们把这块开阔的高原称为"羌塘"。它并非一个行政概念,羌塘可以泛指冈底斯山和念青唐古拉山脉北部与昆仑山之间的广阔地带。

羌塘平均海拔高于4700米。作为高寒荒漠生态系统的代表之一,羌塘大部分地区寒冷而干燥,年均气温约为-6°C,个别区域最低年降水量不足50毫米。这里还是中国高原现代冰川分布最广的地区,其湖泊总面积超过2.5万平方公里。在很长的一段时间里,这里没有树、没有人,只有玉石般的湖泊和静静屹立的雪山,是不为人类文明所定义的超级荒原。

虽是荒原,但这里并非"生命禁区"。伴随着更新世末期的气候变化,高山草甸在羌

羌塘草原的藏羚羊。梁旭昶 摄

塘大面积扩展。数百万年的进化史最终在这里形成了独特的哺乳动物群落。比如,人类熟知的藏羚羊就广泛分布在这里,数量可能近10万头。它们每年进行的大迁徙,是中国仅存的陆生野生动物长距离迁徙活动,也是全球罕见的生命奇观。

人类在羌塘的历史可能比想象中更为远久。据推测,最后一次冰川活动高峰之前,使用简陋工具的游牧猎人也许已经出现在这里,并随后存续了至少3万年。相比早期的先民,当代人类活动的范围有所扩展,在北纬33°以北更荒远的区域也逐渐有了定居者的足迹。炊烟袅袅、牧歌悠扬的传统牧业生活,仍是大多数羌塘居民的日常写照。

百年前,外来的旅行者Sven Hedin(1909年)赞美羌塘:"如果有谁认为在如此孤寂的荒野中旅行会令人感到乏味和厌倦,那么他错了。世界上没有比这里更壮观的景象。每一天的跋涉都会为你带来难以想象的美丽。"进入21世纪,这里的交通更加便捷、基础设施迅速改善。教育、医疗系统的发展,也极大地帮助了羌塘地区人民改善生活水平。不过,世事并非仅如诗歌般写意。这里正在经历全球最剧烈的气候变化之一:气温上升、降水波动、极端天气增加。这些变化,同时为高度依赖当地生态资源的羌塘人类社区和野生动物带来重大挑战。为了生存,羌塘居民只得在这不利的自然环境中越发奋争。他们在逐渐萎缩的优质草场上,扩张牲畜、建设围栏、发展道路,而这进一步增加了野生动物的生存压力,包括栖息地丧失、基因退化,以及疾病风险。在这场似乎正日益加剧的人兽冲突中,其实没有赢家。好在政府和保护机构正在努力改变这一状况,羌塘的野生动物及人类"居民"或能重享往日的宁静。

ℹ 改则和尼玛

301省道上的这两座县城，曾是大北线的必经之路，近年来更多旅行者选择雄巴、仁多，经扎日南木错至当惹雍错的路线，不再需要留宿这两地。或许只有当你需要修车、医疗等服务的时候，才会想起它们如荒漠甘泉般的存在。下面列出两个县城的一些实用信息，或许对你有用。

改则

阿里富隆酒店（☎265 3999；301省道旁县政府斜对面；标双299元；🅿）这里有干净的木地板和床铺，洗澡水和冬天的地暖都很给力。文化路上的**湘里缘餐厅**（☎265 3788；人均30元）美味又实惠，推荐尝尝小炒肉、拌木耳。

改则卫生服务中心就在301省道西段，能处理一般病症。继续往西就是汽修店扎堆的地方。这里每周有2~3发往狮泉河的班车，但时间不固定，可以到富隆酒店具体询问。

尼玛

财康大酒店（☎188 9801 8929；建设路中段；标双380元；🅿）硬件设施堪称县城最佳，立式空调可以让房间快速暖和起来。农业银行斜对面的**川菜味当家**（☎371 2567）总是挤满了当地食客，可以试试这里手抓羊肉的独特做法。饭店旁边还有家朗玛厅叫**象雄民族演艺中心**，10块钱买瓶啤酒就能体验藏北的夜生活。

县医院（☎371 2106）就在县政府北边不远，汽修店集中在县城南端。

尼玛汽车站每周三、六早7点有班车发往那曲（200元，8小时），不定期还有去往拉萨的直达车（300元，夕发朝至）。⑫

色林错。

最美的湖泊，但可以确定它是最大的。截止到2014年6月，色林错以2391平方公里的湖面面积成功超越纳木错成为西藏第一大咸水湖。即使近10年来，色林错的面积一直以每年50平方公里的面积增大，但如今的色林错依然只有古代的七分之一大小。曾几何时，周边的措鄂、吴如错甚至申扎县城北部的格仁错都与它连为一体。

高海拔、高寒、丰沛的水资源构成了色林错独特的生态系统，陆上走兽（藏羚羊）、湖畔水鸟（黑颈鹤）、水中游鱼（裸鲤），众多濒危物种选择在此栖息。2003年，色林错升级为国家级自然保护区，同时它也是世界上最大的黑颈鹤自然保护区。

如今301省道紧贴色林错南岸而过，因此在从尼玛到班戈的路上，你很容易对它进行一次巡礼。多数人选择从雄梅三村附近下道接近湖边，而公路南侧的错鄂中因为有数个"孤岛"而成为鸟类的天堂——春季观鸟，这里是不二之选。

如果你痴迷于"一错再错"，从尼玛县向东北出发有一条土路可以贯穿达则错、吴如错，直抵色林错南岸。

班戈

电话区号 0896

西有色林错,东有纳木错,北至双湖,南通申扎,人们在这个偏远的县城稍作休整,然后前往更偏远的地方。这里算是藏北高原荒凉中的繁华之地——甚至有出租车。吃顿饱饭,好好睡一觉吧,最后别忘了到县城东边的中石油加油站喂饱车子。

天湖宾馆(☎367 2268;606县道农业银行对面;普双160元)深受旅行者欢迎,有干净实用的房间和公共洗浴设施。房间可放1~3张床,价格相同。幸福东路北段的**莫东达热酒店**(☎136 2896 4022;普双180元)由藏族同胞经营,床品干净,装修豪华,却不能洗澡。饭店都集中在幸福东路上。

班戈客运站就在中石油加油站对面,每天8:30和15:30开行2班去往那曲的班车(95元,2小时)。

中国海拔最高的县城——双湖

2013年7月26日,经国务院批准,西藏"双湖县"正式成立。海拔4950米的双湖县——中国海拔最高的县城就此诞生。无论怎样形容这里的荒凉都不为过:县域12万平方公里,相当于3个台湾岛,却只有1万人口在此生活。平均海拔超过5000米,超过300天霜冻期,堪称"生命禁区"。

然而它对旅行者的吸引力也是显而易见的:县城东北60公里处坐落着422平方公里的普若岗日冰川,它是南北极之外最大的冰川,也称为"世界第三极"。此外,人迹罕至的双湖地区自然成了野生动物的天堂,这里算是最有可能看到野生牦牛的地方。

双湖没有公共交通,只有少部分旅行者会选择在7、8月的天气窗口期驾车进入这里。如果你没有充分的准备,不要贸然前往。

在路上
本书作者 丁海笑

当查杰玛巨大的木门缓缓开启,听到咣当一声铃响,阳光透过天窗照着殿内的无数珍宝,尘土颗粒在空中飞舞,气味干燥又让人惊叹,仿佛带我回到在山西佛光寺的那个下午。

进一步了解我们的作者,见422页。

川藏北线公路。

317 国道

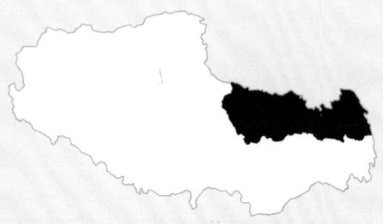

317国道

从被褶皱山体肆意切割的高山峡谷,来到人迹罕至的羌塘高原,沿着罕为人知的317国道从昌都到那曲,曾经是一条极少旅行者会选择的路线,不过如今的317国道路况良好,自驾日渐成为探索此区域的最佳方式。这里拥有西藏最早的人类聚落,川藏、滇藏两路茶马古道在此交会,三江并流,八条公路纵横交错;这里还是苯教、藏传佛教的沃土,古刹林立,神奇的传说和宝藏让人着迷。一场旅程过后,牧场的牛羊、红色的河谷、斑斓的佛殿、古老的塔林都让你感到仿佛独处于"香格里拉"般的世外桃源。这里的孩子笑容还留有纯真,喇嘛们也愿意和你搭肩拍照,你走过的寺院鲜有汉字记录,一路上都是免费的风光,而这些都将是你不可多得的雪域记忆。当你从高山夹缝中降落在气候恶劣的昌都机场,或是驾驶四驱车驰行于雨雪中的陡崖峭壁,在高寒藏北无人区体验荒芜,去那些极少有旅行者光顾的城镇,你将收获一个不一样的西藏。

☑ 精彩呈现

强巴林寺	370
昌都	372
类乌齐	378
丁青	383
巴青	385
索县	386
那曲	388
青藏铁路	390

何时去

➡ **5月至9月**,草原青葱翠绿,藏北旅行的黄金季节。8月,藏北最盛大的赛马节在那曲举行,此时也是317国道的雨季,多段路况凶险,自然灾害多发。

➡ **11月至次年3月**,冬季和初春干燥风大,温度低,高寒缺氧,317国道已不具备整体通行的条件。不过在昌都,安确节的沙坛城、古庆节的跳神、迎请强巴佛法会的展佛、酥油花灯节的酥油花制作都在这段时间进行。

317国道 365

★ **317国道亮点**（见368页）
① 强巴林寺　② 孜珠寺
③ 那曲赛马节　④ 查杰玛大殿的珍宝

实用信息

➡ **公共交通** 长途汽车通常需提前1~2日预订，机票经济舱需提前至少2周预订。

➡ **自驾和包车** 自驾建议用越野四驱车，也可分段包车或搭乘顺风车，部分路段不建议骑行。

➡ 317国道沿线没有青年旅舍，除了简易的招待所，宾馆价格都在200元以上，一定要询问有无暖风空调或者地热，一些宾馆淡季可能歇业。

➡ 订房网站在317国道沿线几乎用不上，旺季部分宾馆在退房时间才可能有房。

危险和麻烦

➡ 随着雀儿山隧道、朱角拉山隧道和斜拉山隧道的开通，317国道路况有了极大改善，曾经悬壁边"地狱般"的砂石土路不复存在。当然，雨季还是应当注意塌方、泥石流等灾害，冬季大雪，要留心封路情况。

➡ 沿途的气候、地形、海拔差异较大，你得随时应对温差变化。各地的物价也有地理、季节差异。

➡ 当地的旅行者较少，建议不要独行，车站等地容易出现包车司机哄抢行李的情况。

文布南村和当惹雍错。

当地人推荐
不为人知的藏北

吴雨初，西藏牦牛博物馆馆长，20世纪70年代进藏。

为什么会想到建一座西藏牦牛博物馆？

假如这个问题抛给牦牛的话，它将这样回答："我们陪伴了高原藏族几千年，我们把一切都献给了他们，成就了他们的衣、食、住、行、运、烧、耕，影响了高原的政、教、商、战、娱、医、文，在我们身上，驮载着高原的历史和文化。为我们建一座博物馆，难道不是很自然的事情吗？这座博物馆总结的'憨厚、忠诚、悲悯、坚韧、勇悍、尽命'的精神，是我们与藏族的共同特点。"

在你看来，如今藏北最大的变化是什么？

可能是气候，没有过去那么寒冷了。另外，随着物质生活的改善，这里变得更美了。当时连个照相机都没有。现在拿着照相机和手机，拍不够，因为太美了！我有一句话被友人称道：最好的风景在海拔4500~5000米。

关于那曲、昌都有没有特别推荐的书籍？

马丽华的《藏北游历》和《藏东红山脉》，本人的《藏北十二年》也可以看看。

雪山下的藏野驴。

那曲或昌都沿线有什么旅行者容易忽略的目的地,以及最地道的玩法?

尼玛县的当惹雍错(见354页)是苯教最大的神湖,我个人认为是西藏最美的湖。我30多年前第一次见到时的感觉,是想永居于此。双湖县的普若岗日冰川是地球上的第三大冰川,有400多平方公里,当然只能到达其边缘,一个晶莹剔透的世界。丁青县的孜珠寺是最大的苯教寺庙。在那里,会怀疑自己是不是还在同一个星球上。

✅ 不要错过

◎ 最佳寺院

➡ **强巴林寺** 康区最大、最早的格鲁派寺院。(见370页)

➡ **查杰玛大殿** 藏有上百尊佛像与佛塔、千佛墙、万卷金字经书,更有许多文物孤品。(见378页)

➡ **孜珠寺** 全藏区最大、信徒最多的苯教寺院。(见381页)

➡ **噶玛寺** 噶举派的祖寺,西藏的活佛转世从这里开始。(见373页)

➡ **赞丹寺** 别称"小布达拉宫"。(见386页)

◎ 最佳观景点

➡ **孜珠寺石拱门** 怪石嶙峋的孜珠山山顶尽收眼底,还有镶嵌于石头间的寺庙。(见381页)

➡ **巴达乡** 抬头就是布加雪山,雪山与村落、野花和草地相映成趣。(见383页)

➡ **丁青寺** 丁青县城周边的田园风光一览无余。(见383页)

317国道亮点

❶ 强巴林寺

强巴林寺（见370页）以舞蹈、酥油花、坛城、唐卡和壁画蜚声中外。平日你可以在措钦殿感受几百喇嘛上殿的宏大场景，在曲然观辩经，吉阔拉康方圆相间、几何结构精密的坛城更是不可错过。即便是在荒凉的寒冬，古庆跳神、安确节沙坛城、迎请强巴林佛法会、酥油花灯节都是不错的造访理由。

❷ 孜珠寺

这是一个连藏族人都感到陌生的寺院，许多人只闻其名却从来不知道它在哪儿，它是西藏海拔最高的寺院之一，也是全藏区最大、信徒最多的苯教寺院。镶嵌于奇峰中的寺院和僧舍、与众不同的苯教仪式和仪轨、古老而原始的苯教裸体神舞、新奇而独特的宗教传说，会让你对西藏宗教有全新的认识。

❸ 那曲赛马节

那曲赛马节（见389页）也叫恰青格萨尔赛马节，是藏北规模最大的赛马盛会。那曲为赛马节建立了专门的赛马场，每到8月，草原一片碧绿，会场周围搭建起五彩缤纷的帐篷。赛马开始，彪悍的汉子骑着骏马飞驰，除了比拼速度、角逐胜利，还会有耍枪、射击、拾哈达、悬体、倒立等惊险项目。

❹ 查杰玛大殿的珍宝

一个要三位管家同时开启的千年佛殿，一个装满纯金汁抄写的佛经、丝绣唐卡等无数珍宝的宝库，一个由条花纹饰、金瓦宝顶组成的尼泊尔风格建筑，而这并不是好莱坞电影的场景。查杰玛大殿（见378页）藏有上百尊佛像和佛塔、千佛墙、万卷金字经书，更有许多文物孤品，等待你亲自揭开它那古老而神秘的面纱。

（左页图）强巴林寺喇嘛上殿；（左上图）孜珠寺。
（右上图）那曲赛马节；（下图）查杰玛大殿。

★最佳景点
强巴林寺

强巴林寺是康区最大、最早的格鲁派寺院,由宗喀巴弟子向生·西绕松布于1444年创建,因寺内主供强巴佛(弥勒佛)而得名,又名昌都寺,现有喇嘛千余人。早上随转经的信徒绕寺院一圈,感受措钦殿的诵经、曲然的辩经,观看喇嘛上殿、下殿,这也许是除节日外你能在西藏见到的较大规模的诵经了。更不要错过吉阔拉康的坛城。

强巴林寺呈椭圆形,建筑多坐北朝南。措钦殿、格隆扎仓等建筑位于几何中心,北侧有僧舍、五个扎仓和曲然,南侧有三个扎仓和印经院。外围一圈是转经道,南侧有八大吉祥塔。

见396页地图;免费;⏲全天开放;交通:沿茶马广场背后的紫岳大道步行、自驾至寺门,也可乘坐市内观光车、出租车;顺着昌都茶马城的楼梯上山,能到寺院侧面的转经道。

措钦殿

歇山式大金顶的措钦殿是强巴林寺的大殿,外殿是**大经堂**,塑有九大扎仓的密宗像,从左至右依次为:无量寿佛、普明大日如来、喜金刚、时轮金刚、密集金刚、千手千眼观自在、十三相大威德金刚、胜乐法轮金刚、大时轮金刚持。大经堂每日上午(约7:30)开始例行早课。9:30~9:50供应糌粑,吃完后,喇嘛们纷纷出大殿,涌向曲然进行辩经。辩经完毕后还会继续回到大殿念经。观看诵经时不能出声,须脱帽、俯身,特殊日期还会有一些仪式。佛殿供奉藏式、印度式两尊精致的释迦牟尼鎏金像,另供有五大活佛及强巴佛、大白伞盖佛母、白度母、阿底峡尊者等。塑像工艺精细、色彩艳丽,其中手臂纹理精细的大白伞佛母最难塑造。向巴曲扎肉身灵塔是2008年去世住持的灵塔,由纯银打制,仅天珠就用了34颗。强巴林寺许多殿都能见到的**昌都护法神**乃地方保护神。

强巴林寺下课后穿鞋的僧人。

亮点速览

➡ **措钦殿** 观看几百喇嘛上殿、下殿的宏大场景。

➡ **吉阔拉康** 坛城方圆相间、几何结构精密,俨然世界的缩影。

➡ **曲然** 观辩经,立辩为强巴林寺的特色。

➡ **文艺表演** 铖斧舞、卓舞、藏戏都是强巴林寺的绝活。

吉阔拉康和曲然

吉阔拉康门上写着"朝佛上三楼",三楼是三个巨大的镀金铜铸的立体坛城:胜乐坛城、密集坛城和大威德坛城。坛城上的塑像栩栩如生,带有印度风格,又有西藏本土元素,上面镶嵌宝石,旁边摆放着酥油花。四楼也有三个坛城:喜金刚坛城、无量寿佛坛城和时轮金刚坛城。坛城方圆相间、几何结构精密,俨然世界的缩影。

曲然,一般也叫法园、讲经院,为讲经、辩经的场所。强巴林寺的曲然位于大门右侧,一次可容纳几百人辩经。辩经通常在上午10时进行,持续两个小时。只有通过层层的辩经考试,才能获得强巴林寺最高学位绕降巴。绕降巴学位一般每年只有3个名额,要求严苛,获得绕降巴学位后,僧人才能进入上密院和下密院专修密宗,从而有资格被推荐参加大昭寺的传召大法会,通过辩经考取藏传佛教最高学位。辩经可分为立宗辩与起坐对辩,立宗辩是强巴林寺较常见的辩经方式,答辩者往往要接受多个质询者的提问。围观辩经需要保持距离,即便是在室外,也要脱帽、恭敬。

扎仓和其他建筑

强巴林寺有多座扎仓(学院),分别研究不同的佛学学科。不同的扎仓主供佛也不同,譬如**格隆扎仓(大护法殿)**主供怖畏金刚,有九头二十七眼三十四臂十六腿,非常高大威武;蓝身拥妃,皆裸体,座为莲花,有红日、火焰等图案装饰。众扎仓的中间一般供宗喀巴。

大经堂与护法神殿之间的广场是跳神和重要活动的场地;广场旁的**强巴拉康**为强巴佛主殿,主供泥塑镀金强巴佛,具有浓厚的曼荼罗艺术遗风;格隆扎仓的背后是一个较大的建筑**嘎登唐青颇章**,为过去帕巴拉活佛的住所,需绕行到正门进入,院落、内外殿都特别宏伟;次巴扎仓旁还有一个**印经院**;许多旅行者会特别参观门口巨大的茶房,不过禁止女士入内;寺院北面有小径通往**天葬台**。

德格到昌都

近年由川藏北线入藏的旅行者不断增多,这条线的一部分与317国道重合,沿途有四姑娘山、丹巴、色达、德格、石渠、白玉、亚青寺等许多热门旅行地。从成都出发,可以坐班车直达昌都,也可以先到丹巴、炉霍、甘孜、色达或德格,再一路中转进藏。

德格是入藏前的最后一站,这里有大名鼎鼎的**德格印经院**和许多名刹。从马尼干戈到德格,要翻越川藏第一高——雀儿山垭口(海拔5050米),这是你进藏前的第一个挑战,这一段是非铺装路面,多弯。好消息是雀儿山隧道正在施工,预计2017年完工,届时至德格只用2个小时左右。从德格可以拼车到江达(3小时)和昌都(7小时)。过金沙江岗托大桥后,你便进入了西藏。

进藏后的**矮拉山**(正在修建隧道)也是没有护栏的盘山土路,但拥有壮阔的风景,垭口海拔4447米,下山后可以游览萨迦派的**瓦拉寺**,沿河谷一路到达江达县。再沿河谷继续前行,翻过雪集拉山垭口(海拔4240米),有一个501省道的分岔口,你可以另辟蹊径,经贡觉县与318国道会合。

继续沿317国道前行,翻过宗拉夷山垭口(海拔4481米)。前往噶玛寺可以在噶日村拐入507乡道。距昌都市40公里的日通乡与如意乡交界处还有一座海拔5400米的**谷布神山**,半山腰有一个仁宁洞。顺扎曲河继续往下到达昌都市区。

昌都

电话区号 0895 海拔 3300米

位于西藏与四川、云南、青海交界的昌都(藏语意为"两江汇合"),并不像其他的交界城市那么边缘,相反它是西藏东部的一个现代化门户,藏东最大的交通枢纽。尽管早在新石器时代,这里就有了西藏最早的人类活动痕迹,川藏、滇藏两路茶马古道在此交会,但城镇的兴起,还要得益于康区最大的格鲁派寺院强巴林寺。人们环寺而居,商贾

昌庆街的店铺。

骈集,此后昌都逐渐发展为藏东政教、经济中心。

如果你来到了昌都,那么恭喜你,进藏的旅程已经进行到了一半。昌都市的行政中心设在卡若区,这是一个2014年末才成立的新兴城市,有人说西藏一半高层建筑都在这里,这种说法并不夸张,也许是重庆对口援建的缘故,让这里颇有山城的气势,时尚、繁华,人们的衣着不再风尘仆仆。昌都因澜沧江的支流扎曲和昂曲在此交汇而得名,两条河流将卡若区切割几个坝子,有中心坝、四川坝、云南坝、马草坝。这个坝子你可以理解为一个街区,坝与坝之间用桥梁连接。

昌都的魅力不仅在于这是康巴文化的重镇,还因为这里寺院林立,且隶属于不同教派甚至不同的宗教。饮食上也不再单一,川菜、云南菜、西餐比藏餐要多。建议好好地享受城市的安逸,因为接下来的317国道的旅程,你再也见不到比它繁华的地方了。

◎ 景点

昌庆街　　　　　　　　　　　　　街区

(见396页地图;卡若区昌庆街)旧城改造后的民族街,融合藏汉建筑风格,由外向里,逐步登高。除了服装市场和卖民族工艺品的商铺,这里还是藏餐、茶馆较为集中的地方。街的南口有许多进行虫草交易的小贩。

近几年,昌庆街北面又新建起宏伟的茶马城和茶马广场,堪称昌都的地标。**昌都茶马城**是一个金碧辉煌的大型藏式仿古城,其建筑一直延伸到强巴林寺的脚下,又通过**茶马广场**与昌庆街相连。这里新建有**昌都博物馆**,还有许多新式的商铺、客栈、咖啡、餐厅,从市内任何一个地方步行就能走到。市区还有**澜沧江源头广场**和**解放广场**。

卡若遗址公园　　　　　　　　　考古遗址

(见396页地图;卡若区卡若镇)如果你在昌都的时间比较多,可以去趟距市区12公里的卡若遗址公园。这是西藏最早的人类痕迹,是西藏自治区内发现的第一处原始村落遗址,也是迄今为止发掘的面积最大、保存

☑ 不要错过

噶玛寺

(见396页地图;卡若区嘎玛乡,距昌都市区120公里)对噶玛噶举派感兴趣的旅行者,可以前往扎曲河上游的噶玛寺。317国道在噶日村有一条向右的507乡道,可以溯扎曲河而上到达嘎玛乡。

噶玛寺是噶举派的祖寺,于12世纪由都松钦巴创建,与楚布寺并称为噶玛派上下二寺,在昌都的名气仅次于强巴林寺。活佛转世制度起源于噶玛噶举派,都松钦巴被尊称为第一世噶玛巴活佛。第五世噶玛巴为明成祖之上师,明成祖赐其"大宝法王"的尊号。现在第十七世噶玛巴邬金钦列多杰,就是人们熟知的"第十七世大宝法王",也出生在现在的昌都市卡若区。

噶玛寺的建筑由大殿(措钦)、护法神殿、灵塔殿、扎仓、讲经场、僧舍等组成,建筑由低而高,鳞次栉比。主体建筑为**大殿**,大殿由经堂和佛殿组成。经堂四壁绘有以释迦牟尼传为主要题材的彩色壁画。佛殿设有三座殿堂,分别为释迦牟尼殿、强巴佛殿(左)和喇嘛拉康(右)。噶玛寺有名的古建筑还有三座**灵塔殿**,第一座供有都松钦巴、司徒仁钦、克巴旺结多杰活佛,第二座供有二世噶玛巴,第三座为格色蚌垫巴灵塔。 ⓛⓟ

最好的新石器遗址。卡若遗址博物馆在作者调研时正在重建,旁边新建起酒店、游乐场。去卡若镇的小巴(5元,8:20~19:00,每小时1班,约整点发车,行程20分钟)在茶马桥下,这条路也是通往机场的路。目前卡若镇没有宾馆,只有简易餐馆,如当天往返需询问司机返程时间。

清真寺　　　　　　　　　　　　清真寺

(见396页地图;卡若区聚盛路旁)距离昌庆街不远的这座清真寺,绿白相间的崭新建筑十分显眼,上题"清真古教"。12世纪

初，昌都就已有穆斯林在此做生意，老清真寺建于1719年。不过作者调研时已经重修，新式建筑，全无古貌。

❀ 节日和活动

酥油花灯节　　　　　　　传统节日
藏历一月十五日，强巴林寺举行祈愿大法会，包括诵经、供佛、辩经等活动，期间还会表演神舞。酥油花是用彩色酥油捏成的佛像、人物、花木、鸟兽等形象。藏历一月三日开始做酥油花，一月十五日完成后抬出展示。

迎请强巴佛法会　　　　　传统节日
藏历二月十五日，强巴林寺举办一年一度的迎请强巴佛仪式，展示巨型强巴佛唐卡，并簇拥一尊高约2米的强巴佛像巡游寺院。

央勒节　　　　　　　　　传统节日
藏历七月三日至十五日，寺院举行央勒节（夏令安居仪轨节）。在大绒觉恩木（帕巴拉活佛的夏令寺院）的草坝上搭好帐篷，帐中摆设藏床、卡垫、被褥等，设置佛龛，在佛龛上陈列糖果等丰富的食品。当地群众也会在寺院附近搭帐篷，观赏藏戏、跳锅庄。

三江茶马文化艺术节　　　　艺术节
2015年开办，每年9月中旬举办，届时会邀请西藏各地的演员进行文艺表演。如果对广场歌舞不是很感兴趣，建议错开时间，市内宾馆接待能力有限，所有酒店都会被订空。

安确节　　　　　　　　　传统节日
藏历十月二十五日是藏传佛教格鲁派祖师宗喀巴的圆寂日。安确节（即燃灯节），也是僧众换袈裟日（准备冬衣）。从安确节开始，强巴林寺九大扎仓便开始制作沙坛城。

🛏 住宿

昌都市内并没有性价比特别高的住宿，尽量选择三星、四星级的宾馆。招待所最差的房间也要80元，只有两张不太干净的床，一台电视。如果遇到节庆活动，市中心区域一般找不到住宿。

亿都大酒店　　　　　　　　酒店 ¥¥
（见396页地图；📞484 7777；昌都西路实验小学旁；标双320元起；📶❄️🅿️）位于市中心人行天桥旁，房间宽敞，有一个可放笔记本的写字台，卫生间很干净，但卧具略显陈旧。单部电梯，室内Wi-Fi覆盖，有中央空调、液晶电视。接受信用卡。

昌都会议中心贵宾楼　　　　酒店 ¥¥¥
（见396页地图；📞484 8555；昌都西路378号，解放广场旁；标双580元，标单680元；📶❄️🅿️）昌都市最好的酒店，解放广场上最显眼的建筑，是带有藏式风格的四星级酒店。拥有富丽堂皇的酒店大堂，客房内都有中央空调。房费含自助早餐。

昌都饭店　　　　　　　　　酒店 ¥¥
（见396页地图；📞482 5998, 183 0808 5998；昌都西路嘎东街社区375号，解放广场旁；标双320元起；📶）昌都条件较好的三星级酒店，房间混合汉式、藏式装饰风格，有较大的卫生间，配有24小时热水和地暖。

康盛宾馆　　　　　　　　　酒店 ¥
（见396页地图；📞482 9056, 482 3168；昌都西路邦达街社区319号；普双110元，标双280元；📶🅿️）二星级宾馆，标准间比较老气，普通间性价比更高。无热水淋浴，不提供洗漱用具，到处能闻到酥油的味道，但总比肮脏的招待所相对干净、正规。请选择靠近无线路由器的房间。

文慧酒店（原雪域宾馆）　　酒店 ¥¥
（见396页地图；📞483 7777；昌都西路嘎东街371号；标双368元；📶❄️🅿️）新装修后的雪域宾馆为二星级酒店，位置就在市政府大楼对面，配有中央空调、电梯，房间不大，风格老旧，一侧房间有不错的山景。

尚家连锁酒店（昌都店） 快捷酒店 ¥¥

（见396页地图；☎486 6066；昌都西路茶马桥头，网吧斜对面；标双238元；@☀）新开业的快捷酒店，装饰以蓝色为主题色，房间干净、小巧，有热水供应。尽量不要选择靠街道的房间。

昌都邦达机场宾馆 酒店 ¥¥

（☎462 3166；八宿县益青乡昌都邦达机场内；标双/单280元，普通间180元；@P）邦达机场宾馆的性价比非常高，你不必四五点钟早起拼车（比机场大巴贵60元）到机场。房间内有Wi-Fi、浴霸、暖气和舒适的毛毯，但早餐（30元）和晚餐（40元）得另付费。夜里非常安静，没有任何娱乐活动，还得忍受4400多米高海拔的高寒，但热闹温馨的大厅好歹也算是对你的补偿了。信用卡加收2%的刷卡费。机场外的益青乡有50元/铺的住宿，不过晚上你得独自走出漆黑的机场。

✪ 就餐

说昌都荟萃全国美食有点夸张，但在西藏要一次性吃到川、滇、藏、青四省美食，而且味道不至于差太远的，还真的只有昌都能够做到。卡若区遍街都是小饭馆，这里甚至有福建人开的海鲜楼，比起之后一直到那曲的317国道，真是幸福太多。餐馆都有物价局定价，市中心与周边有价差，但不至于高得离谱。藏餐、甜茶馆、小吃（如加加面）集中在昌庆街上。

强巴林寺饭馆 藏餐 ¥

（见396页地图；强巴林寺南侧墙外；人均15元；◷7:30~21:00）和拉萨的寺院餐厅风格、口味相近，有藏面（6元）、炸土豆（大份18元）、甜茶（2磅8元，3磅11元）、酥油茶（2磅11元，3磅16元）和一些炒菜。

忆味川菜馆 川菜 ¥¥

（见396页地图；☎489 0777；卧龙商业广场，雄鹰装修公司旁；人均60元；◷9:30~24:00）非常火爆的一家川菜小馆，以炒菜、蒸菜、冒菜为主，价格实惠，又位于市中心的河边。餐馆只容十几桌就餐，上菜得等20~30分钟，但菜的品相和口味堪比当地大酒楼。这里的特色菜有昌都鱼（128元/份），因为必须新鲜，得提前预订。

蒋麻火锅米线 川菜 ¥

（见396页地图；昌都茶马城1楼，昌都博物馆楼下；人均20元；◷7:00~22:00）米线、砂锅米线遍布昌都。比起当地价格昂贵的火锅和冒菜，一碗18元的火锅米线可以让你过过嘴瘾，碗里有米线、火腿、豆皮、黄瓜等配菜。

🛍 购物

在昌都，市场被叫作"都卡"，这里曾经商贾络绎，货通东西。民族用品集中在**昌庆街**，南口会有进行**虫草**交易的小贩，通常会在面前摆一个小摊，这里有时甚至能获得比原产地（产地多为丁青、昌都）更低的价格，但质量良莠不齐，需要火眼金睛。如果碰到山上新摘的**獐子菌**也可以买点，一般35~50元/斤。

Jack Wolfskin和牧高笛户外 户外用品

（见396页地图；☎489 0316；幸福小区民航站6-7号门面，聚盛路康巴大酒店斜对面的巷内；◷9:30~22:30）如果你在进藏前没有提前备好装备，这里有售各品牌的冲锋衣、保暖衣物和户外用品。友谊商场三楼还有一家分店。

ℹ️ 实用信息

医疗服务

昌都市人民医院（见396页地图；☎482 1745；马草坝路马草坝社区168号）二级甲等医院，昌都市最大的医院。

银行

建行、农行、中行、邮政储蓄在昌都主要路段都设有网点。较为集中的是昌都西路嘎

昌都汽车站车次时刻表

到达站点	发车时间/班次	票价（元）	行程	备注
拉萨	8:00	472	2日	
成都	9:30	643	2.5日	
左贡	8:00, 12:00	108	1日	
芒康	8:00	168	1日	
玉树	8:20	225	1日	
类乌齐	8:20, 14:00	52	4小时	冬季8:20
洛隆	8:20, 12:00	116	5小时	
八宿	8:30	103	1日	经邦达
江达	8:20, 10:00	88	4小时	
贡觉	8:20, 10:00	102	4小时	
察雅	9:00, 12:00, 17:00	37	2小时	
察隅	8:30	285	1日	
德钦	8:30	285	1.5日	
香格里拉	8:30	350	2日	
那曲	8:20	300	3日	
丁青	8:20	102	1日	

东街、聚盛路昌庆街、马草坝（中国民用航空昌都站附近），多数有24小时ATM机。

中国建设银行昌都三江支行（见396页地图；昌都西路嘎东街社区379号；⊙夏季9:00~18:00，节假日10:00~15:00，冬季9:30~18:00，节假日10:30~15:30）

中国银行昌都支行（见396页地图；昌都西路25号市政府大楼对面；⊙夏季9:00~18:00，冬季9:30~18:00，节假日11:00~16:00）

中国农业银行昌都县支行西路分理处（见396页地图；昌都西路嘎东街社区中国人民银行对面；⊙夏季9:00~18:00，冬季9:30~18:00，节假日10:30~15:00）

邮局

中国邮政昌都县西路营业所（见396页地图；昌都西路嘎东街社区381号；⊙夏季9:00~18:30，冬季9:30~18:30）

图书馆

昌都市图书馆（见396页地图；昌都西路嘎东街社区368号；⊙夏季9:00~12:00和15:30~18:30，冬季9:30~13:00和15:00~18:00，节假日15:00~17:30）有阅览室和读者咖啡厅。

旅游信息

昌都市旅游服务中心（见396页地图；☏4823448；昌都西路邦达街社区326号）提供旅游咨询、资料领取、包车咨询服务。

❶ 到达和离开

昌都是川、滇、青入藏的门户，这里有除拉萨外最方便的中转交通。

飞机

海拔4300米、建在狭长山谷中的**昌都邦达机场**被称为"世界上离市区最远、气候最恶劣、跑道最长"的民用机场。成都（6:20，返程8:55；经济舱990元）、拉萨（7:30，返程9:25；经济舱1380元）、重庆（7:30，返程10:20；经济舱1550元）每日有至昌都的固定航班，票价几乎都是全价。旺季飞成都一般只有头等舱（2970元）。因气候因素，机场常有航班调整的风险。

中国民用航空昌都站（☏4821004；马草坝路马草坝社区187号）销售全价机票，也是民航大巴的乘坐点。

长途汽车

昌都汽车站(新客运站; ☏482 2793; 昌都西路嘎东街社区357号,电力公司与师缘小区之间)于2015年开始启用,从解放广场步行可到昌都汽车站。大部分班车需要提前至少1日购票,冬季班车会减少或停开。作者调研时,317国道沿线在封闭修路,将来的时刻、行程有调整的可能。

自驾车

昌都有多条公路交会,走317国道全程建议使用四驱越野车。油价比内地贵,只有93号和90号油。

包车

如果你全程包车走317国道,花费可能得以万元为单位来计算。分段拼车以面包车、越野车两种车型为主。旅行者也可以求助于进藏的自驾车,但近年来自驾317国道的旅行者相对较少。搭车在317国道不像318国道那么普遍,除了当地人,司机一般不愿意接纳免费的搭车客。

拉客的拼车司机集中在聚盛路老客运站至昌庆街之间(康巴大酒店对面),有至西藏318国道沿线、四川、云南、青海周边的拼车,

昌都出发拼车价目参考表

目的地	价格(元/人)
拉萨	880
成都	750
察雅	50
邦达	120
八宿	200
林芝	300~400
左贡	200
芒康	300
江达	150
德格	250
甘孜	400
丁青	150~200
玉树	300
类乌齐	100

🔁 另辟蹊径

唐蕃古道

往北沿214国道自驾到青海境内、拥有上百座寺院的囊谦需要5~6小时(214公里)。公路时而在山巅盘旋,时而在峡谷中穿梭,尽情享受弯道带来的刺激。沿扎曲河继续前行,翻过两个垭口便到了玉树,接下来的路就非常轻松愉悦了,详见Lonely Planet《中国西北自驾》一书。

如果惧怕317国道的艰险,也可从玉树经308省道、109国道至拉萨,路较平坦,无须四驱越野车,但得要绕行1000多公里。有部分路段住宿不太方便,比如不冻泉只有2家住宿,可以选择往前40公里外的索南达杰自然保护站住宿。⒧

通常为7座面包,一般不走317国道。一定要找到直达车,否则你会在不同地方被转来转去。文康旅游运业有限公司(☏482 3448)隶属于昌都市旅游局,提供川藏滇包车业务。

ℹ 当地交通

昌都市无公交,市内观光车(10元/人;解放广场—茶马广场—强巴林寺—昌庆街—澜沧江广场—解放广场; ⏰9:30~20:00)主要针对旅行者,可以绕城中心一圈。出租车市内5元,会一车多载。

抵离机场

昌都市的中国民用航空昌都站旁的院子里每日有一班**机场大巴**(票价60元; 18:00; 2.5小时),提前10分钟售票。由于航班通常为次日上午,机场可以住宿(见374页住宿)。如果不想住在高海拔的机场,你也可以提前一天联系拼车司机次日至宾馆接送(120元/人; 5:00; 2小时),民航昌都站的门口有许多递名片的揽客,你可以从他们那里要到电话,也可以直接联系旅游局下面的文康旅游运业有限公司(☏482 3448)。

昌都到类乌齐沿途。

昌都到类乌齐

317国道在昌都中断,往类乌齐方向走214国道,全程110公里,需要4小时。出城不远便会经过俄洛镇,镇上有农行、加油站。从朱格村开始翻朱角拉山,这里有一座建于13世纪的**朱古寺**(海拔4120米),山腰上是**唐代古柏树林**,最大树龄已有1500多岁,深秋时分,景色迷人。翻越朱角拉山的路是危险的非铺装路面,一路泥泞且有许多夸张的弯道,道宽只容单车通过,经常堵车,至少1小时才能通过。214国道基本已经放弃这条路,朱角拉隧道已于2015年开工。翻过朱角拉山垭口(海拔4612米)后,往前会经过宗洛活佛的主寺**宗洛寺**。下山的路比较轻松。在滨达乡检查站需检查身份证,后半段都是沿峡谷通行,路况较好。出昌都不远的俄洛镇可以饱餐一顿,这里云集了许多云南风味的美食店,以云南烧烤最为有名,任意选择一家人多的即可。

类乌齐

电话区号 0895 海拔 3800米

类乌齐县是西藏境内317国道上唯一能被称作旅游县城的地方。重庆援建的县城让人耳目一新,重庆广场位于县城中心,四面环山,这样的风光在藏区随处可见。类乌齐有成片的古松柏、铅灰夹杂着棕红的石灰质峰、湿地与冰川,更重要的是在它西北方向的类乌齐镇上装满宝藏的神秘的查杰玛大殿鲜为人知。

景点

★查杰玛大殿　　　　　　　　寺庙

(类乌齐县类乌齐镇214国道边;8:00~13:00)免费 查杰玛大殿,又称为类乌齐寺,位于距离类乌齐县城25公里外的类乌齐镇(又叫老类乌齐)。查杰玛大殿由达隆噶举派高僧桑吉温奠基,尼泊尔的工匠参与了大殿的设计和建造,于1328年建成,建筑综合了藏、汉风格,还有尼泊尔元素。700

查杰玛大殿僧人诵经。

使得原本封闭的大殿透漏出明亮的光线。第三道门是佛殿的回廊,左右两侧是千佛墙,此外还有几百座大小佛像和若干大小佛塔。从左至右参观,中央有银塔,最高的佛像是金刚,右侧有万卷金字经书。第二层红殿与第三层白殿,需经寺院管家同意方能打开,其中白殿的文物最为珍贵。

查杰玛大殿珍藏的文物有:土旺伦布银质佛像、释迦牟尼佛紫金像(据说佛像内藏有佛祖的舍利和一节指骨)、元、明、清时代的唐卡54幅,用金汁、银汁书写的经书,用龙泥塑造的有2400多年历史的印度菩提伽耶塔像,乌铜造的"嘎丹塔",格萨尔王的镀金马鞍……

查杰玛大殿在214国道旁,沿色曲河往上,约40分钟即可到达。搭过路车(单程20~30元),也可乘坐少量的类乌齐至依日乡(16:00,返程次日9:00)、甲桑卡乡(16:40,返程次日8:50)、玉树(昌都过路车)的班车,在大殿广场下车。镇上有招待所、餐馆、农行。寺后有一座德曲颇章神山,每年藏历六月十五日,仲确节在此山举办。

多年来,以气势恢宏、建构独特的建筑和诸多价值不菲的文物而著称全藏。

外表金瓦宝顶、辉煌夺目的约30米高的大殿,像一个大礼堂。大殿分为花殿、红殿、白殿三层,每一层都需要用各自的钥匙打开。底层的"条花"是用黑、红、白三种颜色涂抹的竖形纹饰,这是"查杰玛"名字的由来。转经筒绕大殿一周,许多野狗在下面懒洋洋地睡觉,双檐中间一排"罗马柱",顶上还有许多精美的斗拱。

查杰玛第一层大殿花殿的钥匙,掌管在三位管家手中,如果要打开那两扇巨大、沉重的寺门,必须要三人同时在场。错过上午的开放时间,可以联系寺院管家,大门旁有几位管家的电话。第一位管家将第一道门打开,右侧有一个巨大的转经筒,第二、三位管家打开第二道门,当第二道门缓缓开启,听见咣当一声铃响,像是得到"开悟"。阳光透过天窗,照着殿内的无数珍宝,尘土在空中飞舞。殿内共耸立着180根柱子,在殿中托起天窗,

伊日温泉 温泉

(类乌齐县伊日乡;30元/人)伊日温泉是距离县城75公里的一处自然温泉群,四面环山,有众多的温泉眼分布在长约100米的狭长地段。水温在30~50℃。伊日景区内只有一个二层楼的伊日酒店(普双120元),入住宾馆泡温泉免费。也可以住宿在村民家(20元/人),泡汤另收30元/人。如果自驾的话,还可以去趟班车不到的伊日大峡谷,峡谷长约10公里,山石怪异,悬壁最宽敞不到百米,窄处只有数米。

类乌齐客运站内有至依日乡的班车(☎158 8905 4668;票价45元;类乌齐发车16:00,返程次日9:00;3小时),可到依日温泉,上车买票。去伊日温泉一般没顺风车,包车价格在600~700元/辆。

达日通湿地 湿地

(类乌齐县桑多镇达日通村214国道

边）从类乌齐出发去查杰玛大殿，沿色曲河往上经过达日通湿地，河谷、森林、草地相间，右侧有一排岩山矗立，似瑞士阿尔卑斯风光。在这里随便找个地方停车野营、耍坝子也很不错。乡村旁还有达日通塔林。

节日

仲确节 传统节日

"仲确"即"修行仪轨"，节庆源于查杰玛大殿的竣工，后来演变为以商贸活动为主的传统节日。每年藏历六月十五日，除了举行诵经仪式外，还会转德曲颇章神山。在山下享用美食，跳卓舞，表演热巴、摔跤、赛马、抱石头等，当然最重要的还是人们相互交易各种各样的物资。

食宿

类乌齐是西藏境内的317国道上住宿条件最好的县城，所以不妨奢侈一把，再往后即便是同样的价格，也只能享受招待所的待遇。酒店集中在人民中路两侧，小旅馆、饭馆在富民路附近有很多。

大山重庆宾馆 酒店¥¥

(450 4433；类乌齐县小康路1号，县政府斜对面；标双328元；政务型接待宾馆，藏式建筑。有着明亮的大堂，配有电梯，装修稍微有点陈旧。房间内有路由器，网速比较稳定，免费的矿泉水和餐巾纸。没有空调，但有电暖和电热毯，卫生间装有浴霸。

生态湿地大酒店 酒店¥¥

(183 8905 2777；类乌齐县人民中路，重庆广场对面；标双288元；) 新开的酒店，装修华丽，这几乎是你接下来能住到的最好的宾馆了。电梯、中央空调、大屏幕液晶电视、Wi-Fi，一应俱全。卫生间很干净。

湘香餐馆 砂锅¥

(富民路32-53；砂锅20~25元；10:00~22:00) 羊肉砂锅25元，味道非常鲜美，人气也很旺。

富顺豆花 川菜¥

(发展路25-2号；豆花13元，米饭2元；6:00至下午卖完为止) 县城内有多家餐馆提供豆花这种川味美食。这家富顺豆花的老板是富顺人，豆花饭口味与川内一致。

另辟蹊径

从昌都出发的自驾

不必非要沿317国道前行，你也可以从昌都南行进入318国道（见150页）。如果想去往人烟更少的昌都中部，你也可以在中途转而走303省道。

昌都到八宿（270公里）

沿214国道往南，再从邦达镇拐入318国道，全程都是铺装路面，这段路除了有美丽的村庄、宝塔，还会爬上有72道拐的雅拉山口（4618米）。一路沿着澜沧江前行，首先你会经过**卡若遗址公园**（见373页）、高悬峭壁上的**"大脚印"**（约40公里）。直到见到一条岔路，左拐进入路况更好的502县道，从吉塘镇再返回214国道，这条路可以到达察雅县城，这里有一座**察雅寺**。过吉塘镇后会看到一个简陋的**卓玛温泉**。这一段都是盘山路，翻过海拔4572米的浪拉山垭口，下山后有一个303省道的岔口可以到那曲，继续前行是昌都邦达机场，你会看到美丽的**邦达大草原**，再走44公里到邦达镇后沿318国道到达八宿。

昌都到比如（700公里）

从昌都可以走303省道到那曲的比如县，有人称之为"川藏中线"（虽然并不准确）。这

ⓘ 实用信息

中国农业银行类乌齐支行（人民中路21号；⊙夏季9:00~18:00，冬季9:30~18:00，节假日10:30~15:00）有24小时ATM机。

中国邮政（人民中路农行旁；⊙9:00~17:00）

ⓘ 到达和离开

类乌齐客运站（☎188 9805 0666；发展路18号）在富民路走到十字右拐，售票处只代售类乌齐至昌都的班车票（52元，8:30、14:00，4小时），通常需提前一天购票，站外拼车100元/人。至那曲（☎152 8915 2777）、玉树（☎139 8995 4999、135 1895 6466）、丁青（☎139 8905 2287、139 0895 2228）的过路车需提前联系司机。县内短途车在院内，上车买票。

类乌齐的拼车主要去往昌都方向，去其他地方需要搭顺风车，也有极少量的班车。

类乌齐到丁青

经过封闭式修路，317国道类乌齐至丁青（148公里）的路况已经大为改善，只需4~5小时，途经卡玛多乡、觉恩乡、沙贡乡。出类乌齐不久的长毛岭河畔是**长毛岭国家野生马鹿自然保护区**。卡玛多乡附近有一处颇为壮观的宝塔群——**卡玛多塔林**。过了卡玛多乡，开始翻越杰嘎尔拉垭口（4680米），这一段都是草原风光，土路通到山顶，然后是铺装路面。在曲果玛附近，左手边是两座大宝塔，后面是几排并列的小佛塔，没有卡玛多塔林壮观，容易一晃而过。进入丁青境内后，可以看见左侧一排漂亮的石头雪山——**加吉拉山**。接下来一路沿着褐色峡谷前进，几乎都是铺装路面。到觉恩乡，这里有邮局、农行和简易吃住，经过**孜珠寺**的路口，然后一直沿河谷到丁青。

⦿ 景点

孜珠寺   寺庙

（丁青县觉恩乡）**免费** 创建于3000多年前的孜珠寺是西藏最大、最早、信徒最多的苯教寺院，也是保留苯教仪式、仪轨最完整的寺院。这是一个连藏族人都感到陌生的寺院，许多人只闻其名却不知道它在哪。寺院海拔4474米，宗堡式的房屋建筑在孜珠山梦幻般的悬壁与洞穴上。山巅下是金顶红墙的大殿，另一侧有一座天然石拱门，许多白色小房

条路与传统的茶马古道有部分重合，是过去进藏的大通道，但现在难度不亚于317国道和"丙察察"。如果没有四驱越野车以及熟悉当地的司机，建议不要轻易踏上这条路。303省道的入口在昌都市至八宿的214国道上，在索拉村的一个叫三岔口的地方右拐，开始一段都是铺装路面，跨过怒江上的加玉桥、翻越德嘎拉山至洛隆县。洛隆到边坝有两条路可走，建议继续沿303省道前行，过茶马古道重镇**硕督镇**，这里有一段清朝修建的"长城"，还有一个硕督寺。洛隆到边坝为非铺装路面，距边坝镇不远，左手方的岔路584乡道通向三色湖（19公里）。**三色湖**分别为黑湖、白湖、黄湖，在阳光下颜色各异。再前行6公里至**千年冰川**，冰川脚下是一个冰碛湖。过边坝镇后不到边坝县城向左有一条583乡道通往**金岭乡**，这里有一个很壮观的冰碛湖，湖面漂满浮冰，乡上还有一座建于元代的古刹江措林寺。其间还要翻越号称藏东第一险的**夏贡拉山**，这是康区与卫藏的分界线。返回303省道，至边坝县城。从边坝县到比如县都是非铺装路面，翻山路段险峻，路况非常糟糕，其中一段会沿着怒江大峡谷前行。比如县最有名的是虫草，以及位于茶曲乡达姆寺的**多多卡骷髅墙**（需经允许，方可入内），这是西藏仅存的保存头骨的天葬台。Ⓛ

类乌齐到丁青沿途。

子就斜插在山崖上,令人感到仿佛置身于星球大战电影中的某处遗落的世界。镶嵌于奇峰中的寺院和僧舍、与众不同的苯教仪式和仪轨、古老而原始的苯教裸体神舞、新奇而独特的宗教传说,都会颠覆你对西藏宗教文化的认识。

去孜珠寺至少得留足半天时间。从类乌齐到丁青的317国道,过觉恩乡后不远处有一块醒目的路牌,左拐有一条土路上山,前行13公里即可到达。一路海拔上升高达千米,路况非常糟糕。孜珠寺在一排石头山下。如果从丁青县城出发,包面包车去孜珠寺700~800元/辆,可坐8人,出租车比较昂贵。

卡玛多塔林　　　　　　　　塔

(类乌齐县卡玛多乡317国道旁) 免费 卡玛多塔林位于距县城20公里处的317国道旁边。中心那座被转经筒围绕、主供莲花生大士的经堂不算起眼,更引人注目的是经堂前方的塔林。过去这里有108座塔,现在经过恢复和修建后只有几十座,造型各异,新旧宝塔混合在一起,旁边还新建了一个高耸的红色宝塔式建筑。塔林旁有密密麻麻的玛尼石,场面蔚为壮观。

去卡玛多塔林没有班车,搭乘往丁青方向的过路车在中途下车。

长毛岭野生马鹿
自然保护区　　　　　野生动物保护区

(类乌齐县长毛岭乡317国道边,距类乌齐县城约52公里) 免费 长毛岭野生马鹿自然保护区是位于澜沧江上游长毛岭河畔的一片很大的草场,这里山势开阔,水草丰美。西藏马鹿属国家二级重点保护动物,体形较大,上体呈黄色或深褐色,臀部及腿的后部有较大的白斑,雄性的头部生长出分叉的角。目前,保护区内的马鹿已增长到8000多只。这里还有少量的国家一级保护动物白唇鹿,如果运气好,能看到马鹿、黄羊、獐等野生动物同时出现。

一般无须特意前往,自驾317国道往丁青方向会经过保护区,旁边有一个采石场。

丁青

电话区号 0895 海拔 3820

丁青县是苯教的沃土,拥有康巴地区最多的苯教寺庙,即便317国道险况丛生,沿途梦幻般的孜珠寺也是你此生最值得去的寺院之一。丁青县城像一个孤独的前哨,繁华的经济要感谢虫草和修路队,像穿过国道的所有城镇一样,丁青县城为长条形。沿街有各类川菜、火锅、烧烤及藏餐,街道上停满了来往的货车、越野车,有时会堵得水泄不通。丁青地区有一种叫作"热巴"的传统舞蹈,融合说、唱、舞蹈、杂耍为一体,每年8月丁青会举办"热巴艺术节暨虫草交易会"。另外,苯教独特的仪式和舞蹈也值得一看。

◉ 景点

县城以西4公里处有一座苯教寺院**丁青寺**,主殿建于1110年,更值得前往的是西藏最大、历史最悠久、信徒最多的苯教寺院孜珠寺(见381页)。

除了丁青寺,离县城最近的景点是县城以北25公里处的**布托湖**(丁青县城以北25公里)免费,当地人叫布托错,实际上这是布托错青、布托错穷两个相距5公里的大小高山湖泊。在这里你能面朝雪山湖水,充分地感受宁静。去布托湖的路都是非铺装路面,因为当地人也很少过,所以很难包车,自驾需要具有越野性能的汽车,途中尽量避免涉水和进入沼泽地,并携带GPS。沿途还有几处温泉。

🛏 住宿

丁青大道(317国道的一段)集中了大多数的旅馆、餐饮、医院,车站也在这条路上。简易住宿最低100~150元,一般只住当地人。围绕虫草交易中心也有好几家宾馆,大多为130~180元/间,不要奢望有特别好的条件。

奇迹大酒店　　　　　　　　　　　酒店¥¥

(📞459 3888, 135 1895 5777;丁青县丁青大道(移动公司旁);标单198元,标双228元;📶P)县城设施最好的酒店,位置不错,门口就可拼车,离汽车站也不远,楼下还有一个网吧。酒店2015年开业,服务还不是很到位,性价比在丁青算很不错的了。

丁青迎宾馆　　　　　　　　　　　酒店¥

(📞459 9999;丁青县甲木塘路10号;标双188元;📶P)设施较老的中式宾馆,有24小时热水和一个较大的停车场,Wi-Fi不太稳定。

丁青宾馆　　　　　　　　　　　　酒店¥

(📞459 3444;丁青县丁青大道17-3号,虫草交易市场斜对面;普双150元,标双180元;📶)私人宾馆,房间特别简陋,有Wi-Fi、卫生间和电热水器。

🍴 就餐

丁青以川菜为主。**祥云家常菜**(丁青大道东一段,移动公司斜对面;素菜20~25元,荤菜30~35元)是一家不起眼、没有菜单的"苍蝇馆子"。这里做正宗的川菜,特别推荐鸡肉砂锅(20元),鸡肉分量很足,也许这一路下去都很难找到像这样性价比高的川菜了。

距离移动公司不远的**小陈面馆**(📞139 8905 1696)的川味红烧牛肉面不错,是藏区少有的新鲜红烧牛肉做的臊子。虫草交易中心旁边

☑ 不要错过

布加雪山

藏东最高峰、海拔6328米的布加雪山(丁青县嘎塔乡)免费 也在丁青境内的317国道沿线,这是一座极少有旅行者提及的神山。布加雪山是苯教信仰者朝圣的地方,每年前来朝拜的人数达几万人。山的正面有形如猛虎腾空的造型,雪山下还有高山湖泊和苯教寺庙拥揩卡寺。如果你在走到巴达乡以后,还没有被317国道的路况折磨到崩溃,可以沿着河谷北上24公里到雪山脚下,不过这条路近乎于危险的马道。ⓛⓟ

还有**爵士岛咖啡**和**牛肉火锅**。如果想品尝藏餐可以到**开发南路**。

🔒 购物

大藏区的虫草三大产地中,丁青算是昌都虫草的代表。**琼布(丁青)冬虫夏草交易中心**(丁青大道14号)是一栋四层小楼,5~6月是挖虫草和交易虫草的季节。这里的交易持续到8月的热巴艺术节暨虫草交易会,其他时间比较冷清,甚至会关门,只能去附近商铺的小贩那里购买囤货。

ℹ️ 实用信息

丁青县旅游局(☎459 2151)
丁青县人民医院(☎459 2119;丁青大道)

ℹ️ 到达和离开

长途汽车

丁青客运站(丁青大道东一段林江宾馆)在林江宾馆内,售票处在宾馆二楼。代售丁青至昌都的班车(票价110元;17:00;行程8~9小时),只能提前一天购买,上午便会售完。有时还会有那曲至昌都的过路车,但由于修路等问题,时间不太固定。

丁青至那曲的班车(票价290元;周三7:30;10~13小时)在丁青大道东一段的天域宾馆购票、坐车。

包车

移动公司门口有很多长途客运面包车,拼车至昌都150~200元、至类乌齐100~150元,二道贩子会从中收取提成,如果想获得低价请直接找到司机,或在317国道上拦过路车。因为修路的原因,几乎没有到那曲、拉萨方向的拼车,如果要包车,价格可能是平时的5~10倍,单位为千元。

ℹ️ 当地交通

出租车县城内5元,最远不会超过10元。

丁青到索县

作者调研时,整个丁青县至巴达乡(约120公里)一段的路都非常烂,几乎全是水覆路、水毁路和塌方改道路段,落石、路窄对自驾的技术和运气考验极大,这种路况将会持续五六年时间。丁青有两个加油站,一定要加好油再出发,出丁青就要翻越一个海拔4460米的垭口,雨季全是泥泞的土路,还会不时淌水。过**色扎乡**,途经**岗日达吉贡巴**——一座山顶上的金色苯教小庙。然后是热闹的小镇**尺牍镇**。之所以热闹,是因为再往前,你将经历地狱般的公路段,许多路段没有路基,到处是塌方和水毁,你还会在泥泞下陷的河道上走上一段。翻越斜拉山垭口(海拔4905米)的途中全是"之"字形的土路,没有护栏,惊心动魄。到达**巴达乡**,这里有简易的招待所和十几家饭馆。然后是**荣布镇**,这里有简易住宿,还有一个**荣布寺**。经过**琼科寺**、**玛荣寺**到雅安镇,雅安镇有农行和一些正在兴建的房子。你终于可以松一口气了,前面一段非常好走,景色也很壮观,一路高山峡谷,溯水而行,直到巴青。巴青距索县只有32公里,铺装路面。全

整理虫草的藏族人。

程270公里，需要10个小时。

巴青

电话区号 0896 海拔 4148米

当你驶入那曲后，便可以提前庆贺了，前方再没有比之前更烂的路。巴青是那曲有名的虫草产地，317国道穿城而过，大多数人半夜到这里，都会缓一缓、压压惊再走。近两年，类乌齐至巴青段在修路，这里也建起了许多像样的酒店，至少外观上比下一站的索县要洋气许多。除了山上的经幡塔，这里没有太多值得留恋的地方。

食宿

多康龙腾商务大酒店 酒店¥¥

（132 9896 9999；巴青县人民医院旁，拉西镇派出所十字往北50米；标双268元； ）县城内最好的酒店。房内中式装修，床比较宽敞，配有空调、电热毯、免费电话，卫生间比较整洁，提供24小时热水。一楼有餐厅，主营川菜、火锅。可在门前停车，有监控。旺季建议提前预订，经常满客。

柒星酒店 酒店¥¥

（184 0896 5606, 139 8999 3917；巴青县达尔塘路新加油站旁；标双220元； ）标间比较简易，配有电热毯、免费电话。一楼是餐厅，可在门前停车。作者调研时酒店正在扩建，没有热水和电视信号，网络信号也不太好，不过已经是巴青第二好的宾馆了。

重庆川菜馆 川菜

（317国道旁；人均50元； 6:00~24:00）价格和内地一致，口味还可以。早餐比较实惠，馒头1元，鸡蛋2元。

到达和离开

巴青县客运站在县城以西1公里处，每日有3~4班返回那曲的班车（112元，5.5小时），但也得提前几天买票。其他时候只能拼越野车

待售的虫草。

"神"化的虫草

每年的初夏（5~6月），你会看见许多扎营的牧民，在土壤里挖寻一种叫作"Yartsa Gunbu"的生物，当地人称之半虫半草。虫草体形似老蚕，土黄色至黄棕色，少数棕褐色，中央有一根贯穿虫体的黑管，它是冬季真菌寄生于虫草蛾幼虫体内、到了夏季发育而成的，故又叫冬虫夏草。因药用价值高，市场需求量大，对生长环境又有严格的要求（高山牧场、雪线一带），无法进行人工培植，故价格一路攀升，小小的虫草被炒成"神草"。

虫草产地集中在317国道沿线的那曲、玉树、昌都，产地不同，价格差异悬殊。又以那曲虫草最为有名，其中巴青、索县与比如所产的产量和质量最高。每年5~6月，三地聚集着大量的虫草商人。另外，丁青县的"琼布丁青虫草"是昌都着力打造的虫草品牌。每年在丁青举办虫草节，昌都市内也有专门的虫草交易市场，交易以重量、数量或整包计算，一根虫草从几元到上百元不等。而在20世纪70年代初期，虫草在医药商店的标价不到10元一斤。

德国学者Winkler Daniel根据其2010年的田野调查研究指出，保守估计，虫草收入已占西藏整个农牧地区现金收入的40%，在主产区这个比例更高达70%~90%。因为虫草的收入支撑了牧民家庭的主要现金收入，学校甚至有虫草假，挖掘虫草的草场问题也引发了一些矛盾。虫草带来的不只是可观的经济收益，伴随而来的还有生态环境的破坏、贫富悬殊、城乡分化、族群矛盾激化等社会问题。⑩

和面包车，每人150元左右，会塞得满满的。重庆招待所代售丁青的票，目前317国道巴青—丁青段修路，仅周日7:30有一班车，票价200元，在重庆招待所候车。其他时间运气好的话，你能碰到去丁青的顺路车，拼车价格在350~1200元/人，视当日的路况而定。极少的司机愿意提供往丁青方向的包车，"巴青—丁青"包车司机电话180 0896 6567。

索县

电话区号 0896 海拔 4000米

索县是一个只有几条街道的小县城，四面环山的河谷，一北一南两座寺院。巴青到索县只有33公里，因为索县有座"小布达拉宫"赞丹寺，又离那曲更近一些，许多人会选择在这里住一晚，但这里温度较低，宾馆条件不如巴青，几乎没有热水，联通手机可能无法使用网络。县城北面的山坡上有一排建筑是**日崩寺**，为尼姑寺，因为是正朝着县城的，更加显眼。

⊙ 景点

赞丹寺　　　　　　　　　　　　　寺庙

（索县县城南1公里）**免费** 有"小布达拉宫"之称的赞丹寺位于一个小山坡上，背朝县城，为20世纪80年代重建。赞丹寺和布达拉宫外形构造很相似，为宗堡式建筑，不过规模可小多了。山下是转经道，上面阶梯通向寺院。居中的是**红宫**，用于供奉神佛和其他宗教事务，四周是**白宫**，为僧人起居的地方。从那曲过来的山上可以拍到寺院全景。寺院鲜有旅行者拜访，寺内还喂养着鹿、孔雀、獐子、羚羊等动物。

从县城的亚拉南路向南步行20分钟即到寺院脚下。

🛏 食宿

索县有超过20家小宾馆，集中在亚拉路上，条件简陋，如果宾馆没有热水可以在附近找到淋浴。县城川菜馆较多，物价较高。

佳宜宾馆　　　　　　　　　　　酒店 ¥¥

（📞189 8906 5819；噶青路与亚拉路十字路口旁；标间260元；📶P）一家不起眼的小宾馆，几乎算是索县最好的住宿。带热水淋浴与Wi-Fi。十字路口往上走就能看到。

客运宾馆 酒店¥

(370 3718；噶青东路2号；普单180元；)2015年开业，带微型版的空调、液晶电视，空间逼仄，卫生间、淋浴公用。它位于汽车站二楼，早起坐车比较方便。

亚拉信苑酒店(电信宾馆) 酒店¥

(133 0896 9806；亚拉南路9号电信局内；普双180元；P)一家国营老招待所，比较陈旧，有Wi-Fi但房内无信号，无热水淋浴。

金满堂 川菜¥¥

(153 8836 6366；亚拉南路农行旁；人均100元；8:00~24:00)县城内比较"高档"的餐厅，以川菜为主。菜单上的特色菜有"蚂蚁爬大鸭"(128元)、"彩虹大牌"(88元)、毛血旺(68元)等。

鑫鼎牛肉拉面 面条¥

(亚拉南路；牛肉面15元，大盘鸡148元；11:00~21:00)四川人开的非清真牛肉拉面，手工拉面，价格实惠。

🛍 购物

索县以**虫草**产地出名，县城内有许多虫草交易的小店。5~6月是挖虫草和交易的季节，其他季节很难买到。如果你想直接收购采集者的虫草，需要明白他们交易的规则，否则可能发生冲突。

新华书店(亚拉南路；9:30~22:00)出售最新的西藏地图。

ℹ 实用信息

银行、邮局以及诊所、药房都集中在亚拉南路上。

中国农业银行索县支行(亚拉南路5号；夏季9:30~12:30和15:30~18:30，冬季10:00~13:00和15:30~18:30，节假日11:00~15:30)

索县邮政局(亚拉南路7号；夏季9:30~12:30和16:00~19:00，冬季10:00~13:00和

摩托骑行者在川藏北线。

那曲市客运总站时刻表

到达站点	发车时间/班次	票价（元）	行程	备注
拉萨	8:00~18:00，每小时1班	90、100、130	6~7小时	可乘火车
索县/巴青	8:00、10:30、13:30、15:30	92/112	5小时/5.5小时	
比如	8:00、15:00	100	5小时	
安多	10:00、12:00、15:00、17:00	40、50	2.5小时	可乘火车或拼车
班戈	夏季8:00，冬季9:00	95	4.5小时	
尼玛	夏季8:00，冬季9:00（周一）	210	1日	另有车至双湖，季节性停开
丁青/类乌齐/昌都	8:00（周一、三、五）	208、215/270/304、310	2日/2日/3日	

15:30~18:30，节假日11:00~17:00）

❶ 到达和离开

索县客运站（ ☎156 0896 3586；噶青东路2号）只有一间小候车室，买票需要打电话。只售那曲（92元；8:30、10:30、13:30；5小时）和巴青（30元；12:30、15:30、20:00；30分钟）的票，因为至那曲的客车限制人数，一般的票都会提前两天售完，票为手写票。至巴青为过路车，时刻不太稳定，上车买票。

索县到那曲

　　索县至那曲（237公里）的317国道几乎都是铺装路面，全程限速，行程约5小时。大部分海拔在4500米以上，你得提前适应高海拔的藏北草原。出索县后一直沿河谷穿行，路过两座寺院和一处塔林，1小时后有一段烂路，开始翻越4850米的江古拉垭口。后半程全程铺装路面，有少量坑洼，风景是常见的丘陵草原。317国道1867公里处有岔路口，左拐可以进入303国道至"藏北江南"比如县。离索县135公里的夏曲镇，是一个只有一排房屋的路边小镇，有检查岗，镇上可以停车吃饭。在距离那曲4公里的托古拉山垭口上可以俯瞰那曲。

那曲

电话区号 0896 海拔 4550米

　　欢迎来到那曲，你已然踏上藏北的土地。如果你没有乘火车或汽车穿越青藏线，路过沿途都是"矮"山的牧区和光秃秃的羌塘草原的经历，那么那曲或许会带给你一些惊喜。那曲的行政中心、海拔4500米的那曲镇是317国道的终点，在这里与青藏线交会。这里是西藏最高、最冷、风最大的城镇，说这里一半是下雨天、一半是下雪天并不夸张，高原的气候变化莫测，极端温度会低至-45℃，即便是本该秋高气爽的9月，这里也可能是阴雨连绵，比拉萨的温度要低10℃左右。

　　那曲镇总的来说游览意义不大，除了一年一度的赛马节和两个在旅行者中名气不大的寺院，那曲还是格萨尔天授说唱艺人之乡，你甚至能在貌不惊人的茶馆听上一场现场表演。如果没有理由停留，一般人会尽快离开空气稀薄的那曲，但对于想要探索藏北的冒险者，那曲仅是一个开始。占西藏面积三分之一的那曲，即便对于大部分西藏人来说也是陌生的。

　　那曲镇以辽宁路、浙江路为主干道，商业、银行、宾馆都较为集中，文化路也有许多内地口味的小馆。因为那曲镇同是地区、县机构的驻地，所以相隔不远的地方，你会发现两家相同的银行和邮局。

◉ 景点

那曲格萨尔赛马场　　　　　　　　　草原

　　（见395页地图；那曲镇环城南路）免费

如果你在赛马节期间来到那曲，位于那曲镇南部的格萨尔赛马场是不容错过的景点。赛马场是一个设有看台的白色圆形竞技场，选

那曲赛马节。

手们经过长途奔驰后,最终进入赛马场角逐出名次。除了速度赛,还有马上射箭、打靶、竞技、拾哈达、献青稞酒等项目和表演性质的走马赛。赛马场距离客运南站不到1公里,往东进入环城南路,不远就能看到。

孝登寺 寺庙

(见395页地图;浙江西路6号,那曲区委对面的巷子进去)免费 位于县城西面的孝登寺(海拔4527米)建于19世纪,是藏北影响力较大的格鲁派寺院。主供释迦牟尼,寺内地位最高的是珠康活佛。"文革"时期,孝登寺遭到破坏,复建后的寺院规模并不算大。与寺院一河之隔有一排漂亮的白色宝塔,信徒们在这里绕塔,或坐在草地上玩耍,草地上还有几头牦牛,旁边是一个佛学院。从宝塔可以看到对面山上的几个漂亮的经幡塔,一旁便是**尼姑寺**(见395页地图),尼姑寺的另一旁是烈士陵园。

两座寺院打车起步价即到,但司机不一定听得懂汉语,最好说"孝登贡巴"(孝登寺)和"阿尼贡巴"(尼姑寺)。

节日

那曲赛马节 文化节

那曲赛马节的全称是"那曲羌塘恰青格萨尔赛马文化商贸旅游节",每年8月10日由官方主办,持续5天。除了赛马、射箭、摔跤、拔河、抬石头等传统竞技比赛项目,节庆期间还安排有民俗、歌舞等文艺表演。不过节庆时宾馆会比较难订。此外,在当雄也可以媲美那曲赛马节的当雄赛马节。

住宿

那曲有很多低、中、高档酒店,集中在客运中心附近的辽宁路上,价格150~400元,旺季略有上浮。

凯斯顿大酒店 酒店¥¥

(见395页地图;☎333 1666,186 8906

6688；辽宁北路57号；标双280元，标单300元；❄✱ ⓦ ⓟ）那曲最好的宾馆之一，四星级酒店，但实际上距离四星级还有很大差距。房间内提供中央空调供暖（无法调节室温），配有加湿器，宾馆提供供氧设备。卫生间有热水，房间内有饮用纯净水。免费长途电话、全Wi-Fi覆盖，不过网速会慢得让你崩溃。早餐10元/人。离客运总站很近，步行即到。

那曲饭店　　　　　　　　　　酒店¥

（见395页地图；☎382 2424, 189 8996 2615；浙江中路23号；标双180元起；ⓦ ⓟ）藏式、国营风格的三星级酒店，房间较为陈旧。提供热水、Wi-Fi，无空调，且10月才供暖。

✖ 就餐

拉萨财神藏餐　　　　　　　　藏餐¥

（见395页地图；辽宁路昌盛超市对面；人均40元；⏱9:30至次日1:00）如果你想体验一家传统藏餐馆，一定要来这里。餐馆共有两层，为传统的、显得老旧的藏式装修。饭点通常会人满，如果一个人，要一份便宜的咖喱饭即可。要是你吃得惯牛羊肉，椒盐牛舌（90元/份）、土豆炒羊肉（35元/份）都是这里的特色，不过肉质较硬，可以再加一碗咖喱土豆汤（20元）。

拉萨贡吉藏餐　　　　　　　　藏餐¥

（见395页地图；☎382 9853；文化中路21号；人均30元；⏱8:30～23:00）当地人喝茶、吃饭的传统藏餐馆。咖喱土豆牛肉饭17元，甜茶3元/杯、12元/壶，环境较好，但服务员汉语不太好。贡吉藏餐还有一家分店位于客运总站斜对面。

🔒 购物

那曲的商业气氛很浓，**浙江商城**（见395页地图；辽宁中路11号）门外有几家户外用品店，以备不时之需；**平安市场**（见395页地图；浙江中路）出售内地进口的廉价日用品，也有很多当地的民俗制品。

📖 青藏铁路

当你行驶在这条令人眩晕的进藏之路，往外望去，窗外是白茫茫、人迹罕至的昆仑山脉和羌塘草原——几百年来它们似乎从未改变，然而它随着这条铁路的修通已经发生了巨变。热爱火车旅行的美国旅行作家保罗·索鲁在《游历中国》中写道："有昆仑山在，铁路就永远到不了拉萨。"这足以说明修建青藏铁路的难度之大。

早在清朝时，交通问题已是当时困扰清政府控制西藏的难题。虽然在1920年孙中山发表的《实业计划》中，就有了从内地通往西藏的高原铁路建设计划，然而在国民政府时期，从内地到拉萨最便捷的方式，还是经印度中转入藏。1958年，青藏铁路西宁至格尔木段开工兴建，直到20年后（1984年）才完成通车。接下来，从格尔木到拉萨的部分则被无限期地搁置，因为铁路必须穿越青藏高原，极端低温和不稳定的冻土层是那时

青藏铁路。GETTY IMAGES 提供

的最大障碍。这使得戈壁滩上的新兴城市格尔木长时间以来一直是内地和西藏之间最大的中转站,那里长期驻扎着军队。2001年,作为中国西部大开发的一个重要组成元素,修建青藏铁路其余路段的工程重新启动。

2006年7月1日,青藏铁路全线建成通车,这条世界上海拔最高、全长1956公里的"天路",是中国内陆和西藏之间一次史无前例的贯通。人们认为,对于现代化滞后的西藏地区来说,这条铁路具有里程碑式的意义,它将给遥远的雪域高原带来大量的游客以及经济的繁荣。这条铁路的重要性已不仅仅在于人们的日常出行和物资运输,对于中国来说,西藏无疑具有重要的战略地位。对于优秀的藏族年轻人来说,这条铁路意味着可以在教育相对发达的内地城市完成学业,而在不久前,这只是少数人的权利。另一方面,更多的内地年轻人也选择到西藏就业和生活。首先涌入西藏的就是嗅觉敏锐的生意人,不得不说如果没有这条铁路,还真的很难想象。

然而青藏高原是中国生态环境最脆弱的地区之一,青藏铁路的开通势必会破坏沿途的动植物生长环境,外来文化也会改变原有的西藏文化。不过从另外一个角度来说,也迫使人们开始对这里的自然、人文环境加以关注。近年来已经禁止游客进入部分自然保护区,许多环保组织也开始行动起来,而如何继承和发扬固有的文化传统,本身就是西藏近代史上一个不可回避的话题。

在未来,青藏铁路将开启至南亚的大门,青藏铁路延长线拉萨至日喀则铁路于2014年8月开通,未来这条铁路计划要打通珠峰隧道,延伸到南亚。西藏的第三条铁路、川藏和滇藏铁路的组成部分——拉萨至林芝铁路也于2015年开始全面施工。➡

← 如果你选择乘坐火车到拉萨,你会经过青海湖北缘见到壮阔的青海湖,经德令哈至锡铁山,南折到达柴达木盆地中的格尔木。列车驶出格尔木后,车厢开始慢慢供氧,从达南山口攀上昆仑山,1个小时后迎来玉珠峰。离开玉珠峰半个小时后,经过昆仑山口(海拔4767米)。然后你将看到这趟旅程中最壮美的风景——可可西里。窗外的野生动物慢慢多了起来,出镜频率最高的是黄羊和野驴。火车穿越可可西里大约需要3个小时,如果你运气好,也许可以看见藏羚羊。越过唐古拉山口(海拔5231米)进入西藏,经过安多、那曲、当雄,最终到达拉萨。当你看到拉萨站那超前、时尚的建筑,你会发现这也许便是那日后许多高铁列车站建筑的雏形。青藏铁路通车后,媒体展开宣传,这时候,人们才开始重新关心铁路。 lp

实用信息

医疗服务

那曲市人民医院(见395页地图;☎382 2389;浙江中路15号)那曲最好的一家医院。

邮局

那曲市邮政局(见395页地图;辽宁中路、浙江中路路口;☉夏季9:30~19:00,冬季10:00~18:30,周末、节假日10:30~17:00)除提供邮寄、储蓄业务,还代售全国各地火车票。文化中路22号也有一家**邮政支局**。

银行

银行有农行、建行、邮政,农行是最普及的,许多路上都有营业厅或ATM机。
中国农业银行那曲分行(见395页地图;辽宁中路、浙江中路路口;☉夏季9:30~18:30,冬季10:00~18:30,周末、节假日11:00~16:00)除了分行,文化中路20号、浙江西路各有一家农行。

藏北高原的藏羚羊。

到达和离开

那曲较大,去周边县市最好的方法是搭过路车(一般会收费,略高于班车价格),去西北部无人区必须自驾。

长途汽车

那曲市客运总站(见395页地图;客运新站;☎382 9868;辽宁路)有至拉萨及那曲各县的班车。这里的班车票比较紧俏,需要提前一两天购票,如果错过班次,可以在门口找拼车。**客运南站**(见395页地图;拉萨南路,电视台对面)只有那曲至拉萨的班车(夏季8:00~18:30,冬季8:00~19:00;每小时1班;90元起)。从拉萨到那曲可以在**拉萨西郊客运站和北郊客运站**乘车。

火车

那曲火车站(见395页地图)位于那曲镇的西南,距离那曲镇中心8公里,一个两层的建筑,是世界上海拔最高的火车站。拉萨至那

曲每日有5~6趟车（硬座票价50.5元；9:45~15:30，返程8:00~12:24；3.5~4.5小时），旺季会增开。镇上邮局代售火车票。

包车

在交通不便的藏北，拼车是一件非常普遍的事情，在317国道上，这几乎就是唯一的选择。317国道方向的面包车、越野车通常集中在浙江东路上，车站门口有一些掮客会送你过去，价格比班车贵，至索县、比如100~150元/人。拼车司机比较野，互相抢客，要当心他们在抢客时将你的行李顺手牵羊。如果在较远的国道上拦车，价格会比通过掮客的要价更低。

❶ 当地交通

那曲镇没有公交车。出租车县城内6元，从镇上至火车站20元，从火车站返回镇上10~15元/人，出站后到停车场可乘坐绿白相间的士或小面包至镇上。

藏北无人区

那曲的范围延伸到新疆与青海，面积比阿里地区还要大。藏北的这片地区更原始、冷门，是青藏高原最粗犷的牧区，还有大面积的无人区，也就是俗称"阿里大北线"的必经之地。沿线的各大湖、保护区堪称经典，有西藏第一大湖**色林错**（申扎县和班戈县）、苯教圣湖**当惹雍错**（尼玛县；见354页）、南北极外最大的冰川**普若岗日冰川**（双湖县）、长江源头**格拉丹东**（安多县）、青藏的分界**唐古拉山口**（安多县）、**申扎黑颈鹤自然保护区**（申扎县）、**绒玛岩画和温泉**（尼玛县）、**双湖无人区**（双湖县；见361页方框），还有当穹错、达则错、巴木错、达如错、兹格塘错、班戈错、达则错等3000多个"错"，就连西藏第二大湖**纳木错**（见133页），也有五分之三在那曲的班戈县境内。

要去往以上景点并不容易，那曲每日有班车通往**班戈县**，到**尼玛县**每周只有一班车（见388页时刻表），到更靠北的**双湖县**的班车季节性停开。火车会经过**措那湖**，足以沿湖边欣赏个够。如果不过瘾，你也可以先到安多，再包车过去。

自驾旅行者可以通过301省道穿越到**阿里**（见314页），没有荒漠越野的技能不要轻易尝试，半无人区，仅县城有加油站，而且不能自备油。其中从109国道口至班戈县已经是铺装路面，班戈县到尼玛县的路也已基本铺设完成，到狮泉河镇则是沙土路，有的路段没有路基，必须携带GPS。班戈县至双湖还有300公里，在色林错分路后全程土路到双湖。

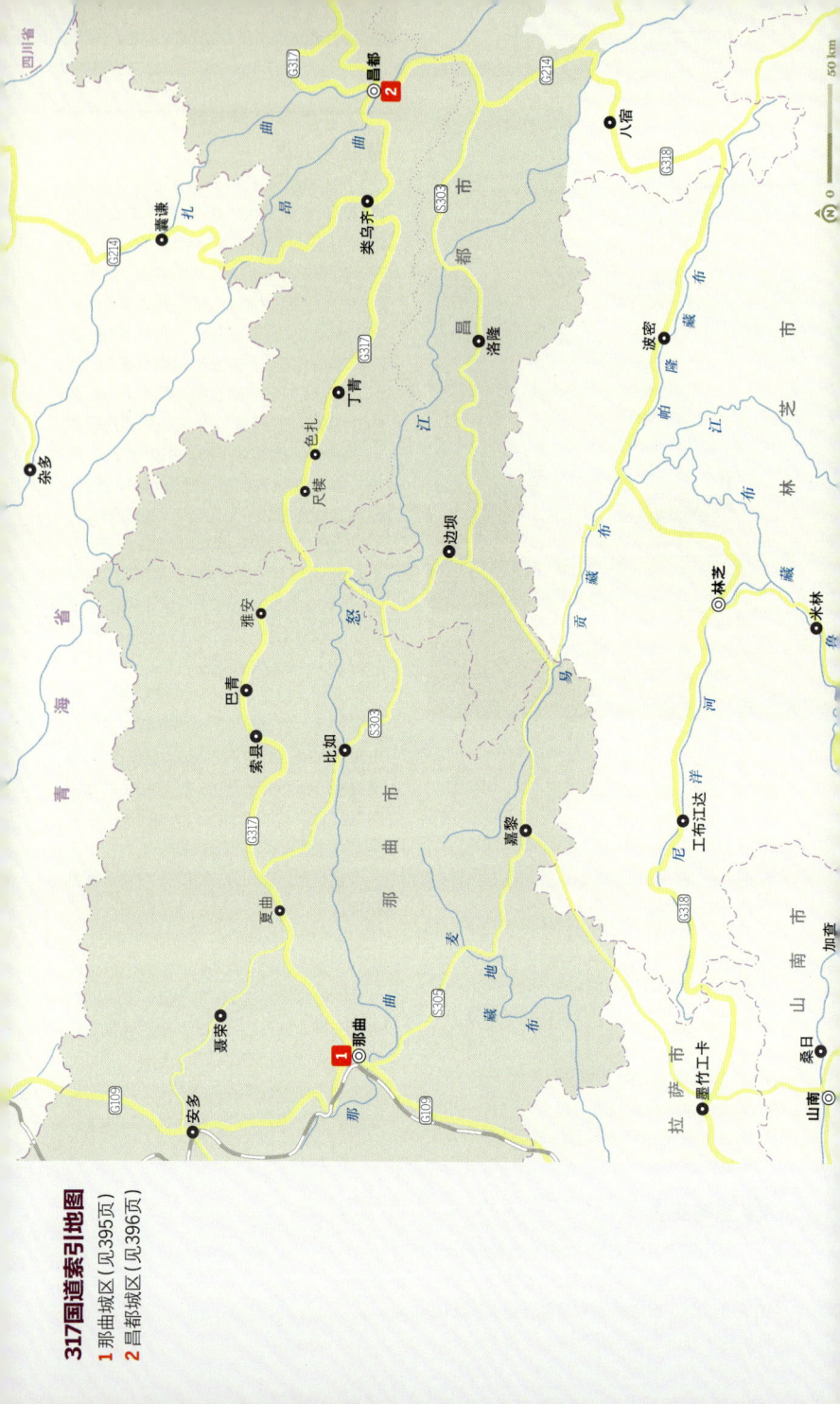

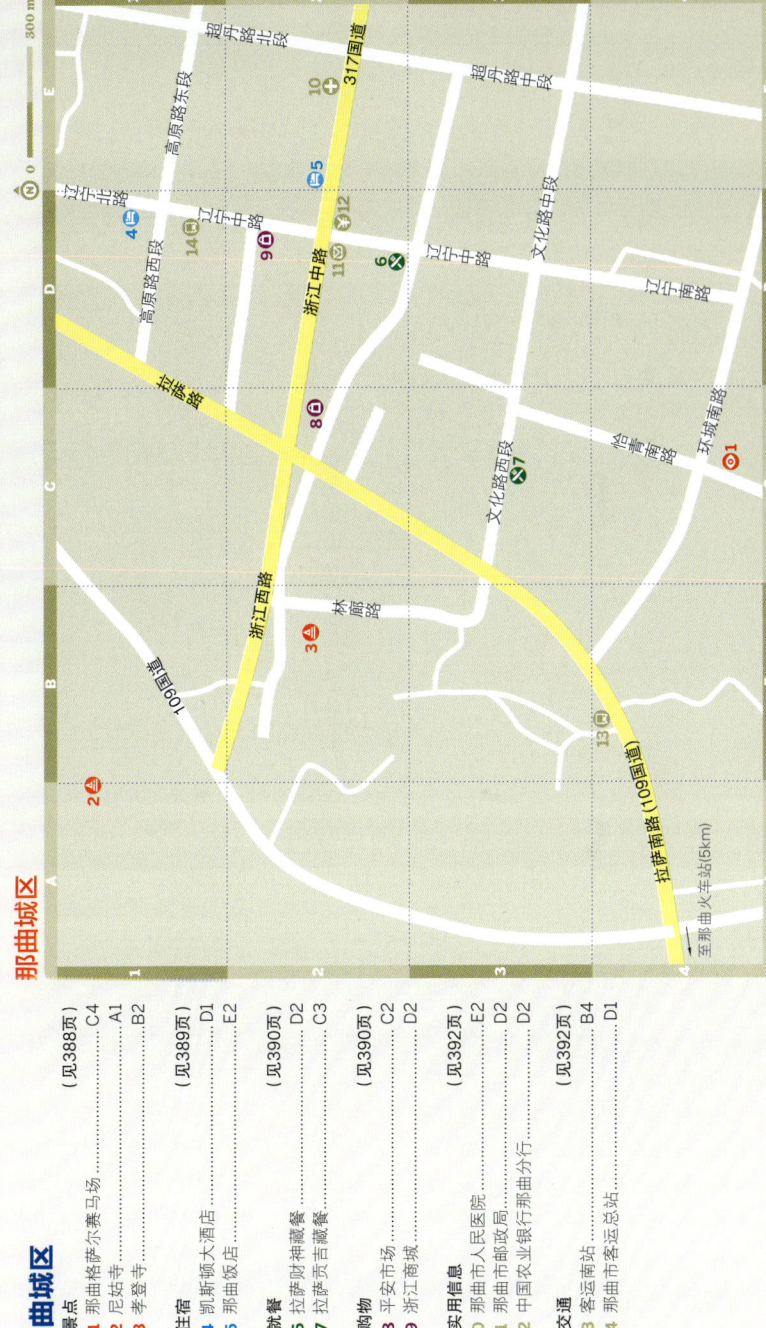

那曲城区

◎ 景点　(见388页)
1 那曲格萨尔赛马场……………… C4
2 尼姑寺…………………………… A1
3 孝登寺…………………………… B2

🛏 住宿　(见389页)
4 凯斯顿大酒店…………………… D1
5 那曲饭店………………………… E2

✗ 就餐　(见390页)
6 拉萨财神藏餐…………………… D2
7 拉萨贡吉藏餐…………………… C3

🛍 购物　(见390页)
8 平安市场………………………… C2
9 浙江商城………………………… D2

ℹ 实用信息　(见392页)
10 那曲市人民医院………………… E2
11 那曲市邮政局…………………… D2
12 中国农业银行那曲分行………… D2

🚌 交通　(见392页)
13 客运南站………………………… B4
14 那曲市客运总站………………… D1

昌都城区

昌都城区

◎ 重要景点 （见370页）
强巴林寺 C2

◎ 景点 （见373页）
1 昌庆街 C3
2 清真寺 C3

🛏 住宿 （见374页）
3 昌都饭店 B2
4 昌都会议中心贵宾楼 B2
5 康盛宾馆 B3
6 尚家连锁酒店................................... B3
7 文慧酒店 B2
8 亿都大酒店...................................... B3

❌ 就餐 （见375页）
9 蒋麻火锅米线................................... C3
10 强巴林寺饭馆................................... C2
11 忆味川菜馆 B3

🔒 购物 （见375页）
12 Jack Wolfskin和牧高笛户外 C3

ℹ 实用信息 （见375页）
13 昌都市旅游服务中心 B3
14 昌都市人民医院................................... D5
15 昌都市图书馆...................................... A1
16 中国建设银行昌都三江支行.................B2
17 中国农业银行昌都县支行西路分理处..B2
18 中国银行昌都支行ㅤㅤㅤㅤㅤㅤㅤㅤ.B2
19 中国邮政昌都县西路营业所.................B2

ℹ 交通 （见376页）
20 昌都汽车站 A1
21 中国民用航空昌都站........................... D5

行驶在青藏铁路上的火车

生存指南

出行指南................**399**	危险和麻烦.................403	飞机............................409
住宿............................399	独自旅行者.................405	火车............................409
证件............................400	无障碍旅行.................405	长途汽车....................409
保险............................400	女性旅行者.................405	自驾............................409
医疗服务....................401	同性恋旅行者.............405	**当地交通**......................**410**
银行............................401	志愿服务....................406	公交车........................410
邮政............................401	活动............................406	出租车........................410
电话............................401	**交通指南**................**407**	自行车........................410
上网............................401	**到达和离开**..................**407**	**健康指南**.................**410**
地图............................401	飞机............................407	**幕后**...........**415**
购物............................401	火车............................407	**索引**............**416**
工作时间....................402	长途汽车....................407	**如何使用本书**........**421**
气候............................402	自驾............................408	**我们的作者**...........**422**
旅游信息....................402	自行车........................409	
团队游........................403	**区内交通**......................**409**	
摄影和摄像................403		

出行指南
住宿

西藏的住宿可以用一句话总结：风景越美的地方，住宿条件越差。拉萨的住宿选择最多，条件也是全西藏最好的，从适合背包客的青年旅舍到快捷酒店、星级酒店，以及更有特色的精品客栈和精品酒店，丰俭由人。拉萨年年都有新建的酒店，但在夏天，尤其是雪顿节期间，依然一房难求，请至少提前一周预订。拉萨之外，属日喀则和林芝的住宿尚可，也有各种档次可选择，旺季时也需要提前预订。其他地区，卫生情况堪忧，最好带上睡袋。"经济落后物价低""一分价钱一分货"之类的经验之谈在西藏并不适用，若非旺季，最好"眼见为实"后再交钱。

青年旅舍

拉萨的青年旅舍最多，加盟国际青年旅舍·中国（YHA China; www.yhachina.com）的就有7家，其他还有YHA之外、性质一样的青年旅舍，主要分布在八廓街、仙足岛和北郊，全城总共约超过20家青旅，床位价格在40~90元之间，大多能提供上网、自助洗衣等服务。一些老牌青旅位置好，氛围浓郁，旅行信息丰富，容易搭伴、拼车，但设施陈旧，且旺季很难预订。日喀则、八一镇、波密也有加盟YHA的青年旅舍，条件与拉萨类似。青年旅舍也每年出新，在西藏旅行时，多向反方向走的旅行者打听比上网查询更有用。

招待所和小旅馆

在没有青年旅舍的地方，这类住宿最便宜，大约在100元以下，有标间也有床位，但也是"便宜没好货"。房间很简陋，连干净都谈不上，床单、被褥看起来好像从不清洗，没有暖气，少数会有电热毯，厕所公用，有些还是臭气熏天的旱厕，也没有洗澡的地方。离城市较远的朝圣寺庙周围有这类住宿，如果打算细致地走318国道或阿里线，也免不了会委屈几晚，请亲吻睡袋。

客栈或家庭旅馆

本地人自家房屋改造的旅馆，通常是一栋小型的传统藏式建筑，有些还被列入历史古建筑之列。这类住宿在拉萨老城里最多，设施相对完善，有独立卫生间，干净舒适，设计有巧思，价格介于快捷酒店和精品酒店之间。景区附近的这类住宿通常会带一个大院子，雅鲁藏布大峡谷里的直白村是欣赏南迦巴瓦峰的绝佳地点，阿里北线的文布南村有很多面朝圣湖（当惹雍错）的观景大宅，窗外景观完胜屋内设施。

连锁快捷酒店

如家、7天、汉庭、布丁等连锁快捷酒店已落户拉萨和日喀则等地，昌都也有本地快捷酒店。虽特色不足，但卫生状况令人安心，旺季时价格也会水涨船高，不过已算保险又高性价比的选择，也需要预订。

宾馆和酒店

这一类别的住宿相对而言干净达标，有独立卫生间，有Wi-Fi、电视，价位从150元到400多元不等。有些含早餐，有些有供氧设备。需要了

食宿价格范围

本书所列的食宿是按照作者推荐程度而不是价钱高低排列的，推荐度高的会排在前面。书中我们标注的房价，一般为标间价，即包含一张大床或两张小床以及独立卫生间的价格。青年旅舍会加标床位价格。除非特别注明，否则房价不含早餐。所有的价钱都是我们调研时（7~9月）了解到的实际价格，春秋两季住宿价格会降100元左右，相应的餐饮价格也会降低，冬天会更低或者歇业。在西藏，有些住宿价格很贵仅仅是因为当地住宿资源稀缺，住宿条件可能并不与价格成正比。

分类	住宿价格范围	就餐价格范围
¥（经济）	200元以下	人均50元以下
¥¥（中档）	200~400元	人均50~100元
¥¥¥（高档）	400元以上	人均100元以上

解的是，空调并非标配，西藏夏天晚上本身就凉快，冬天取暖靠暖气和电热毯。三、四星级酒店能在拉萨、八一镇、日喀则、昌都找到，瑞吉、洲际等国际五星级酒店只在拉萨能见到，本书调研期间，八一镇的五星级酒店也正在破土动工中。

通常而言，250元以上的住宿才能有入眼的装修和舒适的睡眠环境，而一些特别偏远的地区可能得花更多，甚至完全不具备合格宾馆的条件。即使都叫宾馆或酒店，即使价格相近，但是设施标准可能有天壤之别。花300元能在拉萨住得舒适，但在小县城，你可能会遭遇冬天没有暖气、水压不稳等问题，我们还遇见过光出热水（"烫"更准确）不出冷水的淋浴。

精品酒店

精品酒店主要集中在拉萨，这类酒店是由古建筑改造的，设计品位不俗，有浓郁的藏地风格，或融入了西式浪漫，硬件设施过关，景观房和天台通常是亮点。具备酒店式管理，主人态度友好、服务亲切。不过也有很多精品酒店只做旺季生意，冬天歇业。

露营

如果你计划转湖（例如三大圣湖）和荒野徒步，会需要扎营，带上帐篷、地钉、厚羽绒睡袋、防潮垫、炊具、GPS、头灯、防风打火机等。即使是夏天，夜晚也相当寒冷，寂寞感也常会突袭，记得钻出帐篷，看看星空，至少会在那一瞬间觉得一切辛苦都值得。若是遇到野兽，别慌，通常来说你不招惹对方问题不大，当然，手头最好有对付（或吓唬）它们的工具。

除了自己扎营，珠峰大本营和班公错有供出租的多人帐篷，交钱就可以睡。

证件

西藏有很多地方需要有边防证才能前往，例如日喀则的亚东、吉隆、定日（珠峰）、定结、聂拉木（樟木），山南的错那、洛扎、隆子，林芝的墨脱、米林、察隅、朗县，阿里的普兰、札达、日土、噶尔。最好出发前在户口所在地办好边防证，免费且立等可取。拉萨边防大队也能办，但比较麻烦，本书调研时不接受个人办理，你只能委托旅行社等代办公司，而且4人起办，100元/人。日喀则边防支队可以免费办理前往珠峰地区的通行证，但手续比在住地办要复杂。计划走新藏线的话，除了有阿里的边防证，还得在狮泉河办张新藏线边防证。

身份证要随身带，沿途多个检查站都会查证。

如果你计划从西藏前往尼泊尔，记得带上护照，工作日10:00~12:00去尼泊尔驻拉萨总领事馆便可申请签证，2016年，中国公民赴尼泊尔免签证费。

学生证、记者证、军人证等证件很少能在寺庙享受优惠。

保险

购买保险是旅行计划的重要组成部分，在西藏尤为必要，但很多短期出行者都会忽视这一环。让我们严肃一点对待这件事：高反几乎是每个人都要经历的，人迹罕至的藏北有野生动物，你的爱车可能会在险峻的西藏公路上歇菜，雨季318国道上总有车翻入峡谷……觉得我们危言耸听？那就在搜索引擎中敲入泥石流、地震、雪崩等关键词看看结果。不过，偷窃、抢劫之类的事件在西藏确实很少听说。

你需要根据行程计划和出游时间，充分安排和选择保险的时限和保额。很多保险公司都有旅游意外险的各类险种，能对旅行者在旅途中因人身意外、财物遗失、医疗急救，甚至行程延误造成的损失进行一定比例的赔偿，尽量挽回不必要的经济损失。

需要注意：普通的旅游意外险一般都不包括极限运动造成的损失，如果计划在本区内自然环境中进行的户外运动较多，最好另行购买人身伤害险。美亚保险（www.aiginsurance.com.cn）推出的"畅游神州"险种承保多种热门户外运动项目，如骑马、自行车、滑雪等（滑翔翼和跳伞活动除外）。华泰"安途"系列不仅承保团队成员各项户外运动的风险，还针对领队责任设置了特别风险保障，很适合进行团队户外活动的驴友选择。自驾游者，虽然买车时你肯定已经购买了车辆损失险，出发前再购买一份针对驾驶员和乘车人员的意外伤害险非常有必要。摄影发烧友也可考虑为昂贵的相机购买财产险。

如果你参团旅游，团费中一般都已包含旅行社为你购买的旅行社责任保险，但这个险种只承担因旅行社的过错给旅行者带来的损失，不包括因意外或旅行者自身过错造成的损失。因此，即使在参团时，也别忘了自行购买旅游意外险。

购买长途汽车票时，不少车站会主动搭售保险。根据保险自愿的原则，你有权拒绝（最好购票时提前声明）。即使没有另购保险，票面也已经包含了承运者的保险责任，因此如果发生意外，依然有权进行索赔，各种票据请妥善保管，以备不时之需。另外，旅游意外险通常包括航空意外，有时候比购买航空意外险更加优惠，而且保额更高。

医疗服务

大城市才有大医院，小县城只有卫生服务中心，拉萨、日喀则、八一镇、昌都、狮泉河、泽当的医疗服务相对完善。你最有可能发生的病痛问题是高反、感冒，医院大多可以提供吸氧服务，但若是行车在路上发生状况，待驱车几百公里找到医院时，可能已经耽误了最佳就诊时机。一定要随身带药，如果行前来不及，可以在拉萨的药房购买。

银行

城市里不乏银行及24小时ATM机，农业银行的网点最普遍，其他能找到的银行还包括工商银行、建设银行、中国银行，县级城市通常会有邮政储蓄银行。更偏远的地方你需要携带足够现金。刷卡消费只在与时俱进的拉萨有用武之地，甚至有些时髦的咖啡馆还能用支付宝或微信支付。

邮政

县级行政单位都有邮局，可寄包裹和信件。拉萨的天上西藏邮局可以给你的明信片敲满著名景点的邮戳。珠峰大本营里的邮局可以为你寄出世界之巅的问候。

电话

城市、县城都已覆盖手机信号，并有各运营商的营业厅，有人居的地方就有电信网络，联通覆盖率最低，只要出城，断联是常有的事。如果进行徒步等户外活动时，你要习惯偶发性失联甚至全程无信号的情况，记得提前通知家人或朋友自己的行踪。

上网

城市和县城的酒店会有Wi-Fi，不过信号各异，但在拉萨每个酒店都至少会有一片提供稳定网速的公共区域。你也可以在拉萨、日喀则找网吧上网。

地图

拉萨的地图最全，邮局和书店都有售，星球地图出版社的《西藏交通旅游指南地图》所绘比例比较精准，《手绘西藏旅游路线手册》对于希望在西藏分区走环线的旅行者比较实用，各青年旅舍也会有实用的手绘地图出售。也要善于利用网上的地图资源，谷歌、百度、搜狗等搜索引擎都有电子地图，有些网上地图可以下载到手机使用，还可以和手机附带的GPS协同定位。

购物

拉萨能买到西藏各地的特色手工艺品和特产，如果纯为纪念或作为伴手礼，大可以在结束行程前回拉萨采购。八廓街上琳琅满目的都是适合带回去的纪念品：金刚结等小饰品很适合作为包包挂件或送人；最热门的特产是牦牛肉，本地人比较认"阿佳牦牛肉"的牌子；蜜蜡、天珠、绿松石等可能更吸引眼球，不过这类昂贵的宝石掺假居多；虫草、唐卡等同样水深慎入。一些设计独特、制作精良的手工艺品更值得你收藏。

到原产地购物能买到真正实惠质优的好货色。如果你计划去巴松错或派镇，就不要在拉萨买野生菌了。想要买真正的藏刀可以去拉孜老镇的藏民家询问。普兰的包银木碗全藏知名。山南特产非常丰富，浪卡子的干牛肉、措美的奶渣、加查的核桃，手工艺品有扎囊的黑氆氇、姐德秀的帮典。尼木藏香名气虽大，不过本地人更多购买敏珠林寺的藏香。317国道沿线的那曲、玉树、昌都是三大虫草产地，每年5~6月，三地都聚集着大量的虫草商人。那曲虫草最有名，但质量也是良莠不齐。

西藏有一些不错的市场值得逛，位于中印边界的亚东，每年5~10月的周一至周四印度边民会来此交易，你可以到仁青岗边贸市场跟着赶集。中尼边境的普兰有一个边贸市场，可以买到不错的尼泊尔手工羊毛披肩和彩色铜碗等。

需要注意的是，不要随意购买寺院的经文类护身符，当你得到它就意味着需要像信徒一样遵守佩戴它的规矩，更不可随意丢弃。

工作时间

自然景点全年全天开放，但10月下旬到次年4月往往是冰封期，无法到达。寺院虽全天开放，但只有在上午，大大小小所有的殿才会敞开大门。餐馆通常7:30后开门经营早餐，营业至21:00，旅游热门区才有"深夜食堂"（营业到23:00后），24小时彻夜不休的餐馆只在拉萨、日喀则才能找到。酒吧从21:00营业至凌晨2:00，朗玛厅会营业到4:00。银行、邮局等公共服务场所的营业时间冬、夏不同，通常为夏季9:00~18:30、冬季9:30~18:00，有些小县城中午会有2个多小时的休息时间，节假日下午三四点便关门了，有的地方周末不办理业务。

气候

这是一个夏天不需要空调夜里就会自然凉快的地方，除了会在墨脱、吉隆沟、亚东沟里吹到印度洋刮来的暖风，大多数地方是高寒、干燥的气候。如果你不只逗留在拉萨，无论什么季节来，都要带上羽绒服，冬天的西藏更是冻到缩手缩脚，不过白天日照也强烈。

参见48页了解该地区的最佳旅行季节。**中国天气网**（www.weather.com.cn）与**天气在线**（www.t7online.com）上能查到所有市县的天气情况，最多可预报7天。

旅游信息

拉萨最容易获得各市的旅游信息，与旅游局相比，各青年旅舍、旅行社和车站打听来的信息更有用。各地旅游局或旅游咨询处设在政府所属地：山南旅游局（📞782

拉萨

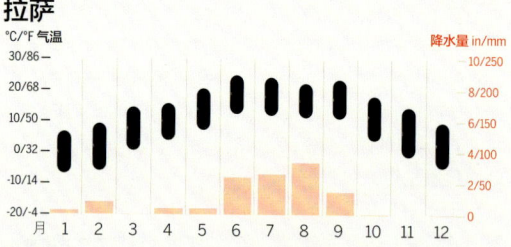

林芝

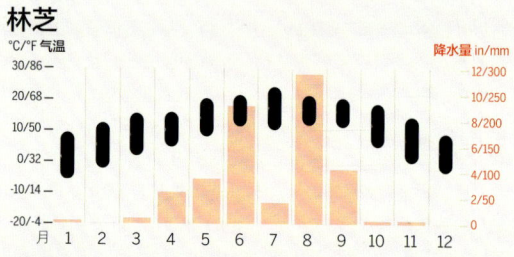

日喀则

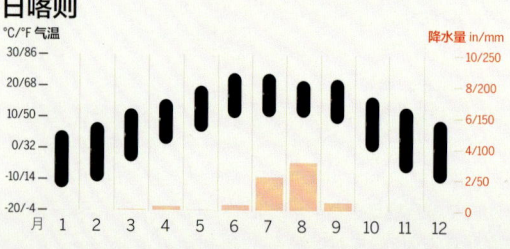

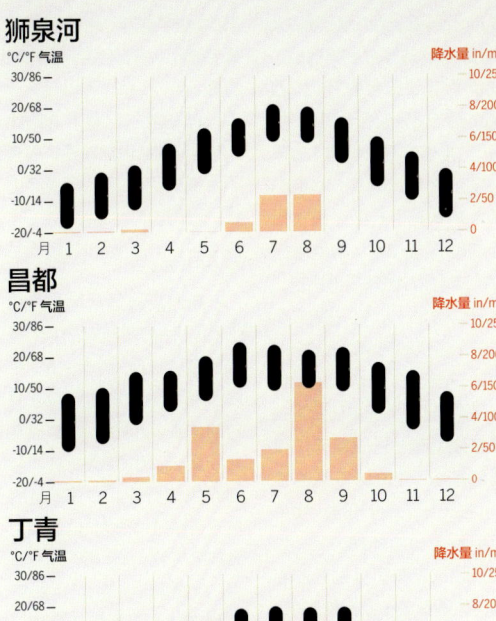

0259；湖南路25号)、日喀则旅游局（☎882 2221；黑龙江南路)、昌都市旅游服务中心（昌都西路邦达街社区326号)、阿里旅游服务中心（☎136 3890 7228；狮泉河镇滨河南路象雄大酒店门口)。偏远地方，你可以向投宿的旅馆咨询，边检站有时也能帮到你，沿途旅行同道中人的分享最有用。

团队游

团队游最大的好处是不用自己操心交通，有时门票也有优惠，但普遍问题是路线不够独特，也总是和最佳摄影时间背道而驰。如果打算参团，拉萨有很多旅行社，较热门的路线包括纳木错一日或二日游、羊卓雍错一日游、林芝多日游、日喀则珠峰大本营多日游等，也有15天左右的阿里环线游。

摄影和摄像

早出、晚归是风光摄影的法则，这两个时间段也是高原的冷极，记得做好保暖防护措施。如需爬至山坡等观景点，要注意脚下，以免发生危险。海拔很高的雪山地带，相机的电量会流失得很快，且这些地方通常充电不方便，多带电池，提前充足电。

遵守寺庙佛殿内"禁止拍照"的规定，有些佛殿是收费型拍照，有些没有写明是否可拍照，但你最好先问问寺里的喇嘛，切勿偷偷摸摸，礼貌有时会给你带来意外的收获。若是遇到寺庙做重要的法事，即使没有提醒也不能拍照，你可能会招致反感，甚至引起冲突。也不要将镜头对准正在拜佛或磕长头的朝圣者。

很多人喜欢在八廓街上进行人文主题的摄影创作，出于礼貌，在将相机瞄准对方前先询问一下，拍完要表达感谢，如对方提出寄送照片的要求，则应言出必践。

在地形复杂的地方拍照需要审时度势、量力而行，不要为求一张好照片而酿成悲剧。通常国道边会有一些观景点，尽量在这些地方停车，在狭窄、多弯的地点停车拍照是对自己和他人不负责任的做法。

危险和麻烦

尊重宗教信仰很重要，诸如顺时针转经、不要捡拾玛尼石和牛角、不要参观天葬等"规矩"我们已经碎碎念了整本书，因为真的很重要。在景点要小心一些隐形费用，例如羊卓雍错旁的藏獒、牦牛和纳木错的牦牛，待你拍完照才有人向你伸手要钱。经过检查站，尤其是边境检查站时不可拍照。另一个臭名昭著的危险地是午夜后的朗玛厅，不要与喝高的当地人起争执,当地人起摩擦时你最好躲远一点,康巴汉子可能今晚打完明晚又称兄道弟,但没人会为误伤到你而负责。

交通安全

在西藏自驾既爽极也会感觉"压力山大"。318国道几乎每年夏季都会发生坍塌,但更为凶险的是"丙察察"公路、317国道沿线、阿里大北线、山南部分路段等,即使天气不作梗,依然会开得心惊肉跳、惊心动魄,你要习惯这里的搓板路,最好在后备箱里放上拖车绳、铁锹、脱困板、千斤顶、燃油添加剂等,出发前学点修车技能,若是有辆备车同行更好。不要轻视天气预报。

西藏沿途限速,分段而设的检查站会给司机一张限速表,告知到达下一检查站点的时间,提前到就会罚款,但很多司机会无视时速,把多出来的时间用在停车拍照上,要小心沿途的移动测速仪。

你还需要小心在公路上散步的牲畜,万一发生碰撞,索赔的金额可能相当惊人。

骑行进藏者一定不要松懈精神,据我们了解,很多事故都是发生在经过了漫长的艰难上坡之后的"痛快"下坡时。

暑假旺季时,边检站检查身份证会非常耗时,堵在拉萨城外一两个多小时是常有的事,如果有需要赶飞机等情况,要预留足时间。

捐客

和所有城市一样,游客模样的人只要一抵达机场、火车站、客运站等游客集散地,就难免遭到捐客的打扰。西藏交通不便导致各地司机"拉客""抢客"现象严重,如果出发前你做过功课,就相信手头的攻略,如果你确实需要借助这些信息,不要急于跟人走,多方比较后再决定,最好你不是一个人,以防最后发生不愉快时势单力薄、无处争辩。要记住,少数情况下捐客是有帮助的,更多情况下则是将你引向一处质量无法保证的宾馆、性价比不高的包车、物无所值的一日游,简单谢绝是合适的处理方式。如果一位出租车司机过分段勤地向你推荐某一家宾馆,同时诋毁你已经预订的住处,通常是因为他可以拿到一份回扣。也要避免让初次认识的本地朋友(比如司机、导游)带你去购买昂贵的旅游纪念品,还是因为有回扣。

偷窃和欺诈

小偷小摸的事件在西藏不多,不过俗话说得好:小心驶得万年船,慈悲为怀的地方混入一些害群之马也不是没有可能,万一不巧被你碰上了呢。在车站、景区等人流大的地方要格外小心。需要特别提醒的是,青年旅舍的住客越来越鱼龙混杂,现金与贵重物品如电脑、相机等不可遗留在房间内,在背包上加一把锁或寄存在前台都是可行的办法。

欺诈行为最常发生在购物时,只要不随随便便对"宝石"、虫草出手,便能避免被奸商骗,也不必事后求购后悔药。

包车前一定要讲清路线和价格,中途再提新要求通常不会被满足,即使你愿意多出钱也没用。

高原反应

高原反应通常发生在初上高原时或剧烈运动后,放慢进藏的速度、睡眠充足、多喝水和提早吃抗高反药是应对的法则。出发前,将高原安或红景天、阿司匹林、感冒冲剂等收进行李箱。海拔高的地方通常风也很大,缺氧和大风都会导致头痛,帽子非常有用。走路喘、头痛、恶心、呕吐和夜晚难以入眠都是高反的表现,通常来说,熬过24小时,身体就会慢慢适应,实在不行,需要下撤到相对较低的海拔,若感到强烈不适就需要就诊。详细可参考410页的健康指南。

记住,从平原来到3000米海拔以上,身体有轻微不适是正常的,你需要放松心态,了解高反常识,过度恐惧有时会加重高反的感觉。很多地方都有氧气瓶出售,你可以备上,但切忌依赖吸氧,若非万不得已,慎用!

搭便车

站在公路边,伸出右手拇指,车在你身旁戛然而止,摇下车窗,招呼你上车……这故事听起来总让人感到兴奋,西藏这类搭顺风车旅行的版本特别多,越来越多的旅行者

空气稀薄预警信号

具体地点	旅行方式	海拔高度（米）	高反指数
拉萨	留宿	3658	★★
昌都	留宿	3300	★
谷布神山	317国道途经	5400	★★
唐古拉山口	109国道途经，可留宿	5231	★
那曲	109国道途经，可留宿	4550	★★
纳木错	景点，可留宿	4718	★★★
业拉山口	318国道怒江72拐处途经	4658	★
措拉山口	318国道途经	4540	★
色季拉山口	318国道途经，观景点	4720	★★
岗巴拉山垭口	羊卓雍错的观景点	4990	★★
珠峰大本营	景点，可留宿	5200	★★★
加吾拉山口	珠峰观景台	5210	★★
卓玛拉山口	冈仁波齐转山时经过	5630	★★★
玛旁雍错	景点，可留宿	4588	★★
界山达坂	219国道途经	5248	★★★

跃跃欲试。不幸的是，我们也听过搭车者遇害甚至被分尸的真人真事，出于个人安全考虑，我们从来不推荐搭便车。如果真的没有什么能阻止你搭车的决心，不要带着享免费午餐的心态，为搭车支付费用理所应当，至少也要有表达谢意的方式，有些司机愿意载你可能是需要陪伴聊天解乏，你知道该怎么做了。不要在上下坡和弯道处拦车，不要在天黑后搭车，搭不到车时，可以求助边检站，虽然这么做洒脱感立马逊了很多，不过也相对减少些风险。

地震

2015年4月25日尼泊尔发生8.1级大地震，西藏也是重灾区，樟木口岸和吉隆沟的热索村波及严重，几乎成为"孤岛"。本书调研期间，樟木口岸还处于关闭中。2016年1月4日印度发生6.7级地震，林芝、山南震感强烈，1月18日那曲安多县发生3.1级地震，1月22日吉隆发生3.8级地震。通常来说，大地震后该区域会有较长一段时间处于地质活动不稳定状态，对于尚未通路的震后县镇，不建议旅行者前往。若是在途中遇到地震发生，务必结束行程打道回府。

独自旅行者

"独行侠"们在西藏大部分地区不会发生更多来自人为的危险，但地广人稀处不宜孤身独闯，要知道，有时候车载GPS都能被带迷路了，何况是一个人，天黑后若是还没到达人群聚落，大型食肉动物可能就要现身了。最好能结伴同行，也要及时将自己的行踪告知亲友。

无障碍旅行

目前，残障旅行者到西藏旅行还是有诸多不便，只有拉萨的无障碍设施相对完善，但大部分地区无人陪伴的残障人士会非常困难，交通、住宿都成问题，高山徒步更是困难重重。

女性旅行者

友善的西藏人对女性旅行者同样尊重友好，康巴汉子看起来比较彪悍，但也只是看起来而已。记住：不要露着大腿进寺庙，不要单枪匹马闯朗玛厅，把自己灌得酩酊大醉就对自己太不负责了。

同性恋旅行者

虽然中国社会对同性恋者的态度越来越开放和包容，但藏地民风比较保守，建议不要太招摇。

志愿服务

将旅行和公益结合，会让你这趟行程更有意义，也会加深你对旅行目的地的了解。你可以上**青藏高原生态保护网**（www.qtpep.com）了解西藏的生态环境。隶属于西藏自治区户外协会**TBIC西藏生物影像保护**（weibo.com/tbis）致力于生物多样性考察，日喀则地区的**潘得巴协会**（www.pendeba.org）针对珠峰国家级自然保护区的农牧民进行培训、建立乡村托儿所、传播环保知识等，**绿色江河**（www.green-river.org）专注于青藏高原的自然生态环境保护活动。你也可以参考**中国志愿者网**（www.zgzyz.org.cn）及本书"负责任的旅行"章节（见52页）。

活动

徒步

没有户外经验也能参与的徒步地点包括拉萨北郊山上、吉隆镇周围的村庄、象泉河谷等，这些地方体力消耗不大，半天能走完，带足水就行，即使没有清晰的路标，但离城镇不远，不用担心迷路。

然乌附近的3条冰川徒步难度属中等，短短3~4天的希夏邦马环线（见298页）徒步强度也不大，但需要向导。

山高路远的徒步需要带好登山杖、头灯等。作为藏地朝圣路线的转神山、转圣湖也颇受旅行者推崇，全程52公里的冈仁波齐转山（见330页）2天能走完，山上有住宿点，海拔高会走得很吃力，加上大风会形成另一股阻力。面积广阔的圣湖走起来就漫长得多，且沿途没有补给和投宿点，得带好露营装备和食物。转玛旁雍错需4天，羊卓雍错需8天，纳木错需十几天。

墨脱徒步（见158页）号称"中国第一徒步线路"，3天可以走完，沿途有客栈投宿，夏季蚂蟥很多，10月前往比较理想。

最高强度和难度的是珠峰东坡大本营徒步（见294页），需要走7天，全程露营，最高海拔为5300米。

骑行

骑行界的终极体验是沿着318国道骑到拉萨，这一路高原与峡谷相伴，雪山与森林交替，风景也绝美。海拔是一大威胁，你会发现每上一个坡都几乎耗尽体力，绝对磨炼意志。据有经验的骑行者分享，如果每天起早贪黑风雨兼程地骑，并且车不出状况，是可以保证晚上睡在客栈而无须露营。路途险恶，买辆质量好的车，出发前学点修车技术。

只想小试牛刀，也可以参加8月举办的羊卓雍错环湖自行车赛（见270页），3天可以骑完。

观鸟

西藏丰富的生态系统成就了鸟类的天堂，班公错的鸟岛是天鹅、斑头雁、红嘴鸥、黑颈鹤的栖居地，观鸟季节在5~9月。色林错（见358页）是世界上最大的黑颈鹤自然保护区，春天可以来观鸟。冬天，可以在雅砻河谷（见207页）看到成千上万的黑颈鹤、斑头雁、赤麻鸭等，拉萨河与拉鲁湿地也是冬日候鸟的家园。

观星

海拔高度是观星的优势，你很容易在西藏的夜里看到璀璨的银河，如果你相信对着流星许愿会很灵验，那你可得提前多准备点心愿。我们觉得阿里任何一个地点都适合仰望星空，狮泉河还有专为拍摄星空发烧友而设的暗夜公园（见346页）。

温泉

西藏的地热资源也很丰富，最贵的是羊八井温泉（见138页）和日喀则谢通门的卡嘎温泉（见266页），环境较好，是温泉、酒店一体式的。便宜或免费的温泉也很多，例如洛扎的拉普温泉（见240页）、拉孜的锡钦温泉（见285页）、萨迦寺附近的卡吾法王温泉（见282页）、亚东的康布温泉（见278页），后者卫生条件很差。最原生态的温泉是德仲温泉（见129页）。无论去哪个温泉都要自带毛巾，且在海拔较高的地方泡温泉不宜太久。

交通指南
到达和离开

多年天文数字般的物资投入，已经使得进出西藏不再令人痛苦，只不过你的选择依然有限，且要付出较高的费用。尽管如此，进入西藏的方式，无论是乘坐飞机、火车，还是开汽车、骑自行车，所见之景都具有世界水准，你将永远记得路上那令人屏息的美景。

无论如何进出，拉萨是你永远绕不过去的中转站。在旅游旺季时提前计划，早做准备，提前订票，做好随时出发、黎明出发的准备，规划好劳逸结合的路线，并且在旅途中吃好睡好，你将彻底地享受西藏之旅。

飞机

机场

本书涵盖的区域内，拉萨贡嘎机场（见122页）是进出西藏的最重要的航空港，此外林芝米林机场（见167页）也有飞往成都和广州的航班。拉萨每天有多个航班飞往成都、重庆、西安、西宁、兰州这几个出藏的核心中转站，也有飞往北京、上海、广州、南京、杭州等大城市的航线，甚至还有一班国际航线直飞尼泊尔加德满都。

就支线航空而言，拉萨可飞往全西藏所有的次级航空港——林芝米林机场（见167页）、日喀则和平机场（见261页）、昌都邦达机场（见376页）、阿里昆莎机场（见349页），这些次级航空港之间很少直飞，通常是到拉萨转机。到林芝和日喀则一般坐车比较方便，但是到昌都和阿里则路途过于遥远，许多人选择飞行，也导致这些航线的票价一直居高不下。

此外，从拉萨到其他省藏区高原城市也有航班，例如香格里拉和拉萨、玉树和拉萨、拉卜楞和拉萨之间都有航班，对于你规划旅游线路可能起到不小的作用。

很多航班都在早上出发，考虑到机场距市区或者县城较远，最好提早做准备。

机票

西藏的航空表现出戏剧化的季节变化：旅游旺季（每年"五一"到"十一"）进藏的机票常常被早早订完，暑假期间和黄金周更是一票难求。即便拉萨机场已经满负荷运营，也无法满足进藏的热潮，低价打折票难找，如果提前很早预订，或许有8折，如果基本没有提前，你有时只能发现头等舱的机票。从四川进入林芝米林机场的航班同样如此，由于飞机少，所以更显紧张。

因此，适合乘机进出西藏的时间是每年国庆长假之后到春节前的一个月。这段时间你有时能找到低至4折的机票。如果你赶到春节前进出西藏，很不幸，你会发现从西藏前往内地的飞机票也是全价，你赶上了在西藏打工者和生意人回乡探亲的热潮。这一热浪将持续到3月底。4月初，你又会迎来一次小小的票价低谷期，直到"五一"的高票价热潮再次涌来。**去哪儿**（www.qunar.com）和**携程网**（www.trip.com）是目前国内比较好用的淘票网站，可以实时查到最低机票价格，当然也可以登录各个航空公司的网站直接订票，西藏的许多航线都是西藏航空执飞的。如果有可能，尽量安排在天气晴朗的白天飞行，并且选择坐在窗边的位置，你将享受在雪山之巅飞行的绝妙之旅。

火车

从拉萨出发的铁路通向西藏之外的任何地点，时间都不会少于24小时，这就使卧铺票变得很难买到，软卧票价格已经和打折的飞机票不相上下。其票价紧张程度的波动与上文的机票情况基本吻合。所以如有可能，尽可能早一点确定日程并订票，一旦下手晚了，旅行社会将所有的卧铺票一网打尽。如果你年轻力壮，从西宁或者格尔木坐硬座也完全没问题。一个比较理想的方案是火车进，飞机出。

长途汽车

在火车通车前，汽车几乎是大多数年轻人进入西藏的唯一方式。进入西藏的路线主要有四条：青藏线、新藏线、川藏线和尼藏线。新藏线专为资深行者设立，从南疆

进藏初体验,首选是火车

如果你是初次进藏,建议你坐火车,不仅能更好地逐渐适应高海拔,也能看到更多的风景。每天有5趟列车进出西藏,如果你想欣赏可可西里的风光,最好搭乘Z265和Z165这两趟列车,能在白天经过可可西里,那将是你难以忘记的体验,所以最好能订下铺,随时看风景。如果同卧铺的大叔大妈惊呼藏羚羊或者野牦牛,你可以继续睡,那顶多就是藏原羚。

不论你坐哪一趟火车,路线都是基本确定的:西安—兰州—西宁—格尔木—羌塘草原—那曲—拉萨。羌塘草原的错那湖站很让人激动,因为远处就有一大片碧绿中微带银色的高原湖泊。唐古拉山口站同样令人激动,这里的海拔是5072米。但除非你有非常严重的高原情愫,一般在羌塘不建议下车分段旅行,你会难以找到合适的住宿之地。

塔城前往阿里狮泉河有班车,也有越野车。从南疆的荒野插入海拔最高的阿里,没有耐寒耐高反的精神恐怕无法感受"死人沟"、界山达坂这些地方。中尼公路相当出彩,却时常被国人忽视。从樟木口岸(因地震关闭,如今使用的是吉隆口岸)树木葱郁的山谷进入西藏,换乘前往拉萨或日喀则的大巴。一路海拔急剧升高,很快就进入后藏巍峨的雪山王国。当然你要带好防寒的衣服,也得有良好的氧气水平来应对海拔的升高。

剩下的两条线已经被人研究到了每一个细节,青藏线平稳,海拔起伏较小,还能全程看到羌塘荒原。只不过一般人们会选择坐火车走青藏,而不是从格尔木忍受严寒坐大巴车进藏。

川藏线就不用说了,最好的旅行方式可能是分段旅行,在康定、理塘、德格、昌都、芒康、波密、林芝等地最好能做一到多日的停留,而不是一直赶路。唯一需要注意的是波密向西的通麦路段时常会有交通管制,不过随着2016年隧洞的完成,估计交通管制也将成为历史。你或许想要在包里放上一些基本的食物和防寒衣物,如果really车子真的不幸坏在半路或者天气突变,你也好有个应对。

自驾

时下进藏最火的方式,纪录片《进藏》功不可没。青藏线自驾,你会很容易找到开高速公路的快感,只需要注意海拔和高反,不要带病上路;小心大货车,青藏线上的大货车往往有疲劳驾驶的情况。

川藏线自驾,请你慢一点,不要因为赶路而错过了路上的好风景,最好的方式依然是多停几站,畅游支线的精彩之处。但请注意急弯、落石和道路暗冰,也不要太过迷恋风景而忘记了观察道路。川藏线自驾分南北两线,南线的最险处在通麦、芒康、左贡一带连续的爬坡路线会让人抓狂,要小心驾驶,小心对面来车。北线路况信息扑朔迷离,主要是修路或者雨季引起通行不畅,尤其以昌都到类乌齐、丁青到巴青一段最让人恼火。通麦隧道打通后,自驾走318国道会轻松很多。但雨季行车仍需注意安全,部分路段还是可能发生塌方。

车辆方面,虽然技术好的司机能把夏利从成都开到西藏,但我们依然推荐底盘较高、扭力强劲的SUV,在降雨时应对泥土路面或者上坡时都有较好的表现。

进入西藏境内就有了限速,操作流程是你在路段开始的检查站里领取限速单,不得早于某一个时间抵达下一个检查站,其目的是让你的平均时速一般不超过70公里。限速令人恼火,而且昼夜都有检查,你一旦超速,就会面临严厉的处罚。许多老司机的应对的方式是驾驶到距离检查站还有一段距离时,下车休息,等够时间再出发。

新藏线不推荐自驾,风景单调,路途遥远,缺乏补给,人烟稀少,还有惊人的海拔(海拔超过5000米以上的道路有130多公里,这不是川藏线仅仅经过高海拔山口可以比拟的)。一个例子:在拉萨工作的新疆大厨们大多选择飞机而非汽车进出西藏。

自行车

只要你有一辆耐折腾的自行车和必要的装备,就可以上路了。一般骑友都选择从成都购买车辆出发,翻越二郎山进入藏区。你将有雅安和康定作为高原适应训练区,高反一般会在路途中自行消失,让你做好准备去翻越折多山这第一座真正的藏区大山。如今骑行者众多,重要的集镇往往都有家庭旅馆专门招待骑友,价格实惠。要注意雅江—理塘路段,还有巴塘—芒康—左贡路段,海拔高且人烟算不上稠密,请谨慎做好计划。糌粑是不错的应急食品,道班也可休息过夜。如果你是带着持续的疲劳和疾病上路,请不要继续,不要脱离大队太远,雨天小心头顶的落石,注意各种过路车辆,不要对艳遇太过执着。为了搞好和沿途藏族同胞的关系,"三大纪律八项注意"最好遵守。

区内交通

西藏自治区是如此广袤,以至于区内交通需要动用飞机。从拉萨出发,前往林芝、日喀则、山南乃至那曲都以汽车为主,但是到遥远的阿里和昌都,飞机则是最佳的选择。

飞机

拉萨到阿里的大巴车日夜不停地前进,最快也需要24小时;到昌都则更加遥远,如果不是日夜开行的大巴,到昌都要足足3天,再加上西藏令人恼火的限速,所以飞机将是你的最佳选择。拉萨到阿里、拉萨到昌都都有航班,但价格直逼2000元,且基本没有折扣。此外,例如昌都邦达机场,距离昌都极为遥远,足有上百公里,如果天气不好,例如常见的冰冻天气,还没法起飞。

火车

火车已经修到了日喀则,除非周末,你一般都能方便地买到从拉萨前往日喀则的火车票,和一群快乐的后藏农民大叔大妈们乘坐火车的体验,你不会想错过。火车早上从拉萨出发,下午下班后从日喀则返回,全程需要3小时左右,居然还有卧铺。另外,拉林铁路也于2021年开通,途经山南、波密,从拉萨到林芝最快只需3.5小时。

可以去中国铁路客户服务中心网站(www.12306.cn)购买车票,也可以利用中国铁路官方APP购买车票。

长途汽车

汽车是西藏交通的主力,拉萨到它所有的县都有班车,甚至一直延续到下午。如果你一觉睡到大中午,可到东郊客运站、西郊客运站一带转转,总有机会找到去拉萨郊县的小巴。到日喀则、那曲、山南、林芝的班车一天也有多辆,都从西郊客运站发车。

到稍远些的地区则需要一早去乘车,例如前往江孜、浪卡子、隆子、错那、工布江达、波密、萨迦和吉隆等,你最好头天上午就去订票,往往一到午后票就全订完了。如果你真的错过了很早的班车,可以选择先前往日喀则等地的行政中心,第二天一早再寻车前往郊县。

前往阿里的大巴依然每天开行,在北郊客运站坐车。前往昌都的大巴则在东郊客运站发车,昌都的班车可以从其车身无所不在的红土上看出来。值得一提的是,拉萨依然有开往成都的传奇性卧铺巴士。

从各地区(市)行政中心开往偏远郊县的车也并不好找!例如昌都前往贡觉和丁青,如山南开往错那,进入某个乡村,往往只有包车。总而言之,早作打算永远是正确的。

除了普通班车之外,拉萨还有一个值得利用的优势,那就是闪烁着信仰金光的朝圣大巴(见124页方框)。你可以在拉萨电影院门口和东郊客运站找到朝圣大巴的信息。

鉴于西藏的班车里程遥远,建议你带好防寒的衣物和热水,如果吃不惯川菜和藏餐,你可能还要自带一些点心。

自驾

你如果已经有了自驾进藏的经验,那么继续自驾前往山南、日喀则、林芝乃至阿里或者昌都已经不在话下。主要有自拉萨向西、向东两条线路,以及向南、向北的支线。西藏道路情况整体良好,需要注意的除了天气和海拔之外,还有道路上出没的动物。自驾前往后藏,要注意时常有羊群横穿马路,有时也有牦牛,此时请勿急躁,可拿起相机拍摄;自驾前往林芝要千万小心横冲直撞的藏香猪,它们浑身黑色,跑得极快且毫无规律可循,经过集镇时最好减速慢行,以免飞来藏香猪。要知道,近几年由于餐桌上的需求越来越大,藏香猪的行情一直在涨。

城市自驾时,注意规避拉萨的早晚高峰,对神出鬼没的电动车以及大摇大摆的三轮车也要多加小心。

当地交通
公交车

拉萨城的公交车算不上方便,不少年轻人选择电动车或是打的。市区的票价一般都是1元,早晨你或许想避开上班、上学和朝圣者叠加的高峰,除早晚高峰外,拉萨的公交车不算拥挤。但如果你着急出门,或许出租车是更好的选择。

除拉萨和日喀则外,林芝和昌都等地基本没有坐公交车的必要。

出租车

除拉萨外,西藏大部分城镇的出租车基本都能10元绕城一圈。在拉萨,出租车允许拼车,拒载也司空见惯,你必须要非常清楚所有的潜规则才能顺利地找到出租车,否则你在路边等上半个小时也很正常,除非你愿意忍受司机的敲诈。在雪顿节这样重大的节日期间,司机简直是"磨刀霍霍向猪羊"。冬季旅游旺季结束,情况稍微好转,打车软件市场在拉萨规模较小,起不了决定性作用。所以我们主张,碰上蛮横不讲理的的士司机,请直接举报,投诉电话96123;出租车司机会担心你的举报,请记清出租车的车牌号码。

自行车

如果骑车不高反,当然可以在拉萨这个规模不大的城市里骑车,但请注意许多司机横冲直撞,并不在意交通规则。所以,即便在确认自己遵守了交通规则的情况下,也要多个心眼,左右确认。

拉萨有市民免费自行车,如果你办理了市民卡并交了一定押金,可在布达拉宫、大昭寺和西郊的一些重要地标建筑间骑车来往,如果你只是在拉萨几天,当然无此必要。许多青年旅舍提供自行车出租业务,和车友们约好了一同前往北郊色拉寺后山、曲水县等近郊骑行都可,但最好穿防雨的冲锋衣,备好头盔,做好防晒、防尘的准备。

健康指南

在西藏你的身体会经历特别的考验,大多数时候与高海拔有关。西藏平均海拔4000米以上,高原反应是需要你特别警惕的潜在危险。高反严重时,需要尽快下撤到海拔较低的地区。如果你平时身体健康,高反不会持续太长时间。除此之外,部分地区的卫生状况也可能会让你感到困扰,但在拉萨、日喀则、林芝及规模较大的城镇,干净的食宿还是能够保证的。如果你平时就患有某方面的疾病,如心脏病,旅行时则需要格外小心,决定出发之前应该征询医生的意见。已患疾病和意外伤害(尤其是交通事故)是常见的危及生命状况的原因。当然,大多数时候,一般人不会在旅途中遇到重大健康问题。

拉萨、日喀则、林芝等地医疗设施完善,遇到小病痛,大可就近医治,首府拉萨的医疗设施是西藏最好的。但在偏远地区,可能根本就没有任何医疗设施,而许多热门的旅游地区都地处偏远,因此你应当事先了解潜在的健康风险。

幸运的是,大多数旅行者的疾病都是可以通过一些常识措施预防,或者用旅行者随身携带的常备药品治疗。在路上谨记及时就医,自我诊断可能会带来危险。

另外,截至本书出版时,新型冠状病毒肺炎(COVID-19)仍在全球流行。我们建议旅行者结合实际情况决定出行，在做好自身防护的同时，遵守当地的防疫要求，保持良好的卫生习惯。

出发前
保险

考虑到旅途较长、海拔高，还有一些地方的交通存在危险，以及潜在的健康风险和医疗撤运的高成本，购买医疗保险是非常有必要的。此外，在特殊的区域开展特殊的活动，如登山、漂流、山地徒步等，最好也买份相关的保险。

常备药品

推荐放入个人药品箱的医疗药品：

➡ 乙酰氨基酚（扑热息痛）或阿司匹林：用于止痛或退烧

➡ 镇痛药（布洛芬）：用于治疗肌肉和关节疼痛、头痛和发烧

➡ 百多邦、达克宁：各种细菌、真菌性皮肤感染

➡ 抗生素，尤其是当你要离开大路旅行

➡ 多种维生素：在西藏旅行中，饮食中的维生素含量可能不足

➡ 抗组胺剂：用于缓解过敏症状，例如花粉过敏；治疗皮肤问题，带上1%氢化可的松软膏

➡ 净水药片

➡ 绷带、创可贴（膏药）和其他创伤敷料

➡ 剪刀、镊子和电子体温计（水银体温计禁止携带上飞机）

➡ 含避蚊胺（DEET）成分的外用驱蚊剂和风油精

➡ 喷涂于衣物、帐篷和床单的含胺菊酯成分的杀虫剂

➡ 类固醇或可的松：用于治疗误食有毒植物或其他过敏性皮疹

➡ 感冒和流感药、咽喉锭剂和鼻腔减充血剂

➡ 藿香正气水和十滴水、仁丹：防中暑

➡ 异丙嗪：用来缓解严重呕吐症状

➡ 黄连素片：用于腹泻

➡ 补液混合物：防止腹泻导致的脱水；带孩子旅行时尤其要注意

➡ 抗菌剂（如碘附）：用于割伤和擦伤

➡ 无菌药包：以便在需要注射时使用；出发前先向你的医生咨询

➡ 晕车药，例如晕海宁：以备乘坐长途汽车之需

➡ 防晒霜、保湿唇膏：防止晒伤、干燥

➡ 避孕药具

➡ 红景天、高原安、西洋参含片等：缓解高反症状，高反严重时可服用速效救心丸

➡ 若徒步海拔超过3500米，请携带乙酰唑胺药片以控制眼压

其他准备

在西藏旅行时，你也许会去到非常偏远的地区游览，因此有必要在旅行前去看看医生并进行全面体检。有病史的游客，应当随身携带充足的药物。长途旅行前，最好去看牙医。如果你佩戴隐形眼镜，一定要带足清洗液，要特别注意卫生以避免眼睛发炎感染。带上备用眼镜和太阳镜，以防在某些地方你无法佩戴隐形眼镜。

如果你需要某种特殊药物的话，一定要多准备一些，因为在当地可能买不到。尽量避免一切麻烦，处方或者医生提供的证明文件一定要字迹清晰，以证明你用药的合法性、经常性。

旅途中

如果你得了（或觉得自己得了）重病（如疟疾）、严重高反或其他急症，千万不要拖延，应以最快速度就诊。在西藏大多数市县，如果需要紧急医疗救助，可拨打医疗急救电话（📱120）。如需非处方药物，可在药店直接购买。

某些小病症可以自行吃药恢复，比如不太严重的腹泻。

传染性疾病
流感

多见于冬季，症状包括高烧、肌肉疼痛无力、流鼻涕、咳嗽和咽喉肿痛。流感对于65岁以上的老人及心脏病、糖尿病患者可能有严重威胁，建议注射流感疫苗。目前没有针对流感的有效治疗方

法，只能静养，服用感冒药减轻症状。

高海拔会加重上呼吸道感染（包括流感）的危险性。在西藏旅行，须格外注意避免感染。

真菌感染

在偏远的乡村山地旅行徒步，当地不洁的卫生环境可能容易导致真菌感染，发病部位通常是头皮、脚趾（脚气）或手指之间、腹股沟和身体上（表现为癣）。癣是一种真菌感染，会通过感染真菌的人或动物传染。潮湿将助长真菌滋生。

为了防止真菌感染，应该穿宽松、舒适的服装，而非人造纤维制品的贴身衣物。如果受到感染，至少每天使用消毒剂或药皂擦洗感染区域，然后用清水冲洗干净并擦干，并使用抗真菌药膏或药粉，如达克宁。尽量将患处暴露于空气或日光之中。用热水洗涤所有的毛巾和内衣裤，经常更换并在太阳下晒干。

肝炎

有几种不同的病毒会导致肝炎。这种病症的症状基本相同，包括发烧、发冷、头痛、疲劳、感觉虚弱和周身不适，随之而来的是食欲不振、恶心、呕吐、腹痛、小便黄赤、粪便颜色浅、皮肤发黄和眼白发黄。

被污染的饮用水和食物能够传播甲型肝炎。一旦感染甲型肝炎，应该听取医生的建议，但除了隔离、多喝水、少吃东西和避免油腻食物之外，你所能做的非常有限。甲型肝炎可通过注射疫苗得到100%的预防。戊型肝炎和甲型肝炎的传播途径相同，在孕妇中间的传播尤为严重，目前尚无法对这种病毒免疫。

乙型肝炎通过血液（未经消毒的注射针头和输血）或性接触传播。可能导致传播风险的情况包括剃须、文身或使用已被病菌感染的设备在身上穿孔等。

HIV病毒和艾滋病

HIV病毒可能导致致命的获得性免疫缺陷综合征。血液、血产品或体液都能传播这种疾病。西藏的HIV病毒感染人数近年增长较快，以性传播为主。此外，受污染的针头也是艾滋病的传播途径之一，因此打针时要坚持使用全新的一次性针头和注射器。输血用的血液都会经过HIV/艾滋病毒筛查，但是不能确保在情况紧急时会坚持落实这一流程。除非情况非常紧急，否则不要轻易输血。如果你确实需要输血，应该要求护士当着你的面打开密封的注射器，或者自备针头和注射器。如果患有严重的疾病，不应该因为害怕感染艾滋病而拒绝治疗。

疟疾

如果你要在西藏林芝停留较长时间，尤其是在雨季期间，就应该考虑采取药物预防措施。拉萨短途游可能无此危险。

记得使用驱蚊剂，尤其是在丛林区过夜或在廉价旅馆住宿时。

电蚊香片比可燃蚊香更有效，因为后者可能会带来呼

饮食安全

➡ 不喝生水，包括自来水。高海拔地区貌似纯净的水源也可能已被牛羊粪便污染。

➡ 最简单的净化水的办法是煮沸。

➡ 瓶装饮料一般来说比较可靠，记得购买时要检查瓶盖是否封好。

➡ 避免用冰块，因为制冰所使用的水可能来路不明。

➡ 鲜榨果汁、鲜牛奶和没有消毒包装的冰激凌也可能不卫生。

➡ 食用水果最好去皮。

➡ 生意好的餐馆，食物更新较快，不会被长时间存放或重新加热，较卫生。

➡ 热天避免吃生菜和凉拌菜。

➡ 对生肉和半生不熟的肉说不。

➡ 多吃蔬菜水果，补充维生素。

吸道疾病。

狂犬病

在西藏乡间，路遇野狗的概率非常大，进入草原牧场和农地时也要非常小心。万一被咬，请用肥皂和水小心地清洗伤口，并应用碘基抗化脓药物，最好以最快的速度送到最近的医院注射狂犬疫苗并做治疗。旅行前，接受免疫注射可使被咬后的治疗大大简化，如果事先没有接受免疫注射，则需要尽快接受狂犬疫苗抗体。

环境引发的疾病和不适

高原反应

高原反应是人到达一定海拔高度后，身体为适应因高海拔造成的气压差、含氧量少、空气干燥等变化而产生的自然生理反应。一般海拔高度达到2700米左右时，人就可能会有高原反应。从海平面附近上升到四五千米的高度，人体需要至少几周的适应时间，所以在高海拔地区旅行的第一原则就是不要上升太快。我们建议你到达海拔3000米高度后，每天升高不超过300米为好，并且继续增高每1000米时，再追加一天休息的时间。最好通过陆路进藏而非乘坐飞机。

高原反应的症状一般包括头痛、胸闷、气短、心悸、恶心呕吐、口唇发绀、失眠、多梦和血压升高等，这些症状通常第一、二天会比较明显，以后就会逐渐减轻或消失；但也有极少数人因劳累、受寒和上呼吸道感染等原因，症状加重，发展成为高原肺水肿或高原脑水肿。

建议第一次进入高海拔地区的旅行者，最好做一些物质准备，"红景天"和"肌苷片"是最受欢迎的防高反药物，最好在进入前一星期就开始服用。须注意，"红景天"是一种中药保健品，只有长期服用才有效，相比之下，肌苷片和肌苷口服液对旅行者更有用。充分喝水，多吃利尿的饮食，也对缓解高原反应有帮助。初到高原不要疾速行走或奔跑，避免暴饮暴食，以免加重消化器官负担，尽量不要饮酒或吸烟，多吃蔬菜和水果等富含维生素的食品，注意保暖，少洗澡以避免受凉感冒和消耗体力。不要一开始就吸氧，尽量使自身适应变化，否则可能对氧气产生很强的依赖性。

如果出现高原反应的症状，我们建议你就地休息一两天，直至症状减轻。之后便可以继续升高，但仍必须遵守每天不超过300米的原则。假如症状不减或加重，应迅速下降到海拔较低的地方。

皮肤晒伤和缺水

在西藏高海拔地区旅行要特别注意防晒。高原天气干燥，空气稀薄，紫外线强烈，即使在多云的天气，皮肤也可能被烈的阳光迅速晒伤。这样的环境对皮肤是一个不小的考验，尤其是旅行中的女士。因此，一定要确保在户外做好一切防晒措施——长袖衣裤、头巾、帽子和墨镜，尽量避免在每天最热的时候（上午10点至下午2点）暴露在太阳下。另外，可能暴露在阳光下的皮肤，涂抹防晒霜是必不可少的，建议至少使用SPF30以上的防晒霜，并及时补涂。如果你皮肤晒伤了，就应该避免太阳照射，直到晒伤恢复，冷敷和使用相关药物可以减轻不适。

高原地区空气干燥，水分较少，这个时候嘴唇很容易开裂，因此保湿滋润型的唇膏也很必要。

旅途腹泻

水土不服、饮食不洁以及气候变化都可能导致拉肚子，这大概是最常困扰旅行者的病症之一。统计数字表明，30%~50%的旅行者会在踏上旅途的两周内遭遇腹泻。如果只是腹泻而没有其他症状的话，可能就不会有太大的问题。严重的腹泻可能是由细菌感染引起的（也可能有其他原因），因此饮食卫生非常重要。腹泻的主要危险是脱水，儿童和老人尤其应该注意，因为脱水会在很短的时间内发生。无论何种情况，都要牢记补充液体（至少也要与你在排便和呕吐中所损失的液体达到均衡）是至关重要的。淡淡的红茶加少许糖、苏打水或软饮料都非常适合用来补充水分。要想补充适当的水分最好观察你的尿液——如果你有少量浓缩尿液的话,就应该多喝水。应该经常保持少量饮水。在恢复期间,坚持吃清淡的食物。

中暑

行走在干燥闷热、太阳辐射强烈的地区,人体很容易出现中暑现象。中暑是一种严重的急症,症状来得很突然,伴有虚弱、恶心、体热且燥、体温超过41℃、晕眩、迷糊、失去协调性、抽搐,甚至昏迷失去知觉。人体感觉到有中暑症状时,要立即转移到通风、凉爽的地方休息。如有人中暑昏迷,应给他们脱衣服、扇风、用凉的湿毛巾敷在他们身上,特别是腹股沟和腋窝下。中暑后可服用藿香正气水、藿香正气丸、仁丹、十滴水之类的药物,在太阳穴、人中处涂抹风油精。

体温过低

体温过低与中暑的危险性同样严重,体温降到32℃以下是可能致命的。在高海拔地区进行徒步、骑车、登山、攀冰活动,或在户外露营时,需注意保暖防寒,否则可能发生体温过低症(Hypothermia)的危险。

高海拔地区天气变化多端,可以在几分钟的时间里从阳光和暖突变到冷风刺骨,尤其在突降雨雪的情况下。如果你身处户外,衣服湿透,体力已经透支,再加上饥肠辘辘……这些因素综合作用,会使热量从你的体内大量流失,体温迅速降低,严重时会有生命危险。

体温过低的症状包括肢体皮肤(尤其手指、脚趾)麻木、颤抖、言语含混、神志不清、晕眩、虚脱等。救治轻度体温过低症的办法是转移到能避风雨的地方,脱下湿衣服,换上干衣服,服用热饮(无酒精),吃些易消化的食物。及时发现、判断并救护,是防止低体温症进一步恶化的唯一途径。

如何预防?方法很简单,在高海拔地区,你必须随时做好防寒、防风、防雨雪的准备,这些都可以通过合适的衣服装备来实现。请记住,进行户外运动时要避免穿吸汗的棉质内衣,湿冷的贴身内衣会带走体热,而丝、毛及化纤质地的衣料则有不错的保暖、隔水作用,某些新型化纤面料还可以帮助把汗水单向排到内衣的外层。另外,帽子的保护作用也很重要,因为很多身体热量是通过头部散失的。外衣应该牢固、能防水。随身带一些食物和水也很必要,含糖的食品可以快速带给你急需的热量。

蚊虫叮咬

在西藏的偏僻之地,特别是山区,一些地方可能会有臭虫、跳蚤、扁虱等小虫子存在,尤其是在肮脏的床垫和被褥中。

如果床单或墙上有血迹,就很可能有臭虫。臭虫叮咬过的地方会长出一片非常痒的疙瘩,它们通常会藏在人的体毛里、衣服上。如果与被跳蚤找上的人直接接触,共用梳子、衣服和其他类似物品都会染上跳蚤。药粉和洗发水能够杀灭跳蚤,染上跳蚤的衣服应该用热肥皂水洗涤,并且在阳光下晒干。

避免蚊子叮咬的主要措施是尽量穿浅色长衣长裤,以及在衣服上喷洒驱蚊剂。

蛇咬

为了把被蛇咬的风险降到最低,在穿越蛇经常出没的山林时,一定要穿靴子、袜子和长裤。不要把手伸进洞穴和裂缝中,而且拾柴的时候一定要小心。被毒蛇咬之后并不会立即死亡,而且通常也能买到抗蛇毒血清。应立即将被咬的肢体紧紧包扎起来,然后用夹板将其固定,像处理扭伤脚踝一样。让受伤的人保持静止,同时寻求医疗帮助,如果可能的话,可以拿死蛇去做鉴定。不要试图捉蛇,这样做很可能会被蛇咬。使用止血带和吸出蛇毒等方法,如今看来并不可靠。

幕后

作者致谢

何望若
感谢周圆易、薯伯伯详细介绍拉萨的文化、风俗和吃喝玩乐,在写稿后期还经常被我骚扰,替我确认信息;感谢庄方、冯冲、沈鹏飞,极尽可能地为我介绍人脉并收集信息;感谢卓玛,每一次与你相聚都会让我感觉到这个城市很温暖;感谢贾丽艳、拉萨胡子、颜蓓琳等众"地陪";感谢方垄、成来巴久、央扎西、杜冬、阿正等新老朋友的帮助。

丁海笑
我要感谢远在印第安纳大学的我的挚友John Lee,是他燃起了我对西藏最初的兴趣。此外还有旺秀才丹老师、吴雨初老师、Su Ku、Nelly以及Lonely Planet给予我帮助的朋友们。

董驰迪
非常荣幸能与几位神级作者共同完成《西藏》,拉萨的几次小聚欢乐无比。感谢我们亲爱的CE小可,为此书劳心劳力,感谢普布旦增老师耐心地接受我们的采访,感谢丽艳的热情帮助,以及夏老板的一路关照。感谢所有为本书提供支持的人,在旅途中给予我帮助的人,以及忍受我任性的人。

范佳奥
感谢我的挚友和最完美的旅伴陈龙、张帝诺,没有你们轮流驾驶、共赴艰难,我走不完广袤的阿里。特别感谢扎布耶锂矿的普布次仁和琼达先生在我们危难时无私地伸出援手。感谢李峥夫妇、周垚、周伯源为我提供的热忱帮助和专业资讯。最后感谢本书其他作者的精诚协作。

尼佬
这次西藏的调研写作,感谢王郢、冯帅、墨小妖、袁亮、庄方、杨光焰、李小可、阿芳、刘威等朋友,感谢你们的帮助、鼓励和徒步及酒肉的陪伴。

王郢
遥远阿里,乘过的班车、住过的客栈、吃过的餐馆都曾给我温暖。感谢考古学者张建林、宗同昌和夏格旺堆老师的不吝赐教,罗浩和龙虎林老师提供的线索,感谢札达的张勇、朱春宁,以及文物局的洛丹和仁增先生、普兰的丹增罗布先生和李艳红。特别感谢我的拉萨老友周华对我的收留和笑笑的部分旅程分担。总是要感谢西藏,十多年的旅程给了我一个精彩的大世界。

声明

本书地图由中国地图出版社提供,审图号GS(2016)1233号

封面图片:布达拉宫外的朝圣者,苏钝摄。

关于本书

这是Lonely Planet "IN" 系列《西藏》的第1版。本书的作者为何望若、丁海笑、董驰迪、范佳奥、尼佬和王郢。

本书由以下人员制作完成:

项目负责 关媛媛
内容统筹 谭川遥
内容策划 李小可
视觉设计 李小棠 庹桢珍
协调调度 丁立松 富晓敏 高原

总　　编 朱萌
执行出版 马珊
责任编辑 杨玲 李偲涵
特约编辑 吴英琦
地图编辑 刘红艳
制　　图 张晓棠
流　　程 孙经纬
排　　版 北京梧桐影电脑科技有限公司

感谢尹嘉珉、韩娜、武媛媛、乔爽、潘平为本书提供的帮助。

说出你的想法

➡ 我们很重视旅行者的反馈——你的评价将鼓励我们前行,把书做得更好。我们同样热爱旅行的团队会认真阅读你的来信,无论表扬还是批评都很欢迎。虽然很难一一回复,但我们保证将你的反馈信息及时交到相关作者手中,使下一版更完美。我们也会在下一版特别鸣谢来信读者。

➡ 请把你的想法发送到china@cn.lonelyplanet.com,谢谢!

➡ 请注意:我们可能会将你的意见编辑、复制并整合到Lonely Planet的系列产品中,例如旅行指南、网站和数字产品。如果不希望书中出现自己的意见或不希望提及你的名字,请提前告知。请访问lonelyplanet.com/privacy了解我们的隐私政策。

索引

A
阿里大北线 351~361, **352**
阿里暗夜公园 346

B
八廓街 86
八一镇(林芝) 162, **198**
巴青 385~386
巴松错 160~161
白坝 287~288
白居寺 271~272
班戈 361
班公错 350
苯日神山 169~170
波密 177~180, **197**
布达拉宫 80~81
布达拉宫广场 91
布加雪山 383
布久拉康 163
布托湖 383

C
仓姑寺 90
策门林 89~90
查嘎尔达索寺 298
查杰玛大殿 378~379
察隅 187~190
昌都 372~377, **396**
昌庆街 373
昌珠寺 213~215
长毛岭野生马鹿自然保护区 382~383
长寿寺 87
赤麦曲丹塔 294
楚布寺 126~127
楚古寺 334
次角林寺 104
次仁切阿山岳博物馆 102~103
崔久沟 228~229
措勤 352~353
错那 230~231

D
达巴寺 344
达吉岭寺 305
达隆寺 133
达日通湿地 379~380
大柏树(世界柏树王) 163
大唐天竺使出铭 293~294
大昭寺 82~86
丹杰林寺 89
当惹雍错 354~356
德格印经院 372
德庆格桑颇章 256
德仲温泉 129
僜人村 187~188
丁青 383~384
丁青寺 383
定日 288
东嘎寺 276~277
洞不隆奇礁区 172
朵宗遗址 237~238

G
嘎龙拉冰川 182
嘎玛夏690沟 88
噶居寺 277
噶玛寺 373
甘丹寺 124~125
冈仁波齐 330
刚坚寺 266
岗嘎 289
岗乡云杉林 178~179
格嘎温泉 174
根敦群培纪念馆 88
工布江达 160~162
功德林 92, 94

贡巴孜寺 232
贡布日神山 215
贡布日寺(古宫) 324~325
贡塘王朝遗址 294
古格 342~344
古格王国遗址 322~323
古如江寺 335~336
关帝庙 92
果祖寺 334

H
海不日神山 222, 224
合掌石 135
红拉山自然保护区 190
猴子洞 215

J
吉列寺 283
吉隆 292~303, **293**
吉普大峡谷 301
吉吾寺 334
加拉白垒峰 172
加吾拉山垭口 289
江孜 271~276, **309**
觉囊寺 286~287
介久错 241
金嘎溶洞 274~275
九眼温泉 290

K
卡定沟 163
卡久寺 241~242
卡玛多塔林 382
卡若拉冰川 270
卡若遗址公园 373
卡吾法王温泉 282~283
开热瀑布 298
康布温泉 278
科迦寺 325~326
枯廷拉康 242

L

拉隆寺 237
拉鲁湿地国家级自然保护区 98
拉姆拉错 224, 226, 228~230
拉普温泉 240~241
拉萨市 82~124, **142, 144**
拉萨河 103
拉孜 284~287
喇嘛岭寺 162~163
来古冰川 185
郎布纳寺 332
浪坡林海 233
勒布沟 230~231
勒乡 231~232
类乌齐 378~381
龙王潭 92
鲁朗 176~177
鲁普岩寺 91
罗布林卡 96, 98
洛卓沃龙寺 239~240

M

麻玛乡 231
玛朗寺 344
玛旁雍错 330, 332, 334
满拉水库 270~271
芒康 190~193
牦牛博物馆 103
门士乡 334~335
弥勒殿 88~89
米堆冰川 179
米拉日巴旧居遗址 298
墨脱 180, 182~183
木如宁巴寺 89
木如寺 88

N

拿日雍错 232~233
那根拉山口 134
那曲 388~390, 392~393, **395**
那曲格萨尔赛马场 388~389
纳木错 133~136
纳塘寺 265
乃村 303~304
乃堆拉山口 277~278
乃甲切木石窟寺 279
乃琼寺 95~96
南迦巴瓦峰 172
念青唐古拉山 134~135
聂当大佛 131

P

帕巴寺 300
帕邦喀寺 100~101
帕拉庄园 274
帕羊 306
佩枯错 301
彭措林 286~287
彭措林寺 286
皮央东嘎 345~346
普兰县 324~329, **325**
普莫雍错 235~237

Q

强巴林寺 370~371
强准寺 298
清政府驻藏大臣衙门 88
穹窿银城 335
琼果杰寺 226, 228
琼宗 355
曲措寺 356
曲德寺 294
曲桑寺 101
曲卓木沙棘林 232
曲孜卡温泉 190~191
雀儿山垭口 372

R

然乌湖 184
然乌溶洞 186
绕赛赞康庙 88
热拉雍仲林寺 265~266
热龙寺 270
热索 304~305
热振寺 132~133
仁青崩寺 182~183
日喀则市 256~263, **308**
日松贡布摩崖造像 298
日土岩画 350
日吾其金塔 284
日吾其铁索桥 284
绒布寺 290

S

萨嘎 305
萨迦 280~284, **311**
萨迦寺 281~282
桑阿寺 125
桑丁寺 268, 270
桑耶寺 210~211
桑珠孜宗堡 256~257
色卡古托寺 238~239
色拉龙寺 332, 334
色拉寺 98, 100
色林错 358, 360
色西寺 356
森木扎 232
申扎 356, 358
圣象天门 136
狮泉河镇 346~350
十二洲 222
四塔 222
索县 386~388

T

塔尔钦 329~330
醍醐艺术中心 103
托林寺 337~338
托林镇 337~342

W

文布南村 354~355
乌策大殿 222
乌坚拉康寺 282

X

西藏博物馆 96
希夏邦马峰 301
锡德扎仓 87
锡钦温泉 285
细德寺 325
侠义沟五彩土林 344~345
下密院 87
下亚东原始森林 278
夏鲁寺 263~264
夏珠林 130~131
贤柏林寺 325
香孜古堡遗址 344~345
小昭寺 86~87
孝登寺 389
协格尔曲德寺 288
雄色寺 127~128

Y

雅砻历史博物馆 217
雅鲁藏布大峡谷 170~171
亚东 276~280, **310**
盐井古盐田 191~192
盐井天主教堂 191
阎罗宫 174
羊八井 137~138
羊八井寺 137~138
羊卓雍错 267~270
药王山千佛崖 90~91
野狼谷 231
伊日温泉 379
易贡湖 178
迎宾石 135
雍布拉康 212~213
雍则绿错 266~267
玉本寺 355

Z

赞丹寺 386
藏王墓 215~216
泽当镇 212~221, **203**
扎村 304
扎东寺 305
扎基寺 102
扎日南木错 353~354
扎什伦布寺 254~255
扎西半岛洞穴 135
扎西岛寺 135
扎叶巴寺 125~126
札达 336~346, **336**
招提壁垒 298
哲蚌寺 94~95
直达布日寺 335
直贡梯寺 128~129
朱措白马林 241
珠峰大本营 289~290
珠穆朗玛峰 289~292
卓马拉康 294
孜珠寺 381~382
紫金寺 273~274
宗嘎镇 293~296
宗山古堡 272~273

如何使用本书

以下符号能够帮助你找到所需内容：
- 景点
- 活动
- 课程
- 团队游
- 节日和活动
- 住宿
- 就餐
- 饮品
- 娱乐
- 购物
- 实用信息和交通

这些图标代表了我们的推荐和特别策划，帮助你获得最佳体验：
- 当地人推荐
- 不要错过
- 另辟蹊径
- 值得一游
- 轻松了解
- 步行游览
- 实用信息

下列符号所代表的都是重要信息：
- ★ 作者的大力推荐
- 绿色或环保选择
- 免费 不需要任何费用

- 电话号码
- 营业时间
- 停车场
- 禁止抽烟
- 空调
- 上网
- 无线网络
- 游泳池
- 素食菜品
- 英语菜单
- 适合家庭
- 允许携带宠物
- 巴士
- 轮渡
- 轻轨
- 火车

景点
- 佛寺
- 城堡
- 教堂
- 清真寺
- 纪念碑
- 孔庙
- 道观
- 世界遗产
- 博物馆
- 遗址
- 酒窖
- 动物园
- 温泉
- 剧院
- 一般景点

活动、课程和团队游
- 潜水/浮潜
- 划艇
- 滑雪
- 冲浪
- 游泳/游泳池
- 蹦极
- 徒步
- 帆板
- 其他活动、课程、团队游

住宿
- 酒店
- 露营

就餐
- 就餐

饮品
- 酒吧
- 咖啡

娱乐
- 娱乐

购物
- 购物

实用信息
- 银行
- 使馆
- 医院/药店
- 网吧
- 公安局
- 邮局/邮筒
- 公共电话
- 卫生间
- 旅游信息
- 无障碍通道
- 其他信息

交通
- 机场
- 过境处
- 公共汽车
- 渡船
- 地铁
- 停车场
- 加油站
- 自行车租赁
- 出租车
- 火车站
- 有轨电车
- 索道缆车
- 其他交通工具

境界
- 国界
- 未定国界
- 地区界
- 省界
- 未定省界
- 特别行政区界
- 地级界
- 县级界
- 海洋公园界
- 城墙
- 悬崖

行政区划
- 首都
- 省级行政中心
- 地级市行政中心
- 自治州行政中心
- 县级行政中心
- 乡、镇、街道
- 村

道路
- 高速公路
- G213 国道
- S203 省道
- X013 县、乡道
- 铁路
- 地铁
- 收费公路
- 高速公路
- 一级公路
- 二级公路
- 三级公路
- 小路
- 未封闭道路
- 广场/商业街
- 台阶
- 隧道
- 步行天桥

水系
- 河流、小溪
- 间歇性河流
- 沼泽
- 礁石
- 运河
- 湖泊
- 干/盐/间歇性湖
- 冰川

地区特征
- 海滩/沙漠
- 基督教墓地
- 其他墓地
- 公园/森林
- 运动场所
- 重要景点(建筑)
- 一般景点(建筑)

地理
- 海滩
- 灯塔
- 瞭望台
- 山峰
- 栖身所、棚屋

注：并非所有图例都在此显示。

我们的作者

李小可

内容策划 西北人,西部爱好者。在做过大部分Lonely Planet关于中国西南、西北地区的指南之后,她终于迎来了《西藏》。

何望若

拉萨 4年前的Gap Year,她把三分之一时间都花在了西藏。为Lonely Planet做了3年、写了近10本书,终于等来了《西藏》,但也正因为太有感情,这是她交稿最不爽快的一本书,到底是悉数奉献还是留一手私藏起来,最后的结果是……看你眼不眼尖咯。愿读者们真诚而来,不要破坏。

丁海笑

317国道 写作者、摄影师、法学硕士,出版书籍《搭车十年》《环亚旅行》。《西藏》是他参与撰写的第10本Lonely Planet旅行指南。这次他调研的区域险象环生,是被称作地狱般的线路。过去十余年,他常在亚洲各地旅行,西藏是他旅行的一个转折点。他热爱西域,上民族大学,曾梦想做一名从事西藏研究的人类学者。他还致力于非虚构写作,你可以登录 www.dinghaixiao.com 去看看他最近在写些什么。他还为本书撰写了"唐卡"等内容。

董驰迪

日喀则 加入Lonely Planet 3年,在中国地图上孤独奔走了3年,参与《福建》《湖南》《上海》《内蒙古》《四川和重庆》《广西》《即刻出发》等数本指南的撰写。西藏曾是她13岁时憧憬的远方,如今正逢30岁,她成为了《西藏》的作者之一。她还为本书撰写了"户外活动"。

范佳奥

阿里大北线;冈仁波齐;吉隆 人称"范师傅",参与过Lonely Planet《广西》《贵州》等书。很少"计划行程",热衷"省钱妙计"。得知自驾阿里最省钱后,他以不可思议的价格租了一辆国产四线SUV,得以完成此番调研任务。

尼佬

山南;318国道 尼佬是参与了将近20本旅行指南内容创作的Lonely Planet中文作者,同时也在《悦游Condé Nast Traveler》《南方都市报》《地图》《穿越》等媒体开设专栏,并为《南方周末》《三联生活周刊》《悦游》《华夏地理》等报刊撰写专题。"背包辞典"是他更新游记的个人网站。他还为本书撰写了"你好,西藏"。

王郢

札达；普兰；狮泉河 曾经的媒体记者和编辑，现为自由写作者和摄影师，出版了3本与藏地相关的书。每年都会进藏区，已持续十几年，并且曾在拉萨生活过四年多。始终相信微笑和善良就是在异乡最好的交流方式。

特约作者

杜冬

微博@黑旗安德烈，作者、译者。西藏大学历史系硕士在读，《西藏人文地理》杂志主笔，长期居住于拉萨，著有《康巴情书》《西藏的味道》等书，译著多本。工作狂，热爱一切怪力乱神，会为好听的故事心动，乐而忘忧。热爱历史，认为世界的本质无法描绘，因此有心投身于鬼神志怪小说和科幻小说，不局限于西藏。他为本书撰写了"藏式建筑""汇集八风的高原""衣襟上的藏地""佛教与西藏的结合"等内容。

冯帅

天蝎座，依赖又独立、传统又奔放、脆弱又坚强的超级纠结矛盾体。热爱野生动植物，喜欢异域风情、少数民族、偏爱纪实摄影。曾在西藏生活多年，将拉萨作为自己的第二故乡。为本书撰写了"藏族人最长情的食物"和"虎之子——珞巴族"。

沈明笃

半个藏族，现居成都。住家是宅女，在生活中旅行；出门是野女，在旅行中生活。她为本书撰写了"自驾游"和"摄影之旅"。

沈鹏飞

出生于新疆，撰稿人、纪录片导演。曾经作为摄影师和撰稿人的身份长期在新疆及西藏进行田野调查、纪录片拍摄，以及出版工作。他为本书撰写了"藏传佛教的重要形象"。

西藏

中文第一版

© Lonely Planet 2016
本中文版由中国地图出版社出版

© 书中图片由图片提供者持有版权，2016

版权所有。未经出版方许可，不得擅自以任何方式，如电子、机械、录制等手段复制，在检索系统中储存或传播本书中的任何章节，除非出于评论目的的简短摘录，也不得擅自将本书用于商业目的。

图书在版编目（CIP）数据

西藏／澳大利亚LonelyPlanet公司编. -- 北京：中国地图出版社, 2016.8（2022.1 重印）
（IN）
ISBN 978-7-5031-9416-0

Ⅰ.①西… Ⅱ.①澳… Ⅲ.①旅游指南-西藏 Ⅳ.①K928.975

中国版本图书馆CIP数据核字(2016)第204459号

出版发行	中国地图出版社
社　　址	北京市白纸坊西街3号
邮政编码	100054
网　　址	www.sinomaps.com
印　　刷	北京华联印刷有限公司
经　　销	新华书店
成品规格	197mm×128mm
印　　张	13.25
字　　数	661千字
版　　次	2016年8月第1版
印　　次	2022年1月北京第10次印刷
定　　价	89.00元
书　　号	ISBN 978-7-5031-9416-0
审 图 号	GS（2016）1233号
图　字	01-2016-5418

＊如有印装质量问题，请与我社发行部（010-83543963）联系

虽然本书作者、信息提供者以及出版者在写作和储存过程中全力保证本书质量，但是作者、信息提供者以及出版者不能完全对本书内容之准确性、完整性做出任何明示或暗示之声明或保证，并只在法律规定范围内承担责任。

Lonely Planet 与其标志系Lonely Planet之商标，已在美国专利商标局和其他国家进行登记。
不允许如零售商、餐厅或酒店等商业机构使用Lonely Planet之名称或商标。如有发现，急请告知：lonelyplanet.com/ip。